KB206455

외국어로서의

한국어 교육의
이론과 실제

①

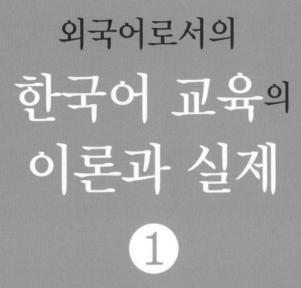

외국어로서의
한국어 교육의
이론과 실제
①

토픽코리아 한국어평가연구소 편저

 도서출판 참

목차

1영역 한국어학

제1장 한국어학 개론 ··· 6

제2장 한국어 음운론 ··· 29

제3장 한국어 문법론 ··· 44

제4장 한국어 의미론 ··· 62

제5장 한국어사 ··· 85

제6장 한국어 어문 규범 ··· 96

제7장 한국어 화용론 ··· 136

제8장 한국어 어휘론 ··· 157

2영역 일반 언어학 및 응용언어학

제1장 언어학 개론 ··· 192

제2장 사회언어학 ··· 240

제3장 외국어 습득론 ··· 255

제4장 대조언어학 ··· 271

4영역 한국 문화

제1장 다문화 사회와 한국 문화 ··· 286

제2장 한국 사회의 이해 ··· 310

제3장 한국 문학의 이해 ··· 327

제4장 한국 현대 문화 이해 ··· 374

01 영역

한국어학

제1장 한국어학 개론

제2장 한국어 음운론

제3장 한국어 문법론

제4장 한국어 의미론

제5장 한국어사

제6장 한국어 어문 규범

제7장 한국어 화용론

제8장 한국어 어휘론

제1장 한국어학 개론

학습 목표

1. 언어와 한국어, 국어와 국어 문법, 음운론과 형태론의 기초 개념에 대해 이해한다.
2. 단어의 정의와 분류 방법, 어휘 의미와 의미의 유형, 은유와 환유의 개념에 대해 이해한다.
3. 문장 의미론과 문장의 의미 관계, 중의성에 대해 이해한다.

Ⅰ. 한국어학의 이해

1. 한국어학

한국어학은 국어학 공부를 시작할 때 가장 기본이 되는 과목이다. 한국어학을 시작하기에 앞서 우리가 던져야 하는 질문은 다음과 같다.

① 한국어학이란 무엇인가?
② 한국어 문법을 연구하는 이유는 무엇인가?

1) 한국어학이란 무엇인가?

먼저 첫 번째 질문에 대해서 생각해 보자. '한국어학이란 무엇인가?'라는 질문에 대한 대답은 '언어, 한국어에 대한 연구'가 될 것이다. 그런데 여전히 '한국어에 대한 연구'라는 대답은 모호하고 추상적이다. 이렇게 어떤 것이 추상적이고 거창할 때는 구체적인 내용으로 나누어 다시 생각해 보면 좋다. 따라서 우리는 다음과 같은 질문으로 이를 나누어 보겠다.

연구는 무엇인가?
① 무엇을 연구하는가?   [연구 대상]
② 어떻게 연구하는가?   [연구 방법]
③ 왜 연구하는가?   [연구 목적]

일단 ①에 대해 생각해 보자. 한국어학에서는 무엇을 연구하는가? 이는 연구 대상에 대한 질문이다. 한국어학의 연구 대상은 '언어' 즉 '한국어'이다.

(1) 기호

'언어'를 이해하기 위해서는 먼저 '기호'가 무엇인지 알아볼 필요가 있다. 예를 들어 '교통 신호등'을 떠올려 보자. 교통 신호등은 색깔로 의미를 나타내는데, 빨강은 '정지'를 뜻하고, 노랑은 '정지 준비'를 파랑은 '주행'을 뜻한다. 이처럼 겉으로 표현되는 것이 어떤 의미와 결합한 것을 '기호'라고 한다. 기호의 또 다른 예로 이모티콘을 들 수 있다. 가령 ^^^이런 이모티콘은 무엇을 의미하는가? '행복함', '기분 좋음'과 같은 의미를 나타낸다. 정리하면, 기호란 표현과 의미가 연결된 것을 의미한다.

언어도 바로 기호 중 하나이다. 언어에서 겉으로 표현되는 것은 '음성(말소리)'이고 의미는 우리 '마음속 생각'이다. 가령 '하늘'이라는 음성은 표현이고 이것의 의미는 여러분의 머릿속에 떠올리는 하늘의 이미지이다.

(2) 특성

다음으로 언어의 특성에 대해 알아보자. 언어의 특성은 곧 기호의 특성인데, 첫 번째로 언어는 창조성(creativity)을 지닌다. 이는 '소리와 생각의 조합'이 무한히 나타날 수 있다는 것을 뜻한다. 두 번째 언어의 특성은 '자의성(arbitrariness)'이다. 자의성은 '소리와 생각의 조합'이 정해진 하나의 방법으로 나타나는 것이 아니라는 것을 뜻한다. 따라서 나라마다 사용하는 언어가 다르고 같은 '나무'를 표현하더라도 표현 방식이 다른 것은 언어의 자의성을 보여 준다. 가령 한국어로 초록색 잎을 가지고 굵은 기둥을 가지고 있는 식물을 '나무'라고 표현하지만, 영어로는 'tree'라고 하고 중국어로는 '木'이라고 한다. 세 번째 언어의 특성은 '사회성'이다. 언어란 사회에서 정한 약속이라는 뜻이다. 위에서 나라마다 표현하는 언어 형식이 다르다고 한 것은 언어의 사회성을 보여 주는 것과도 같다. 즉 '나무'는 한국어 화자들 사이의 계약이라면 'tree'는 영어 화자들 사이의 사회 계약이다.

이제 '한국어'가 무엇인지 정리해 보자. 한국어는 '한국'과 '어'의 조합이므로 이 둘의 의미를 먼저 파악해 봐야 한다. '한국'에서 알 수 있듯이 한국어는 중국어, 일본어, 베트남어, 영어 등 다른 언어와 구분되는 한국어 고유의 특성을 보이고 있으며, '어'에서 알 수 있듯 다른 나라의 언어와 공통된 보편적 특성도 지니고 있다.

따라서 "한국어에 대한 이해"란 '한국어만 가지고 있는 특성에 대한 이해'를 뜻하며 '한국어와 다른 언어 사이의 관계에 대한 이해'로 확장된다. 이러한 한국어의 문법을 탐구한다는 것은 어떤 의의를 지니는가? 우리가 어떤 언어를 사용하기 위해서는 그 언어의 문법을 알아야 하듯, 한국인을 이해하려면 한국어를 이해해야 한다. 따라서 한국어 문법을 탐구하면 한국인을 이해하는 길과 통하게 된다. 나아가 한국어를 보전하고 탐구하는 것은 여러 나라의 언어 중 하나를 연구하는 것이므로 언어 다양성에 대한 깊이 있는 이해를 추구하는 일과 같다.

2) 한국어 문법을 연구하는 이유는 무엇인가?

다음으로 문법이 어떻게 구성되었는지 알아보자. 문법은 다음과 같이 음성부, 의미부, 형성부로 이루어진다. 음성부에 대한 연구는 음운론에서 하고 의미부에 대한 연구는 의미론, 화용론의 영역이다. 또한 형성부는 단어 형성의 경우 형태론에서 담당하고, 문장 형성의 경우 통사론에서 담당한다.

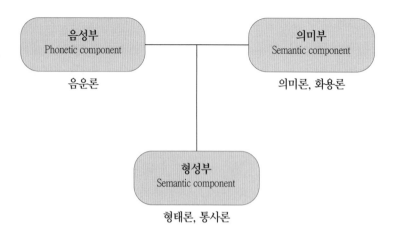

음성부
Phonetic component
음운론

의미부
Semantic component
의미론, 화용론

형성부
Semantic component
형태론, 통사론

2. 음운론

'음운'에서 '음'과 '운'은 무엇을 뜻하는가? '음'은 소리를 뜻하고 '운'은 운율(길이, 높낮이, 악센트)을 뜻한다. 이에 '음운론'이란 말소리에 대한 연구이다. 그런데 인간의 말소리에는 아주 다양한 것이 포함되어 있다. 이에 먼저 '음성'이라는 개념과 '음운'이라는 개념을 알아야 한다.

1) 음성

음성은 넓은 의미로 인간의 발성 기관을 통해 나오는 모든 소리를 의미한다. 좁은 의미로는 인간의 발성 기관을 통해서 나오는 소리 중 의사소통을 하기 위해서 사용되는 소리를 뜻한다. 좁은 의미의 음성은 다시 자음과 모음으로 구분된다. 자음과 모음은 발화자에 따라 동일한 발화자라 해도 상황에 따라 물리적으로 조금씩 다를 수밖에 없는데 이 모든 음은 음성에 포함된다.

2) 음소

음소란 물리적으로 서로 다른 소리가 변별적으로 인식될 때 그 각각의 소리를 말하며 이는 음운이라고도 한다. 음소는 기호 '//' 안에 표시하여 '/k/', '/n/' 등과 같이 표기한다. 음소는 좁은 의미의 '음성' 가운데서 변별적으로 인식 가능한 소리를 말한다. 음소를 정의하면 의미를 갈라내는 최소한의 변별적 단위라고 할 수 있다. 음소는 각 나라의 언어마다 그 종류와 수가 다르다는 것을 기억해야 한다.

3) 변이음

변이음이란 의미를 갈라내는 기능이 없는 비변별적인 음성을 말한다. 이는 '이음'이라고도 한다. 따라서 변이음일 경우, 우리는 그 소리를 듣더라고 변이음 그 자체로 인식하지 못하고 물리적으로 그 변이음과 유사한 또 다른 음소로 인식하게 된다. 예를 들어 국어 화자는 영어의 [θ] 발음을 영어 발음 소리대로 인식하지 못하여 /ㅆ/의 [s] 소리나 /ㄸ/의 [t] 소리로 인식한다.

위에서 살펴본 바를 정리하면 음성은 '물리적 실재'인 반면 '음소'는 음성에 대한 '심리적 실재'를 가리킨다. 즉 음성과 달리 음소는 추상화된 소리이다. 다만 이때 '음소'가 물리적인 실재와 무관한 완전히 추상적인 소리는 아니라는 것을 기억해야 한다. 예를 들어 어떤 남성 1이 어제 발음한 [ㅏ]와 오늘 발음한 [ㅏ]는 다른 음성이다. 어제의 목소리와 오늘의 목소리가 완전히 같을 수는 없기 때문이다. 그러나 우리는 그 소리를 다른 소리로 인식하지는 못할 것이다. 우리 귀에는 모두 동일한 /ㅏ/로 들린다. 이처럼 음소는 물리적 실재에 바탕을 둔 것으로서 우리의 인식과 관련된 심리적 실재이다.

4) 음성학과 음운론

음성학과 음운론은 공통으로 음성을 연구 대상으로 삼는다. 하지만 음성학은 음성을 대상으로 소리의 물리적인 특성 및 소리의 변동을 연구하는 분야이며 물리적 실재로서의 음성을 객관적으로 밝히는 것을 목적으로 한다. 따라서 여기서는 변이음도 중요한 연구 대상이다. 반면에 음운론은 음성 가운데서도 변별적 기능을 하는 소리이다. 즉 음소를 대상으로 음소의 특성 및 음소의 변동을 연구하는 분야이며 심리적 실재로서의 음소를 주된 연구 대상으로 한다. 따라서 여기서 변이음이나 변이음의 변동과 같은 현상은 그 자체로 주된 연구 대상은 아니다.

5) 음소 판별법

음소는 어떻게 구별하는가? 국어 화자는 국어의 음성 중에서 어떠한 음성이 음소인지 쉽게 알 수 있다. 그러나 처음 접하는 언어에서 어떤 음성이 음소인지 아닌지 판별하기 위해서는 특정 기준이 필요하다.

다음 짝지어진 단어의 의미를 구별할 수 있도록 해주는 요소는 무엇일까?

예   **가.** 불: 풀: 뿔   **나.** 발: 벌   **다.** 감: 간

위에서 단어의 의미를 구별하게 해 주는 요소는 (가)의 경우 'ㅂ, ㅍ, ㅃ'이며 (나)에서는 'ㅏ'와 'ㅓ'이다. (다)에서는 'ㅁ'과 'ㄴ'에 의해 의미가 구별되고 있다. 이처럼 하나의 자음이나 모음에 의해서 의미가 달라지는 단어들을 최소 대립어라고 한다. 즉 우리는 최소 대립어에서 소리를 대치하거나 첨가했을 때 의미가 달라진다면 그 소리를 음소로 볼 수 있다. 다시 말하여 최소 대립어를 이루게 해 주는 소리가 하나의 음소가 되는 것이다. 최소 대립어는 최소 대립쌍(minimal pairs)이라고도 한다.

두 번째 판별법은 국어 화자가 변별 가능한 소리인가의 여부이다. 만약 국어 화자가 구별하지 못하고 모두 똑같은 'ㅅ' 소리로 듣는다면, 그 소리는 구별되는 소리가 아니다.

다음으로 음소와 변이음의 관계를 생각해 보아야 한다. 이들은 서로 상보적 분포를 가진다. 두 요소가 나타나는 환경이 서로 겹치지 않을 때 그러한 분포를 상보적 분포 혹은 배타적 분포라고 한다. 그래서 유사한 두 소리가 절대로 동일한 음성 환경에서 나타나지 않는다면 두 소리는 음소와 변이음의 관계가 된다. 이때 두 소리 중 하나를 음소로 설정하고 나머지는 그 음소의 변이음으로 본다. 예를 들어 초성 위치에서 소리는 'ㅂ'은 무성음의 특성을 가지고 모음과 모음 사이에 오는 'ㅂ'은 유성음의 특성을 보인다. 이들은 절대 같은 위치에 나타날 수 없어 상보적 분포를 이룬다. 무성은 [p]와 유성은 [b]는 음성적으로 유사하여 우리 귀에 모두 /ㅂ/로 인식된다. 따라서 두 음은 음소와 변이음의 관계를 맺는다.

세 번째 판별법은 음성적 유사성을 확인하는 것이다. 두 소리가 상보적 분포를 이루더라도 음성적으로 유사하지 않

으면 별개의 음소라고 볼 수 있다. 즉 상보적 분포를 이룬다고 해서 항상 변이음 관계는 아니라는 것인데, 이 예는 [ㅎ]과 [ㅇ]을 들 수 있다. [ㅎ]은 초성에만 분포하고 [ㅇ]은 한국어에서 종성에만 분포한다. 따라서 상보적 분포를 이루지만, 이 둘은 음성적 유사성이 전혀 없다. [ㅎ]의 경우 유기음과 마찰음의 특성을 가지지만 [ㅇ]은 비음의 특성을 가진다.

6) 자음과 모음

국어의 음소는 자음과 모음으로 나뉜다. 자음(consonant)은 무엇인가? 자음은 어떤 부분을 부딪혀 장애를 일으켜 내는 소리를 말한다. 허파에서 나온 공기(기류)가 성문을 통과하여 입 밖으로 나오는 동안 장애를 받는 소리이다. 모음(vowel)은 장애를 일으키지 않고 내는 소리를 말한다. 여기에 더해 한국어의 음소에는 활음(glide)도 있다. 활음은 자음과 모음의 중간적인 성격을 가진 소리로 반모음(semvowel)이라고 하기도 한다. 예를 들어 /y/와 /w/가 활음에 속한다. 이들은 자음과 마찬가지로 홀로 소리를 내지는 못하지만 모음과 마찬가지로 공기가 장애를 받지 않으며 내는 소리에 해당한다.

국어의 모음은 자음과 모음으로 나뉜다. 모음은 단모음과 이중 모음으로 나누어지는데, 단모음은 하나의 음소로 이루어진 모음을 말하고 이중 모음은 두 개의 음소(활음+모음)가 결합하여 이루어진 모음을 말한다.

하나의 음절(syllable, S)안에서 발음된다는 점에서 두 개의 음절로 발음되는 두 모음의 단순 연쇄와 이중 모음은 다르다. 이를 그림으로 확인하면 아래와 같다.

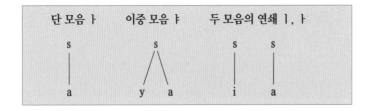

국어의 자음은 조음 위치에 따라 구별된다. 자음은 조음 방법에 따라서도 구별되는데 총 다섯 가지의 종류로 나눌 수 있다. 입속에서 특정 부위를 막았다가 터뜨리는 소리인 파열음에는 'ㅂ, ㅍ, ㅃ, ㄷ, ㅌ, ㄸ, ㄱ, ㅋ, ㄲ'이 있다. 다음으로 공기 마찰로 나는 소리인 마찰음이 있는데 여기에는 'ㅅ, ㅆ, ㅎ'이 있다. 그럼, 파열과 마찰이 동시에 나는 소리는 무엇인가? 이는 '파찰음'이라고 부르며 국어 자음 중에는 'ㅈ, ㅊ, ㅉ'이 있다. 콧구멍으로 공기가 나오면서 내는 소리는 비음이라 하고 한국어의 'ㄴ, ㅁ, ㅇ'이 여기에 해당한다. 마지막으로 혀의 가장자리로 공기가 빠져나가면 나는 소리는 유음인데 여기 'ㄹ'이 해당한다.

3. 형태론

형태론에서는 무엇을 연구하는가? 이를 알아보기 위해 다음 단어는 어떤 단어와 어떤 단어가 만나서 만들어진 것인지 생각해 보자.

예   손목 → 손+목

예 하늘나라, 마늘빵, 꽃잎, 돼지고기, 작은엄마, 큰엄마, 오가다, 헛웃음, 물걸레, 회덮밥, 새해인사, 바닷가

예를 들어 손목은 '손'과 '목'이 이루어져 만들어진 단어이다. 위에 제시한 단어들을 더 작은 단위로 나누면 아래와 같은 단어들이 분석될 것이다.

예 손, 목, 하늘, 나라, 마늘, 빵, 꽃, 잎, 돼지, 고기, 작-, -은, 엄마, 크-, -은, 오-, 가-, -다, 헛, 웃-, -음,
물, 걸레, 회, 덮-, 밥, 새해, 인사, 바다, 가

위에서 '오-', '가-'처럼 단어 뒤에 '-'가 결합한 것은 뒤에 반드시 다른 언어 형태가 와야한다는 것을 뜻한다. 즉 이들은 혼자 쓰이지 못하고 의존적이라는 것을 보여 준다. 위처럼 분석되는 것을 보면 '손목'이나 '하늘나라' 등의 예는 모두 더 작은 단어로 분석될 수 있는 문법 단위에 해당하고 위 표에 나타난 단어들은 더 이상 나눌 수 없으므로 의미를 가진 최소의 문법 단위라고 할 수 있다. 이처럼 더 이상 나눌 수 없는 의미를 가진 최소의 언어 표현을 '형태소'라고 한다.

형태론(morphology)이란 형태소를 결합하여 복합적인 문법 단위를 형성하는 문법을 말한다. 즉, '손목'이 '손'하고 '목'이 만나서 만들어진 단어인데, 이런 형성 과정의 규칙 등을 연구하는 것이 바로 형태론에서 하는 연구 내용이다. 이때 주의해야 하는 것이 '손목이 너무 아프다'와 같은 경우 '손목'하고 '-이', '너무', '아프다'처럼 더 작은 문법 단위로 나눌 수 있지만 단어 이상의 문장 단위가 되었으므로 이들은 형태론이 아니라 통사론에서 연구한다는 것이다.

형태론과 통사론의 차이를 위에서 살펴본 예를 바탕으로 보자. 통사론의 연구 대상은 서로 순서를 바꿔 나타날 수 있다. 가령 '손목이 너무 아프다'는 '너무 손목이 아프다'도 되고 '손목이 아프다 너무'도 된다. 그러나 형태론의 대상인 단어 '손목'은 한번 단어로 굳어지면 '*목손', 이렇게 순서가 바뀌어서 사용되는 경우는 없다. '하늘나라'나 '소금빵'도 '나라하늘'이나 '빵소금'이라는 단어와 같은 뜻을 나타내지는 않는다.

1) 형태소 분석 방법

형태소는 어떻게 찾을 수 있는가? 일단 단어 안에서 최소의 의미를 가진 단위로 나눌 수 있을 때까지 나눠 보는 것이다.

예 어린이, 젊은이, 늙은이, 멍청이

위의 단어들의 공통점은 무엇인가? '어린-+이', '젊은-+이', '늙은-+이', '멍청+이'로 분석되어 그 안에 '이'를 포함하고 있다는 것이 공통점이다. '이'는 더 이상 분석될 가능성이 없다. 따라서 '이'는 형태소이다. '이'는 사람(人)이라는 뜻을 지니고 있다.

그럼 '어린, 젊은, 늙은, 멍청'은 어떠한가? '어린'은 '어리-+-ㄴ'으로 분석되고 '젊은'은 '젊-+-은', '늙은'은 '늙-+-은'으로 분석된다. 하지만 '멍청'은 더 이상 분석되지 않는다. 따라서 '멍청' 역시 그 자체로 형태소이다. '어리-', '젊-', '늙-'은 그 자체로 의미가 있으며 더 이상 분석되지 않으므로 이들 역시 형태소로 분류된다.

> **예** 꽃은 예쁘고 물은 맑았다.

위의 예에서 형태소는 무엇인가? '꽃', '은', '예쁘', '고', '물', '은', '맑', '았', '다'가 모두 분석된다. 여기에서 '은', '고', '았', '다'는 문법적 기능을 가지고 있으므로 의미가 있다고 봐야 한다. 따라서 문장과 문장을 접속하는 '-며', '-고'나 선어말 어미인 '-겠-', '-었-', 종결 어미 '-다', '-지' 등도 모두 형태소에 해당한다.

2) 형태소의 분류
형태소는 어떻게 분류할 수 있을까? 기준에 따라 분류 방법은 다양하다.

(1) 자립성 여부
먼저 혼자 나타날 수 있는지를 살펴봐야 한다. 혼자 나타날 수 있는 '하늘', '땅', '바다'와 같은 단어는 자립 형태소(free morpheme)이고 홀로 쓰이지 않는 '-겠-', '-었-', '-다'와 같은 어미는 의존 형태소(bound morpheme)라고 한다.

(2) 구체적 의미 여부
구체적인 의미가 있는지, 문법적인 기능을 지니는지에 따라 형태소를 분류할 수 있다. 가령 구체적인 의미가 있는 형태소는 하늘, 땅, 바다, 달리-, 잡- 등이 있는데 이들은 어휘 형태소라고 부른다. 이와 구분하여 선어말 어미나 종결 어미들은 추상적인 의미를 지녀 문법 형태소로 분류된다.

4. 이형태
아래 문장에서 형태소 {밥}의 발음을 소리 나는 대로 써 보세요.

밥이 뜨겁다

밥만 먹어요

국밥이 뜨겁다

국밥만 먹어라

① 밥이 뜨겁다 [바비]

② 밥만 먹어요 [밤만]

③ 국밥이 뜨겁다 [국빠비]

④ 국밥만 먹어라 [국빰만]

위에서 보듯 [밥]은 '이' 모음 앞에서 소리 나고 [밤]은 'ㅁ' 자음 앞에서 소리 나며 [빱]은 모음 앞, 자음 뒤에서 소리 난다. 그리고 [빰]은 자음 앞, 자음 뒤에서 소리 난다. 여기서 [밥], [밤], [빱], [빰]은 모두 {밥}의 이형태(allomorph)이다. 이형태는 나타나는 환경에 따라 달라지는 형태를 가리킨다.

그렇다면 한국어에서 '-이'나 '-가'는 이형태인가? 아래 예를 보자

예 **가.** 사람들이 왔다.   **나.** 고양이가 왔다.

위를 보면 (가)에서 '-이'는 자음 뒤에 결합하였고 (나)에서 '-가'는 모음 뒤에 결합하였다. 따라서 이들은 나타나는 환경에 따라 달라지므로 이형태에 해당한다.

다음 예에서 '-은', '-는', '-ㄴ'의 형태는 어떠한가?

예 **가.** 수업은 재미있다.   **나.** 철수는 한국 사람이다.   **다.** 철순 착하다.

위에서 '-은'은 자음 뒤에 오고 '-는'은 모음 뒤에 온다. 그리고 (다)에서 '철순'은 '철수+-ㄴ'인데 '-ㄴ'도 모음 뒤에서 나타나는 이형태이다. 이때 같은 환경에서 '-는'도 나타날 수 있고 '-ㄴ'도 나타날 수 있는데 이 둘은 자유 변이형(free variant)이라고 부른다.

5. 단어

지금까지 형태소를 살펴보았다. 다음으로 '단어'에 대해 알아보자. 단어는 말을 시작한 어린아이들이 문장을 배우기 전에 배우는 형태이다. 우리는 이름이 명확하지 않은 대상을 부르고자 할 때에 다양한 방식으로 그것을 명명하는 행위를 하곤 하는데 이때 그 이름은 단어에 해당한다. 최근에 만들어진 새로운 단어(신어)도 생각해 보자. 예를 들어 코로나 시대에 생긴 '확진자', '언택트', '중꺾마' 등의 단어를 생각해 볼 수 있다. 이러한 단어들은 신어라고 하는데, 사회적 맥락과 분위기를 드러낸다. 가령 1994년에는 배꼽티라고 부르던 것도 2020년 이후에는 크롭티라고 부르고 있다. 이처럼 시대 사회를 반영하는 단어의 형태 및 의미 유형은 시대에 대한 이해, 인간에 대한 이해를 가능하게 한다.

이제 다음 예들이 '단어'라고 불릴 수 있는 이유가 무엇인지 생각해 보자.

예 굴나무, 나무꾼, 순두부찌개
    어린이, 건널목
    섞어찌개, 먹자골목
    앉은뱅이, 풋내기

이들의 공통 특질은 자립 형식(free form)이라는 것이다. 자립 형식은 혼자 나타날 수 있는 자립성을 지닌 형식을 의미한다. 그렇다면 자립 형식이라는 것은 어떻게 알 수 있는가? 아래 예문처럼 어떤 질문에 대한 대답으로서 기능하면 자립 형식이라는 것을 알 수 있다.

예 A: 영이가 직업이 뭐니?   B: 나무꾼.
    A: 누구나 좋아하는 사람은 누구지?   B: 어린이.

A: 뭐 먹을래?   B: 순두부찌개.

위와 같은 현상을 토대로 단어란 자립 형식이라고 정의해볼 수 있다. '귤', '나무', '순두부', '찌개', '골목' 모두 자립 형태소(자립 형식)라는 점에서 단어로 분류된다. 그리고 '철수'가도 '철수'라는 자립 형태소와 '-가'라는 의존 형태소가 결합한 단어이다. '순두부찌개' 역시 '자립+자립+의존' 형태의 단어이다. '먹었다'는 어떠한가? 이 역시 '의존+의존+의존'으로 이루어진 자립 형식이므로 단어라고 볼 수 있다.

그러면 자립할 수 있는 모든 형식은 단어에 해당하는가? 그렇다고 본다면 '넓은 한국 동쪽 끝'과 같은 구(phrase)나 '한국에 와서 기쁩니다'와 같은 문장 형식도 단어라고 봐야 한다. 그러나 이들은 우리가 단어로 보지 않는다. 따라서 단어의 정의는 '최소의 자립 형식'이라는 것으로 수정된다. 여기에 더해 단어가 되려면 단어 내부에 다른 단어가 개재할 수 없어야 한다. 예를 들어서 '순두부찌개'에서는 마치 '순두부'와 '찌개'가 모두 하나의 단어인 듯 보이지만, '순두부 맛있는 찌개'처럼 '맛있는'이 중간에 올 수 없으므로 '순두부찌개' 전체가 하나의 단어라고 보아야 한다.

위에서 살펴본 내용을 바탕으로 단어를 정의하면 단어란 '분리성을 지니지 않은 최소의 자립 형식으로서의 단어'이다. 이러한 관점에서 아래 두 예에 쓰인 '큰 어머니'와 '큰어머니'가 무엇이 다른지 설명할 수 있어야 한다.

가. 큰어머니, 작은어머니, 큰아버지, 작은아버지
나. 큰 어머니, 작은 어머니, 큰 아버지, 작은 아버지

위에서 (가)와 (나)의 차이는 무엇인가? 우리는 단어를 분류한 것을 '품사' 또는 '단어류'라고 한다. 그러나 품사 분류는 한 가지 방식으로만 존재하는 것이 아니기 때문에 기준에 따라 분류 개수가 달라지기도 한다. 이는 마치 우리가 대학생을 분류할 때 학년, 전공, 성별에 따라 나눌 수 있는 것과 같다. 즉 분류 기준이 달라지면 분류 결과도 달라지는 것이다. 이에 다양한 분류 기준에 따라 품사가 나누어진다는 것을 기억해 보자.

1) 형태
품사를 나눌 때 형태를 기준으로 나눌 수 있다. 이는 크게 굴절하는 단어와 굴절하지 않는 단어로 나누어진다. 굴절하는 단어는 '손목이', '손목을', '손목의'와 같이 명사구의 꼴이 바뀌는 형태로 '곡용'이라는 술어로 불리기도 한다. 반면에 굴절하지 않는 단어에는 '새 집', '온갖 수단'에서 명사를 수식 해주는 '새', '온갖'이 있으며 '열심히, 빨리, 아이쿠'와 같은 단어들이 있다.

2) 기능
품사는 단어나 구가 문장의 형성에 참여할 때 가지고 있는 기능을 기준으로 분류할 수도 있다. 즉 단어나 구가 문장에서 다른 단어와 어떠한 관계를 맺는가에 주목하는 것이다. 아래 예를 보자.

예 모든 방법
    *물이 모든 맑다.

*아주 방법

물이 아주 맑다.

위에서 '모든'과 '아주'는 서로 분포가 다르다. '모든'은 '방법'과 같은 명사 앞에 올 수 있지만 '맑다'와 같은 술어 앞에는 올 수 없다. 반대로 '아주'는 '방법'과 같은 명사와 결합할 수 없지만 '맑다'와 같은 형용사와는 잘 결합한다. 따라서 '모든'과 '아주'는 서로 다른 품사로 분류된다.

위의 내용을 정리하면, 품사는 그 단어가 굴절하는지 여부에 따라 나누어진다. 예를 들어 '명사'는 굴절(곡용)을 하고 '동사', '형용사'도 굴절(활용)한다. 하지만 '새, 온갖, 무슨, 웬, 한, 두'와 같은 관형사나 '열심히, 빨리, 아주'와 같은 부사, '어이쿠'와 같은 감탄사는 모두 굴절하지 않는다. 이를 정리하면 다음과 같다.

- 명사(名詞): 굴절(곡용)함. 예 국어, 책, 사람, 하나, 둘, 셋, 나, 너, 자기
- 동사(動詞): 굴절(활용)함. 예 맑다, 뛰다, 읽다, 보내다
- 관형사(冠形詞): 굴절하지 않음. 명사와 관계를 맺음. 예 새, 온갖, 무슨, 웬, 한, 두, 세
- 부사(副詞): 굴절하지 않음. 동사와 관계를 맺음. 예 열심히, 빨리, 아주
- 감탄사(感歎詞): 굴절하지 않음. 다른 단어와 관계가 소원함. 예 어이쿠, 응, 네, 아니, 쯧쯧

위에서 동사는 넓은 의미의 동사인데 좁은 의미의 동사와 형용사로 다시 나눌 수 있다. 좁은 의미의 동사는 '동작 동사'라고 하며 '뛰다, 읽다, 보내다'가 해당한다. 반면에 '형용사'는 '상태 동사'라고도 하며 '맑다, 차다, 달콤하다'가 해당한다. 동작 동사와 상태 동사의 차이점은 구체적인 활용 양상에서 드러난다. 동작 동사는 명령형이나 청유형 어미가 결합할 수 있으며 현재 시제일 때 '-ㄴ/는-'이 결합하는데 상태 동사는 명령형, 청유형 어미가 결합할 수 없으며 현재 시제가 '-ㄴ/는-'으로 나타나지 않는다.

6. 의미론

언어는 기호의 일종으로서 형식(표현)과 내용의 합이라고 배웠다. 형식은 소리이며 내용은 의미에 해당한다. 여기서는 이 중 '의미'에 대한 내용을 다룬다. '의미'는 우리가 '소리'라는 형식에 담아서 전달하려고 하는 무엇이다.

언어 연구는 형식적 측면에 대한 연구로서 음운론, 형태론, 통사론이 있다. 내용적 측면에 대한 연구로서 의미론, 화용론이 있다. 의미론의 연구 주제로는 첫째, 유의미한 언어 형식들이 갖는 의미 둘째, 의미 관계, 셋째, 의미 결합의 방법과 과정이 있다. 여기서는 '어휘 의미론'에 대해 다룬다.

연구 분야	연구 대상	유의미성	의미론 영역
음운론	음운		
형태론	형태소, 단어		어휘 의미론
통사론	구, 절, 문장		문장 의미론

어휘 의미론은 형태소 또는 단어의 의미와 관련된 제 현상을 연구한다. 참고로 어휘소(lexeme)란, 형태소나 단어를 추상적인 하나의 독립적 단위로 간주하는 개념이다. 어휘 의미론에서의 연구 주제는 다음 두 가지로 집약된다.

① 어휘의 의미를 어떻게 파악하고 분석할 것인가?
② 어휘 의미들 사이의 관계는 어떠한가?

1) 어휘의 의미

언어 형식의 의미를 실재하는 객관적인 지시물(object or referent)로 보고자 하는 이론이 '지시적 의미론'이다. 즉 지시적 의미론에 따르면 어떤 언어 형식의 의미는 그것에 대응되는 실제 개체이다. 그러나 이렇게 설명할 경우, '평화'나 '기쁨'과 같이 추상 명사처럼 지시 대상이 없는 경우 설명하기가 곤란하다. 또한 '-이/가', '-으므로' 등의 문법 형식이나 지시물이 실재하지 않는 '요정', '트롤'과 같은 어휘의 의미도 설명이 어렵다.

어휘 의미를 설명하는 또 다른 이론은 개념적 의미론이다. 이 이론에서는 의미가 언어 사용자의 마음속에 존재하는 주관적인 개념이라고 본다. 그리하여 언어 형식과 실제 세계의 지시물 사이에 그 언어를 사용하는 사람의 마음이 개입한다고 보고, 언어 형식은 객관적 실재에 대한 인간의 인식 내용을 지시한다고 한다. 이때의 개념은 개인에 따라 그 내용이 다르지 않고 언어를 사용하는 공동체가 공유하는 것이 된다. 이러한 개념과 의미의 관계는 아래 의미 삼각형에서 확인할 수 있다.

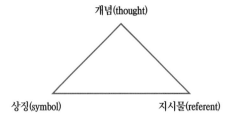

위의 삼각형은 오그든과 리차드(Ogden & Richards)가 제시한 의미 삼각형인데, 가장 주목할 것은 언어 형식과 지시물이 직접 연결되는 것이 아니라 반드시 개념을 통해 간접적으로 연결된다는 점이다.

그러나 개념 의미론을 따르더라도 여기서 말하는 개념이라는 것이 무엇인가에 대한 의문이 여전히 남는다. 객관적 사물에 대한 해당 언어의 인식 내용이 언어 공동체 전체가 공유하는 하나의 개념으로 모일 수 있는 것인지, 개개인의 경험과 사고에 따른 주관적인 인식 내용의 차이는 개념에서 어떻게 배제되는 것인지 등 이 이론에서 설명해야 할 점들이 여전히 남아 있다.

2) 의미의 유형

(1) 개념적 의미(conceptual meaning)

개념적 의미는 의미 성분의 집합으로 이루어진다. 가령 아줌마는 [+인간], [-남성], [+성숙], [+기혼]이라는 의미 성분으로 분석되고 아저씨는 [+인간], [+남성], [+성숙]의 의미 성분으로 분석된다.

(2) 내포적 의미(connotative meaning)

내포적 의미는 개념적 의미를 손상시키지 않으면서 사람에 따라, 시간과 공간에 따라 달라지는 주변적이고 가변적인 특성을 가진다. 예를 들어 '아줌마'는 '생활력이 강한, 정이 많은'과 같은 내포적 의미를 가질 수 있고 '아저씨'는 '친근한', '배가 나온' 등의 내포적 의미를 가질 수 있다.

(3) 사회적 의미(social meaning)

사회적 의미는 언어가 사용되는 사회적 환경 및 상황과 밀접하게 관련되어 전달되는 의미이다. 예를 들어 '아줌마'는 '아주머니'의 낮춤말이자 어린아이 말일 수 있다. 또한 '아주머니'는 결혼한 여자를 예사롭게 부르는 말이며 '아지매'는 아주머니의 강원, 경상 방언이다.

(4) 정서적 의미(affective meaning)

정서적 의미는 화자의 감정이 전달되는 경우 반영되는 의미이다. 예를 들어 조용히 해 달라는 요청도 여러 가지 표현으로 나타날 수 있는데, '때론 만 마디 말보다 침묵이 낫답니다'라는 말에서 느껴지는 정서적 의미와 '조용히 해! 입 다물어!'에서 나타나는 정서적 의미는 서로 다르다.

3) 어휘 의미 분석

어휘 의미를 분석하기 위하여 장이론(field theory)에 대해 간략히 살펴보겠다. 장이론에서는 하나의 장(場)을 이루는 어휘들은 의미적 공통성을 가지고 있으며 하나의 장 내부에는 부분 장(sub-field)이 존재한다고 본다.

장과 부분 장은 어휘들의 의미와 관련되는 것이므로 의미장(semantic field)이라고 한다. 장이론은 하나의 어휘 의미를 더 작은 의미 성분으로 나눌 수 있는 '성분 분석(componential analysis)'의 토대가 되었다.

의미장에 대해 알아보기 위해 다음 어휘들을 관찰하고 분류해 보자.

예 양배추, 상추, 시금치, 무, 당근, 고구마, 호박, 오이, 비행기

① 양배추, 상추, 시금치/무, 당근, 고구마/호박, 오이

채소 어휘장 [잎채소], [뿌리채소], [열매채소]

② 비행기

위에서 분류한 것을 토대로 채소의 하위 분류와 계층 관계를 나타내면 아래와 같다.

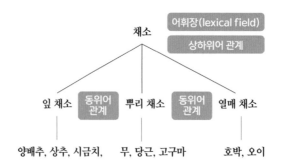

다음으로 의미장의 빈자리(lexical gap)에 대해 알아보자. 의미장의 빈자리는 개념적으로는 있을 법하나 실제 그 개념을 표현하는 어휘가 없는 경우를 뜻한다. 예를 들어 손가락의 고유어 명칭에는 '엄지손가락, 집게손가락, 가운뎃손가락, 새끼 손가락'이 있는데 네 번째 손가락을 지칭하기 위한 고유어 명칭이 없다. 바로 이 어휘가 의미장의 빈자리가 된다. 한편 상 하위어 관계에서도 빈자리는 생기는데 그때는 하위어 중에서 하나가 빈자리를 채울 수 있다. 예를 들어 '크-'와 '작-'의 상 위어는 '크기'이다.

4) 어휘의 의미 관계
어휘들이 서로 맺고 있는 의미 관계가 무엇인지 알아보기 위하여 다음 예를 살펴보자.

> **예** 생일잔치, 돌잔치, 회갑잔치, ?종강잔치, ?크리스마스잔치
> 생일 파티, ?돌파티, ?회갑파티, 종강파티, 크리스마스파티

(1) 동의 관계(synonymy)
먼저 첫 번째로 '동의 관계(synonymy)'가 무엇인지 알아보자. 개념적 의미가 서로 같은 경우를 동의어(synonym)라고 한 다. 이때 절대적인 의미의 동의어는 개념적, 내포적, 사회적 의미까지 같은 경우를 말한다. 위의 표 안에 들어 있는 어휘들 은 어떠한가? '잔치', '파티'는 기쁜 일이 있을 때 음식을 차려 놓고 여러 사람이 모여 즐기는 일을 뜻한다. 이는 이 두 단어 가 가진 공통된 개념적 의미다. 그런데 잔치와 파티는 완전히 같은 의미를 가진 어휘들은 아니기에 '유의어' 관계를 맺는 다. 왜냐하면 잔치는 전통적으로 내려오는 행사이고 가족과 친지 참석자, 연령이 높은 사람들이 참여하는 행사를 지칭한 다. 반면에 '파티'는 최근에 생긴 신식 행사로서 가족이 필수적으로 참석하지는 않으며 연령 역시 그다지 높지 않은 상황 에 해당한다. 그렇다면 동의 관계의 동의어들이 나타나는 요인에는 무엇이 있을까? 여러 가지 요인이 있다. 1) 지리적 차 이(가위, 가우, 가왜, 가새, 까새, 가시개, 깍개 등) 2) 외래어 유입(잔치, 파티/빨래, 세탁) 3) 전문어와 일반어 공존: 명의와 이름, 이름과 치아 4) 금기어와 완곡어 공존: 변소, 화장실/죽다, 돌아가시다 4) 은어: 큰집(교도소를 뜻함)

(2) 대립관계(antonymy)
다음으로 대립관계(antonymy)를 살펴보자. 다음 예문을 보자.

예 사랑의 반대말은 미움이 아니라 무관심이다.

산토끼의 반대말은 집토끼, 판토끼, 죽은 토끼 등이다.

대립관계(antonymy)는 어떠한 관계인가? 언어학적으로 대립어(antonym)란 성분 분석의 결과, 공통된 성분을 공유하면서 단 하나의 시차적 성분을 갖고 있는 어휘 의미 관계에 있는 어휘들을 가리킨다. 대립의 유형에는 상보적 대립어, 정도 대립어, 정도 상보어, 방향 대립어가 있다. 대립 관계에 있는 상보적 대립어는 의미 영역을 양분하여 한쪽에 속하며 다른 쪽에는 속할 수 없는 상호 배타적인 관계를 맺는다. 이때는 한쪽에 속하지 않으면 반드시 다른 쪽에 속하게 된다. 예를 들어, 미혼자-기혼자, 참-거짓, 출석하다-결석하다 등이 있다. 상보적 대립어의 예로는 '삶'과 '죽음'이 대표적이다. 이 두 어휘는 아래와 같은 문장에 쓰일 수 없다.

예 *이것은 삶이면서 죽음이다.

*이것은 삶도 아니고 죽음도 아니다.

*이것은 매우/조금 삶이다.

*이것은 저것보다 더 삶이다.

대립 관계에 있는 어휘 중 정도 대립어(gradual antonym)가 있다. 정도 대립어란 정도의 크기에서 정반대 위치에 있으면서 대립하는 어휘다. 예를 들어 '높다-낮다', '무겁다-가볍다'가 여기 해당한다.

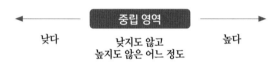

정도 대립어는 서로 다음과 같은 의미 관계를 맺는다. 예를 들어 'x가 높다'라는 서술어는 'x가 낮지 않다'를 뜻하는데, 반대로 'x가 낮지 않다'라는 말은 'x가 높다'라는 것을 뜻하지는 않는다. 또 정도 대립어는 'x는 높지도 않고 낮지도 않다'라고 말하여 중립 영역을 나타낼 수 있다. 그리고 'x는 매우/조금 높다', 'y는 x보다 더 낮다'와 같은 표현을 통해 비교 표현이 올 수 있다.

다음으로 정도 상보어(gradable complementary)가 있다. 상보적 대립어와 정도 대립어의 중간적인 성격을 가지는 정도 상보어는 정도성을 갖고 서로 대립하지만, 중립 영역을 갖지 못한다. 예를 들어 '옳다-그르다', '깨끗하다-더럽다', '정직하다-부정직하다'가 그러한 관계를 맺는다.

이들은 정도 대립어와 마찬가지로 'X가 옳다'라고 하면 'X가 옳지 않다'를 뜻하는데 반대로 'X가 그르지 않다'도 'X가 옳다'라는 것과 같은 의미를 나타낸다. 또한 중간 영역이 없어 'X는 옳지도 않고 그르지도 않다'라는 표현은 불가능하며 'X는 매우 옳다'와 같이 정도 부사어 수식은 가능하다.

다음으로 방향 대립어(directional opposite)를 살펴보자. 방향 대립어는 특정 환경에서 그 대립성을 잃는 경우(중화)가 있다. 예를 들어 '높다'라는 형용사는 '남산이 얼마나 높습니까?'라는 예문에서 '낮다'와 대립하는 의미를 가지지 않는다. 또한 '남산의 높이'에서 '높다'도 '높은 정도'라는 의미만 가진다. 한편 '높다'라는 서술어는 '남산이 우리 집 앞산보다 높다'

라는 문장에서 중화된 상태의 의미만을 나타낸다. 왜냐하면 '남산'이 실제로는 절대적으로 높지 않을 수 있기 때문이다. 즉, 위의 예문에서 '높다'는 상대적인 방향만 나타낸다. 이러한 예에는 '길다-짧다'도 들어간다. 예를 제시하면 아래와 같다.

> 예 연필이 어느 정도 깁니까?
>
> 연필의 길이다. 이 연필은 저 연필보다 길다.

(3) 상하 관계(hyponymy)

이제 상하 관계(hyponymy)에 대해서 살펴보자. 같은 개념을 공유하는 어휘들 사이에는 위계 관계가 존재한다. 이러한 관계에 있는 어휘들을 상위어(상의어, hyperonym) 혹은 하위어(하의어, hyponym)라고 한다. 예를 들어 '채소-뿌리채소', '동물-포유동물', '원소-산소' 이러한 어휘들의 관계는 상하 관계를 나타낸다. 여기에서 상위어는 의미장에서 하위어보다 높은 계층에 위치하고 하위어는 상위어의 의미를 함의하나 그 역은 성립하지 않는다. 즉, 'X가 뿌리채소이다'는 'X가 채소이다'를 함의하지만, 'X가 채소이다'는 'X가 뿌리채소다'를 함의하지는 않는다.

(4) 동음 관계(homonymy)

동음 관계(homonymy)는 어휘들이 전혀 다른 개념을 지시하나 우연히 소리가 같은 관계를 나타낸다. 예를 들어 아래와 같은 의미 관계들이 동음 관계에 해당한다.

> 예 손(手)-손(客), 쓰다(書)-쓰다(用)-쓰다(苦)

동음어들은 언어의 자의성을 반영한다. 즉 소리와 뜻이 자의적으로 결합하기 때문에 우연히 소리가 같은 어휘가 만들어질 수 있는 것이다.

(5) 다의 관계(polysemy)

다의 관계(polysemy)는 하나의 어휘가 두 개 이상의 의미를 갖는 관계를 말한다. 다의어가 생겨나는 원인 중 하나는 한 어휘의 기본 개념이 여러 맥락에서 사용되면서 다양한 파생적 의미를 획득하기 때문이다. 가령 '손으로 잡다'에서 '손'은 신체 부위를 가리키지만 '손에 반지를 끼다'에서 '손'은 '손가락'을 뜻한다. 그리고 '손이 부족하다'에서는 '노동력', '손이 많이 가는 일'에서는 '노력, 기술'이라는 뜻을 가진다. 즉 이러한 예들에서 '손'은 구체적 의미도 가지고 추상적 의미도 가진다.

마지막으로 동음 관계와 다의 관계의 관련성을 살펴보자. 한 어휘의 다의 관계는 기본 의미의 관련성을 확보하고 있는 경우에 성립하는 것이다. 그런데 의미 확장이 거듭되다가 기본 의미와의 관련성을 잃게 되면, 그때부터는 동음어가 된다.

5) 문장 의미론

문장 의미론이란 문장의 의미와 관련된 여러 현상을 연구하는 분야다. 문장 의미론이 주로 관심을 갖는 주제는 다음과 같다. 1) 문장에 의해 표현되는 의미는 무엇이며 그것을 어떻게 형식화할 수 있는가? 2) 문장들의 의미 사이에는 어떤 관계가 성립하는가? 3) 하나의 문장이 두 가지 이상의 의미를 나타내는 경우 어떻게 해석해야 하는가?

문장의 의미란 곧 문장이라는 언어 형식이 나타내는 의미를 말한다. 예를 들어 '영희가 웃는다'라는 문장은 '영희'와 '웃는다'라는 언어 형식이 결합해 만들어졌다. 따라서 문장 의미는 '영희'와 '웃다'의 의미와 관련이 있을 것이다. 그렇다면 문장 의미와 어휘 의미 사이의 관계는 어떻게 포착할 수 있는가?

> 예 영희가 웃는다.

(1) 형식 의미론적 관점

우리는 이것을 형식 의미론적 관점에서 풀어 보고자 한다. 형식 의미론에서는 언어 형식 하나하나가 실제 세계와 대응한다고 가정한다. 즉 언어 형식과 실제 세계와의 관계를 지시 개념으로 설명한다. 예를 들어 '영희'라는 어휘 의미는 실제 세계에 존재하는 영희라는 사람을 지시하고, '웃다'라는 어휘 의미는 '이 세상에 존재하는 모든 웃는 개체들의 집합'을 지시한다고 보는 것이다.

(2) 지시론적 관점

잠깐 위에서 배웠던 것을 복습하면, 지시적 의미론에서는 어떤 어휘의 음성이 가진 의미를 실제 세계에 존재하는 대상에서 찾으려 한다. 그래서 언어 형식의 의미를 실재하는 지시물로 보고자 하는 이론이다. 예를 들어 '제주도'는 무슨 의미인가? '제주도'는 실제 세계에 존재하는 바로 그 제주도를 의미한다. 그럼, '자전거'의 의미는 무엇인가? 이는 모든 자전거의 집합이라고 볼 수도 있는데 이는 지시론적 관점에서의 해석이다. 한편 '자전거'는 '바퀴로 가는 탈 것', '두 다리의 힘으로 바퀴를 돌리는 것' 등의 해석이 가능한데 이는 자전거들이 공유하는 속성을 바탕으로 의미를 설명하는 입장이다.

(3) 합성성의 원리

그렇다면 '영희가 웃다'라는 문장 의미는 이를 구성하는 어휘들의 의미로부터 어떻게 도출되는가? 이는 합성성의 원리(compositionality)로 설명할 수 있다. 문장의 형식은 단어와 단어가 모여서 이루어지며, 문장의 의미는 어휘소와 어휘소의 의미가 모여서 이루어진다. 따라서 '영희'라는 단어가 '웃다'와 어울릴 수 있는 이유는 이 두 어휘가 '술어-논항 관계'라는 것을 형성하기 때문이다. 즉 '웃다'라는 술어는 반드시 필수적인 명사구를 요구하는데 그것을 우리는 논항이라고 한다.

위의 문장을 예로 들어 설명하면, '영희가 웃다'라는 문장의 의미는 '이 세상에 존재하는 모든 웃는 개체들의 집합에 영희가 있다'라는 것이다. 그렇다면 이러한 의미를 왜 따지는가? 어떤 문장이 참인지 거짓인지 비판적으로 알아보아야 하기 때문이다. 따라서 실제 세계에 영희라는 사람이 존재하고 웃는 개체들의 집합에 영희가 포함되어 있다는 것이라면, 위의 문장도 다 '참'이 된다. 그럼 '영희가 철수를 좋아한다'는 어떠한가? 이때는 '영희, 철수, 좋아하다'라는 세 어휘의 의미가 어떻게 합성되는지 살펴봐야 한다. 이 세 어휘가 결합하여 합성되는 방법은 아래와 같이 제시할 수 있다.

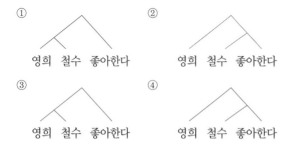

①　　　　　　　　②

영희　철수　좋아한다　　영희　철수　좋아한다

③　　　　　　　　④

영희　철수　좋아한다　　영희　철수　좋아한다

위의 그림 중 가장 알맞은 것은 2번이다. 이처럼 적절한 구조가 있다는 것은 '영희, 철수, 좋아하다'라는 술어의 의미가 모여 더 큰 단위를 이룰 때에는 일정한 규칙이 따르며, 문장의 의미 결합 방식은 통사적 결합 방식과 통한다는 것이다.

한편 문장의 의미 해석을 통해 확인할 수 있는 사실은 유한한 수의 통사 규칙을 반복적으로 적용함으로써 무한한 문장을 형성하듯이 문장의 의미도 일정한 규칙에 의하여 도출될 수 있다는 것이다. 또한 그러한 규칙을 체계적으로 정리하고자 하는 것이 형식 의미론을 중심으로 하는 문장 의미론의 주요 목표라고 할 수 있다. 또한 어휘가 다른 어휘와 의미 관계를 맺듯 문장도 다른 문장과 의미 관계를 형성한다. 문장의 의미 관계 유형에는 동치, 모순, 함의, 전제가 있다. 아래에서는 이 관계에 대해 하나하나 살펴보고자 한다.

6) 문장의 의미 관계

(1) 동치 관계

동치(equivalence)란 두 문장의 의미가 같을 때의 관계를 말한다.

예1　　**가.** 철수가 자고 영희가 공부한다.　　**나.** 영희가 공부하고 철수가 잔다.

예2　　**가.** 철수는 살아 있다.　　　　　　　**나.** 철수는 죽지 않았다.

위의 (1)에서 두 사건 중 어느 것을 먼저 나열하여도 (1가)와 (1나)의 의미는 같다. 또한 (2가)와 (2나)에서 '살다'와 '죽다'는 상보 대립어로서 (2가)와 (2나)는 동치 관계를 형성한다. 정리하면 동치란 어떤 문장 A와 B가 있을 때 A가 참이면 B가 참이 되고, B가 참이면 A가 참이 될 때를 말한다. 동치 관계를 나타내는 기호는 ⇔이다. (1가) ⇔ (1나)는 (1가)와 (1나)가 동치 관계임을 나타낸다.

절대적 의미의 동의어가 그리 많지 않았던 거와 마찬가지로 절대적 동치 관계에 있는 문장은 드물다. 예를 들어 '어부들이 상어를 잡았다'와 '상어가 어부들에게 잡혔다'는 동일한 사건을 나타낸다. 그러나 두 문장의 주제는 각각 '어부'와 '상어'이므로 두 문장이 절대적 동치 관계에 있다고 보기는 어렵다.

(2) 모순 관계

두 문장 중 한쪽이 참이 되면 다른 한쪽은 참이 될 수 없는 관계를 모순 관계라고 한다.

예 1 **가.** 나는 국어학을 공부했다. **나.** 나는 국어학을 공부하지 않았다.

예 2 **가.** 책상 위에 책이 있다. **나.** 책상 위에 책이 없다.

위에서 (1가)와 (1나), (2가)와 (2나)는 동시에 참이 될 수 없으므로 모순 관계에 있다고 할 수 있다. 모순을 정의하자면 다음과 같다. '어떤 문장 A와 B가 있어서 A가 참이면 B가 거짓이 되고, B가 참이면 A가 거짓이 되는 경우 A와 B가 모순 관계에 있다'고 한다. 모순 관계는 ↔ 기호를 써서 나타낸다.

(3) 함의(entailment) 관계

함의 관계는 두 문장 중 한쪽이 참이 되면 다른 한쪽도 반드시 참이 되는 관계를 말한다. 예를 들면 아래 (1)~(5)의 예와 같다.

예 1 **가.** 철수가 사과를 먹는다.
     나. 철수가 과일을 먹는다.

예 2 **가.** 철수는 자고 영희는 공부한다.
     나. 철수는 잔다.

예 3 **가.** 영희는 재미있는 영화를 보았다.
     나. 영희는 영화를 보았다.

예 4 **가.** 영희는 키가 크다.
     나. 영희는 키가 작지 않다.

예 5 **가.** 철수는 총각이다.
     나. 철수는 독신이다.

(1)에서 (1가)와 (1나)는 상하위 관계를 이루며 (2가)와 (2나)는 대등적 접속문에서 하나의 절을 의미한다. (3)에서 (3나)는 (3가)의 부분 집합을 이루며 (4나)는 (4가)와 대립 관계를 이룬다. 또한 (5나)는 (5가)의 내포적 의미이다. 이런 관계를 이룰 경우 두 문장은 함의 관계를 이루는데, 함의는 다음과 같이 정의할 수 있다. 어떤 문장 A와 B가 있어서 A가 참이면 B도 반드시 참이 될 때 A는 B를 함의한다고 한다. 함의 관계는 ⊩ 기호를 써서 나타낸다.

(4) 전제 관계

전제는 어떤 문장이 사실일 때 언어로 표현되지는 않았으나 사실로 전달되는 또 다른 의미를 말한다. 아래 예에서 각 문장의 전제 의미를 확인할 수 있다.

예 **가.** 철수가 사과를 먹는다.
    → 철수라는 사람이 존재한다.
    나. 영희는 그 영화를 본 것을 후회한다.
    → 영희가 그 영화를 봤다.

다. 사과를 먹은 사람은 철수이다.

→ 누군가 사과를 먹었다.

라. 너는 어디서 철수를 만났니?

→ 청자가 철수를 만났다.

전제를 다시 정의하면 다음과 같다. 어떤 문장 A와 B가 있어서 A가 참이면 B가 반드시 참이 되고, ~A(A의 부정문)가 참이어도 B가 반드시 참이 될 때 A는 B를 전제된다고 한다. 이를 더 자세히 말하면 다음과 같다.

> **예** **가.** 어떤 문장 S가 진릿값을 가지기 위해서 명제 p가 참이어야 하면 S는 p를 전제한다.
>
> **나.** 어떤 문장 S가 참이면 명제 p도 참이고, S가 거짓이어도 p가 참이면 S는 p를 전제한다.

위의 예는 무엇을 뜻하는가? 어떤 문장을 부정해도 전제 의미는 늘 참이 된다는 것을 뜻한다. (가)는 어떤 문장과 전제되는 문장이 서로 함의 관계가 있다는 것을 뜻하는데, 함의와 다른 것은 (나)처럼 원래 문장을 부정해도 전제 문장이 참이 된다는 것이다. (나)를 부정 검증법 테스트라고 부르기도 한다.

부정 검증법에 따라 '철수가 사과를 먹는다'라는 문장과 이것의 전제 문장을 판단해 보자.

> **예** **가.** 철수가 사과를 먹는다.
>
> **나.** 철수가 존재한다.

먼저 (가)의 전제 문장은 (나)이다. 이때, (가)가 참이면 (나)도 참이다. 그렇다면 부정 검증법을 적용해 보기 위해 (가)를 부정해 보자. '철수가 사과를 먹지 않는다'가 된다. '철수가 사과를 먹지 않는다'가 참이라면, '철수가 사과를 먹지 않는다'가 성립해도 (나)는 참이다. 그러므로 (가)는 (나)를 전제한다. '영희는 그 영화를 본 것을 후회한다', '사과를 먹은 사람은 철수이다', '너는 어디서 철수를 만났니?'의 예문도 모두 이와 같은 부정 검증법을 통해 전제 관계를 확인해 볼 수 있다.

이와 비슷하게 아래에서는 부정을 하더라도 전제가 일관되게 유지되는 것을 통해서 전제 관계를 다시 확인해 보자. 이는 부정에서의 일관성(constancy under negation)이라고 부른다.

> **예** **가.** 한국의 왕은 현명해.
>
> **나.** 아니야, 그렇지 않아.

(가)에 대해 (나)처럼 답했다고 해 보자. (나)가 부정하는 것은 무엇인가? 1) 아니야, 한국의 왕은 현명하지 않아. 2) 아니야, 한국에는 왕이 없어. 이 둘 중에 무엇일까? 그렇다. 정답은 1) 이다. 따라서 (가)에 대해서 (나)처럼 부정하더라도 (가)의 전제인 '한국에 왕이 있다'라는 문장은 부정되지 않는다. 이것이 바로 함의와 다른 점이다. 다음 예를 통해 전제와 함의의 차이를 확인해 보자.

> **예** **가.** 경찰서장이 세 사람을 체포했다.
>
> **나.** 경찰서장이 존재한다.((가)가 성립하면 (나)도 참)
>
> **다.** 경찰서장이 두 사람을 체포했다.((가)가 성립하면 (다)도 참)

예에서 보면 (가)가 성립하면 (나)도 참이고 (다)도 참이 된다. 그렇다면 (가)를 부정했을 때 여전히 참이 되는 문장이 (가)와 전제 관계를 이룬다고 할 수 있을 것이다.

예   **가.** 경찰서장이 세 사람을 체포하지 않았다.
　　나. 경찰서장이 존재한다.
　　다. 경찰서장이 두 사람을 체포했다.

어떠한가? (가)는 '경찰서장이 세 사람을 체포했다'의 부정문이다. (가)가 성립할 때 여전히 참이 되는 것은 (나)이다. (다)는 (가)가 참이라고 해서 (다)도 늘 참이 되지는 않는다. 경찰서장이 한 사람을 체포했을 수도 있고 다섯 사람을 체포했을 수도 있기 때문이다.

지금까지 배운 내용을 바탕으로 아래 예문을 보며 연습해 보자. 아래 (가)가 전제하는 것은 무엇인가?

예   **가.** 피고는 아직도 아이를 때립니까?
　　나. 네, 아니오.

위에서 (가)의 질문에 대해 '네, 아니오'로 긍정하거나 부정하더라도 여전히 성립하는 전제가 있다. 그것은 바로 '피고가 아이를 전에 때린 적이 있다'는 것이다.

7) 문장의 중의성

하나의 문장이 두 가지 이상의 의미를 나타내는 현상이나 특성을 문장의 중의성이라고 한다. 중의성이 발생하는 원인 첫 번째는 어휘에 의한 것이다.

예   **가.** 영희는 종이에 배를 그렸다.
　　나. 우리 어머니는 손이 크다.
　　다. 철수가 옷을 입고 있다.

(가)~(다)는 중의적인데 (가)는 '배'의 동음어가 있어서 중의적으로 해석된다. (나)는 '손'이 다의어이다. (다)에서는 '입고 있다'가 입는 과정으로도 해석되고 입은 후의 완료 상태를 나타내기도 해서 중의성이 발생한다.

다음은 문법 형태소나 문법 구조에 의한 중의성이다.

예   **가.** 영희는 빵을 먹고 커피를 마셨다.
　　나. 영희와 철수는 학교에 갔다.
　　다. 착한 영희와 철수는 학교에 갔다.

위의 (가)는 연결어미 '-고'의 의미로 인해 중의성이 발생한다. 즉 선행절과 후행절이 동시에 발생하느냐 순서대로 발생하느냐의 문제인 것이다. (나)에서는 접속 조사 '-와'의 접속 대상이 무엇이냐에 따라 의미가 달라진다. '영희와 철수'인지 아니면 '영희가 학교에 가-'와 '철수가 학교에 가-'인지가 합해진 것인지 모르는 것이다. 그러면 (다)는 무엇에 의해 중의성이 발생할까? 관형어 '착한'이 무엇을 수식하느냐에 따라 의미가 두 개 이상 해석된다. '착한'이 '영희'만을 수식하면 '착한 영희' 그리고 철수가 학교에 간 것이고 '착한'이 '영희와 철수'를 수식한다면, '영희와 철수'가 모두 착한 것이라는 뜻이 된다.

형 성 평 가

1. 언어의 특성에 대한 설명으로 옳지 않은 것은?

① 표현과 의미의 연합은 필연적이지 않다.

② 표현과 의미의 연합은 사회적 계약의 자격을 얻는다.

③ 표현과 의미가 결합해서 복합 기호가 형성될 수 있는 힘은 무궁무진하다.

④ 언어 기호는 언어 공동체에 속한 사람들의 약속인데 이는 언어의 창조성을 보여 준다.

정답: ④

해설: 언어 기호가 사회적 약속이라는 것은 언어의 사회성을 보여 준다.

2. 자음과 모음의 특성으로 알맞지 않은 것은?

① 자음은 장애음이다.

② 모음은 장애를 일으키지 않고 내는 소리이다.

③ 장애음에는 성대를 진동시키는 자음과 그렇지 않은 자음이 있다.

④ 모음은 허파에서 나온 공기가 성문을 통과하는 동안 장애를 받는 소리이다.

정답: ④

해설: ④ 자음에 대한 설명이다.

3. 다음 중 형태소가 아닌 것은?

① 사람

② 새까맣다

③ 햇

④ -만

정답: ②

해설: 새까맣다는 '새'라는 접두사와 '까맣다'라는 형용사로 분석될 수 있다.

4. 다음 중 품사 분류의 기준이 아닌 것은?

① 곡용 여부

② 활용 여부

③ 단어와 단어가 맺는 관계

④ 자립성 여부

정답: ④

해설: 자립성 여부는 단어의 특징이다.

5. 다음 중 정도 상보어의 특징으로 알맞지 않은 것은?

① 중립 영역을 가진다.

② 정도성을 갖고 대립한다.

③ 정도 상보어 양쪽을 동시에 부정할 수 없다.

④ '매우'와 같은 정도어의 수식을 받을 수 있다.

정답: ①

해설: 정도 상보어(옳다, 그르다)는 중립 영역을 가지지 않는다.

6. 다음 중 다의 관계에 대한 설명으로 알맞은 것은?

① 다의어는 두 어휘가 대립 관계를 형성하는 것이다.

② 다의어는 기본 개념이 여러 맥락에서 사용되며 파생되는 의미를 가진다.

③ '손'은 다의어의 예에 해당하지 않는다.

④ 다의어는 동음어와 같은 의미이다.

정답: ②

해설: ① 다의어들은 대립관계 형성하지 않는다. ② '손'은 대표적인 다의어에 해당한다. ④ 다의어는 동음어와 같은 의미가 아니다.

7. 다음 중 전제에 대한 설명으로 틀린 것은?

① 직접적으로 표현되지 않은 의미이다.

② 부정검증법에 의하여 전제 여부를 판별할 수 있다.

③ 전제는 문장을 부정하면 부정되는 의미 특징을 가진다.

④ 철수가 사과를 먹는다라는 문장은 철수가 존재한다를 전제한다.

정답: ③

해설: 전제는 문장을 부정해도 부정되지 않는다는 특징을 가진다.

8. 전제와 함의의 차이에 대해 바르게 설명한 것은?

① 전제와 함의는 차이가 없다.

② 전제는 함의 관계를 바탕으로 성립하지 않는다.

③ 전제는 함의와 달리 부정 검증법 테스트를 통과한다.

④ 전제는 함의 관계와 마찬가지로 A가 참이면 B가 늘 참이 되고 B가 참이면 A도 참이 되는 것을 뜻한다.

정답: ③

해설: 전제와 함의는 서로 다르다. 전제는 A가 참이면 B도 늘 참이되는 관계이므로 함의 관계를 바탕으로 성립한다. 하지만 전제는 부정 검증법 테스트를 통과하는 반면 함의는 그렇지 않다.

한국어 음운론

1. 음성학과 음운론, 음성 기관의 분류와 조음에 대해 이해한다.
2. 언어 및 비언어적 요인에 의한 발음 습득, 모음과 자음의 특징과 구분, 음소의 대립과 분포를 이해한다.
3. 음절, 운소의 개념과 다양한 음운 변화에 대해 이해한다.

Ⅰ. 한국어 음운론

1. 음성학

1) 개념

말소리의 물리적인 성질을 모두 고려하여 구별하는 소리를 음성이라 하며 음성을 연구하는 것이 음성학이다. 소리 내는 방법을 관찰하고, 귀를 훈련하고, 기계까지 동원하여 음성의 특질을 파악한다.

2) 연구 분야

(1) 조음 음성학: 음성 기관을 작동하여 말소리를 만들어 내는 과정을 연구한다.

(2) 음향 음성학: 화자의 입을 통해 나온 소리가 청자의 귀까지 도달하는 과정을 연구한다.

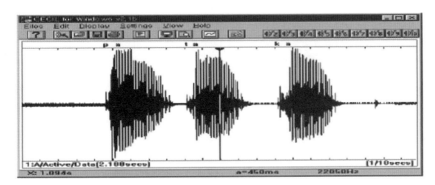

/바/, /다/, /가/의 파형

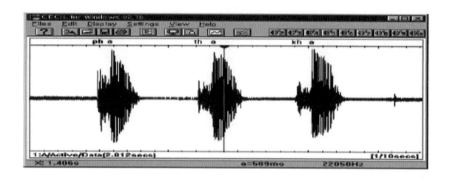

/파/, /타/, /카/의 파형

(3) 청취 음성학: 귓속에 전달된 음파의 청각적 효과와 청취 작용을 연구한다. 말을 하는 데에 쓰이는 음성, 곧 언어음이 어떻게 발음되며 어떤 소리를 바탕으로 이루어져 있는가, 한 언어에는 어떠한 음성들이 사용되는가 하는 것이 음성학의 주된 과제이다.

2. 음운론

1) 개념

사람들이 심리적으로 말소리를 인식할 때 우리는 그 말소리를 특별히 음운이라고 하고 음운을 연구 대상으로 하는 학문을 음운론, 또는 음운학, 음소론이라고 한다. 음성학적 관찰에서 확인된 음성이 어떠한 음운적 단위에 해당하고 그와 같은 단위가 몇 개나 있으며 또한 그것이 어떠한 체계 및 구조를 이루고 있고 어떠한 기능을 하고 있는가 등을 음운론에서 연구한다.

2) 연구 분야

음운론은 심리적인 소리, 곧 음운을 연구 대상으로 한다. 음운은 뜻을 표현하기 위해서 서로 대립하고 있음이 특색이며 그 대립은 변별적 바탕에 기반을 두고 있다. 음운론에서는 소리 바탕의 종류를 가르고 그 경중을 따진다. 음운론에서 할 가장 일차적인 일은 물리적 성질에 따라 변별되는 음성들에 대해 어떻게 음소 설정을 하는가 하는 것이다.

3. 음성 기관의 분류와 조음

1) 음성 기관의 분류

(1) 발동 기관: 폐, 후두부, 후부 구강
(2) 발성 기관: 성대

(3) 조음기관: 치조, 윗입술, 윗니, 아랫니, 아랫입술, 혀끝, 혓날, 전설, 후설, 성대, 경구개, 연구개, 목젖, 인두벽, 혀뿌리, 후두개, 후두, 식도, 기도

(4) 공명 기관: 구강, 비강, 순강, 인두강

2) 조음

(1) 주요 조음 기관

① 조음체: 아랫입술, 혀

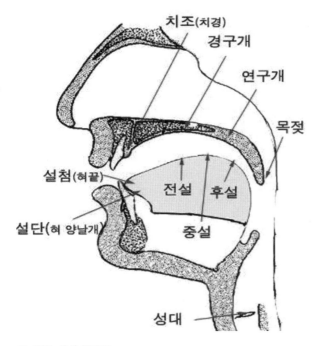

② 설첨: 혀의 끝부분

③ 설단: 혀의 양 날개

④ 전설: 입을 다물고 있을 때, 경구개에 닿는 부분

⑤ 후설: 연구개와 마주 보는 혀의 부분

⑥ 조음점: 윗입술, 윗니, 치조, 경구개, 연구개

⑦ 치조: 윗니 바로 뒤쪽부터 우둘투둘한 부분 바로 앞까지

⑧ 경구개: 입천장의 높고 둥근 부분을 가리킨다. 혀로 만져 보면 미끈미끈하고 평평한 부분

⑨ 연구개: 경구개보다 뒤쪽에 있는 물렁물렁한 부분

(2) 조음 과정

① 시동: 발음하기 위해 폐에서 기류를 밖으로 내보내거나 들이마시는 활동이다. 폐는 일종의 에너지인 말소리의 원동력 역할을 하는 시동 자이며, 공기는 말소리의 재료이다. 시동 단계에서 공기를 밖으로 내보내 말소리의 에너지를 발생시킨다.

② 발성: 시동 과정을 통해 폐에서 내보낸 기류가 성대를 거치면서 조절되는 과정을 말한다. 성대는 얇은 두 개의 근육이 짝을 이루고 있는데 두 성대 사이의 공간을 소리가 지나가는 문이라는 곳은 성문이다.

■ 무성음: 성대 사이의 간격이 기류가 쉽게 빠져나올 정도로 벌어져 있고, 성대의 진동은 일어나지 않는다.

■ 유성음: 성대 사이의 간격이 매우 좁고, 두 성대가 빠른 속도로 붙었다 떨어지기를 반복하여 성대에 진동이 일어난다.

■ 무기음: 두 성대가 거의 밀착되어 유성음보다 성대 간 거리가 짧아 기류가 거의 빠져나가지 못한다.

■ 유기음: 무성음보다 성대 간 간격이 커 기류가 빠져나가는 양이 무성음보다 많다.

③ 조음: 성대에서 만들어진 소리가 성도를 거쳐 여러 소리로 변형되는 과정이다. 조음 시 성도의 일부가 막히는지 아닌지에 따라 자음과 모음이 결정된다. 기류가 비강으로 가는 길이 차단되면 구강 음이 형성되고, 구강으로 가는 길이 차단되면 비강 음이 조음 된다. 저모음, 고모음, 전설모음, 후설모음 등과 같은 모음의 유형이나 폐쇄음, 탄설음, 마찰음 등의 자음의 부류들이 성도의 모양이 어떻게 변형되었느냐에 따라 성격이 달라지면서 만들어진다.

4. 발음 습득의 언어적 요인과 비언어적 요인

1) 발음 습득의 언어적 요인

(1) 대조 분석 가설

　　대조 분석 가설은 L2 학습 시의 주요 장애물을 모어의 간섭으로 보고, L2 학습이 어려운 것은 이러한 간섭 때문이고 이를 해결하기 위해서는 L1과 L2의 음운적, 형태적, 통사적, 표현 담화적 특징 등을 과학적이고 구조적으로 분석하여 이를 학습에 활용해야 한다고 본다.

① 조음 전이: L1을 발음하면서 고착된 L1의 조음 습관을 L2를 조음할 때 부정적으로 전이시켜 오류가 발생하는 것이다.

② 청취 전이: L2 발음을 들을 때 L1의 음운 체계를 적용하여, L1 체계를 바탕으로 L2를 청취하게 되는 것이다.

③ 자소 전이: L1과 L2의 정서법 혹은 자소 체계 차이로 인해 음운 체계의 부정적 전이가 일어나는 것이다.

(2) 기타 가설

　　Brown은 어린이가 두 개의 언어를 동시에 배우는 것은 두 언어의 쓰이는 상황이 다르므로, 하나의 모국어를 배울 때보다는 약간 느리기는 하지만, 두 개의 언어가 서로에게 어려움을 주지 않는다고 보았다. 성인은 인지적으로 안정되어 모국어라는 확고한 기반 위에서 외국어에 임하게 되어 더욱 간섭이 일어나게 된다. 그러나 성인도 어린이가 범하는 오류와 비슷한 것을 보이며 이는 모국어의 규칙과는 별도로 독자적인 규칙을 발견하려는 시도의 결과이다.

2) 발음 습득의 비언어적 요인

(1) 나이: 어린이의 모국어 습득과 성인의 외국어 학습 간의 비교 및 대조

① 신체적 영역: 인간 발성의 조음은 수백 개의 근육이 사용되고 있으며, 모국어 화자와 같이 언어를 유창하게 구사하려면 상당한 정도의 근육 조정이 요망된다. 인간의 출생 당시의 발성 근육은 거의 발달하여 있지 않고 겨우 후두가 울음을 지탱할 정도에 지나지 않으며 발성 근육이 점점 발달하여 특정 언어의 음운 체계의 습득은 5세에서 나타난다. 5세 이전에 외국어를 습득하는 어린이는 외국어의 음운 체계 습득이 신체적으로 가능하므로 신체적인 이점이 있다. 어린이의 언어 습득이 성인의 발음 습득에 비애 이점이 있다.

② 인지적 영역: 어린이들은 외국어를 잘 배울 수 있다는 근거는 피아제의 인지 발달 단계에서 11세 전후의 구체적 조작 단계에서 형식적 조작 단계로 전환된다는 점이라고 볼 수 있다. 구체적 경험과 직접적 지각을 초월하는 추상, 또는 형식적 사고가 가능하게 된다. 인지적인 면에서 성인의 불리한 점은 자연환경 속에서 모국어를 습득하는 어린이에 비하여 성인은 기계적인 학습 방법으로 외국어를 배우는 것이다. 학습은 유의적이어야 하는데 외국어 학습장은 과도한 기계적 활동에 빠지기 쉽다.

③ 정의적 영역: 정의적 영역에 포함되는 요인에는 감정 이입, 억제, 모방, 자존심, 외향성, 불안, 태도 등이 있다. 어린이의 자아는 사춘기까지 성장이 계속되어 유동적이며 유연성이 풍부하여 이 시기의 새로운 언어는 자아에 대해서 그리 대단한 위협이나 억압을 부여하지 않아 언어 학습이 쉽다. 사춘기 때 일어나는 신체적, 인지적, 감정적 변화는 방어 기제를 발달시켜서 언어 자아는 보호적이며 방어적으로 되어 나약한 자아를 보호하기 위해 모국어에 매달린다. 자기의식의 일부가 되어 버린 언어 자아가 위협을 받으므로 외국어를 말할 때 성인은 어려움을 겪는다.

5. 모음의 개념과 특징 및 유형

1) 개념
폐에서 나오는 공기가 목청(성대) 사이를 지나면서 목청의 떨어 울림이 입안에서 조절되어 나오는 소리로, 공기의 흐름을 막는 부분이 없는 소리이다.

2) 특징
자음 없이도 홀로 소리 날 수 있다. 단모음과 이중 모음으로 나눌 수 있다.

3) 유형
단모음: 소리를 내는 도중에 입술의 모양이나 혀의 위치가 고정되어 있어 처음 소리와 나중 소리가 같다. 분류 기준은 혀의 높낮이, 혀의 앞뒤 위치, 입술의 모양이다.

단모음(10개): ㅏ, ㅓ, ㅗ, ㅜ, ㅡ, ㅣ, ㅔ, ㅐ, ㅟ, ㅚ

	전설 평순	전설 원순	후설 평순	후설 원순
고모음	ㅣ	ㅟ	ㅡ	ㅜ
중모음	ㅔ	ㅚ		ㅗ
저모음	ㅐ		ㅏ	ㅓ

이중 모음(11개): 소리를 내는 도중에 입술의 모양이나 혀의 위치가 달라짐

ㅑ, ㅒ, ㅕ, ㅖ, ㅘ, ㅙ, ㅛ, ㅝ, ㅞ, ㅠ, ㅢ

6. 자음의 개념과 특징 및 유형

1) 개념

소리를 낼 때 목 안 또는 입안에서 장애를 받고 나오는 소리

2) 특징

자음은 모음 없이는 홀로 소리 날 수 없다. 울림소리(유성음)와 안울림소리로 나눌 수 있다.

① 울림소리: 발음할 때 성대가 떨려 울리는 소리(모든 모음, 자음 'ㄴ, ㅁ, ㅇ, ㄹ')

② 안울림소리: 발음할 때 성대가 떨려 진동하지 않고 나는 소리

- 울림소리(4개): ㄴ, ㄹ, ㅁ, ㅇ

- 안울림소리(15개): ㄱ, ㄲ, ㄷ, ㄸ, ㅂ, ㅃ, ㅅ, ㅆ, ㅈ, ㅉ, ㅊ, ㅋ, ㅌ, ㅍ, ㅎ

3) 유형

조음 방법		유형/위치	양순음	치조음	경구개음	연구개음	성문음
장애음	파열음	평음	ㅂ	ㄷ		ㄱ	
		격음	ㅍ	ㅌ		ㅋ	
		경음	ㅃ	ㄸ		ㄲ	
	마찰음	평음		ㅅ			
		격음					ㅎ
		경음		ㅆ			
	파찰음	평음			ㅈ		
		격음			ㅉ		
		경음			ㅊ		
공명음		비음	ㅁ	ㄴ		ㅇ	
		유음		ㄹ			

7. 음소의 최소 대립과 상보적 분포

1) 최소 대립

어떤 두 개의 단어가 같은 자리에 있는 소리의 음성적 차이 때문에 의미가 달라지는 경우 음소로 인정한다. 최소 대립 관계에 있는지는 치환 시험을 통해 확인이 가능하다.

> **예** 불: 뿔: 풀 - 'ㅂ, ㅃ, ㅍ' 각각 음소
>
>   마리: 머리 - 'ㅏ, ㅓ' 각각 음소

2) 상보적 분포

같은 환경에서 나타나지 않는 한 쌍의 음성은 상보적 분포에 있다고 한다. 상보적 분포를 나타내는 것은 음소로 인정하지 않고, 이음(변이음)의 관계에 있다고 본다.

*변이음(變異音): 하나의 말소리가 다른 발음이 될 경우, 언어 화자의 머릿속에는 같은 말소리로 인식되는 소리를 말한다. 즉, 기계적으로 분석할 때는 다르지만 사람들이 표기하거나 들을 때에는 차이를 인지하지 못하는 소리이다. '바지'의 'ㅂ'은 성대의 울림이 없는 소리이고, '아버지'의 'ㅂ'은 성대의 울림이 있는 소리이며, '삽'의 'ㅂ'은 막힌 공기가 터지지 않고 나는 소리이다. 'ㅂ'은 각각 형태소의 첫소리, 모음 사이, 형태소의 끝소리에서 서로 다른 음성이지만, 이들은 비슷한 소리이며, 뜻을 구별해 주는 일은 하지 못한다. 뜻을 구별해 주는 음운, 음소와 대조되는 면이 있다.

	어두 초성	유성음과 유성음 사이	어말 종성
ㅂ	[p]: 배, 바다	[b]: 가방, 아버지	[p]: 지갑
ㄷ	[t]: 다리, 도장	[d]: 구두, 만두	[t]: 솥, 옷
ㄱ	[k]: 가수, 고양이	[g]: 아기, 향기	[k]: 한국, 지각

	y, i 이외 모음 앞	y, i 앞	기타
ㄴ	[n]: 나이, 누나	[ɲ]: 가냐고, 니가	
ㄹ	[ɾ]: 라디오	[ʎ]: 가려고, 리본	[l]: 반달, 갈래
ㅅ	[s]: 사과, 소주	[ʃ]: 시계, 가셔도	

① 파열음의 유성음화: 무성음인 한국어 파열음 /ㄱ, ㄷ, ㅂ/과 파찰음 /ㅈ/은 유성음과 유성음 사이에서 유성음화가 일어난다.

② 파열음의 불파음화: 파열음 /ㄱ, ㄷ, ㅂ/은 어말 종성에서 불파음으로 실현된다.

③ 경구개음화: 양순음, 치조음, 연구개음은 전설 고모음 /ㅣ/나 반모음 /y/앞에서 경구개음화 된다.

8. 음절

1) 음절의 개념과 구조

(1) 음절의 개념
한 번에 낼 수 있는 소리마디를 나타내는 문법 단위로, 음절은 의미와 전혀 관계가 없는 음성학적 문법 단위이다. 음절이 만들어지기 위해서는 반드시 모음이 있어야 한다. 모든 말은 음절 단위로 마디를 이루어서 발음된다.

(2) 음절 구조

음절 성분	분절음		예	유형	종류
중성	모음 하나로 이루어진 음절	v	어	1 유형	개음절
	반모음과 모음으로 이루어진 음절	sv	여	2 유형	
초성+중성	자음과 모음으로 이루어진 음절	cv	거	3 유형	
	자음, 반모음, 모음으로 이루어진 음절	csv	겨	4 유형	
중성+종성	모음과 자음으로 이루어진 음절	vc	언	5 유형	폐음절
	반모음, 모음, 자음으로 이루어진 음절	svc	연	6 유형	
초성+중성+종성	자음, 조음, 자음으로 이루어진 음절	cvc	곤	7 유형	
	자음, 반모음, 모음, 자음으로 이루어진 음절	csvc	견	8 유형	

영어에서 'milk'는 1음절이나 우리말은 음절 구조상 음절의 끝소리에 자음과 자음이 연속하여 올 수 없기 때문에 연속되는 둘 이상의 자음을 발음할 수 없다. 우리말로 굳이 한 음절로 발음하거나 적으려고 한다면 [밀]이나 [믹]이 될 수밖에 없다. 원래의 발음과는 완전히 달라지기 때문에 우리는 어쩔 수 없이 모음 [으]를 첨가하여 두 음절로 나누어 [밀크]라고 발음한다.

2) 음절 구조의 제약

(1) 음절 성분과 음절의 관계에 관한 것
모든 음절은 중성을 반드시 하나만 가져야 한다. 모든 음절은 초성이나 종성의 하나를 가져도 좋고 가지지 않아도 좋다.

(2) 분절음과 음절 성분의 관계에 관한 것
초성은 18 자음(초성 19 자음 - ㅇ(비음으로서의 이응은 초성이 될 수 없음)) 중의 하나여야 한다. 중성은 단순 모음이나 이중 모음 중의 하나여야 한다. 종성은 7 자음(ㄱ, ㄴ, ㄷ, ㄹ, ㅁ, ㅂ, ㅇ) 중의 하나여야 한다.

(3) 분절음과 분절음의 연결에 관한 것
자음 뒤에 'ㅢ'가 연결될 수 없다. 'ㅈ, ㅉ, ㅊ' 뒤에 'ㅑ, ㅕ, ㅛ, ㅠ, ㅖ'가 연결될 수 없다. 단순 모음과 반모음의 연결 중 일부만 가능하다.(이중 모음이 존재하는 경우에만 가능함) 음절 구조 제약은 시대나 방언에 따라 다를 수 있다.

3) 음절 구조의 발음

음절 구조는 표기형과 발음형이 서로 다르다.

예 **가.** 닭도, 앉고, 삶, 핥다가/닭이, 앉아서, 삶에서, 핥은

　　나. [닥또, 안꼬, 삼, 할따가]/[달기, 안자서, 살메서, 할튼]

　(가)는 표기형이고 (나)는 발음형인데, 표기형에서는 모음 뒤에 자음이 두 개 올 수 있어서 '닭, 앉고'와 같이 쓴다. 그러나 휴지나 자음 앞에서는 자음 하나가 탈락하여 [닥, 안꼬]로 발음된다. 표기형과 발음형의 음절 구조 차이를 이해하는 것은 음운 변동을 이해하는 데에도 필수적이다. '앉아'처럼 뒤 음절 초성 자리가 비어 있는 경우 겹자음 중 하나가 연음되어 음절 끝에 겹자음을 허용하지 않는다. '음절'은 발화의 최소 단위이므로 발음형에 적용되는 개념이다. 발음 교육에서는 표기형의 음절 구조와 발음형의 음절 구조 차이에 대한 교육이 필요하다. 한글 맞춤법에서는 실질 형태소와 형식 형태소를 분철하는데 표기를 통해 의미의 가독률을 높인다.

4) 운소의 개념과 유형

(1) 개념: 단어의 의미를 분화하는 데 관여하는 음소 이외의 운율적 특징으로 소리의 높낮이, 길이, 세기 등이 있다. 초분절적 요소라고도 부른다.

(2) 유형

① 소리의 길이(음장)
- 음장은 어두음절에서만 변별적이다.
- 보상적 장모음화: 음절수가 준 데 대한 보상으로 일어난 장모음화
- 표현적 장음: 화자의 감정 표현 때문에 장음으로 나타난 것. 단어의 변별이 아닌 어감의 차이

② 소리의 높이
- 억양: 문장의 높이(상승, 하강, 수평)
- 하강조: 발화의 완결. 평서문, 명령문, 청유문의 문말 억양
- 상승조: 발화가 완결되지 않았거나 청자의 반응을 기다림을 나타냄

③ 성조
- 단어의 각 음절에 소리의 높이가 구사될 때
- 중국어는 성조 언어

■ 한국어의 경우 경상 방언, 함경 방언, 강원도의 영동 방언에 성조가 있음

9. 음운의 교체

1) 어떤 음운이 음절의 끝에서 다른 음운으로 바뀌는 현상

(1) 음절의 끝소리 규칙: 국어에서 음절의 끝에서 발음되는 자음은 'ㄱ, ㄴ, ㄷ, ㄹ, ㅁ, ㅂ, ㅇ'의 일곱 개뿐이다. 음절 끝에 이 일곱 소리 이외의 자음이 오면, 이 일곱 자음 중의 하나로 바꾸어 발음한다. 근본적으로 국어의 음절 구조상 첫소리나 끝소리 위치에 하나의 자음밖에 올 수가 없기 때문에 일어나는 현상이다.

① 홀받침

ㅍ → ㅂ	잎 → [입]
ㅅ, ㅆ, ㅈ, ㅊ, ㅌ, ㅎ → ㄷ	옷 → [옫], 있(고) → [읻(고)] 꽃 → [꼳], 바깥 → [바깐] 히읗 → [히읃]
ㄲ, ㅋ → ㄱ	밖 → [박], 부엌 → [부억]

② 겹받침

ㄳ, ㄵ, ㄼ, ㄽ, ㄾ, ㅀ, ㅄ → 첫째 자음이 남음	몫 → [목], 앉고 → [안꼬], 넓다 → [널따] 외곬 → [외골], 핥(고) → [할(고)] 앓는 → 알는 → [알른], 값 → [갑]
ㄺ, ㄻ, ㄿ → 둘째 자음이 남음	닭 → [닥], 젊다 → [점(따)], 읊지 → [읍찌], 읽지 → [익찌]

2) 경음화

받침 'ㄱ(ㄲ, ㅋ, ㄳ, ㄺ), ㄷ(ㅅ, ㅆ, ㅈ, ㅊ, ㅌ), ㅂ(ㅍ, ㄼ, ㄿ, ㅄ)' 뒤에 연결되는 'ㄱ, ㄷ, ㅂ, ㅅ, ㅈ'은 된소리로 발음한다. 어간 받침 'ㄴ(ㄵ), ㅁ(ㄻ)' 뒤에 결합하는 어미의 첫소리 'ㄱ, ㄷ, ㅅ, ㅈ'은 된소리로 발음한다.

> **예** 국밥[국빱], 깎다[깍따], 신고[신ː꼬], 앉고[안꼬]

다만 피동, 사동의 접미사 '-기-'는 된소리로 발음하지 않는다.

> **예** 안기다 감기다

어간 받침 'ㄼ, ㄾ' 뒤에 결합하는 어미의 첫소리 'ㄱ, ㄷ, ㅅ, ㅈ'은 된소리로 발음한다. 한자어에서 'ㄹ' 받침 뒤에 연결되는 'ㄷ, ㅅ, ㅈ'은 된소리로 발음한다.

예 넓게[널께], 핥다[할따], 갈등[갈뜽], 발동[발똥]

다만 같은 한자가 겹친 단어의 경우에는 된소리로 발음하지 않는다.

예 허허실실[허허실실](虛虛實實), 절절-하다[절절하다](切切-)

관형사형 '-(으)ㄹ' 뒤에 연결되는 'ㄱ, ㄷ, ㅂ, ㅅ, ㅈ'은 된소리로 발음한다. 표기상으로는 사이시옷이 없더라도, 관형격 기능을 지니는 사이시옷이 있어야 할(휴지가 성립되는) 합성어의 경우에는 뒤 단어의 첫소리 'ㄱ, ㄷ, ㅂ, ㅅ, ㅈ'을 된소리로 발음한다.

예 할 것을[할꺼슬], 갈 데가[갈떼가], 문-고리[문꼬리], 눈-동자[눈똥자]

3) 비음화

파열음이 뒤에 오는 비음에 동화되어 비음으로 바뀌는 현상이다.

밥물 → [밤물], 섭리 → 섭니 → [섬니], 밥는다 → [반는다], 앞문 → 압문 → [암문]
닫는 → [단는], 겉문 → 걷문 → [건문], 종로 → [종노], 남루 → [남누]
국민 → [궁민], 국물 → [궁물], 깎는 → 깍는 → [깡는]

4) 유음화

'ㄴ'과 'ㄹ'이 만났을 때 앞뒤의 'ㄴ'이 'ㄹ'로 바뀌는 현상이다.

신라 → [실라], 천리 → [철리], 논리 → [놀리](설측음화)
칼날 → [칼랄], 찰나 → [찰라], 말눈 → [말룬], 실날같이 → 실랄가티 → [실랄가치]
앓는 → 알는 → [알른], 끓는 → 끌는 →[끌른], 훑는 → 훌는 → [훌른]

5) 구개음화

끝소리가 'ㄷ, ㅌ'인 형태소가 'ㅣ'나 반모음 'ㅣ'로 시작되는 형식 형태소와 만나면 그 'ㄷ, ㅌ'이 구개음 'ㅈ, ㅊ'으로 바뀌는 현상이다. 'ㄷ' 뒤에 접미사 '히'가 결합하여 '티'를 이루는 것은 [치]로 발음한다.

> **예** 굳히다[구치다], 닫히다[다치다], 곧이듣다[고지듣따], 굳이[구지]

6) 'ㅣ' 모음 역행 동화

파열음이 뒤에 오는 비음에 동화되어 비음으로 바뀌는 현상이다. 'ㅏ, ㅓ' 등의 모음 뒤에 'ㅣ' 모음이 놓일 때 'ㅐ, ㅔ' 등으로 바뀐다.

7) 모음조화

양성 모음 'ㅏ, ㅗ'는 'ㅏ, ㅗ'끼리, 음성 모음 'ㅓ, ㅜ, ㅡ, ㅣ'는 'ㅓ, ㅜ, ㅡ, ㅣ'끼리 어울리려는 현상이다.

> **예** 깎아 깎아서 깎아도 깎아라 깎았다.
> 먹어 먹어서 먹어도 먹어라 먹었다.
> 비어 비어서 비어도 비어라 비었다

10. 음운의 탈락

1) 자음 탈락

음절의 끝에서는 하나의 자음만 소리 날 수 있고, 모음 사이에 놓일 수 있는 자음은 최대 두 개이므로 자음 탈락이 나타난다.

① 'ㄹ' 탈락
- 합성과 파생 과정에서의 'ㄹ' 탈락
> **예** 다달이(달-달-이), 따님(딸-님), 마되(말-되), 바느질(바늘-질)

- 활용 과정에서 'ㄹ'의 탈락
> **예** 둥글다: 둥그니, 둥근, 둥급니다, 둥그시다, 둥그오

② 'ㅎ'의 탈락
> **예** 낳은[나은], 놓아[노아], 쌓이다[싸이다], 많아[마ː나]

2) 모음 탈락

'으'로 끝나는 용언이나 '아/어'로 끝나는 용언이 어미 '-아/어'와 결합할 때 모음 탈락이 나타난다.

① '_' 탈락

예　뜨다: 떠, 떴다/끄다: 꺼, 껐다

　　담그다: 담가, 담갔다/고프다: 고파, 고팠다

② 동음 탈락

예　타아: 타 타았다: 탔다/서어: 서 서었다: 섰다

　　켜어: 켜 켜었다: 켰다/펴어: 펴 펴었다: 폈다

11. 음운의 첨가

1) ㄴ첨가

합성어가 만들어질 때 앞말이 자음으로 끝나고 뒤의 단어가 'ㅣ'나 'ㅑ, ㅕ, ㅛ, ㅠ' 등으로 시작될 경우 나타나는 현상이다.

예　논+일 → 논일[논닐], 맨+입 → 맨입[맨닙]

12. 음운의 축약

1) 거센소리 현상(격음화)

'ㅎ'과 예사소리가 만날 때 그 둘이 합쳐져서 거센소리로 나는 현상이다.

예　좋고 → [조코], 옳지 →[올치], 잡히다 → [자피다]

형 성 평 가

1. 다음 중 음운론에 대한 설명으로 적절하지 않은 것은?

① 말소리의 심리적인 성질을 고려함
② 말소리의 물리적인 성질을 고려함
③ 뜻을 표현하기 위해 서로 대립하는 것을 연구함
④ 음운의 대립의 변별적 바탕에 기반을 두고 있음

정답: ②
해설: 사람들은 말소리를 심리적으로 인식한다. 그 말소리를 음운이라고 하며 음운을 연구 대상으로 하는 학문을 음운론이라고 한다.

2. 다음 중 발음 습득의 비언어적 요인에 대한 설명으로 적절하지 않은 것은?

① 어린이는 음운 습득 면에서 신체적으로 불리하다.
② 성인은 기계적인 학습 방법으로 외국어를 학습한다.
③ 정의적인 요인에는 감정 이입, 모방, 불안 등이 있다.
④ 어린이는 자연적인 환경 속에서 모국어를 습득한다.

정답: ①
해설: 5세 이전에 외국어를 습득하는 어린이는 신체적인 이점이 있다. 오히려 어린이의 음운 습득이 성인의 습득에 비해 이점이 있다.

3. 다음 중 단모음이 아닌 것은?

① ㅏ
② ㅐ
③ ㅢ
④ ㅔ

정답: ③
해설: 'ㅢ'는 이중 모음이다.

4. 같은 환경에 나타나지 않는 한 쌍의 음성은 어떤 관계에 놓여 있다고 말할 수 있는가?

① 어두 초성
② 어말 종성
③ 상보적 분포
④ 최소 대립

정답: ③
해설: 같은 환경에 나타나지 않는 한 쌍의 음성은 상보적 분포에 있다고 한다.

5. 다음 중 '초성+중성'으로 이루어진 음절은?

① 의

② 아

③ 거

④ 연

정답: ③

해설: '의', '아'는 '중성'으로 이루어진 음절이다. '연'은 '중성+종성'으로 이루어진 음절이다.

6. 다음 중 음절 구조의 제약에 대한 설명이 적절하지 않은 것은?

① 자음 뒤에 'ㅢ'가 연결될 수 없다.

② 모든 음절은 중성을 반드시 두 개를 가져야 한다.

③ 'ㅈ, ㅉ, ㅊ' 뒤에 'ㅑ, ㅕ, ㅛ, ㅠ, ㅖ'가 연결될 수 없다.

④ 초성은 18자음(초성 19자음 - ㅇ(비음으로서의 이응은 초성이 될 수 없음)) 중의 하나여야 한다.

정답: ②

해설: 모든 음절은 중성을 반드시 하나만 가져야 한다.

7. 다음 중 구개음화가 일어나는 단어는?

① 굳이

② 칼날

③ 앞문

④ 깎다

정답: ①

해설: 구개음화란 끝소리가 'ㄷ, ㅌ'인 형태소가 'ㅣ'나 반모음 'ㅣ'로 시작되는 형식 형태소와 만나면 그 'ㄷ, ㅌ'이 구개음 'ㅈ, ㅊ'으로 바뀌는 현상이다. 예로 '굳이', '곧이듣다', '닫히다', '굳히다' 등이 있다.

8. 다음 중 음운의 교체와 관련이 없는 것은?

① 경음화

② 비음화

③ 유음화

④ 격음화

정답: ④

해설: 격음화는 '음운의 축약' 현상이다.

한국어 문법론

1. 문법론(통사론)의 연구 대상과 기초 개념, 문장의 자격에 대해 이해한다.
2. 절의 유형, 한국어 문장의 통사 구조와 형성 규칙, 통사 관계 및 범주에 대해 이해한다.
3. 한국어 조사와 어미의 분포 및 특징을 이해한다.

Ⅰ. 한국어 문법론

1. 통사론의 연구 대상

통사론은 단어와 단어를 결합하여 단어보다 더 큰 문법 단위인 구, 절, 문장을 형성하는 문법론의 한 분야이다. 단어보다 큰 문법 단위에는 무엇이 있을까? 예를 들어 하늘, 땅은 단어인데 '푸른 하늘', '하늘과 땅'은 무엇인가? 그리고 '연탄재 함부로 발로 차지 마라'나 '왜 눈물은 짠가'와 같은 것은 무엇인가? 이들은 단어가 모여 형성된 구나 문장을 가리킨다. 단어가 모여 형성된 구 가운데 일정한 '자격'을 갖춘 것을 절과 문장이라고 한다. 그렇다면 이때 '일정한 자격'은 무엇을 말하는 것인가?

1) 문장은 구와 마찬가지로 단어보다 큰 문법 단위

물론 말소리의 측면에서는 단어인 것이 문법적으로 문장의 역할을 수행하기도 한다. 예를 들어 '뭐 먹을래'라고 물어봤을 때 우리는 '짜장면'이라고 대답하는데 이때 단어 하나로 문장의 기능을 수행하는 것이다. 위의 단어는 '나는 짜장면을 먹을래'로 해석되기 때문이다. 즉 문법적으로는 단어 '짜장면'이 아니라 '나는 짜장면을 먹을래'가 되는 것이다. 따라서 '짜장면'이라고 단어처럼 보여도, 문법적으로 문장이 형성되고 생략이 적용된 후 말소리 차원에서 단어로 실현될 것일 수 있다.

2) 문장은 종결 어미를 갖추어야 함

이는 화자의 발화 의도가 실현될 수 있는 단위가 문장이라는 것과 통한다. 즉 종결 어미에 따라 발화 의도가 명령이나 질문으로 달라지는데 국어와는 달리 발화 의도 등 종결 어미가 담당하는 기능이 종결 어미 이외의 수단을 통해 실현되는 언어도 있다. 즉 종결 어미의 기능을 담당하는 요소를 갖추면 문장의 자격을 지니게 되는 경우도 있는 것이다.

그렇다면 한국어에서 종결 어미가 하는 기능은 무엇인가? 바로 문장 유형을 결정하는 것이다.

① 전공이 뭐예요? [의문형]

② 내 전공은 국어학이다. [평서형]

③ 국어학은 정말 재미있네요! [감탄형]

④ 국어학을 공부하자. [청유형]

⑤ 한국어를 열심히 공부해라. [명령형]

위에서처럼 종결 어미가 달라지면 문장 유형이 의문형, 평서형, 감탄형, 청유형, 명령형 등으로 달라진다.

다음으로 종결 어미는 상대 경어법 등급을 나타내기도 한다. 예를 들어 '어느 나라에서 오셨습니까?'는 하십시오체를 보여 준다. 그리고 '아직도 유효하오? 무엇이 말이오? 생각이 끝났소'와 같은 문장들에서는 '하오체'가 실현되었다.

예　**가.** 무슨 책을 읽는가? 이 책을 읽네.　　　**나.** 무슨 책을 읽니? 이 책을 읽는다.

위에서 (가)는 '하게체'를 보여 주고 (나)는 '해라체'를 보여 준다.

한국어의 상대 경어법 등급에는 위와 같이 '해라체, 하게체, 하오체, 하십시오체'처럼 격식체가 있고 '해요체'나 '해체'처럼 비격식체가 있다.

예　무슨 책을 읽어요? 이 책을 읽어요.　　　무슨 책을 읽어? 이 책을 읽어.

위의 예에서는 비격식체가 사용되었다.

정리하면, 종결 어미는 문장 유형을 보여 주고 상대 경어법 등급을 보여 준다. 여기에 더해 종결 어미는 화자의 태도 즉 양태를 보여 주기도 한다.

예　**가.** 밖에 눈이 와.　　　　　　**나.** 밖에 눈이 오네!

(가)와 (나)의 차이는 무엇인가? (가)보다 (나)처럼 '-네'를 사용해 말하면 화자의 새로운 깨달음이 표현된다.

3) 문장은 그것을 구성하는 성분이 적절해야 함

세 번째로 문장은 서술어가 요구하는 필요한 성분을 반드시 다 갖추어 줘야 적절한 문장으로 완성된다. 예를 들어 '*영이는 철수에게 ＿＿＿＿ 굴었다'는 비문이 되는데 필요한 성분이 부재했기 때문이다. 또한 '*영이는 철수에게 순이부터 짓궂게 굴었다'도 비문인 이유는 불필요한 성분이 들어갔기 때문이다. 따라서 '영이는 철수에게 학교에서 짓궂게 굴었다'처럼 나름의 역할을 제대로 하는 성분들만 갖춘 문장만이 정문이 된다.

문장을 구성하는 성분들이 모자라지도 않고 넘치지도 않아야 하는데, 위의 1)~3)의 조건은 문장뿐만 아니라 구나 절에도 적용된다. 그렇다면 문장 고유의 자격은 무엇이 결정하는가? 바로 문장의 종결 어미 2) 조건이다.

2. 문장과 절

다음 [ ]의 단위는 문장인가?

예 **가.** [비가 오고]. 바람이 불었다.

　　　　[비가 와서]. 그날 소풍은 취소되었다.

　　나. 그는 [비가 오기] 전에 떠났다.

　　다. 함께 듣던 [비가 오는] 소리

　　라. 내일 소풍은 [비가 오면] 취소된다.

　　마. 사람들은 [비가 온다고] 말했다.

　　　　사람들은 ["비가 온다."라고] 말했다.

　위의 예문에서 [ ] 의 단위는 무엇인가? '가'에서 다른 절과 접속되는 절은 '접속절'이라 부르고 '(나)~(마)'처럼 문장이나 구에 포함되어 나타나는 절을 내포절이라고 한다. 문장과 절의 핵심적인 차이는 바로 문장을 끝맺는 어말 어미, 즉 종결 어미이다. 절을 끝맺는 어말 어미는 비종결 어미인데 이는 접속 어미나 전성 어미로 구성된다. 예를 들어 접속절은 접속 어미를 취하는 절이고 내포절은 전성 어미를 택한 절이다. 내포절은 위에서 보듯 '비가 오기'와 같은 명사절과 '비가 오는'과 같은 관형사절, '비가 오면'과 같은 부사절, '비가 온다고'와 같은 인용절로 나누어진다. 전성 어미는 선행 절의 문법적 성질을 바꾸어 주는 어말 어미이다. 명사형 전성 어미에는 '-기'나 '-음'이 있고 관형사형 전성 어미에는 '-은', '-을'이 있다. 그리고 부사형 전성 어미에는 '-도록', '-게'가 있다.

　내포절의 한 종류로 인용절이 있는데 인용절은 크게 두 종류로 나누어진다. 하나는 '비가 온다고 말했다'와 같은 간접 인용절이고 또 다른 하나는 '"비가 온다"라고 말했다'와 같은 직접 인용절이다. 인용절은 명사절, 관형사절, 부사절 어느 하나에 소속되지 않는 특징을 가진다. 명사절, 관형사절, 부사절은 각각의 절을 나타내는 고유한 전성 어미를 가지고 있지만 인용절은 그렇지 않기 때문이다. 인용절은 '-고'나 '-라고'를 취한다. 이 어미들을 인용형 전성 어미로 볼 수 없는지 궁금할 수 있다. 설령 이러한 입장을 택한다 해도 인용절은 명사절, 관형사절, 부사절과 구별된다. 왜냐하면 인용절은 다른 절과는 달리 내포절에 종결 어미를 그대로 유지하며 취한다는 특징이 있기 때문이다. 아래 예에서 이를 확인할 수 있다.

　예　그는 내게 [누가 오냐고] 물었다.

　　　　그는 내게 ["누가 오냐?"라고] 물었다.

　　　　그는 내게 [집에 가라고] 명령했다.

　　　　그는 내게 ["집에 가라."라고] 명령했다.

　　　　그는 내게 [함께 가자고] 제안했다.

　　　　그는 내게 ["함께 가자."라고] 제안했다.

　이처럼 인용절은 명사절, 관형사절, 부사절과 구별되는데 내포를 전성과 인용으로 나누고 전성과 인용의 문법적 구현 방법이 서로 다르다고 보는 것이 합리적일 것이다. 전성 어미는 독자적인 어미 부류인 전성 어미를 통해 실현되고 인용은 종결 어미를 유지하면서 '-고'나 '-라고'가 결합하여 실현되는 것이다. 그렇다면 '-고', '-라고'가 무엇인가? 이들은 조사의 일종으로 간주하여 특별히 인용격 조사라고 처리한다.

3. 인용절의 특징

인용절에 나타나는 종결 어미와 문장을 끝맺는 종결 어미가 완전히 같은가? 그렇지 않다. 그들의 차이는 간접 인용절에서 나타난다. 간접 인용절에서는 상대 경어법상의 차이가 중화된다. 아래에서 이를 확인할 수 있다.

> **예** 밖에 비가 옵니까?(하십시오체)
>
> 그는 내게 [밖에 비가 오냐고] 물었다.
>
> 그는 내게 [밖에 비가 오는가] 물었다.

> **예** 밖에 비가 오는가?(하게체)
>
> 그는 내게 [밖에 비가 오냐고] 물었다.
>
> 그는 내게 [밖에 비가 오는가] 물었다.

인용절의 특징 두 번째는 간접 인용절에 나타나는 종결 어미 목록이 문장 종결에 쓰이는 종결 어미와 일치하지 않는다는 것이다. 예를 들어 종결 어미에는 '-어라', '-으라'가 모두 나오는데 간접 인용절에는 '*그는 [학생이면 책을 읽어라고] 말했다'처럼 '-어라/아라'는 안 된다. 그리고 '-으렴, -을라'가 종결 어미에서는 출현하는데 간접 인용절에는 '*그는 [주관을 갖고 공부를 하렴고] 말했다'처럼 '-으렴'이나 '-을라'가 출현하지 않는다.

4. 통사론

1) 통사론의 개념

통사론은 단어와 단어를 결합해 단어보다 큰 문법 단위인 구, 절, 문장을 형성하는 문법론의 한 분야이다. 구, 절, 문장을 형성하기 위해서는 단어와 단어가 결합할 때 적절한 문법(규범)을 준수해야 한다. 문법은 크게 통사 관계(syntactic relation)와 통사 범주(syntactic category)로 나누어진다.

(1) 통사 관계

문법 관계란 작은 문법 단위가 모여 더 큰 문법 단위를 형성할 때 작은 문법 단위 사이에 성립하는 관계이다. 문법 관계는 문법 기능과 통한다. 통사 관계란 문법 관계의 일종으로서 형성된 더 큰 문법 단위가 통사론의 대상(=구, 절, 문장)인 경우를 따로 가리키기 위한 개념이다. 통사 관계는 통사 기능과 통한다. 그렇다면 구, 절, 문장의 형성과 통사 관계는 무엇인가? 구, 절, 문장을 형성하는 성분들 사이에 적절한 통사 관계가 맺어져야 한다는 것이다. 적절한 통사 관계란 아래 네 개로 이루어진다.

① 술어 논항 관계

먼저 술어, 논항 관계는 말 그대로 술어와 논항 사이에 성립하는 관계이다. 구, 절, 문장의 형성에 술어가 등장하면 술어에 대응하는 논항이 온전히 구비되어야 한다.

> **예** 가. 철수가 영이에게 책을 주었다.

나. *철수가 책을 주었다.

다. *철수가 영이에게 책을 주었다.

라. *영이에게 책을 주었다.

위에서 (나)~(라)는 실제로 쓰이기는 하나 그것은 생략이 적용된 것이지 원래 문장에 위처럼 필요한 성분이 빠지면 비문이 된다. 통사 관계는 생략이 적용되지 않은 것을 가지고 판단하므로 위의 (나)~(라)는 올바른 통사 관계를 지니고 있지 않다. 절이나 문장과는 달리 '구'에서는 논항 실현이 다소 수의적이다. 예를 들어서 '영이가 철수를 사랑한다'라는 문장에서는 '사랑하다'가 '영이', '철수'라는 논항을 필요로 한다. 하지만 아래 예처럼 명사 같은 경우는 논항이 수의적이다.

예 영이의 철수 사랑

영이의 사랑은 지고지순하다.

영이는 철수 사랑이 삶의 전부이다.

과연 사랑이 최고일까?

다음으로 의미역이라는 개념을 알아보자. 의미역은 술어의 요구에 따라 논항이 담당하는 의미적 역할을 말한다.

예 철수가 영이에게 책을 주었다.

위 예에서 철수는 주는 사람, 영이는 받는 사람, 책은 전달되는 물건이다. 이들은 모두 '주다'라는 서술어가 요구하는 논항들인데 각각 행위주, 피동주, 대상이라는 의미역을 가지는 것이다. 의미역의 몇 가지를 제시하면 아래 그림과 같다.

- 행위주(agent) 예 철수가 영이에게 책을 주었다. 누가 거기에 갔니?
- 피동주(patient) 예 철수가 영이에게 책을 주었다. 영이가 집을 지었다.
- 착점(goal) 예 철수가 영이에게 책을 주었다. 흰 구름이 검은색으로 변했다.
- 기점(source) 예 그는 모임에서 빠졌다. 위성이 궤도를 이탈했다.
- 처소(location) 예 나는 그를 그곳에서 처음 만났다. 천장이 물이 샌다.

② 수식-피수식 관계

술어 논항 관계는 문장의 근간을 형성하는 역할을 한다면 수식 피수식 관계는 술어-논항 관계로 형성된 근간을 한층 풍성히 꾸며 주는 역할을 한다.

예 어제 철수가 학교에서 영이에게 책을 주었다.

위의 예문에서 수식어인 '어제', '학교에서'는 사건을 구체적으로 드러내 사건 발생 시점과 장소를 나타낸다.

예 철수가 통사론을 공부하는 영이에게 형태론 책을 주었다.

위의 예문에서 수식어 '통사론을 공부하는'이나 '형태론'도 논항인 '영이에게'와 책을 각각 구체적으로 드러낸다. 적절한 수식-피수식 관계를 맺기 위해서도 적절한 문법이 필요하다. 예를 들어 '*영이는 철수에게 순이부터 짓궂게 굴었다'와 같은 문장이 비문인 이유는 '순이부터'라는 수식어가 부적절하기 때문이다. 논항 술어 관계에서 논항은 술어의 필수적 성분인 데 반해 수식 피수식 관계에서 수식어는 수의적인 성분이다.

*여기서 잠깐! 문장 성분이란?
■ 술어, 논항, 수식어, 필수 성분, 수의 성분: 지금까지 살펴본 용어
■ 통사 관계를 따질 때에는 위의 개념 외에도 다음과 같은 전통적인 문장 성분 개념이 쓰이기도 함: 주어, 목적어, 보어, 관형어, 부사어, 서술어, 독립어
■ 이들 개념 간의 대응 관계

```
예   얼룩빼기   황소가   해설피   금빛   게으른      울음을   울더라
     관형어     주어     부사어  관형어 서술어/관형어 목적어   서술어

예   오매,   단풍   들것네.
     관형어  주어   서술어

예   너무   아픈         사랑은   사랑이   아니래
     부사어 서술어/관형어 주어     보어     서술어
```

위에서 독립어를 수식어로 취급하는 것은 다분히 잠정적인 조치이다. 과연 독립어가 다른 문장 성분과 통사 관계를 맺는지는 불분명하기 때문이다. 독립어가 수의적인 성분임은 확실하나 그렇다고 해서 수식어라고 확신할 수는 없다.

이에 독립 성분을 다음과 같이 설명할 수 있다. 첫째, 독립어를 잠정적으로 수식어의 일종으로 간주한다. 둘째, 독립어를 수식어에서 제외함으로써 독립어의 특성을 살린다. 이 두 가지 방안 중 둘째 방안을 따르면 '진정한' 수식어(=관형어와 부사어)와 독립어를 하나로 묶는 개념을 설정해야 한다. 이때 우리는 부가어(adjunct)라는 개념을 사용한다. 그림 다음과 같은 그림으로 수정된다.

그럼 부가어는 수의 성분과 같은 말인가? 수의 성분은 문법 관계를 나타내는 개념이 아니므로, 문법 관계를 나타내는 부가어 개념을 따로 설정한 것이다. 그렇다면 부가어 안에 수식어가 들어가는가? 그렇다. 독립어와 구분할 필요가 없을 경우에는 수식어 대신에 그 상위 개념인 부가어를 널리 사용하고 있다.

참고로 부사어가 때로는 수의 성분이 아니라 필수 성분이나 논항일 때도 있다. 예를 들어 부사격 조사를 가지고 필수

성분 부사어가 될 때인데, 부사어이지만 논항에 속하게 되는 경우가 있는 것이다. 예를 들어 '어제 철수가 학교에서 영이에게 책을 주었다'라는 문장에서 '영이에게'는 필수 성분이며 논항이다. 이때 '-에게'는 부사격 조사라고 하며 앞의 명사를 부사어로 만든다.

③ 주제-설명 관계

다음으로 주제-설명 관계를 살펴보자. 먼저 이러한 통사 관계가 설정되어야 하는 이유부터 보자.

예 토끼는 귀가 길다.
꽃은 장미가 예쁘다.
흡연은 지정된 장소를 이용하십시오.
사람들이 생선은 고등어만 먹더라.

위의 예를 술어 논항 관계나 수식어 피수식어 관계로 분석할 수 있는가? '토끼는, 꽃은, 흡연은, 생선은' 등은 논항도 수식어도 아니다. 또 다른 통사 관계를 상정할 필요가 있다. 위의 예에서 '토끼는'은 설명의 대상 즉 주제에 해당하고 '귀가 길다'는 설명의 내용이 된다. 나머지 예들도 맨 앞의 명사구가 주제, 나머지는 설명의 내용에 해당한다.

④ 병렬 관계

병렬 관계는 지금까지 살핀 다른 통사 관계와 사뭇 다르다. 어떤 것이 병렬되는 데에는 '문법적인 필요'가 있지는 않기 때문이다. 예를 들어서 '하늘과 바람과 별과 시', '떡이나 빵'은 '과'와 '이나'로 단어와 단어가 연결되어 있고 '눈이 내리고 비가 왔다'나 '눈이 내리거나 비가 왔다'는 '-고', '-거나'에 의해 절과 절이 접속되어 있다. 병렬 관계의 특성은 그 외적 정보를 고려해야만 온전히 파악할 수 있는데 가령 아래 세 개의 문장이 모두 성립하면 '-와'로 연결하고 아래 세 개의 문장 중 어떤 것이 선택적으로 성립하면 '-나'로 접속한다.

가. 영이가 철수를 만났다.　　**나.** 영이가 민수를 만났다.　　**다.** 영이가 순이를 만났다.

→ 영이가 철수와 민수와 순이를 만났다.
→ 영이가 철수나 민수나 순이를 만났다.

요컨대 병렬 관계는 동등한 자격을 지닌 둘 이상의 성분을 하나의 문장에 포함하는 역할을 한다. 이상의 특성은 절과 절이 병렬된 경우에도 마찬가지이다. '눈이 내렸다', '비가 왔다' 두 문장이 접속하면 '눈이 내리고 비가 왔다'가 되거나 '눈이 내리거나 비가 왔다'가 된다.

(2) 통사 범주

아래 예문에서 문법성 여부가 달라지는 이유가 무엇인지 생각해 보자.

예 **가.** 재미있는 책, *재미있게 책

　　나. *재미있는 읽었다, 재미있게 읽었다.

　재미있는 책에서 '재미있는'의 '-는'은 관형사형 범주를 나타내는 어미이다. 명사 '책'과 결합하여 관형사구를 형성한다. 한편 (나)의 '재미있게'는 '-게'라는 부사형 어미가 동사 '읽다'와 결합하여 부사구를 형성한다. 이처럼 구, 절, 문장을 형성하는 데 참여하는 성분들을 문법적 특성에 따라 분류한 것을 가리켜 통사 범주라고 한다. 통사 범주를 그림으로 나타내면 아래와 같다.

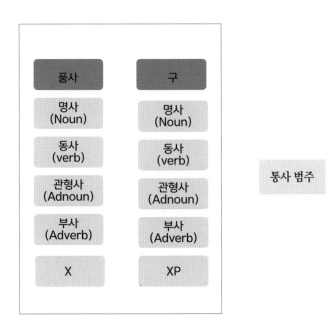

　통사 범주에는 명사, 동사, 부사 같은 단어뿐만 아니라 위에서처럼 명사구, 동사구, 관형사구, 부사구와 같은 '구'도 포함된다. 즉 'X'와 'XP' 모두 통사 범주에 속한다. 통사 관계와 통사 범주는 매우 긴밀한 관계이다. 가령 수식어와 피수식어의 통사 범주가 적절하게 짝을 이루어야 하듯이 말이다. 또한 병렬 관계는 같은 통사 범주에 속하는 것들끼리 묶을 수 있다. 예를 들어서 '*눈이 내리고 비'는 안 되고 '눈이 내리고 비가 왔다'는 가능하다.

(3) 통사 구조에 대한 이해

　단어와 단어가 만나서 구, 절, 문장을 형성할 때는 어떠한 원리를 따르는가? 다음 단어들로 문장을 만들어 보면 몇 개의 문장을 만들 수 있는가?

[나는, 사랑한다, 너를]

[나는, 사랑한다, 너의, 친구를]

가. 나는 [너의 친구를] 사랑한다.

나. 나는 사랑한다 [너의 친구를].

다. [너의 친구를] 나는 사랑한다.

라. [너의 친구를] 사랑한다 나는.

마. 사랑한다 나는 [너의 친구를]

바. 사랑한다 [너의 친구를] 나는.

사. *나는 친구를 너의 사랑한다.

아. *너의 나는 친구를 사랑한다.

위의 예문을 보건대 서로 밀접히 관계를 맺는 단어들이 먼저 결합해야 하는 것을 알 수 있다. 즉 '너의'하고 '친구를'은 더 가까이 붙어 있어야지 그렇지 않고 떨어지면 비문이 된다. 이는 구, 절, 문장이 형성될 때 단계적으로 형성됨을 보여 준다. 구, 절, 문장의 구조를 계층 구조를 이룬다.

그렇다면 '너의 친구들'과 '나는, 사랑한다'의 관계는 무엇인가? 다음 통사 구조 중에 적절한 구조는 무엇인지 생각해 보자.

'나는 너의 친구를 사랑한다'

가. 나는 [너의 친구를] 사랑한다   **나.** 나는 [너의 친구를] 사랑한다   **다.** 나는 [너의 친구를] 사랑한다

위의 (가)~(다) 세 가지 나무 그림 중 가장 타당한 것은 무엇인가? 각 나무 그림의 타당성을 평가할 수 있는 현상이 필요하다. 예를 들어 '나는 너의 친구를 사랑한다'는 '철수도 그렇다'로 받을 수 있다. 이는 '철수도 너의 친구를 사랑한다'와 같다. 이처럼 '그렇다'로 바꿔 쓸 수 있는 것을 '대치(substitution)'라고 말하는데, '그렇다'는 '너의 친구를 사랑한다'를 대치할 수 있는 것이다. 따라서 이를 지지하는 나무 그림은 위의 (가)~(다) 중에서 (다)에 해당한다. '너의 친구를'과 '사랑한다'가 먼저 묶였기 때문이다.

위에서 각 나무 구조 그림의 타당성을 평가할 수 있는 현상을 더 찾아보면 다음과 같다.

예   구두닦이(구두를 닦다), 생선구이(생선을 굽다), 줄넘기(줄을 넘다), 맛보기(맛을 보다), 병따개(병을 따다)

이들은 복합어인데 모두 주어는 배제된 채 목적어와 서술어 성분이 복합어 형성 과정에 참여한 것을 알 수 있다. 주어보다 목적어와 서술어 성분이 더 긴밀한 관계를 형성한다는 것을 보여 준다. 또 아래 현상도 보자.

예   가슴을 펴다. 미역국을 먹다. 바람을 쐬다.

위의 표현들은 모두 관용어인데 이들도 주어를 제외한 채 목적어와 서술어만으로 이루어진 예가 많다. 이는 일반적으로 구, 절, 문장을 형성할 때 서로 밀접한 관계를 맺는 단어들끼리 우선 결합해서 계층 구조를 이룬다는 것을 보여 준다.

정리하면 단어가 모여 구, 절, 문장을 형성하는 규칙은 통사 구조 형성 규칙을 말한다.

(4) 통사 구조 형성 규칙

절과 문장은 구의 일종이므로 통사 구조 규칙은 구의 구조를 형성하는 규칙, 즉 구 구조 규칙(phrase structure rule)으로 설명할 수 있다. 위에서 봤던 나무 그림 중 (다)에 해당하는 그림은 한 문장에만 해당하는 구조가 아니다. 여러 문장이 모두 그러한 구조로 형성되는데, 목적어와 서술어가 먼저 결합한 후, 그 구조에 주어가 결합하는 식인 것이다. 즉, 구 구조 규칙은 하나의 문장에만 대응되는 것이 아니라 추상적으로 우리 머릿속에 존재하는 것이다. 구 구조 규칙을 도식화해서 보이면 아래와 같다.

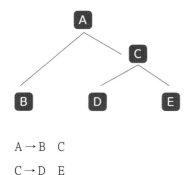

A → B C
C → D E

위에서는 나무 구조에 'A, B, C, D, E'라는 이름을 달았는데 이 이름표에는 무엇을 쓸 수 있을까? 바로 통사 범주를 쓸 수 있다. 명사구, 동사구, 문장과 같은 통사 범주를 영어 기호로 나타내면 아래와 같다.

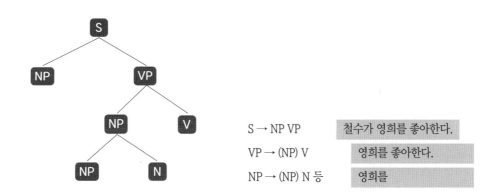

S → NP VP   철수가 영희를 좋아한다.
VP → (NP) V   영희를 좋아한다.
NP → (NP) N 등   영희를

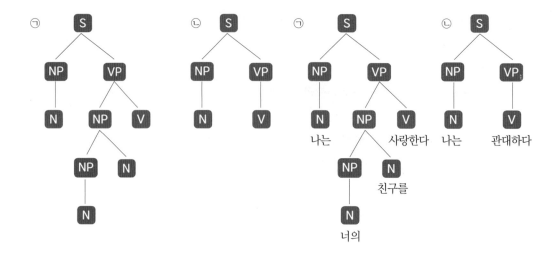

위에서 보듯이 통사 구조에 표시된 통사 범주에는 그에 부합하는 단어를 삽입한다. 오른쪽 그림에서와 마찬가지로 단어를 넣는 것은 어휘 삽입 규칙에 따른 것이라고 설명할 수 있다.

나무 그림을 토대로 통사 관계를 규정할 수 있다. 위에서 주어는 어떻게 규정할 수 있을까? 첫 번째 방법은 주격 조사가 결합한 것이라고 말하는 것이다. 그러나 '나는 관대하다'에서 '나는'에 '-이/가'가 결합하지 않아도 주어를 나타내므로 이는 부적절하다. 두 번째 방법은 행위주를 나타낸다고 설명하는 것이다. 그러나 반례로 '이 책이 학생들에게 잘 읽힌다'에서 '이 책이'는 행위주가 아니다. 따라서 주어의 공통적인 특징은 구조적으로 결정된다. 모두 문장(S) 바로 밑의 명사구(NP)임은 확실하다. 이에 따라 구 구조 규칙을 나열하면 다음과 같다.

산이 높고 물이 맑다 S → S S

[토끼가 용궁에 간] 이야기 NP → S N

매우 빨리 AdvP → AdvP Adv

그렇다면 구 구조 규칙의 문제점은 없는가?

예를 들어 명사구는 NP+Adv라고 쓸 수도 있고 AdvP는 NP+N이라고 할 수도 있다. 그렇게 되면 '모두의 빨리'나 '철수 책(부사구)'처럼 비문법적인 것까지 모두 규칙으로 허용하는 문제를 지닌다. 이는 과생성(overgeneration)이라고 하는 것인데, 이런 현상에는 제약이 필요하다.

이에 구 구조 규칙에 제약을 넣어 다시 제시하면 아래와 같다.

XP → ⋯X(단, X ∈ {N, V, Adn, Adv, ⋯ })

위에서 말줄임표는 무언가가 나타날 수 있음을 의미한다. X가 만일 명사라면 NP는 ⋯N이 된다. 동사 V라면 VP → ⋯V 형식의 구 구조 규칙만 가능한 것이다. 즉 하나의 구 안에 같은 통사 범주의 단어를 포함하도록 한 것이다. 이로써 구 구조 규칙의 과생성 문제를 해결하였다.

위와 같은 규칙을 핵 계층 이론(X-bar theory)이라고 부른다. 핵 계층 이론은 통사 구조의 성격이 핵에 의해 결정된다는 것인데, 핵(head)은 X가 통사 구조의 성격을 XP로 결정한다.

2) 결합과 투사

(1) 결합

구, 절, 문장이 형성되려면 단어와 단어가 결합해야 한다. 단어와 단어가 결합되는 것이 보장되려면 문법에 그러한 작용이 포함되어 있어야 한다. 그러한 결합을 정의한다면 '단어와 단어를 연결하여 하나의 성분을 형성하는 작용'이다.

구, 절, 문장이 두 개의 단어로만 이루어진다면 결합 작용만으로도 충분하다. 그러나 구, 절, 문장은 세 개 이상의 단어로 형성될 수도 있다. 결합 작용만으로는 세 개 이상의 단어가 결합하여 구, 절, 문장을 형성하는 것을 보장할 수 없다. 예를 들어 '서둘러 + [책을+보냈다]'에는 명사와 동사가 부사와 결합하였다. 이때 '책을 보냈다'는 '서둘러'와 결합하기 어려운 명사 '책을'을 포함하고 있다. 그럼에도 '서둘러'가 '책을 보냈다'와 결합할 수 있는 이유는 무엇인가? '책을 보냈다'가 단순히 결합만 하는 것이 아니기 때문이다. 즉, 이들은 결합하면서 동시에 동사 '보내다' 유형의 통사 범주(VP, 동사구)를 형성한다.

(2) 투사와 핵

이처럼 단어와 단어가 결합하면 단순히 결합에만 머무는 것이 아니라 결합을 통해 형성된 구, 절 문장의 통사 범주도 정해진다. 이를 투사(projection)라고 한다.

그렇다면 결합 작용에 참여하는 성분 중 하나가 투사를 결정하는데 X와 Y가 결합하였을 때 X가 투사하여 X가 되거나 Y가 투사하여 Y가 된다. 이때 투사를 결정짓는 성분이 바로 핵(head)이다. 국어의 경우 핵 성분이 어순상 논항과 부가어의 뒤에 와서 후핵 언어라고 불린다.

그럼 병렬 관계에서 핵은 무엇인가? 이는 분명하게 결정하기 어려운 측면이 있다. 예를 들어 '형태론과 통사론', '형태론 및 통사론'에서는 '형태론'와 '통사론'이 모두 핵이라고 보는 것이 직관에 부합하다. 병렬 관계를 맺는 성분들은 통사 범주가 같아야만 결합에 의해 형성된 병렬 구성의 통사 범주가 정해질 수 있기 때문이다. 만약 병렬 관계를 맺는 성분들의 통사 범주가 서로 다르면 해당 결합은 투사로 이어지기 어렵다.

3) 문장의 통사 범주와 통사 구조

문장은 전통적으로 S라는 통사 범주로 파악되어 왔다. 그런데 이는 '문장을 구성하는 성분의 통사 범주'와 '문장의 통사 범주'가 서로 통하지 않는 것으로 보는 것이다. 즉 NP와 VP가 만나 S가 되는 것은 투사의 속성을 제대로 반영하지 못한다. 투사의 속성에 맞는 문장의 투사 범주를 모색해야 한다.

일단 문장의 통사 범주를 동사구의 통사 범주와 같은 것으로 보는 방법도 있다. 그러나 조사, 어미를 고려하면 이는 더 개선되어야 한다. 조사와 어미는 문법적으로 단어 내부에 머무르는 존재가 아니고 구와 결합하는 존재이므로 통사적으로

'핵'이라고 할 수 있다. 이를 반영한 나무 그림은 다음과 같다.

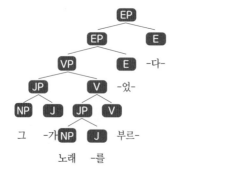

J: 조사(josa)
E: 어미(ending)

이는 문장이 어미의 투사라고 보는 것인데 종결 어미 '-다, -자'나 명사절 어미 '-기' 등이 문장과 절의 자격을 결정하는 것을 보면 어미를 문장의 핵으로 보는 견해가 타당하다.

5. 한국어 조사와 어미

1) 한국어 조사의 분포와 특징

논항 명사구는 그것과 어울리는 적절한 조사가 있다. 즉 모든 명사구가 아무 조사나 동반할 수 없고 그 위치에 적합한 조사를 동반해야 하는 것이다. 아래 그림을 보자.

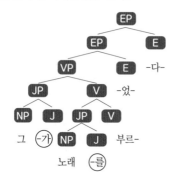

위의 그림에서 '그' 뒤에는 '-가'가 와야지 '-를'이 오면 안 되고, '노래' 뒤에는 '-를'이 와야지 '-가'가 오면 안 된다. 주격 조사와 목적격 조사의 분포를 결정하는 요소는 무엇인가? 지금까지 배운 개념(통사 관계, 통사 범주, 통사 구조, 의미역, 결합, 투사 등)에 기대어 답을 찾아볼 수 있다. 우선 주격 조사와 목적격 조사만을 대상으로 살펴보자. 먼저, 통사 관계를 보면 '그가'나 '노래를'은 둘 다 논항이다. 둘 다 술어 '부르다'와 술어-논항 관계를 맺는다. 따라서 통사 관계로 둘의 차이를 밝히기는 어렵다. 그렇다면 결합과 투사인가? 이들은 통사 구조 형성의 일반적인 원리이다. 따라서 '그가', '노래를'의 차이를 드러내는 데 효과적인 것은 아니다. 그러면 '의미역'인가? 행위주 의미역을 담당하는 논항은 주격 조사를 동반하고 피동주 의미역을 담당하는 논항은 목적격 조사를 동반한다고 하면 어떠한가? 하지만 특정 의미역과 특정 조사가 항상 필연적으로 결부하는 것은 아니다.

예1 **가.** 그가 노래를 불렀다.

나. 바람에 낙엽이 구른다.

다. 교정이 학생들로 붐빈다.

예2 **가.** 결국 그는 유혹에 빠져 어둠의 세력이 되었다.

나. 어둠을 단죄하기 위해 나는 그에게 갔다.

다. 깊고 맑던 그의 눈빛은 핏빛으로 변해 있었다.

위에서 (1가)의 '그가'는 행동주, (1나)의 '낙엽이'는 '피동주', (1다)의 '교정이'는 '처소'를 나타낸다. 그리고 (2가)~(2다)의 '어둠의 세력이', '그에게', '핏빛으로'는 모두 착점을 나타낸다. 이를 보면 의미역 개념으로는 논항과 조사의 어울림 현상을 설명하기는 어려워 보인다.

따라서 주격 조사와 목적격 조사의 분포는 결국 구조와 위치에 따라 결정된다. 주격 조사는 VP에 포함되고 V'에서는 배제된 위치에 분포할 수 있고 목적격 조사는 V'에 포함된 위치에 분포할 수 있는 것이다. 이를 그림으로 나타내면 아래와 같다.

- '그가'는 VP에는 포함되고 V'에는 배제됨
- '노래를'은 VP에 포함되며 V'에도 포함됨

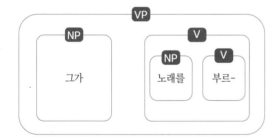

조사 분포 조건 외에도 다음과 같은 규칙이 필요하다. '피동주 의미역'이 V와 결합하여 V'가 형성된 후, 행위주 의미역이 V'와 결합하여 VP가 형성된다. 왜냐하면 *노래가 그를 불렀다. 이러한 문장은 이상하기 때문이다. 즉, '행위주〉피동주'와 같은 의미역 위계(semantic role hierarchy)를 설정하여 위계가 낮은 것부터 VP 형성에 참여하는 것으로 파악할 수 있다. 참고로 한국어에는 주어나 목적어라고 해서 주격 조사나 목적격 조사가 항상 필수적으로 나와야 하는 것은 아니다. '나 어제 그 사람 만났어'처럼 조사가 나타나지 않을 수도 있고 '그는 노래도 불렀다'처럼 특수 조사인 '는'이나 '도'만 나타날 수도 있기 때문이다.

다음으로 주제어의 경우를 살펴보자. '코끼리가 코가 길다'나 '누가 노래를 〈캔디〉를 불렀니?'와 같은 문장은 어떠한가? 이 문장에서 '코끼리가'나 '노래를'은 모두 조사 분포 조건과 동일한 조건에서 설명될 수 있다. 즉 '코끼리가'는 VP에 포함되는 위치에 등장하고 '노래를'은 V'에 포함되는 위치에 분포한다.

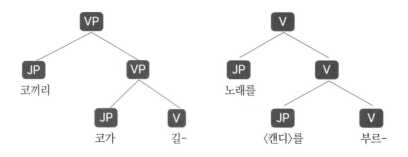

위에서 주제어에 해당하는 '코끼리가'와 '노래를'은 부가어와 마찬가지로 VP, V' 위에 부가된다. 다음으로 관형격 조사의 분포 조건을 보자. 관형격 조사는 NP 명사구에 포함된 위치에 두루 나타날 수 있다.

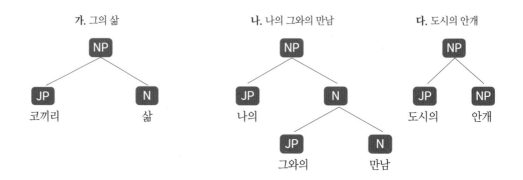

접속 조사는 관형격 조사와 공통으로 명사구 내부에 나타난다. 그러나 관형격 조사는 술어 논항 관계(기후의 변화, 우리의 소원)나 수식 피수식 관계(불국사의 종소리, 불후의 명작)를 이루지만 접속 조사는 병렬 관계만을 표시한다. 접속 조사는 명사구에 포함되고 병렬 관계가 형성되는 경우에 나타날 수 있는 것이다. 다만 명사구에 포함되고 병렬 관계를 나타낸다고 해서 항상 접속 조사가 나타나는 것은 아니다. 예를 들어 '구름 또는 무지개', '설악산 및 한라산'의 '및, 또는'도 이 위치에서 동일한 기능을 한다. 그리고 보조사라고도 불리는 특수 조사는 다른 조사보다 분포가 자유롭다. 동사구에 포함되는 위치에 두루 나타날 뿐만 아니라 관형격 조사를 동반하면 명사구에 포함된 위치에 나타나기도 한다.

예   그는 이 책을 읽었다.

누가 그 책도 읽었니?

그가 그 책을 열심히만 읽었다.

이처럼 특수 조사가 여러 위치에 두루 쓰일 수 있는 것은 특수 조사가 의미만을 보탤 뿐, 통사 관계 수립과는 무관하기 때문이다.

*'조사 분포 조건' 정리
-주격 조사: VP에 포함되고 V에서는 배제된 위치에 분포할 수 있음

-목적격 조사: V에 포함된 위치에 분포할 수 있음

-관형격 조사: NP에 포함된 위치에 분포할 수 있음

-부사격 조사: 의미역에 의해 분포가 결정됨

-접속 조사: NP에 포함된 위치에 분포할 수 있으며, 병렬 관계를 나타냄

-특수 조사: VP에 포함된 위치에 분포할 수 있으며 간혹 관형격 조사를 동반하면서 NP 내부에 분포할 수 있음

2) 한국어 어미의 분포와 특징

어미의 분포를 결정하는 요소는 무엇인가? 어미 '-었-'과 '-다'의 분포는 어떻게 포착할 수 있는가? 선어말 어미 '-었-'은 의미적인 효과를 위해 나타난 것이다. 과거 시제를 나타내기 위해 선택되어 결합과 투사를 통해 문장에 나타난다. 한편 '-으시-', '-겠-', '-더-' 등 다른 선어말 어미의 출현도 의미에 의해 결정된다.

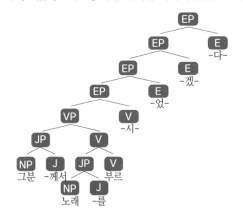

예를 들어 종결 어미 '-다'는 의미적인 효과를 위해 나타난다. 가령 '불렀다', '불렀냐?', '불렀구나!'는 종결 어미에 따라 서로 다른 의미를 나타낸다. 또한 이들은 문장의 종결 위치에 나타난다는 특성도 있다. 이처럼 의미에 더해 위치가 출현 양상을 결정하는 것은 접속 어미와 전성 어미도 마찬가지이다.

'비가 오고 바람이 불었다'에서 접속 어미 '-고'는 병렬 관계의 의미를 나타내고 위치는 접속절의 위치이다. 그리고 '사람들은 비가 오기를 바란다'에서 '-기'는 명사 기능을 하면서 명사절 위치에 분포하고 '비가 온 거리'에서 '-은'은 관형사 의미 및 과거 의미를 나타내면서 관형사절에 분포한다. 마지막으로 '아이들은 비가 오자 신이 났다'에서 '-자'는 부사의 구실을 하며 계기의 의미를 나타내고 부사절 위치에 분포한다.

어미의 분포가 의미와 위치에 의해 결정되는 것은 크게 보아 조사의 분포가 결정되는 것과 통한다. 예를 들어 전성 어미와 목적격 조사는 위치에 민감하고 선어말 어미나 특수 조사는 의미에 의해 분포가 결정되는 것이다. 조사의 출현 양상을 포착하는 방법과 어미의 출현 양상을 포착하는 방법이 이렇듯 유사한 것은 조사와 어미가 그만큼 비슷한 원리에 따라 운용된다는 것을 의미한다. 따라서 조사와 어미의 결합을 곡용 및 활용이라고 하고 이 둘을 굴절로 묶는 견해가 근거를 지니게 되는 것이다.

형 성 평 가

1. 통사론의 연구 대상은 무엇인가?
① 형태소
② 단어
③ 음성, 음운
④ 구, 절, 문장

정답: ④
해설: ①, ② 형태론, ③ 음운론의 영역이다.

2. 한국어 종결 어미가 하는 기능이 아닌 것은?
① 문장 유형을 결정한다.
② 화자의 태도를 나타낸다.
③ 한국어의 절과 절을 연결한다.
④ 상대 경어법 등급을 나타낸다.

정답: ③
해설: 접속 어미의 기능이다.

3. 다음 중 통사 관계에 대한 설명으로 틀린 것은?
① 술어 논항 관계는 서술어에 의해 결정된다.
② 수식 피수식 관계는 문장을 좀 더 풍성하게 만든다.
③ 병렬 관계는 연결된 절의 층위나 내용이 동질적일 필요가 없다.
④ 주제 설명 관계는 설명의 대상과 내용을 보여 주는 관계이다.

정답: ③
해설: 병렬 관계는 동등한 층위의 절이 연결되어야 한다.

4. 다음 중 통사 범주에 대한 설명으로 틀린 것은?
① 구, 절, 문장을 형성하기 위해서는 적절한 통사 관계를 형성해야 한다.
② 통사 범주에는 명사, 동사, 관형사와 같은 단어만이 포함된다.
③ 통사 범주와 통사 관계는 매우 긴밀한 관계를 맺고 있다.
④ 통사 범주는 문장 성분들을 문법적 특성에 따라 분류한 것이다.

정답: ②
해설: 통사 범주에는 명사 같은 단어와 더불어 명사구와 같은 구도 포함된다.

5. 결합과 투사에 대한 설명으로 맞는 것은?

① 투사를 통해 통사 범주가 정해진다.

② 한국어의 부사는 동사 혹은 주어를 수식한다.

③ 투사는 단어와 단어가 만나 하나의 단위를 이루는 것이다.

④ 서술어와 주어는 가장 먼저 결합하는 밀접한 단위이다.

정답: ①

해설: 한국어의 부사는 동사, 형용사를 수식하며 ③은 결합에 대한 설명이다. 서술어와 목적어가 먼저 결합한다.

6. 다음 중 통사 구조에 대한 설명으로 틀린 것은?

① 조사와 어미는 통사적 핵이 아니다.

② 통사 구조 형성 규칙은 결합과 투사에 기반한다.

③ 문장의 주어는 통사 구조를 토대로 규정할 수 있다.

④ 통사 구조규칙은 구 구조 규칙으로도 설명할 수 있다.

정답: ①

해설: 조사와 어미는 통사적 핵이다.

7. 다음 중 한국어 어미에 대한 설명으로 틀린 것은?

① 한국어 어미의 분포는 의미에 따라 결정되기도 한다.

② '-다', '-자', '-냐' 등은 종결 위치에 나타난다.

③ 한국어 선어말 어미는 의미에 의해 분포가 결정된다.

④ 접속 어미와 전성 어미는 구조적 요인과 상관없이 위치가 결정된다.

정답: ④

해설: 접속 어미와 전성 어미도 구조적 요인에 의해 영향을 받아 위치가 결정된다.

8. 다음 중 한국어 조사의 분포와 관련된 설명으로 틀린 것은?

① 한국어 조사는 의미역에 의해 분포가 결정된다.

② 한국어 조사의 위치는 구조적으로 결정된다.

③ 조사 중 주격 조사는 VP에 포함된 위치에 분포할 수 있다.

④ 목적격 조사는 V에 포함된 위치에 분포할 수 있다.

정답: ①

해설: 의미역에 따라 조사의 분포가 결정되지 않는다.

제4장 한국어 의미론

학습 목표

1. 의미론의 연구 대상과 기초 개념, 합성성의 원리를 이해한다.
2. 한국어 단어의 의미 해석 방법과 문장 의미 해석 방법을 이해한다.
3. 한국어 시제, 시상, 양태 의미와 문장의 함의 관계를 이해한다.

Ⅰ. 한국어 의미론

1. 의미론의 연구 대상

의미론이란 무엇인가? 의미론은 의미에 대한 연구이다. 따라서 우리는 '의미'가 무엇인가부터 고민해 봐야 한다. 언어 (기호)는 형식(소리)과 의미의 조합체이다. 이 둘의 조합은 자의적인 연결체로서 필연적인 연결이 아니라 임의적이고 우연적인 결합이다. 또한 약속에 따른 관습적 결과이기도 하다. 예를 들어 /집/이라고 했을 때 이러한 소리(형식)에 우리 머릿속에 떠오르는 집의 이미지가 연결된 것은 자의적인 연결이다.

그렇다면 단어의 의미가 무엇인지부터 고민해 보자. 예를 들어 '사자'라는 단어의 뜻을 모르는 아이가 엄마에게, "엄마 사자가 뭐야?"라고 물어본다고 치자. 그럼 엄마는 "사자는 얼굴과 몸이 아주 크고 털이 긴 동물이야"라고 할 수도 있다. 하지만 더 쉬운 방법은 사자를 가리킬 수 있다면 사자를 가리키면서 "저게 사자야"라고 할 수도 있다.

바로 이처럼 실제 세상에 존재하는 실제와 형식을 직접 연결 짓는 것이 형식 의미론에서의 지시주의 의미론이다. 반면에 "사자는 얼굴과 몸이 아주 크고 털이 긴 동물이야"라고 말하는 것은 언중들의 머릿속에 각인된 개념이 곧 의미라고 보는 것이고 이는 인지 의미론에서 설명하는 방법이다.

의미를 다음과 같은 의미 삼각형을 통해 알아볼 수 있다.

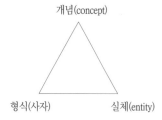

개념(concept)

형식(사자)　　　실체(entity)

1) 형식 의미론

형식 의미론에서는 실세계의 구체적인 지시물을 이용하여 언어 표현의 의미를 명시적으로 나타낼 수 있다는 장점이 있다. 예를 들어 '철수'의 의미는 철수라는 실제 개체이며 '사람'은 세상 모든 사람의 집합을 나타낸다. 그러나 이렇게 설명하면 추상 명사나 가상적 언어 표현은 직접 설명하기 어렵다는 단점이 있다.

2) 인지 의미론

인지 의미론에서는 언어 기호의 의미를 머릿속에 있는 이미지, 개념 등으로 파악하므로 실세계에 구체적인 지시물이 없는 경우도 그 의미를 해석할 수 있다. 그러나 이미지나 개념을 명시적으로 제시할 방법이 뚜렷하지 않으며 이미지나 개념 그 자체를 정의하기가 쉽지 않다.

2. 지시와 의의

실체란 지시물이고 언어 표현은 지시물을 지시한다. 지시 의미론은 언어 표현의 의미를 지시물과 대응시켜 지시라고 보는 의미 이론이다. 고유 명사는 개체이고 일반 명사, 형용사, 자동사는 모두 개체들의 집합이다. 한편 타동사는 개체들의 순서쌍들의 집합이며 문장은 참 또는 거짓이라고 말할 수 있다. 이 이론에서는 고양이의 의미도 고양이로 지칭되는 모든 것들의 집합(sets)이라고 한다.

지시 의미론의 관점에 따르면 하나의 지시물에 대하여 둘 이상의 언어 표현들이 사용되는 경우 어떻게 설명해야 할까? 가령 '박철수', '우리 회사 사장님', '수영반 수강생'이 동일한 인물을 지시한다고 해 보자. 그러면 지시 의미론에서는 이들이 모두 동일한 의미를 가진 것으로 설명하게 된다.

그러나 의미는 지시 이상의 무언가를 더 포함하고 있다고 봐야 할 것이다. Frege(1982)에서는 의미와 지시의 차이에 대한 언급을 하고 있는데, 가령 금성(venus)은 샛별, 개밥바라기별로도 불리는데 이를 두고 프레게는 서로 의미가 같지 않다고 하였다.

> **예**   **가.** 샛별은 샛별이다
>
> **나.** 샛별은 개밥바라기별이다.

위에서 (가)는 'A는 A이다'라는 동일 서술 형식의 문장인데 언제나 참이 되어 항진 명제이다. 그러나 (나)는 항진 명제는 아니다. '새벽에 동쪽에서 보이는 별이 초저녁 서쪽에서 보이는 별과 동일한 별'이라는 천문학적 지식을 알려주고 있다.

Leibnitz의 법칙에 따르면 어떤 두 요소가 동일하다면 이들이 서로 대치되어도 문장의 진리치가 바뀌지 않는데 위에서는 이 법칙이 준수되지 않는다. '샛별'과 '개밥바라기별'이 대치되었을 때 문장의 진리치가 바뀌는 것이다. 즉 (가)와 (나)는 동일한 의미가 아니라는 것이다. 이에 프레게는 의미를 지시와 의의(sense)로 양분할 것을 제안하였다. 지시가 같지만 의미가 같지 않은 '샛별'과 '개밥바라기별'은 '의의'가 다른 경우에 해당한다. 샛별의 의의적 의미는 새벽이나 동쪽이라는 정보가 포함된 의미이다. 의미를 논하기 위해서는 지시에 더해 이처럼 의의에 대한 정보도 필요한 것이다.

3. 외연과 내포

언어 표현의 의미란 실제 세계의 지시물이라면, 술어 '파랗다'의 의미는 무엇인가? 이는 파란 것들의 집합이라고 할 수 있다. 그런데 이때 '파란 것들의 집합'은 어디까지 포함하는가? 실제 세계에서의 파란 것들에 더해 가능 세계에서의 파란 것도 포함되는가? 그렇다면 가능 세계(possible world)라는 개념을 도입해서 '어떤 언어 표현의 의미는 실제 세계에서의 지시일 수도 있지만, 모든 가능 세계에서의 지시'로도 확대될 수 있다. 참고로 실제 세계는 가능 세계 중 하나이다.

이때, 각 가능 세계에서의 지시적 의미를 외연(extension)이라고 하고 모든 가능 세계에서의 지시적 의미를 내포(intension)라고 한다. 예를 들어, 옷의 외연은 개별 가능 세계에서 옷들의 집합인데 옷의 내포적 의미는 모든 가능 세계 각각에서의 옷들의 집합의 총합인 것이다.

4. 합성성의 원리

단어 각각의 의미가 더해진 구, 문장 등의 의미는 어떻게 파악하는가? 예를 들어 '철수가 잔다'라는 문장의 의미는 무엇인가? 철수는 철수라는 개체를 가리키고 '자다'의 의미는 자는 개체들의 집합(sets)을 가리킨다. {철수, 메리, 동자}가 있다고 치자. 자는 속성을 지니고 있는지를 판단하여 그 개체가 자는 개체들 집합의 원소인지 아닌지 판단할 수 있다.

그럼 '철수가 자다'라는 문장(sentence)의 의미는? 어떤 세계에서 일어나는 사태(사건)와 대응될 것이다. 만약 어떤 세계에서 철수가 자고 있다면? 철수는 자는 개체들의 집합에 포함되어 있다. 또한 우리가 가정한 그 세계에서 '철수가 자다'라는 문장의 의미는 참이다. 참은 숫자 '1'로 나타내고 거짓은 숫자 '0'으로 나타낸다. 참 혹은 거짓은 진릿값이라고도 한다. 이것이 바로 문장의 외연적 의미이다.

'철수가 자다'라는 문장의 의미를 정리하면, 이는 자는 개체들의 집합 안에 '철수'라는 개체가 있는 것이다.

다음으로 진리 조건에 대해 알아보자. 진리 조건이라는 것은 어떤 문장의 참, 거짓을 판단할 수 있는 조건이다. 그럼 '철수가 잔다'가 참인지 거짓인지 안다는 것(=문장의 의미를 아는 것)은 다음의 내용을 안다는 것이다.

① 철수라는 이름을 가진 개체가 누구인지 앎
② '자다'가 모든 자는 개체들의 집합이라는 의미라는 걸 앎
③ 자는 개체들의 집합 안에 '철수'가 있음

문장의 의미를 해석하는 과정은 문장의 진릿값 판단 과정이며 진리 조건이 특정 세계에서 성립하는지 직접 확인해 보

는 과정이다.

그럼 '은우가 옹자를 사랑한다'라는 문장은 어떠한가? '은우와 옹자'가 사랑하는 관계를 지닌 집합에 포함되어 있다고 설명할 수 있다. 이 의미를 판단하기 위하여 모형을 설정하고 그 안에서 가능 세계 W1을 설정해 보자. 다음과 같은 그림으로 나타낼 수 있다.

메리 ♡ 옹자
옹자 ♡ 은우
은우 ♡ 옹자
철수 ♡ 보리

W1에서 사랑하는 관계(relation)가 성립하는 개체들의 집합

사랑한다의 의미는? 사랑하는 개체 쌍(pair)들의 집합(set):
[(메리, 옹자), (옹자, 은우), (은우, 옹자), (철수, 보리)]

위 문장의 진리 조건은 다음과 같다.

① '은우'는 은우라는 이름을 가진 개체를 지시한다.
② '옹자'는 옹자라는 이름을 가진 개체를 지시한다.
③ 사랑하는 관계를 맺는 짝 중에 {은우, 옹자}가 있다.

정리하면 문장 전체의 의미는 문장을 구성하는 부분들의 의미와 부분들의 결합 방식에 의해 결정된다. 부분들의 결합 방식은 합성 과정, 즉 통사 구조에 기반한 의미 계산을 의미한다. 이를 알아보기 위하여 다음과 같이 질문해 보자. '의미는 문법과 어떠한 관련을 맺는가?'의 대답은 '문장의 의미가 올바르게 해석되기 위해서는 그 문장의 올바른 구조를 상정해야 한다'라고 해볼 수 있다.

예 영희: 영희가 철수를 사랑해.
철수: 철수가 영희를 사랑해.

위에서 영희의 발화와 철수의 발화는 같은 의미인가? 다른 의미인가? 당연히 다른 의미이다. 그 이유는? 주어, 목적어에 오는 명사구가 다르기 때문이다.

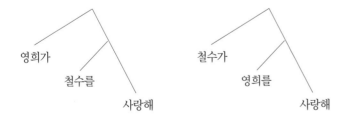

따라서 우리는 문장의 의미를 해석할 때 어휘들이 결합하여 어떤 구조를 먼저 형성하는지도 잘 살펴봐야 한다. 예를 들어 아래 문장도 구조에 따라 의미가 달라지는 예이다.

예 **가.** 똑똑한 네 동생이 부럽다.

　　　나. 똑똑한 철수와 영희가 온다.

(가)는 '똑똑한'이 '너'를 꾸미는지 '너 동생'을 꾸미는지에 따라 의미가 달라지고 (나)는 '똑똑한'이 '철수'만 꾸미는지, '철수와 영희'를 꾸미는지에 따라 의미가 달라진다. 문장의 구조는 단어들이 자유롭게 한 줄로 연결되어 구, 절, 문장을 형성하는 것이 아니다. '*철수가 친구를 영희의 사랑한다'는 안 되듯이 [영희의 친구를]이 먼저 결합해서 하나의 성분으로 형성되어야 한다. 따라서 '서로 밀접한 관계를 맺는 단어들이 먼저 하나의 성분으로 묶이면서 구, 절, 문장이 형성된다'고 이야기해야 한다.

결론적으로 의미론과 통사론은 평행하다. 명사구와 동사구가 결합하여 문장이 되는 과정은 술어(predicates)의 의미와 명사구의 의미가 합성하여 전체 문장의 의미를 산출하는 과정과 평행하다.

의미의 합성성 원리란 어떤 언어 표현의 의미가 그 구성 요소들의 의미와 그것들이 결합하는 방식에 의해 결정되는 것이다.

5. 단어의 의미

1) 낱말밭

단어의 의미를 분석할 때는 다른 단어들과의 관계를 봐야 한다. 예를 들어 '과장'의 의미가 무엇인지 알려면 '부장-과장-대리'와 같은 관계를 알아야 한다. 만약 직급 체계가 '부장-과장-대리'가 아니라 '부장-차장-과장-대리'라면 '과장'의 의미가 달라지기 때문이다. 이처럼 어떤 단어와 의미상 관련이 있는 단어들을 모아 하나의 집합을 구성할 수 있는데, 이런 집합을 낱말밭(lexical field)라고 한다. 낱말밭은 의미장(semantic field), 장이론(field theory), 개념장(conceptual field)이라고도 불린다. 위에서 '부장-과장-대리'는 직위의 낱말밭이라고 하는 것이다. 낱말밭의 종류는 매우 다양한데, 친족어, 색채어, 착탈어, 요리어, 공간감각어 등이 있다. 이처럼 어떤 단어의 의미를 다른 단어들 사이의 관계 안에서 파악하는 입장은 구조주의적 언어 연구에서 많이 진행되었다. 즉 단어의 의미가 구조적으로 정해진다는 견해이다.

이런 견해에서는 단어들의 의미가 다른 단어 의미와의 관계 속에서 결정된다고 보는 것이다. 구조주의적 언어 연구에서는 계열적(paradigmatic) 관계와 결합적(syntagmatic) 관계 두 가지 관계가 사용된다.

① 계열적 관계: 세로의 관계에서 서로 대치될 수 있는 관계
② 결합적 관계: 가로의 관계에서 서로 연쇄될 수 있는 관계

이러한 두 관계에 따라 낱말밭에 대한 이론들이 생겼다. 먼저 위 (가)의 관계에서 비롯되는 낱말밭 이론을 보면 아래 예를 볼 수 있다.

예 **가.** 어제 저녁에는 _____을 먹었다.

　　　나. _____이 회의에 참석했다.

위에서 (가)에 들어갈 수 있는 단어는 비빔밥, 육개장, 스파게티, 쌀국수 등이 있다. 또한 (나)에는 '사장님, 부장님, 총장님, 학장님' 등이 들어갈 수 있다. 이 단어들은 서로 대치될 수 있는 관계를 형성한다. 이러한 낱말밭을 계열적 관계에 의해 형성되는 계열적 낱말밭이라고 한다.

계열적 낱말밭의 특징은 어떤 영역을 분할하여 부분들로 나누고 그 부분들을 유기적으로 연결하여 구성하는 분절성 (articulateness)에 있다. 예를 들어 직위의 낱말밭에서 '부장-차장-과장-대리'는 직위의 역할이 분할되고 각 단어가 일정한 등급 체계를 바탕으로 연결된다.

다음으로, 결합적 관계는 어떤 단어가 모든 단어와 결합할 수 있는 것은 아니다. 예를 들어 '차다: 발', '치다: 주먹', '물다: 이'의 관계를 보면 '발로 차다, 주먹으로 치다, 이로 물다'와 같이 특정 단어들과 단어들만 서로 결합할 수 있는 것을 확인할 수 있다.

위에서 살핀 낱말밭 이론은 Trier식의 낱말밭을 많이 연구하는데 Trier은 단어의 의미가 그것이 속한 낱말밭 내에서 결정되고 시간의 흐름에 따라 낱말밭이 변하면 단어의 의미도 변한다고 본다. 낱말밭이 변함에 따라 관련 단어들의 의미도 변함을 명시적으로 보여 주는 예를 살펴보자.

예 1200년경의 '지성'의 의미장

wisheit	
kunst	list

1300년경의 '지성'의 의미장

wi^sheit	kunst	wissen

1200년경에는 'kunst'와 'list'가 각각 귀족 계급의 고급 지식과 하층 계급의 실용적 지식을 의미하고 'wisheit'은 이들을 함께 의미하였다. 그 후 봉건 계급 사회가 무너지면서 1300년경에는 위 낱말밭도 변화했다. 일단 'list'는 더 이상 사용되지 않게 되었고, 'wisheit'는 종교적 혹은 철학적 지식을 나타내게 되었고 'kunst'는 기술적 지식, 'wissen'이라는 새로운 단어는 일상적인 지식을 담당하게 되었다.

그렇다면 한국어 낱말밭의 예에는 무엇이 있을까? 먼저 친족어 낱말밭의 일부인 형제자매 낱말밭을 살펴보자.

형제자매 낱말밭

	한국어	헝가리어	영어	말레이어
elder brother	형/오빠	bátya	brother	sudara̅
younger brother	남동생	öcs		
elder sister	누나/언니	néne	sister	
younger sister	여동생	hug		

위 표를 보면 형제자매에 대해 언어에 따라 사용하는 단어의 종류나 수가 모두 다르다. 한국어는 가장 복잡한 체계를 가지고 있는데 형과 자에 대하여 각각 형, 오빠, 누나, 언니 두 가지가 사용된다. 형과 누나는 남자가 부르는 호칭이고 오빠와 언니는 여자가 사용한다. 사실 여기에 '오라비, 아우, 누이'와 같은 표현들이 추가된다면 더 분할될 수 있다.

다음으로 착탈 낱말밭을 살펴보자.

예1 **가.** 입다: 옷, 바지, 치마

나. 쓰다: 모자, 마스크, 안경

다. 신다: 신, 구두, 양말

라. 끼다: 장갑, 팔찌, 반지

마. 매다: 넥타이, 허리띠

바. 차다: 시계, 수갑

예2 **가.** 벗다: 옷, 바지, 치마, 모자, 마스크, 안경, 신, 구두, 양말, 장갑

나. 빼다: 팔찌, 반지

다. 풀다: 넥타이, 허리띠, 시계, 수갑

위의 (예1), (예2)를 보면 한국어의 착탈 낱말밭에는 매우 복잡한 동사들이 있는 것을 확인할 수 있다. 이와 비교하여 영어에는 wear, take off가 모든 옷과 장신구에 사용된다는 것을 보면 한국어의 착탈 동사가 훨씬 다양한 것을 알 수 있다. 위에서 본 형제자매어 낱말밭은 계열적 낱말밭에 해당하고 착탈 동사 낱말밭은 결합적 낱말밭에 해당한다.

2) 성분 분석

이제 낱말밭을 분석하고 단어 의미를 설명하기 위하여 고안된 의미 자질 분석법에 대해 알아보자. 개별 단어의 의미를 가장 작은 단위의 의미 자질로 나누어 보는 것이 의미 분석법이다. 즉 작은 단위의 자질로 나누어 단어의 의미를 분석하는 것이다.

예 할아버지: [+사람] [+늙음] [+남자]

예를 들어 위의 할아버지의 의미를 세 가지 원소적 의미 요소들의 묶음으로 파악할 수 있다. 이러한 의미 요소들을 의미 자질, 의미 성분이라고 부른다. 이는 구조주의 의미론에서 고안된 의미 분석 방법이다.

그렇다면 형제자매어 낱말밭에서 '형-남동생-누나-여동생'을 가지고 성분 분석을 해 보면 다음과 같다.

예 형: [+동기] [+손위] [+남자]

남동생: [+동기] [-손위] [+남자]

누나: [+동기], [+손위], [-남자]

여동생: [+동기], [-손위], [-남자]

위에서 [+동기]는 공통 성분이고, [손위]나 [남자]처럼 한 의미 영역에 속하는 단어들의 의미 차이를 구별하는 데 사용되는 자질을 진단 성분이라고 한다.

위에 비해 영어의 형제자매어 낱말밭은 간단한 성분 분석으로 이루어진다.

예   brother: [+동기] [+남자]

       sister: [+동기] [−남자]

한국어와 영어의 형제자매어 낱말밭이 이처럼 서로 다르며 이로 인해 서로 다른 성분 분석이 행해지는 것이다. 형제자매어 낱말밭은 계열적 낱말밭이었는데 이제 결합적 낱말밭인 착탈 낱말밭의 단어들에도 성분 분석이 적용되는 것을 살펴보자.

예   입다: [+착용] [+몸통]

       쓰다: [+착용] [+머리/얼굴]

       신다: [+착용] [+발/다리]

       끼다: [+착용] [+손]

이상과 같이 성분 분석은 모든 종류의 낱말밭을 모두 효과적으로 설명 가능하다. 성분 분석은 특정한 낱말밭에 있는 언어들 간의 차이점을 명시적으로 보여 준다. 주어진 낱말밭을 일정한 기준에 의해 분할하는 것이 가능해져서 '형-남동생-누나-여동생'은 [손위], [남자]라는 의미 자질로 나누고 이러한 의미 자질의 실현에는 이분법이 작동되고 있어 정도성은 반영되지 않는 것을 알 수 있다.

6. 문장의 의미

이제 문장의 의미에 대해 알아보자. 문장 의미는 형식 의미론적 관점에서 설명한다. 형식 의미론은 지시적 의미관을 취하여 언어 표현의 의미를 실제 세계와의 대응에서 찾는다. 예를 들어 철수라는 이름의 의미는 실제 세계에 존재하는 철수에 해당하고 '학생'이라는 명사의 의미는 실제 세계에 존재하는 학생들의 집합이며 '자다'라는 동사는 실세계에서 '자는 것들의 집합'에 해당하는 것이다. 이처럼 형식 의미론은 자연 언어의 의미를 형식 논리에 입각하여 설명할 수 있다고 보는 의미 이론으로서, 인간에 의해 고안된 형식 언어들은 모두 통사부, 의미부가 존재하며 이 둘 사이에 일정한 대응 관계가 있다고 본다. 통사부에서 만들어진 언어 표현이 의미부에 들어가서 형식 논리에 입각한 계산을 통해 의미를 얻게 되는 것이다.

먼저 문장의 의미를 이해하기 위해서는 합성성의 원리(principle of compositionality)를 이해해야 한다. 문장 전체의 의미는 문장을 구성하는 부분들의 의미 합과 부분이 결합 방식이 반영된 것이다. 이러한 시각은 의미론과 통사론을 평행하게 보는 것이다. 가령 명사구와 동사구가 결합하여 문장 S가 되는 과정은 술어의 의미와 명사구의 의미가 합성하여 전체 문장의 의미를 산출하는 과정과 평행하다.

따라서 문장의 의미를 알기 위해서는 서술어의 의미와 서술어가 요구하는 논항의 의미를 알아야 한다.

예 1 영희가 똑똑하다. _____ 똑똑하다.
철수가 잔다. _____ 자다.

예 2 철수가 밥을 먹는다. _____ 먹다
철수가 영희와 싸운다. _____ 싸우다

(1)에서 속성을 나타내는 술어와 (2)에서 관계를 나타내는 술어는 어떠한 개체를 항상 요구한다. 이러한 개체가 없이는 온전한 의미를 전달하지 못하는 것이다. 이처럼 술어는 항상 결합하는 개체들이 없이는 의미론적으로 불완전한데, 이때 술어가 요구하는 개체가 논항이다.

그럼 아래 예들의 동사들이 요구하는 논항은 몇 개인지 생각해 보자.

예 자다, 먹다, 놀다, 보내다, 만들다, 기부하다

이에서 한 개의 논항만 요구하는 것은 한자리 술어라고 한다. 여기에는 자다, 놀다가 들어간다. 두 자리 술어에는 먹다, 만들다가 들어가고 세 자리 술어에는 보내다, 기부하다가 해당한다.

그렇다면 술어와 논항이 합성되는 과정은 어떻게 설명할 수 있는가? 아래 그림을 보자.

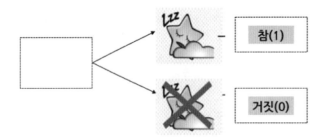

술어: 필요한 정보가 비어 있는 문장의 의미
불완전한 명제(incomplete propositions)

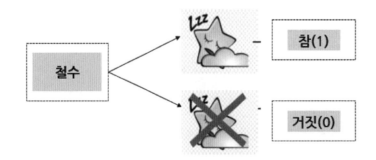

술어 + 논항: 필요한 정보가 채워짐, 문장의 의미 완전해짐.

위에서 보면 술어에 논항 '철수'가 와야 문장 전체의 참 거짓을 논할 수 있다. 이러한 과정은 마치 수학의 함수(function) 와 같은데, 술어가 요구하는 논항이 들어와 어떤 결괏값을 내놓는 것이다. 함수의 결괏값으로 문장의 의미(진리치 1 또는 0)를 내놓는 것이다. '자다'의 의미를 함수 f라고 하고 술어와 논항을 나타내면 아래와 같다.

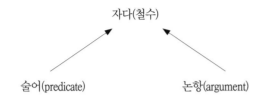

함수 적용은 유형 이론(type theory)에 의해서 더 명시적으로 포착할 수 있는데 가령 유형 B와 결합하여 유형 C를 산출하는 함수 F의 유형은 ⟨B, C⟩라고 쓰는 것이다. 이때 B는 입력값, C는 결괏값이다.

의미 이론에서 유형은 e 개체 유형과 t 문장 유형 이 두 가지가 기본 유형이다. 개체에는 영희, 철수, 옹자, 메리처럼 특정 명사가 들어가고 문장은 '영희가 잔다'와 같은 전체 문장 단위가 들어간다. 따라서 두 의미 유형이 만나 복합 유형이 되면 ⟨e, t⟩가 된다. 이는 e라는 유형을 결합하여 t라는 결과를 내놓는 것이다.

이러한 의미 합성에 따라 1항 술어, 2항 술어의 그림을 나타내면 아래와 같다.

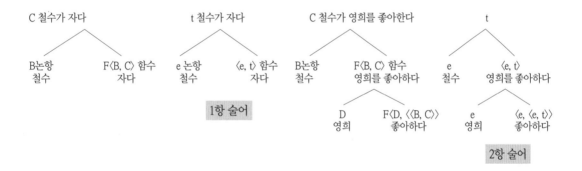

e, t 외의 유형은 이 두 개의 유형과 함수로 구성할 수 있다. 가령 ⟨e, ⟨e,t⟩⟩, ⟨e, ⟨e, ⟨e, t⟩⟩⟩ 등의 유형이 만들어진다.

II. 한국어의 시제, 시상, 양태

1. 한국어의 시제

한국어의 시제 현상에 대해 알아보기 위하여 다음 예를 먼저 살펴보자.

예 **가.** 어제는 비가 내렸다.

   나. 지금 비가 내린다.

   다. 내일 비가 내릴 것이다.

우리는 (가)~(다)에서 보듯이 보통 시간을 과거, 현재, 미래로 파악한다. 그리고 보통 현재(지금 이 순간 발화시)를 중심으로 하여 그 이전을 과거, 그 이후를 미래라고 한다. 어떤 상황을 표현할 때 그 상황이 과거, 현재, 미래라는 시간 흐름 속에 어디에 위치하는지를 표시하는 것이 바로 시제이다.

위에서 화살표는 시선(timeline)을 나타낸다. 시선 상에서 세모 표시는 상황의 시간을 나타내고 네모 표시는 발화시를 나타낸다.

예 어제는 하루 종일 비가 내렸다.
현우가 낮잠을 잤다.

위의 예문에서 '-었-'은 무엇을 나타내나? 발화시를 기준으로 상황시(사건시)가 그보다 앞선다는 것을 나타낸다. 말하는 시점보다 상황이 시간상으로 선행(선시적)하는 것인데 이를 과거 시제(past tense)라고 한다. 이를 그림으로 나타내면 아래와 같다.

그렇다면 아래 예문에서 '-었-'은 어떤 의미를 지니는가?

예 (축구 유니폼을 입은 친구를 보고) 오늘은 축구 유니폼을 입었네!

'-었-'이 위에서도 상황시 과거를 나타내는 것은 (2)의 예와 같다. 그러나 다른 점이 하나 있는데 그것은 상황이 발화시, 즉 현재까지 유효(지속)하다는 것이다. '축구 유니폼을 입고 있는 상태'가 현재까지 지속되고 있다.

현재까지 유효하다는 것의 의미는 무엇인가? 이것은 '-었-'이 지닌 어휘적 의미가 아니라 맥락에 따라 추론되는 의미라고 봐야 한다. 왜냐하면 항상 '-었-'이 쓰일 때마다 현재 완료적 해석이 나오지는 않기 때문이다. 예를 들어서 '어제는 유니폼을 입었네, 지금은 안 입었고'라고 말할 수도 있다.

따라서 과거에 어떤 상황이 발생하고 현재까지 지속되는 것은 '-었-'에서 추론되는 의미이며 아래 예에서도 이러한 의미가 해석된다.

예 오늘은 축구 유니폼을 입고 있네!

'-고 있-'은 보통 진행상을 나타낸다. 위에서는 '-었-'이 없으므로 현재 시제로 해석할 수 있다. 그런데 **예**에서 '-고 있-'은 입는 행위 자체가 진행되는 것을 나타내지 않고 입은 결과 상태가 지속되고 있는 것을 나타낸다. 즉 어떤 사건에서 가시화된 부분이 상황의 가운데가 아니라 상황의 결과 상태인 것이다.

예 이 참외는 잘 익었다./저 사람은 늙었다./철수는 어머니를 닮았다.

위에서 '익-', '늙-', '닮-' 상황의 특성은 공통적으로 시간이 걸리는 행위라는 것이다. 따라서 현재 시제로 표현하면 아직 진행 중이라는 것이 포착된다. 그러나 과거 시제 '-었-'을 쓰면 위처럼 다 익었고, 충분히 늙었으며, 어머니를 똑 닮았다는 의미가 해석된다. 따라서 기간성이 긴 동사의 경우 그 상황이 충분히 진행되었음을 나타내고자 할 때는 상황시를 과거로 돌리는 과거 시제 어미 '-었-'이 사용된다. 이러한 문법을 완료상이라고 하는데 한국어에서는 과거 시제 '-었-'이 완료상의 기능으로도 사용되는 것이다. 한국어는 과거 시제에 특정 맥락이 더해지면 완료상적 기능이 부여된다. 영어에서는 'He is old'라고 말하여 현재 시제를 사용하면서도 어떤 상태가 완료되었음을 나타낼 수 있다.

예　가. 정원에 꽃이 피었다.

　　나. 정원에 꽃이 피었었다.

위의 예까지는 어떤 상황이 기준시 이전에 위치하면 과거이고 그렇지 않으면 비과거(현재나 미래)였다. 즉 발화시가 기준시가 되었던 것인데 이는 절대 시제라고 한다. 그러나 예에서는 기준시가 발화시가 아니라 상황시가 되는 것을 보여 준다. (나)를 보자. '정원에 꽃이 피었었다'는 과거보다 더 과거 어느 시점에 '정원에 꽃이 피었-'음을 나타낸다. 따라서 기준시가 두 번째 '-었-'이 나타내는 과거 시점이므로 이러한 시제 해석 방식을 상대 시제라고 하여 절대 시제와 구분한다.

위의 예와 비교하여 '*얘들아, 저기 꽃이 피었다'는 안 되고 '얘들아 저기 꽃이 피었었다'만 되는 예를 같이 생각해 보자. 현재 우리가 꽃이 져 있는 상태를 관찰하고 있을 때는 단순히 과거 시제를 쓸 수 없고 '-었었-'을 써야 한다. 이는 '-었었-'이 과거에 꽃이 핀 상황이 한 번 있었고, 그 이후에 어떤 사건이 발생하여 꽃이 핀 상황이 중단/단절되었다는 것을 의미한다. '-었1었2-'라고 할 때 –었2-는 발화시보다 앞선 시점의 상황을 나타내고 '-었1-'은 '-었2-'에 의해 설정된 시점보다 더 이전의 상황임을 나타낸다. 따라서 여기에서도 상대 시제적인 해석이 도출된다.

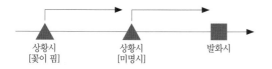

'-었었-'은 대과거(pluperfect)로 해석되기도 하지만 몇몇 예에서는 '-었었-'이 대과거가 아니라 단순 과거로 해석되기도 한다. 예를 들어 '영이는 예전에 책을 참 많이 읽었었다'와 같은 경우에는 '-었-'으로 환언되어 쓰이기도 하기 때문에 과거 시제와 동일하다.

다음으로 '-더-'에 대해 살펴보자. '그날이 철수 생일이더라'에서 '-더-'는 무슨 의미를 나타내는가? 이는 '그날이 철수 생일이었다'와 비교해 보면 조금 더 명확히 드러난다. 다음 예를 보자.

예　가. 내일이 철수 생일이더라.

　　나. *내일이 철수 생일이었다.

(가), (나)에서 보듯이 내일의 상황에 '-더-'는 사용할 수 있지만 '-었-'은 사용할 수 없다. 이는 '-더-'가 단순히 상황시 과거를 나타내지 않음을 의미한다. '-더-'는 상황을 인식한 시점이 과거임을 나타낸다. 이를 도식으로 나타내면 다음과 같다.

상황을 인식한 시점   말하는 시점   시선
인식시(cogniton)   발화시(utterances time)   time line

이러한 '-더-'는 '나는 커피가 제일 좋더라'에서는 자연스럽지만 '너는/그는 커피가 제일 좋더라'는 어색해진다. 이는 심리적 상황같이 화자가 인식할 수 있는 경우에는 1인칭 주어가 쓰이고 그때는 '-더-'도 자유롭게 결합함을 보여 준다. 그러나 1인칭이 아니라 2인칭이나 3인칭 주어는 심리 술어 -더-가 쓰인 문장에 자유롭게 나타날 수 없다. 오히려 의문문이라 청자의 의견을 묻는 것이라면 심리 술어와 사용될 수 있다(예 너는 커피가 제일 좋았니? 좋더냐?).

예 어제 꿈속의 나는 커피를 마시더라.

방금 일정표 확인해 보니까 나는 열한 시에 면담이더라.

미처 몰랐었는데 나는 공부를 잘하더라.

알고 보니 내가 키가 크더라.

위의 예문은 다 1인칭 주어인데 '-더-'가 쓰인 경우이다. 하지만 일반적인 상황 맥락은 아닌데, 모두 화자가 새롭게 깨달았거나 이전에는 몰랐던 내용을 말하는 상황이다. 자신의 행동에 대해 적극적으로 인식할 수 있는 맥락에서는 위처럼 동사 뒤에 '-더-'가 쓰이면서 1인칭 주어가 올 수 있다.

다음으로 현재 시제 어미 '-는-'에 대해 알아보자. 이 어미는 발화시를 기준으로 상황시가 발화시와 동시적임을 나타낸다. 발화시와 상황시의 겹침이 바로 현재 시제(present tense)인 것이다. 참고로 현재 시제와 함께 쓰이는 [+기간성] 동사라면 현재 사건이 다 끝나지 않았다는 미완료상의 의미가 산출된다.

한국어에는 '-었-', '-는-' 외에 '-겠-'이라는 어미도 시제를 나타낼 때 사용된다. 다음 예에서 '-겠-'은 미래 시제를 나타낸다.

예 다음은 김철수 선생님께서 발표하시겠습니다.

차순이 씨께서 나오시겠습니다.

미래 시제는 발화시를 기준으로 상황시가 뒤에 오는 시제이다. 한편 한국어에서 '-겠-'은 현재나 과거에도 쓰인다. '지금 거기는 덥겠구나', '어제 거기는 더웠겠구나'처럼 말이다. 이는 '-겠-'이 추측을 나타내기 때문에 그렇다.

2. 한국어의 시상

한국어의 상에 대해 알아보자. 상은 두 가지 차원(부문)으로 이루어진다. 하나는 상황 유형이고 또 다른 하나는 관점상이다. 상황 유형(situation type)은 동사와 다른 문장 성분이 결합하여 문장 해석 차원에서 결정된다. 가령 아래 예에서 '걷다'와 '입다' 류의 차이를 확인해 보자.

예 가. 철수는 걷고 있었다.

나. 철수는 옷을 입고 있었다.

위의 (가)에서 '걷다'는 '-고 있-'이 결합하면 사건의 진행을 나타내고 (나)의 '입다'는 '-고 있-'이 결합하면 결과 상태가 지속되고 있는 것을 나타낸다. 그런다 이런 상적 차이가 동사에 의해 영향을 받아 결정된다. (가)의 '걷다' 류에는 '뛰다, 놀다, 먹다' 등이 있고 '입다'에는 '벗다, 들다'가 들어간다. 상황 유형은 사건 유형, 동작류, 상황상, 어휘적 시상, 어휘상 등의 다양한 용어로 불린다. 상황 유형의 분류 기준 첫 번째는 [+/- 종결성 telicity]이다.

> **예**　**가.** 영이는 한 시간 동안 한라산을 올랐다.
>
> **나.** 영이는 한 시간 만에 한라산을 올랐다.
>
> **다.** 아기 사자는 한 시간 동안 걸었다.
>
> **라.** 아기 사자는 한 시간 만에 걸었다.

가), (나)와 (다), (라)의 차이가 확인되는가? 앞의 두 개는 끝점(final point)이라는 것이 존재하는데 뒤의 두 개는 끝점이 부재한다. 두 번째 기준은 [+/- 상태성 state]이다.

> **예**　봄바람이 상쾌하다.
>
> *봄바람이 상쾌하고 있다.
>
> 영이는 부지런하다.
>
> *영이는 부지런하고 있다.

위에서 '상쾌하다, 부지런하다'는 상태를 나타내므로 '-고 있-'의 결합이 불가능하다.

세 번째 기준은 [+/- 기간성 durativity]이다. 시폭(time span)이 없는 유형은 아래 예문들에서처럼 '-동안'이 결합하지 못한다.

> **예**　**가.** 풍선이 터졌다.
>
> **나.** *풍선이 한 시간 동안 터졌다.
>
> **다.** 기차가 도착했다.
>
> **라.** *기차가 한 시간 동안 도착했다.

위의 (나), (라)의 문장이 성립하려면 풍선이 터지고, 기차가 도착하는 사건이 반복 사건으로 해석되어야 한다. 지금까지 상태성, 기간성, 종결성을 바탕으로 상황 유형을 분석하였는데 이러한 기준에 따라 상황 유형을 분류하면 아래 표와 같다.

	상태성	기간성	종결성
상태(state)	+	+	-
완수(accomplishment)	-	+	+
행위(activity)	-	+	-
달성(achievement)	-	-	+
순간(semelfactive)	-	-	-

① 상태: 여름에는 날씨가 덥다.

② 완수: 영이는 논문을 읽었다.

③ 행위: 철수는 운동 삼아 걸었다.

④ 달성: 기차가 역에 도착했다.

⑤ 순간: 그 순간 그의 눈빛이 반짝했다.

위의 예를 통해 각 상황 유형에 해당하는 예를 찾을 수 있다. 또한 상황 유형은 같은 서술어를 사용하더라도 다른 부사어의 결합 등에 의해 다른 상황 유형으로 분석될 수도 있다.

> **예** **가.** 철수는 심심해서 달렸다. [행위]
>
> **나.** 철수는 100미터를 달렸다. [완수]
>
> **다.** 철수는 학교까지 달렸다. [완수]

위의 예를 보면, '달리다'가 행위로도 해석되지만 (나), (다)처럼 '100미터', '학교까지'와 같은 목표점이 있으면 완수로도 해석되는 것을 확인할 수 있다.

지금까지 상황 유형에 대해 살펴봤는데 한국어에는 관점상(viewpoint aspect)도 존재한다. 예를 들어 '-고 있-'이나 '-아 있-'이 쓰인 아래 예문들은 관점상을 나타낸다.

> **예 1** 영이는 학교에 가고 있었다.
>
> 영이는 학교에 가 있었다.
>
> **예 2** 철수는 의자에 앉고 있다.
>
> 철수는 의자에 앉아 있다.

위에서 '-고 있-'은 상황의 내부 진행 단계를 나타내고 '-아 있-'은 상황 종결 이후의 상태 또는 결과가 지속되는 것을 나타낸다. 관점상 역시 동작상, 문법상 등으로 불린다.

정리하면 시제는 상황 외부의 시간적 속성을 나타내 상황의 시간적 위치를 드러내고 발화 맥락에 따라 달라지는 직시어의 일종이다. 한편 시상은 상황 내적인 시간적 속성을 나타내므로 상황이 종료되었는지, 순간적으로 발생하였는지, 일정한 폭을 가졌는지 등에 대한 정보를 나타낸다.

3. 한국어의 양태

양태는 명시적인 현실적 상황을 기술하는 것과 달리 가상적 혹은 비현실적 상황에 대해 기술한다. 즉 현실의 일부일 필요가 없는 상황에 대해 언급하기 위해 사용하는 범주가 양태(modality)이다. 양태는 사건에 대해 가지고 있는 정보를 바탕으로 사건의 실현 가능성(possibility)과 필연성(necessity)에 대한 판단을 나타내는 의미 범주이다.

> **예 1** **가.** 철수가 지금 온다.
>
> **나.** 나 감기 들었다.
>
> **예 2** 아마 내일 비가 올 거야.

위의 두 예문 중 (1)은 현실 세계의 일을 그대로 기술하지만 (2)는 가상 세계의 일을 기술한다. 따라서 (2)가 양태 문장에 해당한다. 다음 예문에서 양태를 해석해 보자.

예1   고향에서는 벌써 추수를 끝냈겠다./나는 시인이 되겠다./그런 것은 삼척동자도 알겠다.

위의 예문들은 상황의 실현 가능성에 대한 판단을 나타낸다. 위에서 판단은 필연성, 개연성, 가능성처럼 정도적으로 실현되는데 이에 따라 추측, 확신, 의무, 허용, 의지, 능력 등의 구체적인 용법이 나타난다. 양태 의미 범주는 다른 의미 범주들이 그렇듯 명사, 동사 같은 어휘 형식으로도 실현되고 어미나 조사와 같은 문법 형식으로도 실현된다. 다음 문장은 어떠한가?

예1   [구름을 보니] [비가 오-] -겠- -다

위에서 '구름을 보니'는 사건/상황에 대한 맥락 정보를 나타내 대화 배경(conversational background)을 의미한다. '비가 오-'는 사건이나 상황(명제)을 나타내고 '-겠-'은 가능성을 표현한다. 이는 마치 '-겠-'이 두 자리 서술어처럼 두 개의 논항을 요구하는 것으로 분석한 것이다. 즉 '구름을 보니'라는 배경 정보와 '비가 오-'라는 사건을 논항으로 취하는 것이다. 이는 Kratzer(1977)에서 언급된 다음과 같은 내용이 적용된 것이다.

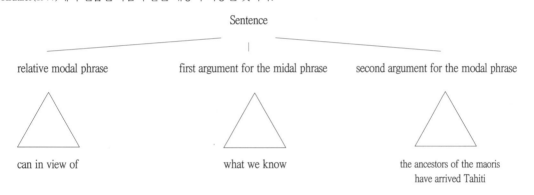

양태의 종류는 두 가지 기준에 의해 나뉜다. 첫 번째 기준은 가능성과 필연성이다. 그리고 두 번째 기준은 양태 문장이 나타내는 사건의 참, 거짓을 판단하는 배경 정보가 무엇이냐에 따라 달라진다. 예를 들어 참, 거짓을 우리의 인식적 판단 안에서 결정한다면 그것은 인식적 가능(epistemic possibility)이라고 한다.

예   There must be an old man in that house.

위의 문장을 예로 들어 설명해 보면 'must'에 의해 필연성이 드러나고 우리 집 앞에 할아버지가 있다는 것의 근거는 내가 가지고 있는 인식적 근거이므로 위의 예에서는 인식적 필연성을 나타내는 것이다. 한국어의 양태에도 가능성과 필연성 양태가 나뉘어 있다. 가능성 양태는 ◇로 표기하고 필연성 양태는 □로 표기한다.

예1   그가 그 문제를 풀 수 있다.

그가 그 문제를 풀어야 한다.

예2   그 사람이 올지도 모른다.

그 사람이 올 듯하다.

그 사람이 올 것이다.

위의 (1)에서는 능력성 양태가 해석되고 (2)에서는 가능성 양태가 해석된다. 그럼 양태를 해석할 때 참고하는 맥락 정보는 무엇인가? 맥락 정보란 필연성과 가능성을 판단하는 배경이 되는 정보인데 상황/시간의 장소, 시간, 화자와 청자의 관계, 정보의 출처 등으로 이루어진다. 예를 들어 기존의 화자(판단자)가 알던 정보가 배경 정보가 되는 것이다.

예를 들어 현재 맥락 정보에 {상대방은 체력이 약하다, 이 게임은 체력이 중요하다, 현재 게임이 나에게 유리하다, 기세가 나에게 넘어왔다} 이런 것들이 있다고 쳐 보자. 그렇다면 아래와 같이 말할 수 있다.

사건에 대한 정보(대화 배경)	판단	양태 표현
내가 알고 있는 정보들에 따르면	내가 이길 가능성이 있다	내가 이기겠다. 내가 이길 것이다. 내가 이길 수 있다.

위에서 양태 표현 '-겠-', '-을 것이-', '-을 수 있-'은 바로 이러한 정보 및 판단에 의해 가능성이 판단될 때 사용된다.

이번에는 사회 규칙을 배경 정보로 하여 허가를 표현할 때 쓰는 양태 표현에 대해 알아보자. 현재 맥락 정보는 {사회적 규칙에 따르면 마스크 의무화가 해제되었다}이다.

사건에 대한 정보(대화 배경)	판단	양태 표현
당위성을 지닌 외부 정보(규칙/관습/법)에 따르면	마스크를 안 쓸 가능성이 있다	너는 밖에서 마스크를 안 써도 된다.

위에서 '-어도 되다'는 허가를 나타내 가능성 표현에 해당한다. 그렇다면 같은 상황에서 의무를 나타낸다면 어떤 표현을 사용하나? 아래 표에서 보듯이 '-어야 하다'를 사용한다.

사건에 대한 정보(대화 배경)	판단	양태 표현
당위성을 지닌 외부 정보(규칙/관습/법)에 따르면	마스크를 쓰는 것이 필수적이다	너는 밖에서 마스크를 써야 한다.

위에서 살펴본 것을 바탕으로 양상의 종류를 정리하면 인식 양태와 당위 양태로 크게 나누어진다. 흔히 이는 맥락 정보(대화 배경)에 의해 나눈 것인데, 사건에 대한 인식 정보와 행위 정보로 양분된다.

인식 양태 당위 양태

[추측] [확신] [의무] [허가] [능력] 등

이러한 양태 종류를 바탕으로 '-겠-'의 구체적 용법에 대해 알아보자. '비가 오겠다'라는 문장은 어떻게 분석할 수 있겠는가? 이는 '내가 아는 정보에 따르면(하늘을 보니 구름이 많고 흐리다 등)' '비가 오는 사건'이 가능하다는 것을 의미한다. 그래서 '-겠-'의 구체적 용법은 [추측]으로 먼저 분석된다.

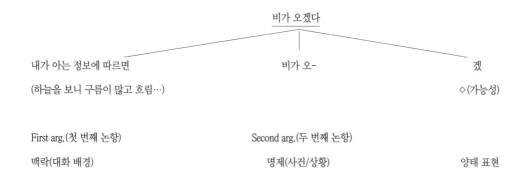

다음으로 '나는 대통령이 되겠다'에서 '-겠-'은 어떻게 해석되는가? 이때 '-겠-'이 참고하는 배경 정보는 행위에 대한 자신의 내적 마음 정보이다. 즉 {대통령이 되고 싶다}라는 내적 동기를 바탕으로 '내가 대통령이 되-'는 명제에 가능성이 있다고 판단한 것이다.

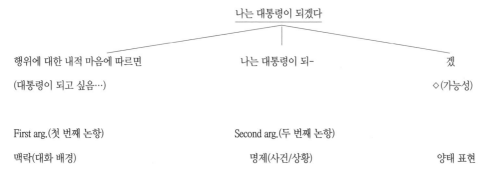

다음으로 '-어야 하다'라는 표현에 대해 알아보자. '-어야 하-' 역시 인식 양태로도 쓰이고 당위 양태로도 쓰여 다의적인 의미를 가진다.

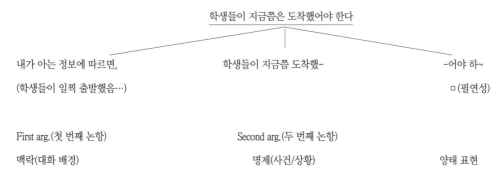

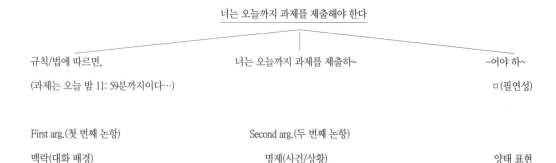

너는 오늘까지 과제를 제출해야 한다

규칙/법에 따르면,   너는 오늘까지 과제를 제출하~   ~어야 하~

(과제는 오늘 밤 11: 59분까지이다…)   ㅁ(필연성)

First arg.(첫 번째 논항)   Second arg.(두 번째 논항)

맥락(대화 배경)   명제(사건/상황)   양태 표현

위의 두 예에서 '-어야 하-'는 다른 의미로 해석된다. 첫 번째는 인식 양태와 같은 배경에서 해석되므로 화자가 아는 정보를 바탕으로 필연적인 명제 사건을 판단한 것이므로 [확신]으로 해석된다. 한편 아래 예에서는 사회 규칙 등을 바탕으로 명제의 필연성을 판단한 것이므로 [의무]로 해석된다.

지금까지 살펴본 내용을 정리하면 양태의 분화 양상은 크게 두 가지로 나타난다. 하나는 필연성, 가능성으로 분화된다. 물론 정도성에 따라 '필연성-개연성-가능성'으로 나눌 수도 있으나 논리적인 관점에서는 필연적이지 않은 것은 모두 가능성의 범위에 해당하므로 필연성과 가능성으로 양분화된다. 필연성이란 우리가 가정할 수 있는 모든 경우에서 참이라고 판단되는 것이고 가능성이란 우리가 가정할 수 있는 어떤 경우에 한정해서만 참이라고 판단되는 것이다. 또 다른 두 번째 분화 양상은 맥락에 따른 분화이다. 그 결과 우리 수업에서는 인식 양태와 당위 양태의 큰 분화 양상을 살펴보았다. 물론 인식 양태와 당위 양태 안에서 세부 용법이 [추측], [확신]/[허가], [의무] 등으로 나뉜다.

4. 양태와 공손성

여기서는 양태와 공손성의 관계에 대해 살펴보자. 한국인들은 어떤 사실에 대해 확신하거나 단언할 때도 가능성 표현을 쓸 때가 많다. 가령 '그 옷이 매우 싸다!'라고 말해야 할 때도 '그 옷이 매우 싼 것 같다'라고 말하는 것이다. 이는 왜 그럴까?

가능성 표현은 화자의 확실한 태도를 드러내지 않는 것인 동시에 청자에게 선택권을 부여하는 것이기도 하다. 이를 통해 청자의 체면(face)을 유지하면서 공손성(politeness)을 높인다. 예를 들어 '들어가도 좋겠습니까?', '너는 공부를 좀 더 열심히 해야 하겠다', '네가 와 주면 고맙겠다' 같은 예들이 이에 해당한다.

5. 문장의 의미 관계

단어들 사이에 동의 관계, 반의 관계, 하의 관계 등 여러 의미 관계가 형성되듯이 문장들 사이에도 의미 관계가 성립한다. 여기서는 먼저 함의 관계에 대해 살핀다.

예   **가.** 내 형은 총각이다.

      나. 내 형은 결혼하지 않았다.

(가)와 (나)는 어떠한가? (가)가 참이면 (나)도 반드시 참이고 (나)가 참이면 (가)도 반드시 참이다. 따라서 이들은 동의

관계를 형성한다.

> **예** **가.** 내 동생은 로마에서 막 돌아왔다.
>
> **나.** 내 동생은 로마에 가 본 적이 없다.

(가)와 (나)는 어떠한가? (가)가 참이면 (나)는 거짓이고 (나)가 참이면 (가)가 거짓이다. 따라서 이 둘은 모순 관계를 형성한다.

> **예1** **가.** 침입자가 총리를 암살했다.
>
> **나.** 총리는 죽었다.

> **예2** **가.** 나는 너에게 동의한 걸 후회한다.
>
> **나.** 나는 너에게 동의했다(동의한 적이 있다)

(1)과 (2)는 (가), (나)가 어떤 관계를 형성하는가? (1가), (2가)로부터 각각 (1나)와 (2나)의 의미가 해석된다. 어떤 발화를 듣고서 그 발화와 동일하지는 않지만 그 발화로부터 자동으로 도출될 수 있는 발화가 무엇인지를 알 수 있는 것이다.

어떤 문장으로부터 자동으로 다른 문장이 도출된다는 사실을 문장의 진리치 관점에서 파악하면 어떤 문장 p가 참이면 q가 항상 참이라고 표현할 수 있다.

> **예** **가.** 민수는 그때 경찰을 보았다.
>
> **나.** 민수는 그때 사람을 보았다.

위의 **예**에서도 (가)가 참이면 (나)가 항상 참이다. 함의를 나타내는 진리표를 보이면 아래와 같다.

p		q
참	→	참
거짓	→	참 또는 거짓
참 또는 거짓	←	참
거짓	←	거짓

위의 진리표에서 보듯, 두 문장 p와 q에 대해 다음과 같은 경우는 p가 q를 함의한다. 예를 들어 p가 참이면 q는 참이고, q가 거짓이면 p는 거짓이다. 함의 관계에 대해 더 많은 예문을 살펴보자.

> **예** **가.** 김 반장이 그 범인을 잡았다.
>
> **나.** 그 범인이 김 반장에게 잡혔다.

위의 두 예문에서 (가)는 능동문, (나)는 피동문이므로 상호 함의 관계를 형성한다. 하지만 완전한 절대적 동의문이라고 할 수는 없다. (가)에서는 '김 반장'이 주제이고 (나)에서는 '그 범인'이 주제이기 때문이다.

> **예** 영희는 참 예쁘다./영희는 참 미인이다.

위의 두 문장도 상호 함의 관계를 나타내는데 어휘를 통해 상호 함의가 해석되는 경우이다.

이렇게 상호 함의 관계일 경우에는 위의 진리표가 아래와 같이 수정된다.

p		q
참	→	참
거짓	→	거짓
참	←	참
거짓	←	거짓

마지막으로 모순 관계만 더 살펴보자. 모순 관계는 아래 예문과 같이 p가 참일 때 q가 거짓이고 p가 거짓일 때 q는 참인 관계이다.

> **예** 민수는 영이를 사랑한다.
> 민수는 영이를 사랑하지 않는다.

p		q
참	→	거짓
거짓	→	참
거짓	←	참
참	←	거짓

1. 합성성 원리에 대한 설명으로 맞는 것은?

① 문장은 어휘 요소와 문법 요소로 이루어진다.

② 문장의 의미는 부분의 의미만 알아도 도출된다.

③ 문장의 의미 해석은 결합과 투사를 바탕으로 설명할 수 있다.

④ 문장의 의미 해석은 부분의 의미 합과 결합 방식으로 설명된다.

정답: ③

해설: ② 문장의 구조(결합 방식)도 알아야 하기 때문에 오답이다.

2. '철수가 잔다'라는 문장의 의미에 대해 맞게 설명한 것은?

① '자는 속성'이 문장의 진릿값을 결정한다.

② 이 문장의 의미를 해석하려면 철수가 실제로 누군지 알아야 한다.

③ '자다'가 자는 개체들의 집합이며 여기에 철수라고 불리는 개체가 포함된다는 걸 알아야 한다.

④ 현재 자고 있는 개체들의 집합 원소가 누구인지 알아야 한다.

정답: ③

해설: 합성성 원리에 따라 해석한 것은 ③ 뿐이다.

3. 형식 의미론에서는 문장의 의미를 어떻게 설명하는가?

① 문장의 의미는 인간의 인지 개념에 해당한다.

② 문장의 의미는 문장을 구성하는 부분들의 합으로 이루어진다.

③ 문장의 의미는 함수와 같아서 명사가 논항을 요구한다.

④ 문장의 의미는 실제 세계에 존재하는 개체들과 같다.

정답: ②

해설: ③ 서술어가 명사를 논항으로 요구한다. ④ 문장의 의미는 술어와 개체의 합이므로, 개체들과 같을 수는 없다.

4. 다음 중 계열적 낱말밭에 해당하는 예는 무엇인가?

① 입다: 옷, 바지, 치마

② 쓰다: 모자, 마스크, 안경

③ 물다: 이

④ 형/오빠-남동생-누나/언니-여동생

정답: ④

해설: ①, ②, ③은 결합적 관계에 해당한다.

5. '여름에는 날씨가 덥다'에서 해석되는 상황 유형은 무엇인가?

① 행위
② 상태
③ 달성
④ 순간

정답: ②
해설: 이 문장은 [+상태성] [+기간성][−종결성]이므로 상태에 속한다.

6. "기차가 역에 도착했다"라는 문장의 상황 유형은 무엇인가?

① 행위
② 상태
③ 완수
④ 달성

정답: ④
해설: 이 문장은 [−상태성] [−기간성][+종결성]이므로 달성에 해당한다.

7. 한국어 양태에 대한 설명으로 틀린 것은?

① 한국어 양태는 필연성과 가능성을 판단하는 배경 정보를 참고한다.
② 양태 판단시 참고되는 맥락 정보에 따라 인식 양태와 당위 양태로 나누어진다.
③ 인식 양태는 사회 법, 규칙과 같은 외부 정보를 바탕으로 하는 것이다.
④ 가능성과 필연성 양태는 각각 구체적인 맥락 정보에 따라 다양한 용법을 가진다.

정답: ③
해설: ③은 당위 양태에 대한 설명이다.

8. 함의 관계에 대한 설명으로 맞는 것은?

① 함의 관계는 p가 참이면 q가 거짓인 관계이다.
② p가 거짓이면 q도 거짓이 되는 관계이다.
③ 함의 관계와 동의 관계는 같은 말이다.
④ 어떤 문장이 참일 때 항상 참이되는 문장은 함의 관계를 형성한다.

정답: ④
해설: ① 모순 관계, ② 상호 함의, ③ 함의 관계와 동의 관계는 같지 않다

제5장 한국어사

학습 목표

1. 한국어사의 개념과 고대 한국어, 중세 한국어, 근대 한국어를 이해한다.

Ⅰ. 한국어사

1. 한국어사

1) 한국어사란?

- 고대부터 현대까지 한국어의 변화 과정을 연구하는 분야
- 언어의 역사성
- 한국어가 겪어 온 변화를 밝혀 그 역사를 체계적으로 서술하는 것
- 음운, 문법, 의미 등 모든 분야의 변화 고려

2) 연구 목적

- 한국어에는 우리 민족의 정신적, 물질적 생활이 반영되어 있음
- 고전 문학 작품을 올바로 읽을 수 있게 하는 길잡이
- 현대 한국어 이해에 도움을 줌

3) 연구 방법

- 문헌 자료의 연구
- 비교 연구
- 내적 재구
- 방언 연구

4) 한국어의 계통

■ 친족 관계의 언어들을 동일 계통이라고 하며 어족을 형성한다.

- 19세기: 우랄알타이어족

- 20세기: 우랄어족

핀우글어군, 사모예드어

알타이어족

터키어군, 몽골어군, 퉁구스어군

5) 알타이어족의 공통 특징

■ 모음조화

■ 어두자음의 제약

■ 교착성

■ 모음 교체나 자음 교체가 없음

■ 관계 대명사, 접속사 없음

6) 시대구분

■ 고대 한국어: ~ 통일신라 시대까지

■ 중세 한국어: 전기 – 고려 ~ 14세기 말

　　　　　　　후기 – 15세기 ~ 16세기 말

■ 근대 한국어: 17세기 ~ 갑오경장

■ 현대 한국어: 갑오경장 ~ 현재

2. 고대 한국어

1) 고구려

(1) 자료를 찾을 수 있는 유일한 북방계 언어

(2) 삼국사기 지리지 권37

■ 買忽 一云 水城

■ 水谷城郡 一云 買旦忽

2) 백 제

(1) 가장 자료가 적음

(2) 중국 周書(636): 於羅瑕 - 鞬吉支

(3) 삼국사기 지리지 권 36

■ 扶餘郡本百濟所夫里郡

(4) 용비어천가

■ 熊津 = 고마ㄴ ㄹ

3) 신 라

(1) 고대 한국어의 중심

(2) 7세기 후반 한반도의 언어적 통일

(3) 삼국사기 지리지 권 34

■ 密城郡本推火郡

■ 永同郡本吉同郡

(4) 표기 방법

① 이두: 한자로 우리말을 표기하려는 노력

■ 한국어의 어순, 조사와 어미 표기

■ 19세기 말까지 사용

② 구결: 입겿, 토

■ 한문의 문법적 관계를 나타내기 위해

■ 삽입하는 요소로 약체자를 사용함

③ 향찰: 한자를 이용하여 우리말을 표기하려는 노력의 집대성

■ 향가 표기에 국한됨

■ 어휘형태소: 석독

■ 문법 형태소: 음독

■ 고려 초까지 사용됨

(5) 음운

■ 자음: 파열음, 파찰음에 평음과 격음 존재

■ 음절말 자음의 외파

■ 모음 + 'ㄷ' +모음 - 'ㄷ'이 'ㄹ'로 변화

■ 모음 + 'ㄹ' +모음 - 'ㄹ'이 '∅'로 변화

■ 모음: 7모음 체계로 추정

■ ㅣ ㅜ ㅗ

■ ㅓ ㅡ ㆍ

■ ㅏ

3. 전기 중세 한국어

1) 경주에서 개성으로

2) 고구려어 + 신라어

3) 문헌 자료: 계림유사, 향약구급방

4) 계림유사: 350여 항의 한국어 대역 어휘
- 天曰漢捺
- 馬曰末
- 猪曰突
- 七曰一急

5) 향약구급방: 태종 17년 중간본
- 석독, 음독, 혼합 표기
- 180여 종의 식물, 동물, 광물 표기
- 桔梗鄕名道羅次

6) 한자어 급증
- 광종: 과거 제도 실시
- 언어적 이중생활
- 한자어가 고유어를 대체하는 현상이 일어남
- 百曰醍: 千曰千

7) 여진어의 영향
- 함경도 지명에 영향
- 土滿(萬)

8) 몽골어의 영향
- 말과 매, 군사에 관한 어휘
- 가라말, 졀다말, 구렁말
- 보라매, 송골

- 오노, 바오달, 텰릭
- 타락, 슈라

4. 후기 중세 한국어

1) 훈민정음의 창제

2) 많은 문헌의 발간 – 중앙어, 상류층의 언어가 반영

3) 조선관역어
- 중국에서 만든 대역 어휘집
- 590여 항의 어휘
- 天 哈嫩二 忝

4) 훈민정음
- 1443년 창제, 1446년 반포
- 한 음절을 초성, 중성, 종성으로 삼분함
- 초성 17자, 중성 11자, 終聲復用初聲
- 초성

기본자	가획자	이체자
ㄱ	ㅋ	ㆁ
ㄴ	ㄷ ㅌ	ㄹ
ㅁ	ㅂ ㅍ	
ㅅ	ㅈ ㅊ	ㅿ
ㅇ	ㆆ ㅎ	

- 중성

기본자	ㆍ ㅡ ㅣ
1차 합성	ㅏ ㅓ ㅗ ㅜ
2차 합성	ㅑ ㅕ ㅛ ㅠ

- 종성

8자 체계로 규정

ㄱ, ㆁ, ㄷ, ㄴ, ㅂ, ㅁ, ㅅ, ㄹ

5) 병서: 각자병서 - ㄲ, ㄸ, ㅃ, ㅉ, ㅆ, ㆅ

합용병서 - ㅳ, ㅄ, ㅶ, ㅴ, ㅵ

6) 연서: ㅱ, ㅸ, ㅹ, ㆄ

7) 자음

	전청	차청	불청불탁	전탁
아음	ㄱ	ㅋ	ㆁ	ㄲ
설음	ㄷ	ㅌ	ㄴ	ㄸ
순음	ㅂ	ㅍ	ㅁ	ㅃ
치음	ㅈ, ㅅ	ㅊ		ㅉ, ㅆ
후음	ㆆ	ㅎ	ㅇ	ㆅ
반설음			ㄹ	
반치음			ㅿ	

8) 모음: 7모음 체계

- ㅣ ㅡ ㅜ
- ㅓ ㅗ
- ㅏ ㆍ

9) 표기법

- 음소적 표기: 표음주의, 연철
- 동국정운식 표기법
- 한자를 원음에 가깝게 표기하려는 노력
- 실제 언어 생활과 다른 비현실적 방법
- 성종 때 사라짐
- 실제 한자음 반영: 훈몽자회(최세진)

10) 음운

① 자음

- 평음과 격음의 대립
- 어두 격음의 출현은 평음에 비해 적음

■ 된소리 계열: ㅅ, ㅆ, ㅺ

■ 어두자음군

② 모음

■ 모음추이

■ 상향이중 모음

■ ㅑ, ㅕ, ㅛ, ㅠ, ㅘ, ㅝ, wi(ㅟ/ㅚ)

■ 하향이중 모음

■ ㅐ, ㅒ, ㅖ, ㅚ, ㅟ, ㅢ

11) 방점
■ 성조 표기 방법

■ 평성, 거성, 상성

12) 문법
■ 조어법

■ 합성어 복합 명사는 현대와 같음

■ 복합 용언의 경우 비통사적 합성이 많음

■ 빌- + 먹- = 빌먹-, 듣보-, 죽살-

■ 곡용: 체언의 격교체

- 자동적 교체: ㅎ말음 명사

돌(ㅎ) - 돌히, 돌해, 돌콰…

- 비자동적 교체

나모(ㄱ) - 남기, 남 골, 나모와

■ 경어법

- 존경법: -시-

- 겸양법: -ᄉᆞᇦ-

- 공손법: -ㅇㅣ-

■ 이시-: 겨시-, 먹-: 좌시-

■ 자-: 자시-(주무시-X)

5. 근대 한국어

1) 17세기 초 ～ 갑오경장

2) 중세에서 현대 한국어에 이르는 과도기

3) 현대 한국어를 이해할 수 있도록 하는 시기

4) 문자 체계와 표기법

■ 방점 사라짐

■ 반치음 사라짐

■ 어두 합용병서의 혼란

5) 음운

■ 자음

① 어두자음군이 된소리로

② 구개음화

③ 경음화

④ 격음화

		순음	설음	치음	아음	후음
파열음		ㅂ	ㄷ		ㄱ	
		ㅍ	ㅌ		ㅋ	
		ㅃ	ㄸ		ㄲ	
마찰음				ㅅ		ㅎ
				ㅄ		
파찰음				ㅈ		
				ㅊ		
				ㅄ		
비음		ㅁ	ㄴ		ㆁ	
유음			ㄹ			

■ 모음

① 어두에서 ‘ㆍ’ 소실

92

② 'ㅔ/ㅐ'의 단모음화

■ㅣ _ ㅜ

■ㅔ ㅓ ㅗ

■ㅐ ㅏ

③ 원순모음화

④ 전설모음화

6) 문법

■곡용

① ㅎ말음 명사: 'ㅎ' 탈락

　　싸ㅎ 〉 땅, 집옿 〉 집웅

② 체언의 비자동적 교체 지양

7) 문법

■조사

① 주격: '-가' 등장

② 호격: '-하' 사라짐

③ 속격: 'ㅅ' 속격 기능 사라짐

■기타

① 겸양법의 '-ㅅ · ㅸ -' 공손법으로

② 과거 시제 어미 '-앗/엇-', 미래 시제 어미 '-겠-' 등장

③ 의문문의 어미 구별 사라짐

8) 어휘

■고유어가 한자어로 대체됨: 뫼 〉 산, 오래 〉 문

■고유어의 사어화: 외ㅍ · -(刻), 혁-(小)

■중국을 통해 들어온 어휘: 자명종, 천리경

■신용어: 공화국, 교육법, 회사원

■한국 고유 한자: 乭, 巭, 畓

■이두식 차자: 身殺, 雨來, 眞木

■중국어 차용: 다홍(大紅), 비단(匹段), 무명(木棉)

■만주어 차용: 널쿠(nereku), 소부리(soforo)

1. 알타이어족의 공통 특징이 아닌 것은?

① 굴절성

② 모음조화

③ 어두자음 제약

④ 관계 대명사 없음

정답: ①

해설: 알타이어족은 교착성을 공통 특징으로 한다.

2. 자료를 찾을 수 있는 유일한 북방계 언어는?

① 신라어

② 부여어

③ 고조선어

④ 고구려어

정답: ④

해설: 현재 자료를 찾을 수 있는 유일한 북방계 언어는 고구려어이다.

3. 훈민정음이 창제된 시기는?

① 1443

② 1444

③ 1445

④ 1446

정답: ①

해설: 1443년 창제, 1446년 반포.

4. 하향 이중 모음에 해당하지 않는 것은?

① ㅐ

② ㅔ

③ ㅠ

④ ㅢ

정답: ③

해설: 하향 이중 모음으로 ㅓ, ㅐ, ㅔ, ㅚ, ㅟ, ㅢ가 있다.

5. 의문문의 어미 구별이 사라진 시기는?

① 고대

② 근대

③ 전기 중세

④ 후기 중세

정답: ②

해설: 근대 한국어의 시기에 의문문의 어미 구분이 사라진다.

6. 문자 체계에서 방점이 사라진 시기는?

① 고대

② 중세

③ 근대

④ 현대

정답: ③

해설: 근대 한국어의 시기에 방점이 사라진다.

7. 한국어사 연구 방법이 아닌 것은?

① 방언 연구

② 비교 연구

③ 내적 재구

④ 음성 언어 자료 연구

정답: ④

해설: 문헌 자료 연구이다.

8. 훈민정음 자음에서 이체자에 해당하는 것은?

① ㄱ

② ㅍ

③ ㅎ

④ ㄹ

정답: ④

해설: 이체자로 ㆁ, ㄹ, ㅿ이 있다.

제6장

한국어 어문 규범

1. 한글 맞춤법과 이에 따른 띄어쓰기 규정 및 발음법 총칙에 대해 이해한다.
2. 외래어 표기법과 로마자 표기법을 이해하고 올바르게 사용한다.

Ⅰ. 한글 맞춤법

1. 한글 맞춤법

1) 총칙

한글 맞춤법은 표준어를 소리대로 적되, 어법에 맞도록 함을 원칙으로 한다.

우리말을 문자로 적을 때 준수해야 하는 기준을 정해 놓은 규정이다. 우선 한글 맞춤법의 대상은 표준어이다. 그리고 이 표준어를 적는 방법에는 두 가지 원칙이 있다. 하나는 표음주의의 입장에서 소리 나는 대로 적는 것이다. 가령, 어근 '집-'과 접미사 '웅'이 결합할 때 '집웅'으로 적지 않고 이것을 소리 나는 대로 '지붕'으로 적는다. 다른 하나는 표의주의 입장에서 소리와 다소 멀어지더라도 어법에 맞도록 적는 방법이다. 즉 실질 형태소의 표기를 고정하여 그 뜻을 보다 쉽게 파악하도록 하는 것이다. 예컨대 소리 나는 대로 '오시, 온짱' 등으로 적지 않고 실질 형태소인 '옷'의 표기를 고정하여 '옷이, 옷장'으로 적는다.

2) 자모

한글 자모의 수는 스물넉 자로 하고, 그 순서와 이름은 다음과 같이 정한다.

ㄱ(기역), ㄴ(니은) ㄷ(디귿) ㄹ(리을) ㅁ(미음) ㅂ(비읍) ㅅ(시옷) ㅇ(이응) ㅈ(지읒) ㅊ(치읓) ㅋ(키읔) ㅌ(티읕) ㅍ(피읖) ㅎ(히읗)

ㅏ(아) ㅑ(야) ㅓ(어) ㅕ(여) ㅗ(오) ㅛ(요) ㅜ(우) ㅠ(유) ㅡ(으) ㅣ(이)

자음과 모음의 순서를 외워두어야 한다. 단어를 주고 사전에 실린 순서를 묻는 경우가 있기 때문이다.

*유의해야 하는 자모: ㄱ(기역), ㅅ(시옷), ㅋ(키읔), ㅌ(티읕), ㅍ(피읖), ㅎ(히읗)

3) 소리에 관한 것

(1) 된소리

한 단어 안에서 뚜렷한 까닭 없이 나는 된소리는 다음 음절의 첫소리를 된소리로 적는다.

① 두 모음 사이에서 나는 된소리

■ 소쩍새, 해쓱하다-핼쑥하다, 부썩, 이따금, 치다꺼리

② 'ㄴ, ㄹ, ㅁ, ㅇ' 받침 뒤에서 나는 된소리

■ 눈썹, 산뜻하다, 잔뜩, 아빨싸, 담뿍, 움찔, 몽땅, 엉뚱하다

③ 'ㄱ, ㅂ' 받침 뒤에서 나는 된소리는, 같은 음절이나 비슷한 음절이 겹쳐 나는 경우가 아니면 된소리로 적지 않는다.

예 깍두기, 법석, 몹시, 뚝배기, 학배기

④ 합성어나 파생어가 그 단어의 뜻을 유지하면 된소리가 나더라도 그 원형을 밝혀서 적는다.

예 등불[등뿔], 눈곱[눈꼽], 눈살[눈쌀], 몸살[몸쌀], 등살[등쌀]

(2) 구개음화

'ㄷ, ㅌ' 받침 뒤에 종속적 관계(실질 형태소 다음에 형식 형태소 조사, 접미사, 어미 등이 결합하는 관계)를 가진 '-이-'나 '-히-'가 올 적에는 그 'ㄷ, ㅌ'이 'ㅈ, ㅊ'으로 소리 나더라도 'ㄷ, ㅌ'으로 적는다. 가령, '해돋이'가 [해도지]로 소리 나더라도 '해돋이'로 적는다.

예 해돋이, 굳이, 여닫이, 같이, 끝이, 피붙이

(3) 'ㄷ' 소리 받침

① 'ㄷ' 소리로 나는 받침 중에서 'ㄷ'으로 적을 근거가 없는 것은 'ㅅ'으로 적는다. 이때 'ㄷ'으로 적을 근거가 없다는 것은 이미 관습적으로 굳어졌다는 의미이다.

■ 덧저고리, 돗자리, 엇셈, 웃어른, 핫옷, 무릇, 사뭇, 얼핏, 자칫하면

② 원래 'ㄹ' 받침이 'ㄷ'으로 바뀐 것은 'ㄷ'으로 적는다.

예 반짇고리, 숟가락, 삼짇날, 이튿날, 잗다랗다

(4) 모음

① '계, 례, 몌, 폐, 혜'의 'ㅖ'는 'ㅔ'로 소리 나는 경우가 있더라도 'ㅖ'로 적는다.

■ 계수(桂樹), 사례(謝禮), 혜택(惠澤), 핑계, 폐품(廢品)

② 다음 말은 본음대로 적는다. 이것들의 발음이 원래 '게'이기 때문이다.

예 게송(偈頌), 게시판(揭示板), 휴게실(休憩室), 게양대(揭揚臺)

③ '의'나 자음을 첫소리로 가지고 있는 음절의 'ㅢ'는 'ㅣ'로 소리 나는 경우가 있더라도 'ㅢ'로 적는다.

예 의의(意義)[의이], 닁큼[닝큼], 닐리리[닐리리], 띄어쓰기[띠어쓰기], 하늬바람[하니바람]

(5) 두음 법칙

① 단어 첫머리에서 두음 법칙이 적용되는 경우

- 한자음 '녀, 뇨, 뉴, 니'가 단어 첫머리에 올 적에는, '여, 요, 유, 이'로 적는다.

예 여자(女子), 요소(尿素), 유대(紐帶), 이토(泥土)

- 한자음 '랴, 려, 례, 료, 류, 리'가 단어의 첫머리에 올 적에는, '야, 여, 예, 요, 유, 이'로 적는다.

예 양심(良心), 역사(歷史), 예의(禮儀), 용궁(龍宮), 유행(流行), 이발(理髮)

- 한자음 '라, 래, 로, 뢰, 루, 르'가 단어의 첫머리에 올 적에는, '나, 내, 노, 뇌, 누, 느'로 적는다.

예 낙원(樂園), 내일(來日), 노인(老人), 뇌성(雷聲), 누각(樓閣), 능묘(陵墓)

- 다음과 같은 의존 명사에서는 본음대로 적는다. 특성상 관형사를 앞세워 쓰이기 때문이다.

예 냥(兩), 냥쭝(兩-), 년(年), 리(里), 리(理)

② 단어 첫머리가 아닌 자리에서 두음 법칙이 적용되는 경우

- 접두사처럼 쓰이는 한자가 붙어서 된 말이나 합성어에서, 뒷말의 첫소리가 'ㄴ' 소리로 나더라도 두음 법칙에 따라 적는다.

예 신여성(新女性), 공염불(空念佛), 남존여비(男尊女卑), 실낙원(失樂園), 역이용(逆利用), 연이율(年利率), 열역학(熱力學), 회계연도(會計年度)

- 둘 이상의 단어로 이루어진 고유 명사를 붙여 쓰는 경우에도 두음 법칙에 준하여 적는다.

예 한국여자대학, 대한요소비료회사

- 모음이나 'ㄴ' 받침 뒤에 이어지는 '렬, 률'은 '열, 율'로 적는다.

예 나열(羅列), 치열(齒列), 선열(先烈), 규율(規律), 선율(旋律), 비율(比率), 실패율(失敗率), 백분율

- 둘 이상의 단어로 이루어진 고유 명사를 붙여 쓰는 경우나 십진법에 따라 쓰는 수(數)도 두음 법칙에 준하여 적는다.

예 서울여관, 신흥이발관, 육천육백육십육(六千六百六十六)

- 고유어 뒤에 한자어가 결합되어 합성어를 만들거나 고유어 뒤에 외래어가 결합되어 합성어를 만들 경우에는 두음법칙에 준하여 적는다.

예 일 + 량 → 일양, 가십 + 란 → 가십난

(6) 겹쳐 나는 소리

　　한 단어 안에서 같은 음절이나 비슷한 음절이 겹쳐 나는 부분은 같은 글자로 적는다.

예 똑딱똑딱, 쓱싹쓱싹, 씁쓸하다, 짭짤하다, 연연불망(戀戀不忘), 유유상종(類類相從)

예외 냉랭(冷冷)하다, 늠름(凜凜)하다, 역력(歷歷)하다, 연년생(年年生), 적나라(赤裸裸)하다

(7) 활음조(滑音調)

　　발음을 부드럽게 하기 위하여 'ㄴ'을 'ㄹ'로, 'ㅇ' 자리에 'ㄴ', 'ㄹ'을 첨가하는 현상이다.

예 노(怒) 계열 - 대로(大怒), 희로(喜怒)

낙(諾) 계열 – 수락(受諾), 쾌락(快諾), 허락(許諾), 내락(內諾)

녕(寧) 계열 – 의령(宜寧), 회령(會寧), 효령(孝寧)대군

예일곱 → 예닐곱, 폐염 → 폐렴

4) 형태에 관한 것

(1) 어간과 어미

① 종결형 어미 '-오'는 '요'로 소리 나는 경우가 있더라도 그 원형을 밝혀 '오'로 적는다.

예   이것은 책이오. 이리로 오시오. 이것은 책이 아니오.

② 연결형 어미 '-요'는 '요'로 적는다. 이것은 서술격 조사 '-이다' 다음에 나타나므로 종결형 어미와 구별하기 위해서이다.

예   이것은 책이요, 저것은 붓이요, 또 저것은 먹이다.

③ 어미 뒤에 덧붙는 통용 보조사 '-요'는 '-요'로 적는다.

예   읽어요 , 참으리요, 좋지요

④ 용언들은 어미가 바뀔 경우, 그 어간이나 어미가 불규칙 활용을 하면 그것을 반영하여 적는다.

예   긋다: 그어, 그으니, 그었다

까맣다: 까마니, 까말, 까마면, 까맙니다, 까마오

퍼렇다: 퍼러니, 퍼럴, 퍼러면, 퍼럽니다, 퍼러오

푸다: 퍼, 펐다

싣다[載]: 실어, 실으니, 실었다

(2) 접미사가 붙어서 된 말

① 어간에 '-이'나 '-음/-ㅁ'이 붙어서 명사로 된 것과 '-이'나 '-히'가 붙어서 부사로 된 것은 그 어간의 원형을 밝히어 적는다. 하지만 그 어간의 뜻과 멀어진 것은 원형을 밝히어 적지 아니한다.

예   목 + 걸이 → 목걸이('걸다'의 뜻 유지) 목거리(목병)

얼 + 음 → 얼음('얼다'의 뜻 유지) 어름(사물의 가장자리)

② '-하다'가 붙는 어근에 '-히'나 '-이'가 붙어서 부사가 되거나 부사에 '-이'가 붙어서 뜻을 더하는 경우에는 그 어근이나 부사의 원형을 밝히어 적는다. 하지만 본뜻에서 멀어진 것은 그 어근과 접미사를 구별하여 적지 않는다.

예   반듯 + 이 → 반듯이(가지런히) 지긋 + 이 → 지긋이(나이가 들어 보임)

반드시(꼭, 필연코) 지그시(눈을 감음)

③ 어간이 '-ㄹ'로 끝난 용언의 명사형은 '-ㅁ'을 붙여 적는다.

예   만듦, 배풂, 삶

(3) 합성어 및 접두사가 붙는 말

① 끝소리가 'ㄹ'인 말과 딴말이 어울릴 적에 'ㄹ' 소리가 나지 아니하는 것은 아니 나는 대로 적는다.

[예] 다달이(달-달-이), 따님(딸-님), 마소(말-소), 부나비(불-나비), 부삽(불-삽)

② 사이시옷은 명사와 명사 사이, 앞 명사가 모음으로 끝나고 위의 명사가 예사소리로 표기될 때, 두 명사 중 최소한 하나는 순우리말일 때 표기할 수 있다.

- 뒷말의 첫소리가 된소리로 나는 경우

[예] 날개죽지, 만둣국, 머릿기름, 등굣길, 귓병, 전셋집, 햇수

- 뒷말의 첫소리 'ㄴ, ㅁ' 앞에서 'ㄴ' 소리가 덧나는 경우

[예] 곗날, 노랫말, 존댓말, 툇마루, 훗날

- 뒷말의 첫소리 모음 앞에서 'ㄴㄴ' 소리가 덧나는 것

[예] 뒷일, 깻잎, 나뭇잎, 가욋일, 예삿일

- 두 음절로 된 다음 한자어

[예] 곳간(庫間), 셋방(貰房), 숫자(數字), 찻간(車間), 툇간(退間), 횟수(回數)

③ 두 말이 어울릴 적에 'ㅂ' 소리나 'ㅎ' 소리가 덧나는 것은 소리대로 적는다.

[예] 볍씨(벼ㅂ씨), 좁쌀(조ㅂ쌀), 햅쌀(해ㅂ쌀), 살코기(살ㅎ고기), 수캐(수ㅎ개), 안팎(안ㅎ밖), 암캐(암ㅎ개)

(4) 준말

① 어미 '-지' 뒤에 '않-'이 어울려 '-잖-'이 될 적과 '-하지' 뒤에 '않-'이 어울려 '-찮-'이 될 적에는 준 대로 적는다.

[예] 그렇지 않은 → 그렇잖은, 적지 않은 → 적잖은, 만만하지 않다 → 만만찮다, 변변하지 않다 → 변변찮다

② 울림소리 다음에 오는 어간의 끝음절 '하'의 'ㅏ'가 줄고 'ㅎ'이 다음 음절의 첫소리와 어울려 거센소리로 될 적에는 거센소리로 적는다.

[예] 간편하게 → 간편케, 다정하다 → 다정타, 연구하도록 → 연구토록, 애절하구려 → 애절쿠려

③ 안울림소리 다음에 오는 어간의 끝음절 '하'가 아주 줄 적에는 준 대로 적는다.

[예] 거북하지 → 거북지, 생각하건대 → 생각건대, 깨끗하지 않다 → 깨끗지 않다. 익숙하지 → 익숙지

(5) 구별해야 하는 표기

① ■ 가름 ― 가르-+-ㅁ: 둘로 나누다. [예] 우리는 편을 가름하여 축구를 시작했다.

■ 갈음 ― 갈-[代替]+-음: 대신하다. [예] 이것으로써 인사말을 갈음하겠다.

■ 가늠 - 어떤 목표에 맞고 안 맞음을 헤아리다. [예] 회사 형편을 가늠해 보고 임금 문제를 꺼내자.

② ■ 거치다 ― 무엇에 걸려서 스치다, 경유하다. [예] 대구를 거쳐 서울로 왔다.

■ 걷히다 ― '걷다'의 피동사 [예] 수재 의연금이 잘 걷힌다. 안개가 걷힌다.

③ ■ 걷잡다 ― 거두어 붙잡다. [예] 직원들의 시위가 걷잡지 못할 상황으로 번졌다.

■ 겉잡다 ― 겉가량하여 먼저 어림치다. [예] 겉잡아 그의 키는 2m 정도 되어 보였다.

④ ■ 늘이다 ― (길이를) 본디보다 길게 하다. [예] 바지 길이를 늘인다.

■ 늘리다 — (수량을) 크게 하거나 많게 하다. 예 수입량을 더 늘린다.

⑤ ■ 마치다 — 끝내다 예 벌써 일을 마쳤다.

■ 맞히다 — 표적(標的)에 맞게 하다, 맞는 답을 내놓다, 침이나 매 따위를 맞게 하다 예 영희가 정답을 맞혔다.

■ 맞추다 — 둘 이상의 일정한 대상들을 나란히 놓고 비교하여 살피다. 예 정답과 맞추어 보자.

⑥ ■ 바치다 — 신이나 웃어른께 드리다, 마음과 몸을 내놓다, 세금 따위를 내다 예 나라를 위해 목숨을 바치다. 재물을 바치다. 정성을 바치다.

■ 받치다 — 밑을 괴다, 모음 글자 밑에 자음 글자를 붙여 적다, 위에서 내려오는 것을 아래에서 잡아들다 예 우산을 받치고 간다. 책받침을 받치다.

■ 받히다 — '받다[觸]'한 의 피동사 예 쇠뿔에 받히다.

■ 밭치다 — '밭다'(체 따위로 쳐서 액체만 받아내다) 예 술을 체에 밭치다.

⑦ ■ 부딪치다 — 물건과 물건이 서로 힘 있게 마주 닿다. 예 차와 차가 마주 부딪쳤다.

■ 부딪히다 — 부딪음을 당하다 예 내 차가 뒤차에 부딪혔다.

⑧ ■ 부치다

㉠ 힘이 미치지 못하다. 예 힘이 부치는 일이다.

㉡ 편지 또는 물건을 보내다. 예 편지를 부치다.

㉢ 논밭을 다루어서 농사를 짓다. 예 논밭을 부치다.

㉣ 번철에 기름을 바르고 누름적, 전 따위를 익혀 만든다. 예 빈대떡을 부치다.

㉤ 어떤 문제를 의논 대상으로 내놓다. 예 회의에 부치는 안건

㉥ 원고를 인쇄에 넘기다. 예 원고를 인쇄에 부치다.

㉦ 몸이나 식사 따위를 의탁하다. 예 삼촌 집에 숙식을 부치다.

■ 붙이다

㉠ 붙게 하다. 예 우표를 붙이다.

㉡ 서로 맞닿게 하다. 예 책상을 벽에 붙이다.

㉢ 두 편의 관계를 맺게 하다. 예 흥정을 붙이다.

㉣ 암컷과 수컷을 교합(交合)시키다. 예 접을 붙이다.

㉤ 불이 옮아서 타게 하다. 예 불을 붙이다.

㉥ 노름이나 싸움 따위를 어울리게 만들다. 예 노름판 붙어 보자.

㉦ 딸려 붙게 하다. 예 조건을 붙이다.

㉧ 습관이나 취미 등이 익어지게 하다. 예 서예에 취미를 붙이다.

㉨ 이름을 가지게 하다. 예 별명을 붙이다.

㉩ 뺨이나 볼기를 손으로 때리다. 예 따귀를 올려붙이다.

⑨ 앉히다 — 앉게 하다. 예 윤륜이를 회장 자리에 앉히다.

안치다 — (솥이나 냄비에) 넣다. 예 밥을 안치다.

⑩ ■ 저리다 — 살이나 뼈마디가 오래 눌리어 피가 잘 돌지 못해 힘이 없고 감각이 둔하다. 예 다리가 자꾸 저리다.

■ 절이다 — '절다'의 사동사(염분을 먹여서 절게 하다.) 예 배추를 절이다.

⑪ ■ 조리다 — 어육(魚肉)이나 채소 따위를 양념하여 국물이 바특하게 바짝 끓이다. 예 생선을 조리다.

■ 졸이다 — 속을 태우다시피 마음을 초조하게 먹다. 예 마음을 졸이다.

Ⅱ. 띄어쓰기

1. 띄어쓰기

1) 띄어 쓰는 경우

① 일반 의존 명사는 그 앞말과 띄어 쓴다.

예 아는∨것이 힘이다. 나도 할∨수 있다. 먹을∨만큼 먹어라. 네가 뜻한∨바를 알겠다.

그가 떠난∨지가 오래다. 그가 이 일을 했을∨리가 없다.

② 단위를 나타내는 명사는 앞의 수 관형사와 띄어 쓴다.

예 차 한∨대, 옷 한∨벌, 연필 한∨자루, 버선 한∨죽, 집 한∨채, 신 두∨켤레

③ 수를 적을 적에는 '만(萬)' 단위로 띄어 쓴다.

예 십이억∨삼천사백오십육만∨칠천팔백구십팔/12억∨3456만∨7898

④ 두 말을 이어 주거나 열거할 적에 쓰이는 말들은 띄어 쓴다.

예 국장∨겸∨과장, 이사장∨및∨이사들, 열∨내지∨스물, 청군∨대∨백군, 책상, 걸상∨등이 있다.

⑤ 성과 이름, 성과 호 등은 붙여 쓰고, 이에 덧붙는 호칭어, 관직명 등은 띄어 쓴다. 다만, 성과 이름, 성과 호를 분명히 구분할 필요가 있을 경우에는 띄어 쓸 수 있다.

예 김양수(金良洙), 채영신∨씨, 박동식∨박사, 충무공∨이순신∨장군

남궁억/남궁∨억, 독고준/독고∨준, 황보지봉(皇甫芝峰)/황보∨지봉

⑥ 십 이상의 숫자에 접미사 '-여'가 붙으면 '연간', '일간' 등은 '-여'와 띄어 쓴다.

예 10여∨연간, 10여∨일간

⑦ 뚜렷하게 구별되는 단어는 띄어 쓴다.

예 남명∨조식∨선생∨행장기

2) 붙여 쓰는 경우

① 체언이나 부사에 붙는 조사는 붙여 쓴다. 조사가 두 개 이상이거나, 조사가 어미 뒤에 붙으면 역시 앞말과 붙여 쓴다.

예 나대로 살아가겠다. 여기서부터입니다. 밥은커녕 물 한 모금도 마시지 않았다.

② 용언의 어미 또는 어미처럼 굳어버린 것은 붙여 쓴다.

예 보다시피, 놀면 놀수록, 아는 것은 없을망정, 내가 쓰러질망정

③ 접두사나 접미사는 어근에 붙여 쓴다.

예　풋사랑, 웃거름, 심술쟁이, 미장이

④ 어근 다음에 접미사'-하다, -시키다, -되다' 등이 붙으면 앞말과 붙여 쓴다. 다만 앞에 꾸미는 말이 오거나, 중간에 조사가 들어가면 앞말과 띄어 쓴다.

예　공부하다, 공부시키다, 세속화되다, 남의 말∨하기는 쉽다, 우리가 결정을∨하기란 쉽지 않다.

⑤ 어근 다음에 피동 접미사'-받다, -당하다' 등이 붙으면 앞말과 붙여 쓴다.

예　사기당하다, 사랑받다

⑥ 음식 이름, 재료명은 붙여 쓴다.

예　된장찌개, 제육볶음, 콩기름, 후춧가루

⑦ 동식물 분류학상의 단위, 품종명은 붙여 쓴다.

예　포도나무, 절지동물, 조선호박

⑧ 화학 물질의 이름은 붙여 쓴다.

예　염화칼슘, 탄산나트륨, 석회질소

⑨ 한문식의 서명, 사건명은 붙여 쓴다.

예　열하일기, 경국대전, 임진왜란, 동학혁명

⑩ 학교 단위, 행정 구역, 산맥 이름 등은 붙여 쓴다.

예　초등학교, 중학교, 전라북도, 경상북도, 태백산맥, 차령산맥

⑪ 한문에서 온 고사성어나 문구는 붙여 쓴다.

예　결초보은, 호가호위, 살신성인, 인산인해

⑫ 첩어는 1개의 단어로 취급하므로 붙여 쓴다.

예　곤드레만드레, 너울너울, 아장아장, 요모조모

3) 붙여 써도 되고, 띄어 써도 되는 경우

① 보조 용언은 띄어 씀을 원칙으로 하되, 경우에 따라 붙여 씀도 허용한다.

불이 꺼져∨간다.　　불이 꺼져간다.

비가 올∨듯하다.　　비가 올듯하다.

그 일은 할∨만하다.　그 일은 할만하다.

비가 올∨성싶다.　　비가 올성싶다.

잘 아는∨척한다.　　잘 아는척한다.

② 성명 이외의 고유 명사는 단어별로 띄어 씀을 원칙으로 하되, 단위별로 띄어 쓸 수 있다.

예　대한∨중학교(원칙), 대한중학교(허용)

③ 전문 용어는 단어별로 띄어 씀을 원칙으로 하되, 붙여 쓸 수 있다.

예　만성∨골수성∨백혈병/만성골수성백혈병, 중거리∨탄도∨유도탄 /중거리탄도유도탄

④ 단음절로 된 단어가 연이어 나타날 적에는 붙여 쓸 수 있다.

예 그∨때∨그∨곳 - 그때∨그곳, 좀∨더∨큰∨새∨집 - 좀더∨큰∨새집(○), 좀∨더큰∨새집(×)

4) 경우에 따라 달라지는 경우

① 의존 명사 또는 어미로 쓰이는 경우

– – ㄴ데: '– ㄴ데'가 '장소'나 '경우'의 의미로 쓰이면, 이것은 의존 명사이므로 앞말과 띄어 쓴다. 한편 '– ㄴ데'가 '– ㄴ다. 그런데'의 의미로 쓰이면, 이것은 어미이므로 앞말과 붙여 쓴다.

예 영수가 사는∨데를 모르겠다. 눈이 내리는데 떠나야만 하니?

– – ㄴ바: '– ㄴ바'가 '방법'이나 '일'의 의미로 쓰이면, 이것은 의존 명사이므로 앞말과 띄어 쓴다. 한편 '– ㄴ바'가 '– 았/었더니'의 의미로 쓰이면, 이것은 어미이므로 앞말과 붙여 쓴다.

예 우리는 생각하는∨바가 같다. 형산에 가 본바 과연 절경이더군.

– – ㄴ지: '– ㄴ지'가 '시간의 경과'를 뜻하면, 이것은 의존 명사이므로 앞말과 띄어 쓴다. 한편 '– ㄴ지'가 '막연한 의문'을 나타내면'알다, 모르다'류의 동사와 함께 쓰이면, 이것은 어미이므로 앞말과 붙여 쓴다.

예 그가 집을 떠난∨지 5년이 됐다. 그가 집에 도착했는지 알아봐라.

– –ㄹ걸, –ㄹ 거야: '–ㄹ 걸'이 '–ㄹ 것을'의 준말인 경우에 '거'는 의존 명사이므로 앞말과 띄어 쓴다. 한편 '–ㄹ걸'이 '후회'나 '추측'을 나타내면, 이것은 어미이므로 앞말과 붙여 쓴다. 반면 '–ㄹ 거야'는 항상 띄어 쓴다.

예 용서할∨걸 왜 난리 쳤어. 내가 먼저 말할걸. 내가 이기고 말∨거야.

② 의존 명사와 접미사

– 중(中): 중(中)이 '어떤 일이 진행되는 동안', 혹은 '여럿 가운데'의 의미로 쓰이면 '중'은 의존 명사이므로 앞말과 띄어 쓴다. 한편 '은연중, 무의식중, 한밤중'처럼 한 단어로 굳어진 경우에는 붙여 쓴다.

예 지금은 회의∨중이다. 이∨중에 범인이 있다. 그는 무의식중에 첫사랑의 이름을 불렀다.

– 간(間): '간(間)'이 '거리'나 '대상끼리의 사이'를 나타낼 때 '간'은 의존 명사이므로 앞말과 띄어 쓴다. 한편 '간(間)'이 '시간의 경과'를 나타내면, 이것은 접미사이므로 앞말과 붙여 쓴다. 단 '부부간(← 부부지간), 사제간(← 사제지간), 동기간, 혈육간, 남녀간, 고부간, 상호간, 피차간, 좌우간'처럼 관습적으로 굳은 것은 이를 존중해 준다.

예 서울과 부산∨간의 거리가 점점 줄어들고 있다. 스승과 제자∨간의 인연도 소중하다.
나는 한 달간 만행을 다녀왔다.

– – 녘: '–녘'이 '시간'을 나타내면 의존 명사이므로 앞말과 띄어 쓴다. 한편 이것이 '방향'을 나타내면 접미사이므로 앞말과 붙여 쓴다.

예 그는 새벽∨녘에 집을 나섰다. 남녘 땅에 봄이 왔다.

– 상(上): '상'이 '위'의 뜻일 때면 띄어 쓴다. 하지만 한 단어로 굳어진 경우에는 붙여 쓴다.

예 이곳이 지구∨상에서 가장 평화로운 나라다. 통신상의 장애를 고치고 있다.

③ 의존 명사와 조사

– -대로, -만큼, -뿐: '-대로, -만큼, -뿐' 등이 관형어의 수식을 받으면 의존 명사이므로 앞말과 띄어 쓴다. 한편 이것들이 체언 다음에 쓰이면 조사이므로 앞말과 붙여 쓴다.

예   아는∨대로 말해라. 기쁜∨만큼 노래해라. 그저 눈물이 나올∨뿐이다.

      나대로 살아갈 수 있다. 나만큼 노력해라. 나뿐 아니라 모두 이곳을 떠났다.

– -밖에: '-밖에'가 부정을 나타내는 말과 함께 쓰여 '그것 말고는', '그것 이외에는'의 뜻을 나타내면 조사이므로 앞말에 붙여 쓴다. 한편 '바깥'의 뜻으로 쓰이면 이것은 명사와 조사의 결합으로 보아 앞말과 띄어 쓴다.

예   우리는 참을 수밖에 없었다. 미영은 잠시∨밖에 나갔다.

④ 관형사와 접두사

– 맨: '맨'이 '더 할 수 없는 정도'를 나타내면 관형사이므로 앞말과 띄어 쓴다. 한편 이것이 '다른 것이 없는'의 뜻을 나타내면 접두사이므로 앞말과 붙여 쓴다.

예   내가 맨∨앞으로 나섰다. 나는 맨손으로 다시 일어설 결심을 했다.

– 한: '한'이 체언 앞에서 '하나의, 대략'의 뜻을 나타내면 관형사이므로 앞말과 띄어 쓴다. 한편 이것이 '같은'의 뜻을 나타내면 접두사이므로 앞말과 붙여 쓴다.

예   안개 때문에 한∨치 앞을 볼 수 없었다. 우리는 어느새 한배를 탄 사이가 되고 말았다.

⑤ 조사와 용언의 활용형

-라고/-하고: '-라고'는 인용의 부사격 조사이므로 붙여 쓰고, '-하고'는 '하다'의 활용형이므로 띄어 쓴다.

예   김 대리는 "예"라고 대답했다. 김 대리는 "예"∨하고 대답했다.

⑥ 외래어에 붙을 경우/고유어에 붙을 경우: '도(道), 시(市), 군(郡), 구(區), 읍(邑), 면(面), 리(里), 동(洞), 주(州), 인(人), 어(語), 해(海), 섬, 강, 산' 등이 외래어에 붙을 경우에는 띄어 쓰고, 고유어에 붙을 경우에는 붙여 쓴다.

예   발리∨섬/한산섬, 미시시피∨강/한강, 유럽∨어/일본어

⑦ 단위를 나타내는 명사는 앞말과 띄어 쓰는 것이 원칙이나, 순서를 나타내는 경우와 숫자와 어울려 쓰이는 경우에는 붙여 쓸 수 있으며, 연월일, 시각 등도 붙여 쓸 수 있다.

예   제일∨회/제일회

      이천십이∨년∨일∨월∨일∨일/이천십이년∨일월∨일월

      두∨시∨삼십∨분∨오∨초/두시∨삼십분∨오초

⑧ 안∨되다/안되다, 못∨되다/못되다, 못∨하다/못하다

–'안'과 '못'이 부정 부사로 쓰이면 뒷말과 띄어 쓴다.

예   사업이 안 되다. 진수는 공무원이 못 되다.

새댁은 손을 다쳐 요리를 못 하다.

- 특수한 의미로 쓰이면 합성어로 취급하여 붙여 쓴다.

예 시험에 붙지 않았더니 참 안되었다.(마음에 안쓰럽다)

　　동생은 행동이 못되다.(품행이 좋지 않다)

　　새댁은 생각보다 요리를 못하다.(일정한 수준에 못 미치다)

5) 그 밖의 것

(1) 그 밖의 중요한 사례

① 부사의 끝음절이 분명히 '이'로만 나는 것은 '-이'로 적고, '히'로만 나거나 '이'나 '히'로 나는 것은 '-히'로 적는다.

㉠ 용언의 기본형이 '-하다'로 끝날 때는 대개 '-히'로 적는다.

예 꼼꼼히, 서서히, 고요히

㉡ 분명히 '-히'로 소리 나는 것은 '-히'로 적는다.

예 작히, 딱히

㉢ 어근이 명사나 부사일 때는 '-이'로 적는다.

예 간간이, 겹겹이, 번번이, 곰곰이, 샅샅이

㉣ 용언의 어근이 'ㅅ'으로 끝날 때는 '-이'로 적는다.

예 깨끗이, 느긋이, 어렴풋이, 따뜻이

㉤ 용언의 기본형이 '-하다'로 끝나지 않거나 'ㅂ' 활용의 용언일 때는 '-이'로 적는다.

예 헛되이, 가까이, 깊이, 가벼이, 새로이

② '박다'의 의미가 살아 있는 경우에는 '-박이', 그 의미에서 멀어진 경우에는 '-배기', '그런 특성이 있는 사람이나 물건'의 뜻에는 '-빼기'를 쓴다.

예 붙박이, 판박이, 점박이, 오이소박이, 차돌박이

　　한 살배기, 공짜배기, 뚝배기

　　곱빼기, 코빼기, 이마빼기

③ 신체의 일부를 가리키는 말에는 '-꿈치'를 쓴다.

예 뒤꿈치, 팔꿈치

④ '사람'을 표시하는 접미사로는 '꾼, -내기, -둥이'를 쓴다.

예 심부름꾼, 나무꾼, 풋내기, 서울내기, 쌍둥이

⑤ '제조 기술자'의 뜻이면 '-장이'를, '사람의 성질, 습관 또는 행동'의 뜻이면 '-쟁이'를 쓴다.

[예]   미장이, 도배장이, 도장장이, 간판장이 고집쟁이, 멋쟁이, 심술쟁이, 개구쟁이

⑥ '맞추다', '돌', '뻗치다', '셋째', '빌리다'만을 쓰기로 하였다.

⑦ 지난 일을 나타내는 어미는 '-더라, -던'으로 적고, 물건이나 일의 내용을 가리지 아니하는 뜻을 나타내는 조사와 어미
는 '(-)든지'로 적는다.

[예]   지난 겨울은 몹시 춥더라. 깊던 물이 얕아졌다. 그 사람 말 잘하던데!
        배든지 사과든지 마음대로 먹어라. 가든지 오든지 마음대로 해라.

⑧ '~의 자격으로'의 뜻일 때는 '-로서'를, '~을 지니고'의 뜻일 때는 '-로써'를 쓴다.

[예]   사장으로서 그럴 수는 없다. 닭으로써 꿩을 대신했다.

Ⅲ. 표준어 사정 원칙

1. 표준어 사정 원칙

1) 총칙
표준어는 교양 있는 사람들이 두루 쓰는 현대 서울말로 정함을 그 원칙으로 한다.

2) 발음 변화에 따른 표준어 규정

(1) 자음

① 다음 단어들은 거센소리를 가진 형태를 표준어로 삼는다.

표준어	비표준어	비고와 예
끄나풀	끄나불	끄나풀로 책을 묶었다.
나팔-꽃	나발-꽃	나팔꽃이 피었다.
녘	녁	동녘, 새벽 녘, 동틀 녘
살-쾡이	삵-쾡이	살쾡이는 고양잇과 동물이다.
칸	간	칸막이, 빈 칸, 방 한 칸/초가삼간, 윗간
털어-먹다	떨어-먹다	그는 그 많던 재물을 다 털어먹었다.

② 다음 단어들은 거센소리로 나지 않는 형태를 표준어로 삼는다.

표준어	비표준어	비고와 예
가을-갈이	가을-카리	지금 가을갈이가 한창이다.
거시기	거시키	그는 거시기 거시기를 연발했다.
분침	푼침	분침이 고생났다.

③ 어원에서 멀어진 형태로 굳어져서 널리 쓰이는 것은, 그것을 표준어로 삼는다.

표준어	비표준어	비고와 예
강낭-콩	강남-콩	강낭콩 꼬투리가 달렸다.
고삿	고샅	고삿: 지붕을 이을 때 쓰는 새끼
		고샅: 마을의 좁은 골목길
사글-세	삭월-세	'월세'는 표준어임.
울력-성당	위력-성당	떼를 지어서 으르고 협박하는 일

다만, 어원적으로 원형에 더 가까운 형태가 아직 쓰이고 있는 경우에는, 그것을 표준어로 삼는다.

표준어	비표준어	비고와 예
적-이	저으기	그는 적이 놀란 표정이었다.
휴지	수지	

④ 다음 단어들은 의미를 구별함이 없이, 한 가지 형태만을 표준어로 삼는다.

다만, '둘째'는 십 단위 이상의 서수사에 쓰일 때에 '두째'로 한다.

표준어	비표준어	비고와 예
돌	돐	생일, 주기
둘-째	두-째	'제2, 두 개째'의 뜻.
셋-째	세-째	'제3, 세 개째'의 뜻.
넷-째	네-째	'제4, 네 개째'의 뜻.
빌리다	빌다	1. 빌려 주다, 빌려 오다.
		2. '용서를 빌다'는 '빌다'임.

표준어	비표준어	비고와 예
열두-째		열두 개째의 뜻은 '열둘째'로
		그는 열두째로 합격자 명단에 올라 있었다.
스물두-째		그는 사탕을 열둘째 먹어 치웠다.
		스물두 개째의 뜻은 '스물둘째'로

⑤ 수컷을 이르는 접두사는 '수-'로 통일한다.

108

표준어	비표준어	비고와 예
수-꿩 수-나사 수-놈 수-사돈 수-소 수-은행나무	수-퀑/숫-꿩 숫-나사 숫-놈 숫-사돈 숫-소 숫-은행나무	'장끼'도 표준어임 수나사가 망가졌다. 소도 수놈은 영 팔리지 않는다. '황소'도 표준어임

다만, 다음 단어에서는 접두사 다음에서 나는 거센소리를 인정한다. 접두사 '암-'이 결합되는 경우에도 이에 준한다.

표준어	비표준어	표준어	비표준어
수-캉아지 수-캐 수-컷 수-키와 수-탉	숫-강아지 숫-개 숫-것 숫-기와 숫-닭	수-탕나귀 수-톨쩌귀 수-돼지 수-평아리	숫-당나귀 숫-돌쩌귀 숫-돼지 숫-병아리

다만, 다음 단어의 접두사는 '숫-'으로 한다.

표준어	비표준어	비고와 예
숫-양 숫-염소 숫-쥐	수-양 수-염소 수-쥐	숫염소가 풀을 뜯고 있다.

(2) 모음

① 양성 모음이 음성 모음으로 바뀌어 굳어진 다음 단어는 음성 모음 형태를 표준어로 삼는다.

표준어	비표준어	비고와 예
깡충-깡충 -둥이 발가-숭이 봉죽 뻗정-다리 오뚝-이 주추	깡총-깡총 -동이 발가-송이 봉족 뻗장-다리 오똑-이 주초	큰말은 '껑충껑충'임 쌍둥이, 검둥이, 바람둥이 센말은 '빨가숭이', 큰말은 '벌거숭이, 뻘거숭이'임 봉죽꾼, 봉죽들다. 일을 꾸려 나가는 사람을 곁에서 거들어 도와줌 부사도 '오뚝-이'임 주춧-돌

다만, 어원 의식이 강하게 작용하는 다음 단어에서는 양성 모음 형태를 그대로 표준어로 삼는다.

표준어	비표준어	비고와 예
부조(扶助)	부주	부조금, 부좃돈
사돈(査頓)	사둔	밭사돈, 안사돈
삼촌(三寸)	삼춘	시삼촌, 외삼촌

② 'ㅣ' 역행동화 현상에 의한 발음은 원칙적으로 표준 발음으로 인정하지 아니하되, 다만 다음 단어들은 그러한 동화가 적용된 형태를 표준어로 삼는다.

표준어	비표준어	비고와 예
-내기	-나기	서울내기, 시골내기, 신출내기, 풋내기
냄비	남비	냄비를 태우고 말았다.
동댕이-치다	동당이-치다	나는 돈을 동댕이치고 말았다.

③ 다음 단어는 'ㅣ' 역행 동화가 일어나지 아니한 형태를 표준어로 삼는다.

표준어	비표준어	비고와 예
아지랑이	아지랭이	아지랑이가 피어올랐다.

④ '기술자'에게는 '-장이', 그 외에는 '-쟁이'가 붙은 형태를 표준어로 삼는다.

표준어	비표준어	표준어	비표준어
미장이 유기장이 멋쟁이 소금쟁이	미쟁이 유기쟁이 멋장이 소금장이	담쟁이-덩굴 골목쟁이 발목쟁이	담장이-덩굴 골목장이 발목장이

⑤ 다음 단어는 모음이 단순화한 형태를 표준어로 삼는다.

표준어	비표준어	비고와 예
괴팍-하다	괴퍅-하다/괴팩-하다	그는 성격이 괴팍하다.
미루-나무	미류-나무	← 美柳~.
여느	여늬	
온-달	왼-달	만 한 달
으레	으례	우리는 으레 회사 일을 말했다.
케케-묵다	켸켸-묵다	케케묵은 생각을 버려라.
허우대	허위대	그는 허우대만 멀쩡하다.
허우적-허우적	허위적-허위적	그는 물에 빠져 허우적허우적 댔다.

⑥ 다음 단어에서는 모음의 발음 변화를 인정하여, 발음이 바뀌어 굳어진 형태를 표준어로 삼는다.

표준어	비표준어	비고와 예
-구려	-구료	
깍쟁이	깍정이	서울깍쟁이, 알깍쟁이, 찰깍쟁이
나무라다	나무래다	
미수	미시	미숫-가루
바라다	바래다	'바램[所望]'은 비표준어임
상추	상치	봄에 상추를 먹으면 졸린다.
시러베-아들	실업의-아들	실없는 사람을 낮잡아 이르는 말
주책	ㅋ주착	← 主着. 주책없다.
지루-하다	지리-하다	← 支離.
튀기	트기	
허드레	허드래	허드렛물, 허드렛일
호루라기	호루루기	

⑦ '웃-' 및 '윗-'은 명사 '위'에 맞추어 '윗-'으로 통일한다.

표준어	비표준어	표준어	비표준어
윗-넓이	웃-넓이	윗-바람	웃-바람
윗-눈썹	웃-눈썹	윗-배	웃-배
윗-니	웃-니	윗-사랑	웃-사랑
윗-목	웃-목	윗-입술	웃-입술
윗-몸	웃-몸	윗-잇몸	웃-잇몸

다만, 된소리나 거센소리 앞에서는 '위-'로 한다.

표준어	비표준어	표준어	비표준어
위-짝	웃-짝	위-치마	웃-치마
위-채	웃-채	위-턱	웃-턱
위-층	웃-층	위-팔	웃-팔

다만 '아래, 위'의 대립이 없는 단어는 '웃-'으로 발음되는 형태를 표준어로 삼는다.

예 웃돈, 웃거름

(3) 준말

① 준말이 널리 쓰이고 본말이 잘 쓰이지 않는 경우에는, 준말만을 표준어로 삼는다.

표준어	비표준어	표준어	비표준어
귀찮다	귀치 않다	빔	비음
김	기음	샘	새암
똬리	또아리	생-쥐	새앙-쥐
무	무우	솔개	소리개
뱀	배암	온-갖	온-가지
뱀-장어	배암-장어	장사-치	장사-아치

② 준말이 쓰이고 있더라도, 본말이 널리 쓰이고 있으면 본말을 표준어로 삼는다.

표준어	비표준어	표준어	비표준어
귀이-개	귀-개	벽-돌	벽
낌새	낌	부스럼	부럼
낙인-찍다	낙-하다/낙-치다	살얼음-판	살-판
뒷물-대야	뒷-대야	수두룩-하다	수둑-하다
마구-잡이	막-잡이	죽-살이	죽-살
맵자-하다	맵자다	퇴박-맞다	퇴-맞다

③ 준말과 본말이 다 같이 널리 쓰이면서 준말의 효용이 뚜렷이 인정되는 것은, 두 가지를 다 표준어로 삼는다.

본말(표준어)	준말(표준어)	본말(표준어)	준말(표준어)
거짓-부리	거짓-불	서투르다	서툴다
노을	놀	석새-삼베	석새-베
막대기	막대	시-누이	시-뉘/시-누
망태기	망태	오-누이	오-뉘/오-누
머무르다	머물다	이기죽-거리다	이죽-거리다
서두르다	서둘다	찌꺼기	찌끼

(4) 단수 표준어

　　비슷한 발음의 몇 형태가 쓰일 경우, 그 의미에 아무런 차이가 없고 그중 하나가 더 널리 쓰이면 그 한 형태만을 표준어로 삼는다.

본말(표준어)	준말(비표준어)	본말(표준어)	준말(비표준어)
귀-고리	귀엣-고리	봉숭아, 봉선화	봉숭화
귀-띔	귀-틤	뺨-따귀	뺌-따귀/뺨-따구니
귀-지	귀에지	뻐개다[斫]	뻐기다
까딱-하면	까땍-하면	뻐기다[誇]	뻐개다
꼭두-각시	꼭둑-각시	상-판대기	쌍-판대기
내색	나색	서[三]	세/석
내숭-스럽다	내흉-스럽다	석[三]	세
냠냠-거리다	얌냠-거리다	설령(設令)	서령
너[四]	너	-습니다	-읍니다
넉[四]	네	아궁이	아궁지
다다르다	다닫다	아내	안해
-(으)려고	-(으)ㄹ려고/-(으)ㄹ라고	어-중간	어지-중간
-(으)려야	-(으)ㄹ려야/-(으)ㄹ래야	오금-팽이	오금-탱이
반빗-아치	반비-아치	옹골-차다	공골-차다
본새	뽄새	천장(天障)	천정

(5) 복수 표준어

① 다음 단어는 앞의 것을 원칙으로 하고, 뒤의 것도 허용한다.

표준어(원칙)	표준어(허용)	
네	예	-가죽, -고기, -기름, -머리, -뼈.
쇠-	소-	물이 ~, 밑을 ~.
괴다	고이다	

② 어감의 차이를 나타내는 단어 또는 발음이 비슷한 단어들이 다 같이 널리 쓰이는 경우에는, 그 모두를 표준어로 삼는다.

표준어	표준어	표준어	표준어
고까	꼬까	구린-내	쿠린-내
고린-내	코린-내	꺼림-하다	께름-하다
교기(驕氣)	갸기(교만한 태도)	나부랭이	너부렁이

IV. 표준어 규정

1. 어휘 선택의 변화에 따른 표준어 규정

1) 고어

① 사어(死語)가 되어 쓰이지 않게 된 단어는 고어로 처리하고, 현재 널리 사용되는 단어를 표준어로 삼는다.

표준어	비표준어	표준어	비표준어
난봉	봉		
낭떠러지	낭	애달프다	애닯다
설거지-하다	설겆다	오동-나무	머귀-나무
애달프다	애닯다	자두	오얏

2) 한자어

① 고유어 계열의 단어가 널리 쓰이고 그에 대응되는 한자어 계열의 단어가 용도를 잃게 된 것은 고유어 계열의 단어만을 표준어로 삼는다.

표준어(고유어)	비표준어(한자어)	표준어(고유어)	비표준어(한자어)
가루-약	말-약	성냥	화곽
구들-장	방-돌	솟을-무늬	솟을-문(~紋)
떡-암죽	병-암죽	잔-돈	잔-전
마른-빨래	건-빨래	죽데기	피-죽, 죽더기
박달-나무	배달-나무	짐-꾼	부지-군(負持-)
밥-소라	식-소라	푼-돈	분-전/푼-전
사래-논	사래-답	흰-말, 백마	백-말/부루-말

② 고유어 계열의 단어가 생명력을 잃고 그에 대응되는 한자어 계열의 단어가 널리 쓰이면, 한자어 계열의 단어를 표준어로 삼는다.

표준어(한자어)	비표준어(고유어)	표준어(한자어)	비표준어(고유어)
개다리-소반	개다리-밥상	양-파	둥근-파
겸-상	맞-상	어질-병	어질-머리
고봉-밥	높은-밥	윤-달	군-달
부항-단지	뜸-단지	총각-무	알-무/알타리-무
산-누에	멧-누에	칫-솔	잇-솔

3) 방언

① 방언이던 단어가 표준어보다 더 널리 쓰이게 된 것은, 그것을 표준어로 삼는다. 이 경우, 원래의 표준어는 그대로 표준어로 남겨 두는 것을 원칙으로 한다.

표준어(방언)	표준어
멍게	우렁쉥이
물-방개	선두리
애-순	어린-순

② 방언이던 단어가 널리 쓰이게 됨에 따라 표준어이던 단어가 안 쓰이게 된 것은, 방언이던 단어를 표준어로 삼는다.

표준어(방언)	비표준어	표준어(방언)	비표준어
귀밑-머리	귓-머리	생인-손	생안-손
까-뭉개다	까-무느다	역-겹다	역-스럽다
빈대-떡	빈자-떡	코-주부	코-보

4) 단수 표준어

의미가 똑같은 형태가 몇 가지 있을 경우, 그 중 어느 하나가 압도적으로 널리 쓰이면 그 단어만을 표준어로 삼는다.

표준어	비표준어	표준어	비표준어
광주리	광우리	새앙-손이	생강-손이여
국-물	멀-국/말-국	샛-별	새벽-별
길-잡이/길라잡이	길-앞잡이	속-말	속-소리
담배-꽁초	담배-꼬투리/담배-꽁치/담배-꽁추	손목-시계	팔목-계/팔뚝-시계
뒤져-내다	뒤어-내다	손-수레	손-구루마
뒤통수-치다	뒤꼭지-치다	술-고래	술-꾸러기/술-부대/술-보/술-푸대
부스러기	부스럭지	쌍동-밤	쪽-밤
부지깽이	부지팽이	안쓰럽다	안-슬프다
부항-단지	부항-항아리	안절부절-못하다	안절부절-하다
붉으락-푸르락	푸르락-붉으락	앉은뱅이-저울	앉은-저울
아주	영판	알-사탕	구슬-사탕
안-걸이	안-낚시	쥐락-펴락	펴락-쥐락

5) 복수 표준어

복수 표준어	복수 표준어
가뭄/가물	
가엾다/가엽다	만장-판/만장-중(滿場中)
개수-통/설거지-통	맨날/만날
개숫-물/설거지-물	멀찌감치/멀찌가니/멀찍이
고깃-간/푸줏-간	목화-씨/면화-씨
('고깃-관, 푸줏-관, 다림-방'은 비표준어임)	못자리/묏자리
극성-떨다/극성-부리다	무심-결/무심-중
기세-부리다/기세-피우다	물-봉숭아/물-봉선화
기승-떨다/기승-부리다	물-부리/빨-부리
까까-중/중-대가리	민둥-산/벌거숭이-산
('까까중이'는 비표준어임)	바른/오른[右]
꼬까/때때/고까	버들-강아지/버들-개지
꼬리-별/살-별	벌레/버러지
남사스럽다/남우세스럽다	('벌거지/벌러지'는 비표준어임)
넝쿨/덩굴	변덕-스럽다/변덕-맞다
('덩쿨'은 비표준어임)	보-조개/볼-우물
녘/쪽	복숭아뼈/복사뼈
눈-대중/눈-어림/눈-짐작	부침개-질/부침-질/지짐-질
다달-이/매-달	('부치개-질'은 비표준어임)
돼지-감자/뚱딴지	세간/세간
되우/된통/되게	쌉싸름하다/쌉싸래하다
뒷-갈망/뒷-감당	짜장면/자장면
등물/목물	택견/태견
딴-전/딴-청	토란대/고운대
땅-콩/호-콩	품새/품세
땔-감/땔-거리	허접쓰레기/허섭스레기
-뜨리다/-트리다	흙담/토담
마-파람/앞-바람	

6) 새로 추가된 표준어 목록(2014.12.28.)

(1) 추가 표준어(4항목)

추가 표준어	현재 표준어	뜻 차이
걸판지다	거방지다	걸판지다 [형용사] ① 매우 푸지다. 술상이 걸판지다/마침 눈먼 돈이 생긴 것도 있으니 오늘 저녁은 내가 걸판지게 사지. ② 동작이나 모양이 크고 어수선하다. ¶ 싸움판은 자못 걸판져서 구경거리였다./소리판은 옛날이 걸판지고 소리할 맛이 났었지. 거방지다 [형용사] ① 몸집이 크다. ② 하는 짓이 점잖고 무게가 있다. ③ =걸판지다
겉울음	건울음	겉울음 [명사] ① 드러내 놓고 우는 울음. 꼭꼭 참고만 있다 보면 간혹 속울음이 겉울음으로 터질 때가 있다. ② 마음에도 없이 겉으로만 우는 울음. 눈물도 안 나면서 슬픈 척 겉울음 울지 마. 건울음 [명사] =강울음. 강울음 [명사] 눈물 없이 우는 울음, 또는 억지로 우는 울음.
까탈스럽다	까다롭다	까탈스럽다 [형용사] ① 조건, 규정 따위가 복잡하고 엄격하여 적응하거나 적용하기에 어려운 데가 있다. '가탈스럽다①'보다 센 느낌을 준다. 까탈스러운 공정을 거치다/규정을 까탈스럽게 정하다/가스레인지에 길들여진 현대인들에게 지루하고 까탈스러운 숯 굽기 작업은 쓸데없는 시간 낭비로 비칠 수도 있겠다. ② 성미나 취향 따위가 원만하지 않고 별스러워 맞춰 주기에 어려운 데가 있다. '가탈스럽다②'보다 센 느낌을 준다. 까탈스러운 입맛/성격이 까탈스럽다/딸아이는 사 준 옷이 맘에 안 든다고 까탈스럽게 굴었다. ※ 같은 계열의 '가탈스럽다'도 표준어로 인정함. 까다롭다 [형용사] ① 조건 따위가 복잡하거나 엄격하여 다루기에 순탄하지 않다. ② 성미나 취향 따위가 원만하지 않고 별스럽게 까탈이 많다.
실뭉치	실몽당이	실뭉치 [명사] 실을 한데 뭉치거나 감은 덩이. 뒤엉킨 실뭉치/실뭉치를 풀다/그의 머릿속은 엉클어진 실뭉치같이 갈피를 못 잡고 있었다. 실몽당이 [명사] 실을 풀기 좋게 공 모양으로 감은 뭉치.

(2) 추가 표준형(2항목)

추가 표준형	현재 표준형	비고
엘랑	에는	표준어 규정 제25항에서 '에는'의 비표준형으로 규정해 온 '엘랑'을 표준형으로 인정함 '엘랑' 외에도 'ㄹ랑'에 조사 또는 어미가 결합한 '에설랑, 설랑, -고설랑, -어설랑, -질랑'도 표준형으로 인정함 '엘랑, -고설랑' 등은 단순한 조사/어미 결합형이므로 사전 표제어로는 다루지 않음 **예** 서울엘랑 가지를 마오. 교실에설랑 떠들지 마라. 나를 앞에 앉혀놓고설랑 자기 아들 자랑만 하더라.
주책이다	주책없다	표준어 규정 제25항에 따라 '주책없다'의 비표준형으로 규정해 온 '주책이다'를 표준형으로 인정함 '주책이다'는 '일정한 줏대가 없이 되는대로 하는 짓'을 뜻하는 '주책'에 서술격 조사 '이다'가 붙은 말로 봄 '주책이다'는 단순한 명사+조사 결합형이므로 사전 표제어로는 다루지 않음 **예** 이제 와서 오래전에 헤어진 그녀를 떠올리는 나 자신을 보며 '나도 참 주책이군' 하는 생각이 들었다.

2. 표준 발음법

1) 총칙

표준 발음법은 표준어의 실제 발음을 따르되, 국어의 전통성과 합리성을 고려하여 정함을 원칙으로 한다. 예를 들어, '맛있다'를 음운 규정에 따라 발음하면 [마딛따]가 된다. 하지만 실제로 [마싣따]로 발음하는 경우가 많으므로 이 둘을 복수 표준 발음으로 지정한 것이다.

2) 자음과 모음

(1) 표준어의 자음은 다음 19개로 한다.

ㄱ, ㄲ, ㄴ, ㄷ, ㄸ, ㄹ, ㅁ, ㅂ, ㅃ, ㅅ, ㅆ, ㅇ, ㅈ, ㅉ, ㅊ, ㅋ, ㅌ, ㅍ, ㅎ

(2) 표준어의 모음은 다음 21개로 한다.

ㅏ, ㅐ, ㅑ, ㅒ, ㅓ, ㅔ, ㅕ, ㅖ, ㅗ, ㅘ, ㅙ, ㅚ, ㅛ, ㅜ, ㅝ, ㅞ, ㅟ, ㅠ, ㅡ, ㅢ, ㅣ

(3) 'ㅏ, ㅐ, ㅓ, ㅔ, ㅗ, ㅚ, ㅜ, ㅟ, ㅡ, ㅣ'는 단모음(單母音)으로 발음한다. 다만, 'ㅚ, ㅟ'는 이중 모음으로 발음할 수 있다.

예 금괴[금괴]/[금궤], 최고[최:고]/[췌:고]

(4) 'ㅑ, ㅒ, ㅕ, ㅖ, ㅘ, ㅙ, ㅛ, ㅝ, ㅞ, ㅠ, ㅢ'는 이중 모음으로 발음한다. 다만 용언의 활용형에 나타나는 '져, 쪄, 쳐'는 [저, 쩌, 처]로 발음한다.

예 가지어 → 가져[가저], 찌어 → [쩌], 다치어→다쳐[다처]

(5) '예, 례' 이외의 'ㅖ'는 [ㅔ]로도 발음한다.

■ 계집[계:집/게:집], 계시다[계:시다/게:시다]

예외 예절[예절]

(6) 자음을 첫소리로 가지고 있는 음절의 'ㅢ'는 [ㅣ]로 발음한다.

예 늴리리[닐리리], 닁큼[닝큼], 띄어쓰기[띠어쓰기]

(7) 단어의 첫음절 이외의 '의'는 [ㅣ]로, 조사 '의'는 [ㅔ]로 발음함도 허용한다.

예 주의[주의/주이], 우리의[우리의/우리에], 강의의[강:의의/강:이에]

3) 음의 길이

(1) 음을 길게 발음하는 경우

① 모음의 장단을 구별하여 발음하되, 단어의 첫음절에서만 긴소리가 나타나는 것을 원칙으로 한다.

예 눈보라[눈:보라], 말씨[말:씨], 밤나무[밤:나무]

　　많다[만:타], 멀리[멀:리], 벌리다[벌:리다]

　　첫눈[천눈], 참말[참말], 쌍동밤[쌍동밤]

　　수많이[수: 마니], 눈멀다[눈멀다],, 떠벌리다[떠벌리다]

② 합성어의 경우에는 둘째 음절 이하에서도 분명한 긴소리를 인정한다.

예 반신반의[반:신 바:늬/반:신 바:니], 재삼재사[재:삼 재:사]

③ 용언의 단음절 어간에 어미 '-아/어'가 결합되어 한 음절로 축약되는 경우에도 긴소리로 발음한다. 단, '오아→와, 지어→져, 찌어→쩌, 치어→쳐' 등은 긴소리로 발음하지 않는다.

예 보아→봐[봐:], 기어→겨[겨:], 되어→돼[돼:], 두어→둬[둬:], 하여→해[해:]

(2) 음을 짧게 발음하는 경우

① 단음절인 용언 어간에 모음으로 시작된 어미가 결합되는 경우

예 감다[감:따]-감으니[가므니], 밟다[밥:따]-밟으면[발브면]

신다[신:따]-신어[시너], 알다[알:다]-알아[아라]

② 용언 어간에 피동, 사동의 접미사가 결합되는 경우

예 감다[감:따]-감기다[감기다], 꼬다[꼬:다]-꼬이다[꼬이다]

　　밟다[밥:따]-밟히다[발피다]

4) 받침의 발음

(1) 받침소리로는 'ㄱ, ㄴ, ㄷ, ㄹ, ㅁ, ㅂ, ㅇ'의 7개 자음만 발음한다.

예 닦다[닥따], 키읔[키윽], 옷[옫], 빚다[빋따], 꽃[꼳], 솥[솓], 덮다[덥따]

(2) 겹받침 'ㄳ', 'ㄵ', 'ㄼ, ㄽ, ㄾ', 'ㅄ'은 어말 또는 자음 앞에서 각각 [ㄱ, ㄴ, ㄹ, ㅂ]으로 발음한다. 즉 첫째 자음이 남아 발음된다.

예 넋과[넉꽈], 앉다[안따], 여덟[여덜], 넓다[널따], 핥다[할따], 없다[업:따]

(3) '밟-'은 자음 앞에서 [밥]으로 발음하고, '넓-'은 [널]로 발음하는 것이 원칙이나 다음과 같은 경우에 [넙]으로 발음한다.

예 밟다[밥:따], 밟지[밥:찌], 밟는[밥:는→밤:는], 밟게[밥:께], 밟고[밥:꼬]

　　넓-죽하다[넙쭈카다], 넓-둥글다[넙뚱글다]

(4) 겹받침 'ㄺ, ㄻ, ㄿ'은 어말 또는 자음 앞에서 각각 [ㄱ, ㅁ, ㅂ]으로 발음한다.

예 흙과[흑꽈], 맑다[막따], 늙지[늑찌]

(5) 용언의 어간 발음 'ㄺ'은 'ㄱ' 앞에서 [ㄹ]로 발음한다.

예 맑게[말께], 묽고[물꼬], 얽거나[얼꺼나]

(6) 받침 'ㅎ(ㄶ, ㅀ)' 앞이나 뒤에 'ㄱ, ㄷ, ㅈ'이 결합되는 경우에는 음운 축약에 따라 [ㅋ, ㅌ, ㅊ]으로 발음한다. 한편, 'ㅎ(ㄶ, ㅀ)' 뒤에 모음으로 시작된 어미나 접미사가 결합되는 경우에는, 'ㅎ'을 발음하지 않는다.

예 놓고[노코], 좋던[조:턴], 쌓지[싸치], 낮 한때[나탄때], 꽃 한 송이[꼬탄송이],

　　낳은[나은], 놓아[노아], 쌓이다[싸이다], 끓이다[끄리다]

(7) 홑받침이나 쌍받침, 겹받침이 모음으로 시작된 조사나 어미, 접미사와 결합되는 경우에는, 그 끝자음은 제 음가대로 뒤 음절 첫소리로 옮겨 발음한다.

예 부엌을[부어클], 무릎에[무르페], 들녘에서[들려케서], 통닭이[통달기]

넋이[넉씨], 닭을[달글], 핥아[할타], 읊어[을퍼], 값을[갑쓸]

(8) 받침 뒤에 모음 'ㅏ, ㅓ, ㅗ, ㅜ, ㅟ' 들로 시작되는 실질 형태소가 연결되는 경우에는, 대표음으로 바꾸어서 뒤 음절 첫소리로 옮겨 발음한다. 겹받침의 경우에는 그중 하나만을 옮겨 발음한다.

예 밭 아래[바다래], 늪 앞[느밥], 젖어미[저더미], 맛없다[마덥따], 헛웃음[허두슴],
　　넋 없다[너겁따], 닭 앞에[다가페], 값있는[가빈는]

(9) 한글 자모의 이름은 그 받침소리를 연음하되, 'ㄷ, ㅈ, ㅊ, ㅋ, ㅌ, ㅍ, ㅎ'의 경우에는 특별히 다음과 같이 발음한다.

예 디귿이[디그시], 디귿을[디그슬]. 디귿에[디그세]
　　티읕이[티으시], 티읕을[티으슬], 티읕에[티으세]
　　피읖이[피으비], 피읖을[피으블], 피읖에[피으베]
　　히읗이[히으시], 히읗을[히으슬], 히읗에[히으세]

5) 소리의 동화

(1) 구개음화

받침 'ㄷ, ㅌ(ㄾ)'이 조사나 접미사의 모음 'ㅣ'와 결합되는 경우에는, [ㅈ, ㅊ]으로 바꾸어서 뒤 음절 첫소리로 옮겨 발음한다. 한편, 'ㅣ' 이외의 모음과 결합되는 경우에는 구개음화가 적용되지 않아 'ㄷ, ㅌ(ㄾ)'으로 소리 난다.

　　예 굳이[구지], 해돋이[해도지], 묻히다[무치다], 밭이[바치], 벼훑이[벼훌치], 밭을[바틀], 팥을[파틀]

(2) 비음화

① 받침 'ㄱ(ㄲ, ㅋ, ㄳ, ㄺ), ㄷ(ㅅ, ㅆ, ㅈ, ㅊ, ㅌ, ㅎ), ㅂ(ㅍ, ㄼ, ㄿ, ㅄ)'은 'ㄴ, ㅁ' 앞에서 비음 [ㅇ, ㄴ, ㅁ]으로 발음한다.

예 국물[궁물], 깎는[깡는], 몫몫이[몽목씨], 흙만[흥만], 옷맵시[온맵시], 밥물[밤물],
　　앞마당[암마당], 밟는[밤는], 읊는[음는]
② 받침 'ㅁ, ㅇ' 뒤에 연결되는 'ㄹ'은 [ㄴ]으로 발음한다.
예 담력[담:녁], 침략[침냑], 강릉[강능], 대통령[대:통녕]
③ 다음과 같이 2음절의 한자어와 1음절의 한자어가 만나 합성어를 이룰 때, 'ㄹ'을 [ㄴ]으로 발음한다. 즉 비음화가 적용된다.
예 공권력[공꿘녁], 상견례[상견녜], 결단력[결딴녁], 이원론[이원논]
④ 받침 'ㄱ, ㅂ' 뒤에 연결되는 'ㄹ'도 [ㄴ]으로 발음한다. 그다음에 비음화가 적용된다. 이런 경우를 '상호 동화'라 한다.
예 백리[백니→뱅니], 십리[십니→심니], 합리[합니→함니]

(3) 유음화

'ㄴ'은 'ㄹ'의 앞이나 뒤에서 유음 [ㄹ]로 발음하며, 첫소리 'ㄴ'이 'ㅀ', 'ㅀ'뒤에 연결되는 경우에도 이에 따른다.

> **예** 난로[날ː로], 신라[실라], 광한루[광ː할루], 대관령[대ː괄령],
> 뚫네[뚤레], 핥네[할레]

(4) 모음동화

'피어, 되어'는 [피어], [되어]로 발음함을 원칙으로 하되, [피여], [되여]로 발음함도 허용한다. '이오, 아니오'도 이에 따라 [이요], [아니요]로 발음함을 허용한다.

6) 된소리되기

(1) 받침 'ㄱ(ㄲ, ㅋ, ㄳ, ㄺ), ㄷ(ㅅ, ㅆ, ㅈ, ㅊ, ㅌ), ㅂ(ㅍ, ㄼ, ㄿ, ㅄ)' 뒤에 연결되는 'ㄱ, ㄷ, ㅂ, ㅅ, ㅈ'은 된소리로 발음한다.

> **예** 국밥[국빱], 옷고름[옫꼬름], 곱돌[곱똘], 넓죽하다[넙쭈카다], 읊조리다[읍쪼리다]

(2) 어간 받침 'ㄴ(ㄵ), ㅁ(ㄻ)' 뒤에 결합되는 어미의 첫소리 'ㄱ, ㄷ, ㅅ, ㅈ'은 된소리로 발음한다. 다만, 피동, 사동의 접미사 '-기-'는 된소리로 발음하지 않는다.

> **예** 신고[신ː꼬], 삼고[삼ː고], 앉고[안꼬], 더듬지[더듬찌]
> 안기다[안기다], 감기다[감기다], 굶기다[굼기다], 옮기다[옴기다]

(3) 어간 받침 'ㄼ, ㄾ' 뒤에 결합되는 어미의 첫소리 'ㄱ, ㄷ, ㅅ, ㅈ'은 된소리로 발음한다.

> **예** 넓게[널께], 떫지[떨찌], 핥다[할따], 훑소[훌쏘]

(4) 한자어에서, 'ㄹ' 받침 뒤에 결합되는 'ㄷ, ㅅ, ㅈ'은 된소리로 발음한다. 다만, 같은 한자가 겹쳐진 단어의 경우에는 된소리로 발음하지 않는다.

> **예** 갈등[갈뜽], 말살[말쌀], 갈증[갈쯩], 몰상식[몰쌍식], 불세출[불쎄출]
> 허허실실[허허실실](虛虛實實), 절절-하다[절절하다](切切-)

(5) 관형사형 '-(으)ㄹ' 뒤에 연결되는 'ㄱ, ㄷ, ㅂ, ㅅ, ㅈ'은 된소리로 발음한다.

> **예** 할 것을[할꺼슬], 갈 데가[갈떼가], 할 바를[할빠를]

(6) 표기상으로는 사이시옷이 없더라도, 관형격 기능을 지니는 사이시옷이 있어야 할(휴지가 성립되는) 합성어의 경우에는, 뒤 단어의 첫소리 'ㄱ, ㄷ, ㅂ, ㅅ, ㅈ'을 된소리로 발음한다.

예 문고리[문꼬리], 눈동자[눈똥자], 그믐달[그믐딸], 아침밥[아침빱], 등불[등뿔]

7) 소리의 첨가

(1) 'ㄴ' 소리의 첨가

① 합성어 및 파생어에서, 앞 단어나 접두사의 끝이 자음이고 뒤 단어나 접미사의 첫음절이 '이, 야, 여, 요, 유'인 경우에는, 'ㄴ' 소리를 첨가하여 [니, 냐, 녀, 뇨, 뉴]로 발음한다.

예 솜이불[솜:니불], 삯일[상닐], 남존여비[남존녀비], 색연필[생년필], 늑막염[능망념], 눈요기[눈뇨기], 식용유[시굥뉴]

② 다음과 같은 말들은 'ㄴ' 소리를 첨가하여 발음하되, 표기대로 발음할 수 있다.

예 이죽이죽[이중니죽/이주기죽], 야금야금[야금냐금/야그먀금], 검열[검:녈/거:멸]

③ 'ㄹ' 받침 뒤에 첨가되는 'ㄴ' 소리는 [ㄹ]로 발음한다.

예 들일[들:릴], 설익다[설릭따], 불여우[불려우]

(2) 사이시옷

① 'ㄱ, ㄷ, ㅂ, ㅅ, ㅈ'으로 시작하는 단어 앞에 사이시옷이 올 때는 이들 자음만을 된소리로 발음하는 것을 원칙으로 하되, 사이시옷을 [ㄷ]으로 발음하는 것도 허용한다.

예 냇가[내:까/낻:까], 샛길[새:낄/샏:낄], 깃발[기빨/긷빨], 햇살[해쌀/핻쌀]

② 사이시옷 뒤에 'ㄴ, ㅁ'이 결합되는 경우에는 [ㄴ]으로 발음한다.

예 콧날[콛날→콘날], 아랫니[아랟니→아랜니]

③ 사이시옷 뒤에 '이' 소리가 결합되는 경우에는 [ㄴㄴ]으로 발음한다.

예 깻잎[깯닙→깬닙], 나뭇잎[나묻닙→나문닙], 뒷윷[뒫:뉻]

8) 잘못 발음하기 쉬운 것

(1) 자음동화가 잘못 적용된 경우

① 연구개음화: 소리가 연구개음[ㄱ, ㅇ]으로 바뀐 경우

예 감기[감:기](○)- [강:기](×), 옷감[옫깜](○) – [옥깜](×)

있고[읻꼬](○) – [익꼬](×), 꽃길[꼳낄](○) – [꼭낄](×)

② 양순음화: 소리가 양순음[ㅂ, ㅃ, ㅁ]으로 바뀐 경우

예 젖먹이[전머기](○) – [점머기](×), 문법[문뻡](○) – [뭄뻡](×), 꽃밭[꼳빧](○) – [꼽빧](×)

(2) 거센소리되기 잘못 적용된 경우

예 도끼[도끼](○) – [도키](×) 폭발 [폭빨](○) – [폭팔](×)

깨끗이[깨끄시](○) – [깨끄치](×), 씻어서[씨서서](○) – [씨처서](×)

(3) 된소리되기가 잘못 적용된 경우
예 교과서[교:과서](○) – [교:꽈서](×), 관건[관건](○) – [관껀](×), 김밥[김밥](○) – [김빱](×)

(4) 전설 모음화가 잘못 적용된 경우
예 까슬까슬[까슬까슬](○) – [까실까실](×), 부수다[부수다](○) – [부시다](×)

(5) 사잇소리 현상이 잘못 적용된 경우
예 강요[강요](○) – [강뇨](×), 겸임[겨밈](○) – [겸님](×)
　　함유[하뮤](○) – [함뮤](×), 송별연[송:벼련](○) – [송:별련](×)
　　그렇군요[그러쿠뇨](○) – [그러쿤뇨](×), 그럼요[그러묘](○) – [그럼뇨](×)
　　6 · 25[유기오](○) – [육니오](×), 송별연[송:벼련](○) – [송별련](×)
　　등용문[등용문](○) – [등룡문](×)

(6) '연음화'가 잘못 적용된 경우
예 결막염[결망념](○) – [결마겸](×), 색연필[생년필](○) – [새견필](×)

V. 외래어 표기법

1. 외래어 표기법

1) 표기의 원칙

(1) 외래어는 현용 24 자모만으로 적는다.

　외래어는 이미 국어로 수용된 것이므로 외래어를 적는 데는 현용 24 자모만으로 가능하다는 입장을 드러낸 것이다. 가령, 이것은 [f, v, ʃ, ʧ, ɵ]처럼 국어에 없는 외국어 소리를 적기 위하여 특별한 문자를 만들어 쓸 필요는 없다는 원칙을 밝힌 것이다.

(2) 외래어의 1 음운은 원칙적으로 1 기호로 적는다.

　국어의 표기가 하나의 음운에 대하여 하나의 기호로 나타내듯이 외래어의 음운도 국어의 음운과 일대일로 대응시키겠다는 원칙을 밝힌 것이다. 그래서 'f'는 모두 'ㅎ'이 아니라 'ㅍ'으로만 적는다. 그러나 외래어의 음운이 국어의 음운 체계에서 동화되는 과정에서 원래 하나의 음운이던 것이 국어의 여러 소리에 해당되는 경우도 있다.

123

| 예 | fighting: 파이팅 |
| 예외 | pulp: 펄프, shop: 숍 |

(3) 받침에는 'ㄱ, ㄴ, ㄹ, ㅁ, ㅂ, ㅅ, ㅇ'만을 쓴다. 국어의 경우에는 음절 끝소리로 'ㄷ'이 있고 'ㅅ'이 없지만, 외래어 표기법에서는 반대로 'ㅅ'이 있고 'ㄷ'이 없다.

| 예 | diskette: 디스켓 |

(4) 파열음 표기에는 된소리를 쓰지 않는 것을 원칙으로 한다. 이는 마찰음과 파찰음에도 적용된다.

무성 파열음 [p, t, k]은 영어, 독일어에서는 거센소리 'ㅍ, ㄷ, ㅋ'에 가깝게 들리고, 프랑스어, 러시아어 등에서는 'ㅃ, ㄸ, ㄲ'에 가깝게 들리는데 이를 통일하여 거센소리로 적기로 하였다. 외국어에서 유래한 외래어는 원칙적으로 예사소리와 거센소리의 파열음으로 적도록 한 것이다.

| 예 | cafe: 카페, Paris: 파리, conte: 콩트 |
| 예외 | 빵, 껌, 샤쓰, 히로뽕 |

(5) 이미 굳어진 외래어는 관용을 존중하되, 그 범위와 용례는 따로 정한다.

외래어 표기법의 경우에도 실제 언어 생활에서의 관용을 존중하겠다는 취지를 밝힌 것이다.

| 예 | camera[kæmərə]: 카메라(○) – 캐머러(×) radio[reidio]: 라디오(○) – 레이디오(×) |

일본어의 경우 'ㅆ'만을 된소리로 쓰며, 첫머리에 거센소리가 오지 못한다.

| 예 | 쓰시마 섬, 미쓰비시, 규슈, 도요타 |

2) 영어의 표기

(1) 무성 파열음([p], [t], [k])
① 짧은 모음 다음의 어말 무성 파열음([p], [t], [k])은 받침으로 적는다.

| 예 | gap[gæp] 갭, robot[rɔbɔt] 로봇, doughnut[dóunət, -nʌt] 도넛, rocket [rɑkit] 로켓, carpet[kɑːrpit] 카펫 |

② 짧은 모음과 유음·비음([l], [r], [m], [n]) 이외의 자음 사이에 오는 무성 파열음([p], [t], [k])은 받침으로 적는다. 다만, 관습적으로 굳은 경우에는 그대로 인정해 준다.

| 예 | pt[æpt] 앱트, setback[setbæk] 셋백, lipstick[lipstick] 립스틱, Gips[gips] 깁스, napkin[[næpkin] 냅킨 |
| 예외 | bat 배트, hit 히트, net 네트, set 세트, pot 포트 |

③ 위 경우 이외의 [p], [t], [k]는 '으'를 붙여 적는다.
■ 이중 모음의 뒤에서 | 예 | cake[keik] 케이크, tape[teip] 테이프
■ 장모음의 뒤에서 | 예 | flute[fluːt] 플루트

■ 어말과 자음 앞에서 예 cape[keip] 케이프, make[meik] 메이크

(2) 유성 파열음([b], [d], [g])

어말과 모든 자음 앞에 오는 유성 파열음은 '으'를 붙여 적는다. 다만, 관습적으로 굳은 경우에는 그대로 인정해 준다.

예   zigzag[zigzæg] 지그재그, lobster[lɔbstə] 로브스터

예외   bag 백, lab 랩, web 웹

(3) 마찰음([s], [z], [f], [v], [θ], [ð], [ʃ], [ʒ])

① 어말의 [ʃ]는 '시'로 적고, 자음 앞의 [ʃ]는 '슈'로, 모음 앞의 [ʃ]는 뒤따르는 모음에 따라 '샤', '섀', '셔', '셰', '쇼', '슈', '시'로 적는다.

예   flash[flæʃ] 플래시, shrub[ʃrʌb] 슈러브

         shark[ʃɑːk] 샤크, shank[ʃæŋk] 섕크

         fashion[fæʃən] 패션, sheriff[ʃerif] 셰리프

         shopping[ʃɔpiŋ] 쇼핑, shoe[ʃuː] 슈, shim[ʃim] 심

② [ʃ]가 영어 말고 다른 언어에서 온 경우에는 '슈'로 적는다.

예   Einstein 아인슈타인, Gestapo 게슈타포

③ 어말 또는 자음 앞의 [ʒ]는 '지'로 적고, 모음 앞의 [ʒ]는 'ㅈ'으로 적는다.

예   mirage[mirɑːʒ] 미라지, vision[viʒən] 비전

④ 불어에서는 어말의 [ʒ]나 자음 앞의 [ʒ] 발음을 '주'로 적는다.

예   montage 몽타주, rouge 루주, sabotage 사보타주

         bourgeois 부르주아, engagement 앙가주망

(4) 유음([l])

① 어말 또는 자음 앞의 [l]은 받침으로 적는다.

예   hotel[houtel] 호텔, pulp[pʌlp] 펄프

② 어중의 [l]이 모음 앞에 오거나, 모음이 따르지 않는 비음([m], [n]) 앞에 올 때에는 'ㄹㄹ'로 적는다. 다만, 비음([m], [n]) 뒤의 [l]은 모음 앞에 오더라도 'ㄹ'로 적는다.

예   slide[slaid] 슬라이드, film[film] 필름, alkali [ǽlkəl-i] 알칼리, catalog [kǽtəlɔ́ːg, -lɑ̀g] 카탈로그,

         clinic[klínik] 클리닉, glass[glǽs] 글라스, inflation [infléiʃən] 인플레이션, poclain[poklain] 포클레인,

         salad[sǽləd] 샐러드

예외   Hamlet[hæmlit] 햄릿, Henley[henli] 헨리

(5) 장모음

장모음의 장음은 따로 표기하지 않는다.

예 team[tiːm] 팀, route[ruːt] 루트

(6) 중모음([ɑi], [ɑu], [ei], [ɔi], [ou], [auə])

중모음은 각 단모음의 음가를 살려서 적되, [ou]는 '오'로, [auə]는 '아워'로 적는다.

예 time[taim] 타임, house[haus] 하우스,　skate[skeit] 스케이트, oil[ɔil] 오일,

boat[bout] 보트, snow[snóu] 스노, bowling [bóuliŋ] 볼링, yellow [jélou] 옐로, tower[tauə] 타워, power[pauə] 파워

(7) 단모음 [æ]

[æ]는 'ㅐ'로 적는다.

예 navigation[nævəgéiʃən] 내비게이션, animation[æ̀nəméiʃən] 애니메이션, snack[snǽk] 스낵

(8) 단모음 [ə], [ʌ], [ɔ]

단모음 [ə]는 'ㅓ'로, [ʌ]도 'ㅓ'로, [ɔ]는 'ㅗ'로 적는다. 'con-'은 '콘-'으로 표기되거나 '컨-'으로 표기된다. 'com-'은 '콤-'으로 표기되거나 '컴-'으로 표기된다.

예 digital[díʤətl] 디지털, control[kəntróul] 컨트롤,

concert[kánsəːrt, -sərt] 콘서트, concept [kánsept] 콘셉트,

complex[kámpleks ǀ kɔ́mpleks] 콤플렉스, combination[kàmbənéiʃən] 콤비네이션,

compass[kʌ́mpəs] 컴퍼스, component[kəmpóunənt] 컴포넌트

(9) 복합어

① 따로 설 수 있는 말의 합성으로 이루어진 복합어는 그것을 구성하고 있는 말이 단독으로 쓰일 때의 표기대로 적는다.

예 bookend[bukend] 북엔드, highlight[hailait] 하이라이트, bookmaker[bukmeikə] 북메이커

flashgun[flǽʃgʌn] 플래시건, outlet[áutlèt] 아웃렛, offside[ɔ́ːfsaid] 오프사이드

② 원어에서 띄어 쓴 말은 띄어 쓴 대로 한글 표기를 하되, 붙여 쓸 수도 있다.

예 top class[tɔpklæs] 톱 클래스/톱클래스

(10) 인명 · 지명 · 국명

① 인명

㉠ 중국 인명은 과거인과 현대인을 구분하여 과거인은 종전의 한자음대로 표기하고, 현대인은 원칙적으로 중국어 표기법에 따라 표기하되, 필요한 경우 한자를 병기한다.

예 孔子 공자, 登小平 등소평,　胡錦濤 후진타오

ⓛ 일본 인명은 과거와 현대의 구분 없이 일본어 표기법에 따라 표기하는 것을 원칙으로 하되, 필요한 경우 한자를 병기한다.

> **예**　豊臣秀吉 도요토미 히데요시,　伊藤博文 이토 히로부미

ⓒ 서양 인명 중에서 다음에 유의해야 한다.

> **예**　고흐, 뉴턴, 루스벨트, 베토벤, 시저/카이사르, 아인슈타인, 처칠, 콜럼버스, 페스탈로치, 루스벨트, 마르크스

② 지명

ⓐ 중국의 역사 지명으로서 현재 쓰이지 않는 것은 우리 한자음대로 하고, 현재 지명과 동일한 것은 중국어 표기법에 따라 표기하되, 필요한 경우 한자를 병기한다.

> **예**　長安 장안, 北京 베이징, 靑島 칭다오

ⓛ 지명은 과거와 현대의 구분 없이 일본어 표기법에 따라 표기하는 것을 원칙으로 하되, 필요한 경우 한자를 병기한다.

> **예**　鹿兒島 가고시마

ⓒ 중국 및 일본의 지명 가운데 한국 한자음으로 읽는 관용이 있는 것은 이를 허용한다.

> **예**　東京 도쿄/동경, 京都 교토/경도, 上海 상하이/상해, 黃河 황허/황하

③ 국명

> **예**　그리스, 뉴질랜드, 에스파냐, 말레이시아, 싱가포르, 에티오피아

(11) 그 밖의 것

① '-이', '-잇' 계열이 옳은 경우

> **예**　message: 메시지, sausage: 소시지, comedy: 코미디, chocolate: 초콜릿

② '-애', '-에' 계열이 옳은 경우

> **예**　narration: 내레이션, sash: 새시, calendar: 캘린더, paradox: 패러독스

③ 음성 모음 형태가 옳은 경우

> **예**　remote control: 리모컨, standard: 스탠더드, royalty: 로열티
>
> 　　　sponge: 스펀지, symbol: 심벌, symposium: 심포지엄, propose: 프러포즈

④ 양성 모음 형태가 옳은 경우

> **예**　accent: 악센트, color: 컬러, diamond: 다이아몬드, technology: 테크놀로지

⑤ 부정 접두어의 경우

> **예**　nonsense : 난센스,　nonfiction : 논픽션,　nonstop : 논스톱, nontitle : 논타이틀

⑥ 군더더기 표현의 경우

> **예**　running shirts: 런닝 셔츠(×) - 러닝 셔츠(○), lucky: 럭키(×)- 러키(○),
>
> 　　　massage: 맛사지(×) - 마사지(○), badge: 뱃지(×) - 배지(○), enquête: 앙케이트(×) - 앙케트(○)

⑦ 부당한 생략 표현의 경우

> **예**　gas-range: 가스렌지(×) - 가스레인지(○), recreation: 레크레이션(×) - 레크리에이션(○),

manicure: 매니큐(×) – 매니큐어(○)

⑧ 발음할 수도 있고 하지 않을 수도 있는 [r]은 원칙적으로 표기하지 않지만 예외적으로 표기하는 경우도 있다.

예 endorphin 엔도르핀, morphine 모르핀

⑨ 일본어식의 경우

예 Ringer: 링게르(×) – 링거(○), battery: 밧데리(×)-배터리(○),

예 ambulance: 앰블란스(×)- 앰뷸런스(○), training: 추리닝(×)- 트레이닝(○)

VI. 로마자 표기법

1. 로마자 표기법

1) 로마자 표기법의 취지와 필요성

: 외국인에게 고유한 인명, 지명, 관광지 등을 소개하는 경우 국제 문자인 로마자로 표기할 필요가 있다. 이 때문에 국어의 자음과 모음을 로마자로 적도록 규정했다. 이것을 '국어의 로마자 표기법'이라고 한다.

2) 표기의 원칙

① 국어의 로마 자 표기는 국어의 표준 발음법에 따라 적는 것을 원칙으로 한다. 국어는 표기와 발음이 다른 경우가 많으므로 로마 자로 표기할 때 무엇을 기준으로 삼을지 정해야 한다. 그래서 로마자 표기법에서는 '표준 발음'을 우선하여 적도록 정했다.

예 독립문[동님문]: Dongnimun(○) – Doklibmun(×)

② 로마자 이외의 부호는 되도록 사용하지 않는다. 로마자와 한글은 자음과 모음 수가 다르다. 그래서 로마자로 국어를 모두 적을 수 없다. 과거에는 '어', '으'에 해당하는 문자를 'ŏ, ŭ' 등으로 만들어 썼지만 이제는 새로운 문자를 만들지 않고 기존의 로마자만 활용하도록 개정하였다.

예 서: Seo(○) – Sŏ(×)

3) 표기 일람

(1) 모음

① 단모음

ㅏ	ㅓ	ㅗ	ㅜ	ㅡ
a	eo	o	u	eu
ㅣ	ㅐ	ㅔ	ㅚ	ㅟ
i	ae	e	oe	wi

② 이중 모음

ㅑ	ㅕ	ㅛ	ㅠ	ㅢ	
ya	yeo	yo	yu	ui	
ㅒ	ㅖ	ㅘ	ㅙ	ㅝ	ㅞ
yae	ye	wa	wae	wo	we

> *모음 표기 일람표를 암기하는 방법
>
> 모음 표기 일람표를 암기하기 위해서는, 이를 제정할 때 이용한 결합의 원리를 이해하면 된다.
>
> 먼저 단모음의 표기 중에서 'ㅐ'는 'ㅏ'와 'ㅣ'가 결합된 것이므로 'a'와 'e'를 결합하여 적었다. 다만 'ㅓ, ㅡ, ㅟ' 등은 철자를 외워야 한다. 이중 모음도 마찬가지로 결합의 원리를 활용했다. 예를 들어, 'ㅑ'는 'ㅣ'와 'ㅏ'가 결합한 소리이므로, 반모음 'y'와 'a'를 결합하면 'ya'가 된다. 마찬가지로 'ㅒ'는 'ㅑ'와 'ㅣ'가 결합했으므로 'yae'로 적는다.

- 'ㅢ'는 'ㅣ'로 소리 나더라도 'ui'로 적는다. 예 광희문 Gwanghuimun
- 장모음의 표기는 따로 하지 않는다. 예 거북선 geo: bukseon(×) – geobukseon(○)

(2) 자음

① 파열음

ㄱ	ㄲ	ㅋ	ㄷ	ㄸ	ㅌ	ㅂ	ㅃ	ㅍ
g, k	kk	k	d, t	tt	t	b, p	pp	p

② 파찰음

ㅈ	ㅉ	ㅊ
j	jj	ch

③ 마찰음

ㅅ	ㅆ	ㅎ
s	ss	h

④ 비음

ㄴ	ㅁ	ㅇ
n	m	ng

⑤ 유음

ㄹ
r, l

---

*자음 표기 일람표를 이해하는 방법

로마자 표기법에서 'ㄱ, ㄷ, ㅂ'은 모음 앞에서는 'g, d, b'로, 자음 앞이나 어말에서는 'k, t, p'로 적도록 하였다. 이것을 쉽게 설명하자면, 울림소리는 울림소리끼리 어울리도록 규정한 것이다. 즉 모음은 울림소리이기 때문에 같은 울림소리 [g, d, b]로 적도록 했다.

■ 'ㄱ, ㄷ, ㅂ'은 모음 앞에서는 'g, d, b'로, 자음 앞이나 어말에서는 'k, t, p'로 적는다.([ ] 안의 발음에 따라 표기함)

예 영동 Yeongdong, 백암[배감] Baegam, 옥천 Okcheon, 합덕 Hapdeok, 월곶[월곧] Wolgot

■ 'ㄹ'은 모음 앞에서는 'r'로, 자음 앞이나 어말에서는 'l'로 적는다. 단, 'ㄹㄹ'은 'll'로 적는다.

예 구리 Guri, 설악 Seorak, 칠곡 Chilgok, 울릉 Ulleung, 대관령[대괄령] Daegwallyeong

4) 표기상의 유의점

(1) 음운 변화가 일어날 때는 변화를 반영하여 다음과 같이 적는다.

① 자음 사이에서 동화 작용이 일어나는 경우

예 백마[뱅마] Baengma, 신문로[신문노] Sinmunno, 종로[종노] Jongno
왕십리[왕심니] Wangsimni, 별내[별래] Byeollae, 신라[실라] Silla

② 'ㄴ, ㄹ'이 덧나는 경우

예 학여울[항녀울] Hangnyeoul, 알약[알략] allyak

③ 구개음화가 되는 경우

예 해돋이[해도지] haedoji, 같이[가치] gachi, 맞히다[마치다] machida

④ 'ㄱ, ㄷ, ㅂ, ㅈ'이 'ㅎ'과 합하여 거센소리로 소리 나는 경우

예 좋고[조코] joko, 놓다[노타] nota, 잡혀[자펴] japyeo, 낳지[나치] nachi

⑤ 체언(명사, 대명사, 수사)에서 'ㄱ, ㄷ, ㅂ' 뒤에 'ㅎ'이 따를 때는 'ㅎ'을 밝혀 적는다.

예 묵호 Mukho , 집현전 Jiphyeonjeon , 오죽헌 Ojukheon

⑥ 된소리되기는 표기에 반영하지 않는다.

예 압구정 Apgujeong, 낙동강 Nakdonggang, 죽변 Jukbyeon, 낙성대 Nakseongdae,

합정 Hapjeong, 팔당 Paldang, 샛별 saetbyeol, 울산 Ulsan

(2) 발음상 혼동의 우려가 있을 때는 음절 사이에 붙임표(-)를 쓸 수 있다. 'Jungang'으로 적으면 '준강'으로 읽을 우려가 있기 때문이다.

예　중앙 Jung-ang, 반구대 Ban-gudae, 세운 Se-un, 해운대 Hae-undae

(3) 고유 명사는 첫 글자를 대문자로 적는다.

예　부산 Busan, 세종 Sejong

(4) 인명은 성과 이름의 순서로 띄어 쓴다. 이름은 붙여 쓰는 것을 원칙으로 하되 음절 사이에 붙임표(-)를 쓰는 것을 허용한다.

예　민용하 Min Yongha(Min Yong-ha), 송나리 Song Nari(Song Na-ri)

① 이름에서 일어나는 음운 변화는 표기에 반영하지 않는다.

예　한복남 Han Boknam(Han Bok-nam), 홍빛나 Hong Bitna(Hong Bit-na)

② 성의 표기는 따로 정한다. 원칙에 따르면 '김(金)'을 'Gim'으로 적어야 하지만 실제 생활에서는 'Kim'으로 적는 경우가 많으므로 이를 관습적으로 굳은 것으로 보아 허용하고 있다.

(5) '도, 시, 군, 구, 읍, 면, 리, 동'의 행정 구역 단위와 '가'는 각각 'do, si, gun, gu, eup, myeon, ri, dong, ga'로 적고, 그 앞에는 붙임표(-)를 넣는다. 붙임표(-) 앞뒤에서 일어나는 음운 변화는 표기에 반영하지 않는다.

예　충청북도 Chungcheongbuk-do, 제주도 Jeju-do, 의정부시 Uijeongbu-si,
　　양주군 Yangju-gun, 도봉구 Dobong-gu, 신창읍 Sinchang-eup,
　　삼죽면 Samjuk-myeon, 인왕리 Inwang-ri, 당산동 Dangsan-dong, 봉천1동 Bongcheon 1(il)-dong

① '시, 군, 읍'의 행정 구역 단위는 생략할 수 있다.

예　청주시 Cheongju, 함평군 Hampyeong, 순창읍 Sunchang

② 도로명 주소 등 표기에 관한 법률(2008. 2. 29.) 및 시행령(2007. 4. 5.)에 따른 새 주소 체계에서 기존 행정 구역 단위를 대체하는 '대로(大路)', '로(路)', '길'은 각각 'daero', 'ro', 'gil'로 적고, 그 앞에는 붙임표(-)를 넣는다.

예　강남대로 Gangnam-daero, 세종로 Sejong-ro, 개나리길 Gaenari-gil

③ 길 이름에 숫자가 들어가 있는 경우에는 숫자 앞에서 띄어 쓰고, 숫자 뒤의( ) 안에 숫자의 발음에 따라 로마자로 적는다. 다음에 '-gil', '-ga', '-ro'등을 적는다.

예　종로 2가 Jongno 2(i)-ga, 퇴계로 3가 Toegyero 3(sam)-ga, 한강1로 Hangang 1(il)-ro

④ 지명을 나타낼 때는 현행 표기대로 쓰지만 도로명이나 행정구역명으로 쓰일 때는 '-daero', '-ro', '-gil'로 통일해 표기하기로 한 것이다.

> 예　'세종로'가 지명으로 쓰이면 기존대로 'Sejongno'로 표기하지만 도로명이나 행정구역명으로 쓰일 때는 'Sejong-ro'로 표기해야 한다.

⑤ 행정 구역 단위와 지명은 전체가 하나의 이름이기 때문에 소리 나는 대로 적는다.

> 예　신반포 Sinbanpo, 서대전 Seodaejeon

(6) 자연 지물명, 문화재명, 인공 축조물명은 붙임표(-) 없이 붙여 쓴다.

> 예　남산 Namsan, 속리산 Songnisan, 금강 Geumgang, 독도 Dokdo,
> 　　경복궁 Gyeongbokgung, 극락전 Geungnakjeon, 안압지 Anapji,
> 　　불국사 Bulguksa, 현충사 Hyeonchungsa, 독립문 Dongnimmun,
> 　　오죽헌 Ojukheon, 촉석루 Chokseongnu, 종묘 Jongmyo, 다보탑 Dabotap

(7) 고유 명사와 일반 명사의 결합인 경우에는 띄어쓰기 단위에 따라 적고 일반 명사는 영어로 번역할 수 있다.

> 예　김포 공항 Gimpo Airport, 한강 공원 Hangang park, 백운 계곡 Baegun valley, 산정 호수 Sanjeong lake

(8) 인명, 회사명, 단체명 등은 그동안 써 온 표기를 쓸 수 있다.

① 로마자 표기에 관한 인식이 부족하여 이 규정에 맞지 않게 표기를 한 경우에도 관습적으로 굳어진 경우에는 이것을 인정해 적는다.

> 예　삼성 Samsung, 현대 Hundai

② 지명이 포함되어 있는 회사명이나 단체명은 모두 지명에 맞추어 로마자 표기를 해야 한다.

> 예　부산 대학교 Busan university

(9) 학술 연구 논문 등 특수 분야에서 한글 복원을 전제로 표기할 경우에는 한글 표기를 대상으로 적는다. 이때 글자 대응은 제2장을 따르되 'ㄱ, ㄷ, ㅂ, ㄹ'은 'g, d, b, l'로만 적는다. 음가 없는 'ㅇ'은 붙임표(-)로 표기하되 어두에서는 생략하는 것을 원칙으로 한다. 기타 분절의 필요가 있을 때도 붙임표(-)를 쓴다.

> 예　집 jib, 짚 jip, 밖 bakk, 값 gabs, 붓꽃 buskkoch, 먹는 meogneun,
> 　　독립 doglib, 문리 munli, 물엿 mul-yeos, 굳이 gud-i, 좋다 johda,
> 　　가곡 gagog, 조랑말 jolangmal, 없었습니다 eobs-eoss-seubnida

(10) 그 밖의 중요한 것

항목	한글 표기	로마자 표기	항목	한글 표기	로마자 표기
행정구역	서울특별시	Seoul	산	북악산	Bukaksan
	부산광역시	Pusan		한라산	Hallasan
	대구광역시	Daegu		관악산	Gwanaksan
	광주광역시	Kwangju	식생활	갈비탕	galbitang
	인천광역시	Incheon		된장	doenjang
	대전광역시	Daejeon		김치	gimchi
	울산광역시	Ulsan		떡국	tteokguk
	경기도	Gyeonggi-do		막걸리	makgeolli
	강원도	Gangwon-do		볶음밥	bokkeumbap
	충청북도	Chungcheongbuk-do		비빔밥	bibimbap
	충청남도	Chungcheongnam-do		삼계탕	samgyetang
지하철	일원	Irwon		설렁탕	seolleongtang
	노량진	Noryangjin		식혜	sikhye
	종로 2가	Jongno 2(i)-ga	의생활	갓	gat
	왕십리	Wangsimni		댕기	daenggi
	신림	Sillim		마고자	magoja
	낙성대	Nakseongdae		저고리	jeogori
	안국	Anguk		한복	hanbok
	강남	Gangnam	주생활	기와집	giwajip
	선릉	Seolleung		장독대	jangdokdae
	역삼	Yeoksam		초가	choga
문화재	석가탑	Seokgatap	국가	태극기	Taegeukgi
	첨성대	Cheomseongdae		애국가	Aegukga
	한글	Hangeul		대한민국	Daehanminguk

형성평가

1. 다음 중 사이시옷을 잘못 사용한 경우는?

① 그가 가지고 있는 귤의 갯수를 세어 보았다.

② 우리 부부는 겨우 전셋집을 하나 구했다.

③ 김 선생의 속마음은 우렁잇속 같아서 도대체 알 수가 없다.

④ 그는 찻잔엔 손도 대지 않고 멍청히 앉아 있었다.

정답: ①

해설: [개쑤/갣쑤]로 소리가 덧나더라도 한자어인 경우에는 사이시옷을 받치지 않으므로 '갯수'로 적지 않고 '개수'로 적는다.

2. 다음 중 맞춤법에 맞지 않는 단어가 들어 있는 문장은?

① 이것은 책이요, 저것은 소라게이다.

② 넓다란 하늘을 보는 즐거움이 있다.

③ 너는 밥도 안 안치고 어디를 다니는 거니?

④ 변변찮은 음식이지만 많이 드십시오.

정답: ②

해설: '널따란'으로 고쳐 써야 옳다.

3. 다음 중 띄어쓰기가 틀린 것은?

① 죽을∨만큼 공부해라.

② 아는∨이를 거리에서 만났다.

③ 네가 뜻한∨바를 이루도록 해라.

④ 그가 너를 신뢰하는∨지를 알아봐라.

정답: ④

해설: '지'는 기간이나 시간을 나타내는 경우 띄어 쓴다. 제시된 선택지에서는 어미이므로 붙여 써야 한다.

4. 다음에서 복수 표준어에 해당하지 않는 것은?

① 고린내 - 코린내

② 쇠고기 - 소고기

③ 귀지 - 귀에지

④ 교가 - 갸기

정답: ③

해설: '귀지'만 표준어이다.

5. 다음에서 복수 표준어에 해당하지 않는 것은?

① 가뭄 – 가물

② 가엾다 – 가엽다

③ 넝쿨 – 덩굴

④ 광주리 – 광우리

정답: ④

해설: '광주리'만 표준어이다.

6. 다음 중 밑줄 친 단어의 발음으로 옳은 것은?

① 날씨가 참 맑다[말따].

② 바다는 넓다[널따].

③ 값어치[갑서치]가 없다.

④ 늙지[늘찌] 않는다.

정답: ②

해설: 겹받침 'ㄼ'은 [ㄹ]로 발음된다. [널따]라고 발음되는 것이 맞다.

① [막따], ③ [가버치], ④ [늑찌]

7. 외래어 표기법에 대한 설명으로 옳지 않은 것은?

① '버전, 주스, 찬스'처럼 'ㅈ'이나 'ㅊ' 다음에는 이중 모음을 적지 않는다.

② 'racket, diskette'은 '라켙, 디스켙'이 아니라 '라켓, 디스켓'이라고 써야 한다.

③ 'robot'은 '짧은 모음 다음의 어말 무성 파열음은 받침으로 적는다.'는 원칙에 따라 '로보트'가 아니라 '로봇'으로 적는다.

④ 파열음 표기에는 된소리를 쓰지 않는 것이 원칙이나 '빠리, 까페'와 같은 프랑스어는 예외이다.

정답: ④

해설: 외래어의 표기에서 파열음 표기에서 된소리를 쓰지 않는다. 프랑스어라고 예외는 아니다.

8. 국어의 로마자 표기법에 대한 설명으로 가장 옳지 않은 것은?

① '청주시 Cheongju', '함평군 Hampyeong', '순창읍 Sunchang'처럼 '시, 군, 읍'의 행정 구역 단위는 생략할 수 있다.

② '묵호 Mukho', '집현전 Jiphyeonjeon'처럼 체언에서 'ㄱ, ㄷ, ㅂ' 뒤에 'ㅎ'이 따를 때는 'ㅎ'을 밝혀 적는다.

③ '홍빛나 Hong Bitna', '한복남 Han Boknam'처럼 이름은 붙여 쓰는 것을 원칙으로 하되 음절 사이에 붙임표(-)를 쓰는 것을 허용하지 않는다.

④ '남산 Namsan', '독도 Dokdo'처럼 자연 지명물, 문화재명, 인공 축조물 명은 붙임표(-) 없이 붙여 쓴다.

정답: ③

해설: ③ '홍빛나 Hong Bitna', '한복남 Han Boknam'처럼 이름은 붙여 쓰는 것을 원칙으로 하되 음절 사이에 붙임표(-)를 쓰는 것을 허용한다.

제7장 한국어 화용론

학습 목표

1. 화용론의 연구 대상 및 목적, 의미론과 화용론의 관계, 화시 현상에 대해 이해한다.
2. 화행(언어 행위)의 개념, 층위, 유형, 성립 조건과 함축 현상에 대해 이해한다.
3. 대화의 원리, 대화의 격률, 한국어의 지시 표현과 화시 현상에 대해 이해한다.

Ⅰ. 화용론

1. 화용론의 연구 대상

화용론(pragmatics)이란 무엇인가? 언어 사용에 대한 연구를 뜻한다. 그렇다면 연구란 무엇인가? 이에 답하기 위해서는 연구 대상(what), 연구 방법(how), 연구 목적(why)을 하나하나 설명해야 한다. 이를 위해 오늘은 화용론의 연구 대상에 대해서부터 먼저 자세히 살펴본다.

화용론의 연구 대상이 '언어 사용'이라고 하였다. 그렇다면 인간이 언어를 사용하는 다양한 양상이 모두 화용론에서 공부할 내용이라는 것이다. 인간의 언어 사용 양상은 매우 범위가 넓고 다양한데 화용론에서 주로 다루는 것은 무엇일까?

아래 예를 통해 화용론에서 주로 다루는 언어 현상이 무엇인지 확인해 보자.

예1　**가.** 민수: 복숭아꽃이 언제 피는지 아니?

　　　　　태수: 난 서울에서 태어났어.

　　　나. 민수: 복숭아꽃이 언제 피는지 아니?

　　　　　경수: 우리 집이 화원이잖아.

예2　**가.** 그 책 좀 줘

　　　나. 그 책 좀 줄 수 있어?

　　　다. 나 그 책이 좀 필요한데…

　　　라. 그 책을 주면 정말 고마울 텐데…

위의 (1가), (1나)와 (2)의 예들은 모두 화용론의 주요 연구 대상이다. 더 구체적으로 제시하면 (1가)와 (1나)에서 민수와 친구들이 서로 전달하고자 하는 의미는 무엇인가? 그리고 (2가)~(2라)는 같은 의도를 다른 언어 표현 방식으로 전달하는 것인데 이처럼 전달하고자 하는 말을 다양한 언어 표현으로 하게 되는 이유는 무엇인가? 이러한 질문들이 바로 화용론에서 던지는 질문들이다.

특히 화용론은 문장을 구성하는 어휘 그 자체가 모여서 이루어지는 어휘 자체의 의미, 다른 말로 하면 의미론적 의미에 대한 연구보다는 그것에 '맥락'이 더해져 해석되는 의미를 주로 다룬다. 바로 맥락이 더해져 해석되는 의미를 우리는 화용론적 의미라고 한다.

문장의 문자적 의미 표상(semantic representation)에만 주목하고 화자의 의도(intention)를 고려하지 않으면 민수와 친구들의 대화를 이해하기 힘들다. 따라서 문장의 의미(sentence meaning)와 화자의 의미(speaker meaning)를 구별할 필요가 있다.

화용론은 언어학(linguistics)의 하위 분야 중 하나로서 언어학이 언어에 대한 과학적 연구(scientific study)라는 걸 감안했을 때 화용론 역시 언어에 대한 과학적 접근을 취해야 한다. 그렇다면 말해진 것의 의미는 무엇일까? 말해진 것의 의미는 언어학적으로 부호화된 문장 의미를 말하며, 문자적 의미 표상 그 자체를 말한다. 그런데 여기에 맥락이 더해져서 말이 사용되는 특정 맥락 속의 의미를 이야기하면, 그것은 의도된 것(what is intended)의 의미를 말한다. 화용론은 말해진 것의 의미와 의도된 것의 의미, 이 둘에 모두 연결될 수 있다.

먼저 말해진 것의 의미를 결정하는 것과 관련된 것을 보자.

예 저 개는 아까부터 짖고 있다.

나는 지금 여기에 서 있다.

우리는 저쪽으로 갈게.

위의 예에서 '저 개', '나', '지금', '여기', '우리', '저쪽'과 같은 언어 표현은 무언가를 지칭(reference)하는 표현으로 직시 표현이라 부른다. 이 표현들의 특징은 언어 사용자가 자신의 의도에 따라 맥락 안에서 어떤 요소를 지시하는지가 결정된다는 것이다. 따라서 지칭 대상을 결정하기 위해 맥락 요인을 고려해야 한다는 공통점을 갖는다.

다음으로 말해진 것 이상의 의미에 대한 해석과 관련된 연구를 보자.

예 **가.** 실례지만 제가 지금 중요한 시험공부를 하고 있어서요.

나. A: (식탁 위 하나 남은 **빵**을 가리키며) 나 이거 먹어도 돼?

B: 나도 배고파.

위의 예에서 각 화자의 발화는 행위와 같이 해석될 수 있다. 왜냐하면 (가)의 경우 요청하는 행위를 하고 있고 (나A)도 요청하고 있다. (나B)는 발화를 통해 상대방의 요청을 거절하고 있다. 그런데 이러한 발화 행위가 화자의 언어 표현으로 직접 드러나는 것은 아니고 모두 함축(implicature)적 의미로 드러나고 있다. 여기서 현재 살피고 있는 것은 화용론이 맥락 속 의미에 대한 연구라는 점이다. 청자는 누군가가 말한 것과 맥락에 기초하여 그들이 의도한 의미를 해석하는데 그 과정은 어떻게 이루어지는지를 연구하는 것과 같다. 또한 화자는 어떻게 맥락을 고려하여 자신이 의도한 바를 표현하는 가에 대한 대답도 화용론에서 하게 된다.

의사소통(communication)

청자는 듣는 이, 화자는 말하는 이를 뜻한다. 청자와 화자는 모두 언어의 사용자이며 어떤 대화에 참여하고 있는 대화 참여자라고도 한다. 위에서 봤던 대로 화용론에서 다루는 의미는 맥락이 영향을 미쳐 해석되는 의미이므로 맥락이 아주 중요하다. 맥락은 시간, 장소, 화자와 청자의 관계, 화자와 청자의 사전 지식 등으로 구성된다.

2. 화용론의 연구 방법

그럼 화용론의 연구 방법은 무엇일까? 한국어학은 기본적으로 언어 자료를 바탕으로 연구를 한다. 따라서 언어 자료를 통해 먼저 현상을 관찰한다. 그리하여 발화가 전달하는 의미를 해석하는 규칙(**예** 맥락의 작동 방식), 언어의 사용 원리를 발견하여 가설을 설정한다. 그리고 그 가설을 더 많은 자료에 적용하여 가설을 검토하는 방식으로 연구를 진행할 수 있다.

언어의 사용 원리 예를 간략하게 제시하면 대화 격률이나 적합성 원리와 같은 것들이 있다. 가령 대화의 격률은 언어 사용자들이 대화에 참여할 때 협력적으로 참여할 것이라는 가정이며 적합성 원리는 인간의 인지는 연관성을 최대화하는 쪽을 지향한다는 것을 뜻한다. 그리하여 청자는 여러 해석 가능성이 열려 있다면 그중에서 대화 내 적합성이 가장 높은 것을 골라 해석한다는 것이다.

3. 화용론 연구의 목적, 필요성

화용론 연구는 왜 필요한 것일까? 예를 들어 다음 문장들에서 대명사 '너'나 문장의 중의성을 해석하기 위해서는 화용론적 영역이 필요하다.

> **예** 가. 너! 그리고 너! 너는 빼고 모두 일어나 봐.
>
> 나. 쟤 손 좀 봐줘라.
>
> 다. 철수가 갈 수 있어.

(가)에서 대명사 '너'를 해석하기 위해 발화 상황을 관찰해야 한다. 또한 (나), (다)는 문장이 중의적인 경우이다. 이러한 언어학적 현상들은 맥락 요소에 의존해서 해석해야 한다. 그래서 맥락이 해석되지 않으면 어떤 언어 표현의 의미가 매우 불분명한 상태로 남아 있게 된다. 이를 언어학적 미결정성(underdeterminancy)이라고 한다. 언어학적 미결정성에 의해 야기된 공백을 채우기 위해 언어 능력에 관한 전반적 이론의 한 구성성분으로 화용론이 포함되어야 한다.

나아가 화용론에 대한 이해는 곧 언어를 이해하는 과정이다. 그리고 이는 인간을 이해하는 과정과 같다. 그리하여 마음에 대한 이해는 인간의 행동에 대한 이해를 바탕으로 하듯이 인간의 대화를 바탕으로 인간의 언어를 이해할 수 있는 것이다.

4. 의미론과 화용론의 관계

의미론과 화용론의 관계는 다음 그림을 통해 확인할 수 있다.

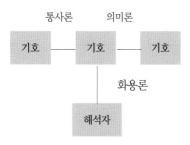

화용론은 기호와 그 해석자 간의 관계를 연구하는 학문이다.

즉 화용론은 기호와 해석자 간의 관계를 연구한다면 의미론은 기호와 그것이 지시하는 대상 사이의 연결 관계를 연구하는 것이다. 그렇다면 '메리가 잔다'라는 문장을 통해 의미론과 화용론의 차이를 알아보자.

이 문장에서 '메리'라는 어휘 항목(lexical item)과 '자다'라는 어휘 항목의 관계는 무엇인가? 이 둘은 주어와 술어라는 관계를 맺고 있다. 그렇다면 의미론에서는 '메리', '-가', '자-', '-ㄴ-', '-다'의 의미는 무엇인지 분석한다. 즉 문자적 의미(literal meaning)를 분석하는 것이다. '메리'는 누군가의 이름이고 '-가'는 주어를 표시하며 '자-'는 동사의 어간으로서 생리적인 요구에 의해 눈이 감기며 한동안 의식 활동이 쉬는 상태에 있다는 것을 뜻한다. 그리고 '-ㄴ-'은 현재 시제를 뜻하고 '-다'는 종결 어미이다. '-다'의 경우 화자가 자신이 말한 내용이 참이라고 단언/진술함을 표시하며 문장이 종결되었음을 표시한다. 이를 종합하면 '화자가 발화하는 순간에 메리라는 이름을 가진 존재가 눈이 감기가 한동안 의식 활동이 쉬는 상태에 있음이 참이다'라는 것으로 정리된다.

그런데 '메리가 잔다'가 의사소통 과정에서 활용되기 위해서는 어떤 정보가 보완되어야 하는가? 비문자적 의미(non-literal meaning), 맥락적 의미(contextual meaning)가 더해져야 한다. 예를 들어 발화의 화자와 청자는 누구인가? 화자가 이 말을 한 시간은 언제이며 '메리'는 누구인가와 같은 질문들 말이다.

가령 화자가 청자에게 이렇게 말한 맥락이 다음과 같다고 해 보자. '2023년 11월 28일 낮 1시라는 시간에 화자 철수가 청자 수민이 시끄럽게 떠들자 메리라는 이름을 가진 고양이가 자고 있음을 전달해 주며 청자가 조용히 했으면 좋겠다는 의도를 전달한다.' 이런 상황에서 '메리가 잔다'라는 말은 '조용히 해 달라'는 요청의 다른 말이다.

5. 화시(deixis)

화시 현상이 무엇인지 알아보자. 형식 의미론에 따르면 '철수가 대학생이다'라는 문장은 '철수'라는 이름으로 지칭되는 대상이 있고 대학생인 사람들의 집합에 '철수'가 포함된다는 것을 의미한다. 여기 '철수'는 고유 명사에 해당하는데 고유 명사는 이름을 가리킨다. 그렇다면 '철수'라는 고유 명사를 '나'나 '저 사람'과 같은 지칭 표현으로 바꿔 보자.

예   나는 대학생이다./저 사람은 대학생이다.

위에서 '나', '저 사람'은 누구를 가리키는가? 이를 확인하려면 적어도 문자적 의미 이상의 의미를 살펴야 한다. 이들은 고정된 지시를 가지지 못하고 발화 장면을 구성하는 어떤 것을 가리키기 때문에 발화 맥락을 고려하지 않는 문장 의미론에서는 다룰 수 없다.

'나', '저' 등의 형식이 가지는 지시 기능을 화시 혹은 직시(deixis)라고 한다. 화시란 가리킴을 뜻하는 그리스어에서 유래한 것으로 어떤 문법적 형식이나 어휘의 지시가 발화 맥락에 의존하여 가변적으로 이루어지는 현상을 일컫는다. 일반적으로 화자는 발화 장면의 모든 것을 자신의 관점에서 이해하고 따라가기 마련이다. 즉 화자는 발화 맥락의 시공간적 좌표의 원점에 위치하는데 이를 화시적 중심이라고 한다. 화시적 중심은 발화 맥락을 구성하는 요소 가운데 화자, 지금, 여기로 구성되며 화시적 기능을 가지는 언어 형식들은 바로 이 화시적 중심을 기준으로 그 지시를 확인하게 된다.

화시 범주에서 주로 다루어져 왔던 내용은 다음과 같다.

1) 인칭 지시

인칭 지시는 대화 참여자들의 역할을 기호화하는 것과 관련되는데, 발화에 참여하고 있는 참여자들을 확인하여 해석하는 현상과 같다. 일반적으로 대화가 이루어지는 상황에서 필수적인 사람은 화자와 청자이다. 인칭 직시는 대화 참여자의 역할을 지시하는 것으로, 복수(plurality)와 성(gender)에 기반을 둔 인칭 대명사에 의해 주로 이루어진다. 인칭은 '담화 상황에 참여하는 사람의 역할에 따른 구분'이라고 할 수 있다.

*인칭의 기본적인 문법 범주
① 1인칭 화자 포함(+speaker): 나, 우리, 저, 저희
② 2인칭 청자 포함(+addressee): 너, 너희, 당신
③ 3인칭 화자와 청자 제외(-speaker, -addressee): 그, 그녀

한국어의 인칭 대명사 체계가 세 인칭 언어인지 두 인칭 언어인지 생각해 볼 필요가 있다. 한국어의 인칭 대명사는 인칭에 더해 수와 존경 여부를 표현한다. 1인칭에서 '나, 우리, 저(낮춤형), 저희(낮춤형)'를 보면 1인칭 대명사는 단수/복수, 청자에 대한 존경 표시로 화자를 낮추는 겸손 자질을 반영하고 있다. 2인칭에서 '너, 너희, 당신, 그대, 자네' 등도 단/복수 여부, 청자에 대한 존대 여부를 반영한다. 3인칭의 '그, 그녀'는 20세기 초부터 사용되기 시작하였는데 현대국어에서는 잘 쓰이지 않는다. 한국어에서 '그, 그녀'는 특정 장르(문어)에서만 쓰인다. 즉 국어의 인칭 대명사가 '성'을 적극적으로 반영하지는 않는 듯하다.

다음으로 한국어의 '우리'에 대해 더 자세히 알아보자. 아래 여러 예를 통해 '우리'의 기능을 확인해 보자.

예   이 길이 우리가 나아갈 길이다.

       선생님, 우리 과 경쟁률이 제일 높대요.

       우리 학교 교정은 예쁘다.

위에서 '우리'는 화자 자신과 청자를 포함한 2인 또는 여러 사람을 가리키는 복수의 일인칭 대명사이다.

예 우리 먼저 나간다. 수고해라.

　우리가 당신한테 무슨 잘못을 했다고 이러세요?

위에서는 '우리'가 화자가 자기보다 높지 않은 청자에게 자기를 포함한 여러 사람(청자 제외)을 지칭하는 복수의 일인칭 대명사로 쓰였다.

예 이 사진이 우리 엄마 사진이야.

　우리 마누라가 데리러 와서요.

　우리 학교 교정은 넓지는 않지만 깨끗하다.

위에서는 어떠한가? '우리'가 복수가 아니라 단수에 해당한다. 위에서 '우리'는 '우리들'로 바꿔 쓸 수 없다는 것에서도 그 사실을 확인할 수 있다. '나의 엄마', '나의 마누라', '나의 학교'로 해석되어 단수 해석이 도출된다.

예 (노래자랑 TV에서 사회자가 나이가 많은 여성 출연자에게)

　우리 어머니께선 오늘 무슨 노래를 준비하셨어요?

위의 예에서도 '우리'를 통해 피수식어에 대한 화자의 친근감을 드러내 복수의 뜻으로 해석되지는 않는다. 따라서 '우리'가 친근감을 뜻하는 표현으로 굳어졌을 가능성도 고려할 수 있다.

2) 장소 지시

이제 장소 직시 표현에 대해 생각해 보자. 장소 직시 표현들은 지시물에 대한 화자의 상대적 거리감을 표현한다.

예 이 옷 어때?

　그 옷 너한테 참 잘 어울린다.

　저 옷 우리가 어제 사려고 했던 옷 맞지?

위의 예에서 '이 옷'은 화자가 입고 있거나 화자 옆에 있는 옷을 가리켜 화자 근칭을 의미한다. 그리고 '그 옷'은 청자가 입고 있는 옷, 청자와 가까이에 있는 옷을 가리켜 청자 근칭이다. '저 옷'은 화자와 청자에게 가까이 있지 않은 어떤 옷을 가리키며 '화·청자 원칭'을 나타낸다. 따라서 장소 지시 표현은 발화 공간을 3분한 체계를 형성한다.

예 전에 만났던 그곳 알지? 내일 거기서 만나자./그래 거기서 보자.

　나는 그 노인을 다시 찾아가 사과해야겠다고 생각했어.

　여보 그 사람(*이 사람, *저 사람)이 내일 온대./그래? 몇 시에 온대?

그러면 위의 예에서는 어떠한가? '거기서'나 '그'는 위에서 청자 근칭으로는 설명되지 않는다. 위에서 '그'는 화자가 장소나 사람에 대해 판단한 거리감이 멀다는 것을 나타내지 않는다. 위의 예들에서는 '그'와 같은 표현들이 지시 대상을 청자도 이미 알고 있다고 화자가 생각하는 것을 지시한다.

3) 시간 지시

시간 지시 표현은 '아침', '7시'라는 어휘 표현에 의해서도 나타나고 '-었-'과 같은 문법 표현에 의해서도 드러난다. 가령 '나는 아침 7시에 일어났다'라는 문장에서 '아침, 7시 -었-'은 시간을 지시한다. 화자는 발화 공간을 자신의 위치를 중심으로 분할하였던 것과 마찬가지로 시간이라는 추상적인 개념도 자신을 중심으로 분할하여 지시한다. 그래서 이때 기준이 되는 것은 화자 자신이 발화한 시간, 발화시가 된다. '지금, 아까, 나중에' 등도 발화시와의 관계에 의해 사건시의 위치를 나타내는 형식들이다.

II. 화행

1. 화행(언어 행위)

'말은 곧 화행이다'라는 말이 있다. 어떤 말은 단순히 말하기로 그치는 것이 아니라 일종의 행동인 것이다. 화행은 말하는 것은 곧 행동하는 것이라는 걸 뜻한다. 즉 언어 행위와 같은 말이다. 여러분은 오늘 타인과의 의사소통 과정에서 말을 통해 어떤 일들을 했는가? 떠올려 보자. 예를 들어 '고등어구이하고 제육볶음이요'라는 말은 무엇을 행하는가? 화자는 이를 말함으로써 청자에게 주문(요청)을 하고 있는 것이다. 그리고 '어린 애들도 이렇게는 쓰겠다!'라는 말은 어떠한가? 화자는 이를 말함으로써 청자를 모욕(insulting)하고 있다.

> 예   오늘은 11월 30일이다./물 한 잔 주세요.

위의 예를 보자. 전자와 후자의 차이는 무엇인가? 전자는 단순히 사실을 기술하지만, 후자는 요청이라는 화행을 실현한다.

예를 들어 '한 번만 더 결석하면 F임을 경고합니다'는 경고문이고 '세상에 좋은 영향을 줄 수 있는 가수가 될 것을 약속합니다'는 약속 행위를 한다. 우리는 이런 문장을 수행문이라고 한다. 언어마다 인간의 행위를 표현하는 동사는 매우 많다. 이와 비교하여 '교수님은 내가 한 번만 더 결석하면 F라고 경고했다'라는 문장이나 '나는 세상에 좋은 영향이 될 수 있는 가수가 되겠다고 말했다'는 진술문이다. 그런데 진술문과 수행문을 구별하지 않고 이들 모두 화행으로 보기도 하는데, 진술문도 정보 전달 행위로 분석하는 것이다. 그런 경우 모든 말은 화행으로 통한다고 본다.

2. 한국어의 문장 유형과 화행

한국어의 문장 유형별로 어떠한 화행이 실현되는지 알아보자.

> 예   오늘은 11월 30일이다.(평서문)
> 벌써 12월이구나.(감탄문)
> 오늘이 1월 며칠이니?(의문문)
> 이리 와서 밥 먹어라.(명령문)
> 이제 그만하려무나.(허락문)

그러다 다칠라.(경계문)

우리 같이 가자.(청유문)

내일 꼭 가마.(약속문)

위는 한국어의 문장 유형들을 나열한 것이다. 이를 살펴보기 위하여 한국어의 문장 유형에 대해서 먼저 알아보자. 한국어의 문장 유형은 무엇이 결정하는가? 바로 한국어의 종결 어미이다. 종결 어미는 문장 맨 마지막에 오는 어미이다. 종결 어미가 하는 기능은 여러 개가 있다. 먼저 문장을 끝맺는 종결 기능이다. 둘째, 상대 경어법(공손법)을 나타낸다. 셋째, 화자의 태도(양태)를 나타낸다. 넷째, 문장 유형이 무엇인지 드러낸다.

예를 들어 문장이 '-다'로 끝났다면 이는 평서문을 형성한다. 그런데 평서문은 평서의 기능만 하는가? 그렇지 않다. 아래 예를 보자.

예　**가.** 오와 정말 아름답다.(감탄)

　　나. 한 사람도 빠짐없이 운동장으로 모인다.(명령)

　　다. 조심해 넘어진다.(경계)

　　라. 걱정 마. 이번에는 무슨 일이 있어도 약속 지킨다.(약속)

　　마. 문제를 다 푼 사람은 나가도 좋다.(허락)

위의 예는 평서형 종결 어미 '-다'가 여러 의미로 해석되는 것을 보여 준다. 즉 문장 형식과 기능의 대응 양상이 '다: 다'의 관계를 지니는 것이다. 형식은 종결 어미이고, 기능이 문장종결법이라고 한다면 다양한 형식이 다양한 문장종결법을 표현할 수 있는 것이다. 문장 종결 어법의 종류는 나누는 기준에 따라 여러 개가 될 수 있는데, '설명법, 감탄법, 의문법, 약속법, 허락법, 경계법, 명령법, 공동법' 등이 있다. 이러한 문장 종결법은 화행(speech act)과 같은 말로 해석할 수 있다. 따라서 설명법은 설명 화행과 같이 바꿔 말해도 된다. 그렇다면 화행은 종결 어미로 표현되는데, 동일한 화행도 서로 다른 표현들로 나타난다.

예　**가.** 창문 닫아라.

　　나. 아, 너무 추운데요…

　　다. 여러분 날씨가 너무 춥지 않아요?

　　라. 누가 창문 좀 닫아 줄래요?

　　마. 이러다 감기 걸릴 것 같아요.

　　바. 등

(가)~(마)는 서로 다른 표현이지만 모두 창문을 닫아 달라는 요청 행위를 하고 있다. 그렇다면 직접적으로 요청하는 것은 무엇인가? (가)이다. 이를 직접 화행(direct speech acts)이라고 한다. 특정 언어 형식이 관습적으로 나타내는 특정 행위가 있을 때 우리는 그것을 직접 화행이라고 한다. 가령 의문형 종결 어미 '-냐'나 '-니'는 관습적으로 질문 화행을 실현하고 위에서 '-어라'는 명령을 실현한다.

이와 달리 (나)~(마)는 간접 화행(indirect speech acts)을 실현한다. 간접 화행은 특정 언어 형식이 관습적으로 나타내는 화행 외에 맥락에 따라 다른 화행이 나타나는 경우를 말한다. 예를 들어 의문형 종결 어미가 쓰인 문장이 의심 화행 등을 나타낼 수 있고 평서형 종결 어미는 명령, 소망 화행 등을 나타낼 수 있는 것이다.

따라서 직접 화행은 형식을 통해 예측이 가능한 반면 간접 화행은 맥락에 따라 추론해야 한다.

그럼 아래 예문에서 같은 문장도 맥락에 따라 서로 다른 화행을 실현하는 것을 확인해 보자.

예   우리 내일 같이 밥 먹을까?

식당 무료 이용권 누구 줄까?

우리 뭐 할까?

가. 철수가 내일 시간이 있대.(거절)

나. 철수가 내일 시간이 있대.(정보 제공)

다. 철수가 내일 시간이 있대.(제안)

위에서 '철수가 내일 시간이 있대'는 같은 언어 표현이지만 (가)에 대한 대답으로 쓰이면 '거절'을 하는 것이고 (나)의 대답이면 '정보 제공', (다)의 대답이면 '제안'을 하는 것이다.

3. 화행(언어 행위)의 층위

화행은 세 층위로 나눌 수 있다.

1) 발화 행위(locutionary act)

먼저 발화 행위는 "부엌에 설거지할 게 많다"라는 문장 자체를 소리 내 말하는 것이다.

2) 발화 수반 행위(illocutionary act)

발화 수반 행위는 단순 의견을 나타내거나 설거지를 요청하는 것으로 발화를 통해 화자가 전달하고자 하는 의도이다.

3) 발화 효과 행위(perlocutionary act)

발화 효과 행위는 발화로 인해 실제로 얻어지는 반응이다. 가령 청자가 "응 내가 할게"라고 한다면 이것이 발화 효과 행위가 된다.

4. 화행(언어 행위)의 유형

화행은 몇 종류나 있을까?

물론 언표내적 화행의 종류에 대하여는 다양한 견해들이 있었다. Austin(1962)에서 '판정', '행사', '약속', '행태', '평서'의

5가지를 지적한 이래 많게는 Verschueren(1977)이 제안하고 있는 173종류에 이르기까지 다양하다.

학자마다 언어 행위의 분류 방식은 다른데 오스틴과 같은 학자는 가급적 포괄적인 적은 수의 범주만을 설정하여 이 안에 모든 언어 행위를 다 집어넣으려고 하는 예도 있고, 보다 세분해서 500~600개나 되는 언어 행위의 범주를 설정하는 사람도 있다. 버슈어렌(1980: 4)은 "언어는 물리적, 생물학적 현실보다 분명히 덜 복잡하다. 생물학자들에 의하면 3만 종의 거미와 25만 종의 딱정벌레가 있다고 한다. 언어 학자들이 생물학자들처럼 끈기 있게 분류를 계속한다면 전체 동물 왕국에서 천문학적 숫자에 육박하는 언어 행위의 집합을 얻어낼 수 있을 것"이라고 다소 냉소적으로 말하고 있다.

5. 화행(언어 행위)의 성립 조건

1) 적정성 조건(felicity condition)
언어 행위에 사용되는 발화는 그것이 의사소통에서 제대로 된 발화로 인정받기 위해서 충족되어야 할 조건들이 있는데 이를 적정성 조건이라고 한다. 가령 "나는 너에게 내일 태어날 것을 명령한다"는 적정한가? 제대로 된 발화가 아니다. 왜냐하면 명령이 명령답기 위한 조건을 갖추고 있지 않기 때문이다.

적정성 조건에는 명제 내용 조건, 예비 조건, 성실 조건, 본질적 조건이 있다.

(1) 명제 내용 조건(propositional content condition)
이는 발화의 사건 부분에 표현된 의미로서 화자와 청자 가운데 누구의 행동으로 나타나는가, 어느 시점의 행동인가를 나타낸다. 가령 요청이라면 '사건이 청자의 미래 행위'여야 하며, 화자가 청자에게 요청한 일은 발화 시점 이후에 일어날 일이라는 것이 명제 내용 조건에 해당한다.

따라서 '내일 아침에는 일찍 와 줘'라는 문장이 요청의 명제 내용 조건을 잘 갖춘 문장이라면 '#어제 일찍 와줘'는 미래 행위가 아니므로 적절하지 않다.

(2) 예비 조건(preparatory condition)
행위를 수행하기 위해 갖추어야 하는 상황 조건 및 화자와 청자에게 필요한 선행 조건이다. 이것이 충족되지 못하면 행위의 수행 자체가 일어날 수 없고 행동이 공허한 것이 된다. 예를 들어 명령 행위를 수행하는 사람은 그것을 할 수 있는 권력을 가지고 있어야 한다.

요청의 경우 가. 화자는 청자가 미래 행위를 할 수 있다고 믿고, 청자는 그 행위를 할 능력이 있어야 한다. 그리고 나. 이를 요청하지 않으면 청자가 그 행위를 할 것인지 분명하지 않아야 한다.

예를 들어, '설거지 좀 해 줘'는 적절한데 '??하늘에 있는 별 좀 따다 줘'는 적절한 요청이라고 보기 어렵고 다른 의도가 들어 있는 것으로 해석된다.

(3) 성실 조건(sincerity condition)

성실 조건은 발화수반력이 나타나기 위한 화자의 심리적 상태에 대한 조건이다. 예를 들어 감사 화행에서 화자는 감사의 마음을 가져야 하고 약속 화행에서 화자는 미래 행위를 수행하려는 진지한 의사를 가져야 한다.

요청에서 화자는 청자가 미래 행위를 하기를 진심으로 원해야 한다. 그래서 '설거지 좀 해 줘 난 너가 해줬으면 해'는 자연스러운데, '#설거지 좀 해 줘. 그런데 나는 너가 안 해 줬으면 해'는 이상하다.

(4) 본질 조건(essential condition)

본질 조건은 핵심 발화 수반 행위를 정의하는 규칙이다. 즉 관습적으로 해당 화행이 어떻게 간주되는지를 명시한다. 요청의 경우, 청자가 어떤 미래 행위를 하게끔 하려는 시도로 간주된다.

이상에서 살펴본 적정성 조건은 모든 문화와 상황에서 보편적이고 일률적으로 적용되는가? 그렇지 않다. 적정성 조건은 언어 행위의 종류에 따라 그 내용이 달라지며 화자와 청자가 속한 사회의 제도나 법, 문화에 의해 영향을 받는다. 예를 들어 서양의 법 문화에서는 "I sentence you to death"라는 선언 행위는 선고를 내릴 수 있는 권한, 자격이 있는 판사가 사형이라는 중형의 선고를 받을 정도로 중범죄를 저지른 피고인에게 법정에서 그런 선고를 받는다는 사실을 인지할 수 있도록 발화할 때에만 적정한 언어 행위가 된다.

6. 화행(언어 행위)과 공손성 이론

우리는 같은 의도를 다양한 언어 표현을 통해 나타내는데 왜 그러한가? 예를 들어 '집에 쌀이 다 떨어졌다'는 직접 화행은 단언인데 간접 화행은 명령이다. 이면의 의도는 '쌀 좀 사 와'라는 것이다.

이는 직접적인 명령을 피함으로써 체면 위협 행위(FTA)를 방지하는 것이다. 이는 공손성 이론에서 설명하는 것인데, 대화의 목적은 체면 유지에 있다고 보고 언어의 공손 현상을 체념 개념으로 설명하는 것이다. 체면이란 '모든 사람이 스스로 내세우려 하는 공적 자아'를 말한다.

III. 대화의 원리와 격률

1. 함축(implicature)

함축이란 어떤 발화(문장)에 직접 나타나 있지는 않지만 합리적인 추론을 할 수 있는 사람이라면 그 발화로부터 파악할 수 있는 의미이다. 아래 예를 보자.

> **예** 승민: 저기… 근데… 누구…?
>
> 서연: 나 몰라?… 세요?
>
> 승민:…?
>
> 서연: 저기… 옛날에… 대학교 1학년 때… 양서연.
>
> 승민: 아아~~ 맞네. 맞네. 음대. 사는 데는?

서연: 개포동.

승민: 결혼은?

서연: 3년 전. 너 호구 조사 나왔니?

〈건축학개론 영화 대사 중에서〉

위의 예에서 '너 호구 조사 나왔니?'는 화자가 진심으로 궁금해서 묻는 말이 아니다. 이는 상대방이 너무 개인적인 질문을 많이 물어보니 그만 물어보라는 요청을 간접적으로 표현한 것이다. 이처럼 언어 표현은 직접적인 표현 외에 숨은 의도가 있는데, 이런 것을 함축 의미라고 한다.

아래 예를 보자.

예 손님: 이 집은 왜 이렇게 벌레가 많죠?

주인: 여기가 서울하고 같다고 생각하세요?

위의 예에서 손님과 주인이 말한 것의 의미론적 의미와 화용론적 의미는 아래와 같다.

〈의미론적 의미〉

손님: 이 집에 벌레가 많은 이유에 대해 알고 싶다.

주인: 상대방이 이곳이 서울하고 같다고 생각하는지 궁금하다.

〈화용론적 의미=의도한바〉

손님: 이 집에 벌레가 너무 많다. 깎아 달라.

주인: 여기는 서울이 아닌 시골이라서 어쩔 수 없다. 깎아줄 수 없다.

다음 예는 어떠한가? 아래 예를 두 가지 상황에서 어떤 의미를 가졌을지 나누어 생각해 보자.

예 "이 학생은 글씨를 아주 예쁘게 잘 씁니다"

초등학교 선생님이 학생 기록부에 썼다면?

철학과 지도 교수님이 철학과 제자의 취업을 위한 추천서에 썼다면?

초등학교 선생님이 학생 기록부에 위와 같이 썼다면 상황에 적절한 표현으로 문자 그대로의 의미로 해석될 것이다. 하지만 철학과 지도 교수님이 철학과 제자의 취업 추천서에 위와 같이 썼다면 상황 맥락에 적절하지 않다. 따라서 교수님의 또 다른 의도가 함축되어 있다고 봐야 하는데, 아마도 그것은 이 학생은 취업할 자격이 충분하지 않다는 것이 된다. 이런 현상은 같은 문장이 다른 상황에서 다른 의미를 가질 수도 있다는 것을 보여 준다.

인간에게는 겉으로 직접 드러내지 않고서도 무언가 메시지를 전달할 수 있는 기제가 있는데 겉으로 드러난 말의 뜻과 속으로 전달할 수 있는 뜻 사이에는 차이가 있을 수 있는 것이다. 제한된 언어 기호로 무한히 확장되는 사고의 외연에 대응하기 위한 장치라고 할 수 있다.

어떤 문장에 직접 나타나 있지는 않지만, 합리적으로 추론을 할 수 있는 사람이라면 그 발화로부터 생각해 낼 수 있는 의미 내용을 그 발화의 '함축(implicature)'이라고 한다.

함축 의미의 특징은 다음과 같다.

① 문장에 직접 언급되지 않음
② 문장의 진리값을 좌우하는 진리 조건과는 관련이 없음
③ 문장에서 추론해 낼 수 있음
④ 특정 어휘나 표현에 고정적이지 않음
⑤ 대화 맥락을 고려해야 함

2. 대화의 원리(conversational principle)

대화의 원리는 그라이스에 의해 제안되었다. 그라이스(1975)에 따르면 우리가 실제 대화를 할 때에는 아무런 체계도 없이 무작위로 말을 주고받는 것이 아니라 보편적인 원리 하에서 의사소통이 일어난다. 이처럼 대화를 지배하는 것은 연역/귀납 논리와 구별되는 대화의 원리이다.

의사소통 과정에 참여하는 대화자들은 기본적으로 합리적 존재라는 가정하에 가장 상위의 원리로서 협조의 원리를 상정한다. 즉 합리적인 생각을 하는 사람이라면, 보통의 경우 목적이나 방향에 합당한 말을 해야 한다. 대화를 할 때 목적이 서로를 속이거나 사실을 감추는 데 있지 않고, 서로의 정보를 교환하거나 감정을 나누는 데 있다면 그런 목적에 맞게끔 말을 해야 한다는 것이다.

그렇다면 어떻게 말을 해야 대화의 목적에 합당한 말을 하는 것일까? 이는 대화의 격률(maxim)과 관련이 있다.

1) 질의 격률

질의 격률은 대화에서 기여하는 몫이 진실된 것이 되도록 하라는 것이다. 이는 다시 둘로 나뉜다.

① 거짓이라고 믿는 것을 말하지 마시오.
② 충분한 증거가 없는 것은 말하지 마시오.

예를 들어 철수가 '오늘 밤 영화관에서 하는 영화가 뭐야?'라고 물어본다면 어떻게 대답해야 하나? 사실에 근거해서 대답해야 한다.

2) 양의 격률

양의 격률은 두 가지로 나누어지는데 다음과 같다.

① 당신이 기여하는 몫이 대화의 현재 목적을 위해 필요한 만큼 충분히 제보적이게 하시오.
② 당신이 기여하는 몫을 필요 이상으로 제보적이 되지 않도록 하시오.

따라서 이에 따르면 '오늘 밤 영화관에서 하는 영화가 뭐야?'라는 질문에 전 세계에서 진행하고 있는 영화 제목을 말하지는 않을 것이다.

3) 관계의 격률
관계의 격률은 대화 상황에 적합한, 연관성이 있는 발화를 하라는 것이다. 그래서 연관성이 없는 발화는 하면 안 된다. 위의 예에 대답을 할 때 영화를 대답해야지, 내가 읽었던 책에 대해 이야기하면 안 되는 것이다.

4) 양태의 격률
양태의 격률은 명료하게 말하라는 것이다. 구체적으로는 이러한 규율로 나누어진다.

① 표현의 애매성을 피하시오. ② 중의성을 피하시오. ③ 간결하게 하시오. ④ 순서대로 하시오.

예   철수: 오늘 밤 영화관에서 하는 영화가 뭐야?
　　나: 신촌 영화관에 영화 포스터들만 걸려 있어.

철수는 '신촌 영화관에서 그럼 영화는 안 하는 거야?'라고 되물을 것이다.

3. 대화의 격률과 함축
그렇다면 보통 사람들이 항상 대화의 격률들을 완벽하게 준수하며 말하나요? 의식적으로 또는 무의식적으로 우리는 대화의 격률을 지키지 않고 있다. 대화의 격률을 하나 또는 하나 이상 지키지 않았을 때 함축 의미가 발생한다. 또는 격률을 지킬 것이라고 가정함으로써 얻어지는 함축 의미도 있다. 위에서 살펴봤던 예를 다시 가져와 보자.

예   "이 학생은 글씨를 아주 예쁘게 잘 씁니다."

이 예문을 철학과 학생 추천을 위한 추천서에 지도 교수가 썼다고 해 보자. 이는 두 가지 격률을 위배한다. 하나는 양의 격률이고 또 다른 하나는 관계의 격률이다. 이를 통해 함축하는 의미는 이 학생은 취업하기 적절하지 않다는 것이다. 그럼 아래 사진에서 빨간색 표시가 된 부분은 어떠한가?

지하철에서 흔히 볼 수 있는 문구인데 위의 문장에는 다른 칸에 대한 정보가 없으므로 양의 격률을 위배하고 있다. '다른 칸은 약냉난방이 아닌 칸도 있습니다'라는 함축 의미가 전달되고 있다.

이를 보면 격률의 적용이 단순히 개인과 개인 사이의 사적 대화뿐만 아니라 개인과 단체, 단체와 단체 사이의 공적 의사소통에서도 이루어지고 있음을 알 수 있다.

다음은 격률을 위반(violation a maxim)한 경우의 예들이다. 어떤 격률을 위반했는지 생각해 보자.

예   A: 철수가 밧줄도 없이 돌산을 올라갔어.

　　　B: 철수는 스파이더맨이야.

　　　A: 여보, 나 어때?

　　　B: 자기는 하늘에서 내려온 천사야.

　　　A: 미국이 미사일 공격을 받으면 어떻게 하지?

　　　B: 걱정 마. 걔네는 람보도 있고 슈퍼맨도 있고 원더우먼도 있잖아.

　　　A: 어제 숙제하느라 힘들었지?

　　　B: 말도 마. 완전 지옥까지 갔다 왔어.

위의 예에서는 질의 격률을 위반하고 있다.

예   가. A: 철수는 어디 사니?

　　　　　B: 철수는 지구에 살아.

　　　나. A: (오랜만에 만난 대학 동기에게) 너 요즘 어디 살아?

　　　　　B: 신수동 산 12번기 9통 3반 대성복덕방 옆 골목 황금빌라 101 호가 우리 집이야.

양의 격률을 위반하고 있다. 너무 적게 말하거나 너무 많이 말하는 것이다.

예   가. A: 너는 철수가 거짓말하고 있는 것 같지 않아?

　　　　　B: 나 지금 잘 시간이야.

　　　나. A: (파출소에 자수하러 온 도둑이)제가 도둑인데요. 도둑이라고요.

　　　　　B: 그래, 난 네 엄마다.

관계의 격률을 위반하고 있다. 즉 A의 발화에 B는 적절성이 없는 대답을 하고 있다. 그러나 그런 대답을 통해 자신의 의도를 효과적으로 전달하고 있다.

예   환자 보호자: 수술은 잘 되었는지요?

　　　의사: 글쎄요, 뭐 절대 불가능이란 건 없으니까요. 한 삼사일, 아니면 일주일도 갈 수 있고 뭐 더 나쁘면 한 두어 달 깨어나지 못할 수도 있지요. 현재 의학이 발달했다지만 아직도 극복해야 할 점이 많습니다.

양태의 격률을 위반하며 애매모호한 대답을 하고 있다. 이는 환자 보호자의 감정을 보살피기 위한 의도로 해석할 수 있다.

IV. 한국어의 지시 표현과 화시 현상

1. 지시 표현

우리는 대화 상황에서 맥락 속의 지시물을 지칭하기 위해 여러 언어 표현을 활용한다. 예를 들어 화자가 화자와 청자로부터 모두 멀리 있는 고양이를 가리키고 싶다면, '이 고양이'가 아니라 '저 고양이'라고 할 것이다. 이때 '이'나 '저'는 지시 표현 중 하나이다. 맥락 속의 지시물을 가리킬 수 있는 언어 표현에는 먼저 고유 명사가 있다. 그리고 화시 표현(직시 표현)이라 하는 것이 있는데 위에서 언급한 '이/저/그 고양이'가 여기에 해당한다. 세 번째는 조응어 혹은 대용 표현이라고 하는 것인데, 이는 '어제 옛 친구를 만났는데 이 친구는 학창 시절 나와 단짝이었어'라는 문장에서 '이 친구'에 해당한다. '이 친구'는 앞에 나온 '옛 친구'에 대응된다.

지시 표현은 발화 시간, 담화 참여자, 발화 장소에 대한 정보가 없다면 적절한 의미를 해석하기 어려운 것들이다. 그래서 화시(직시) 표현은 맥락에 의존하여 해석된다.

한국어의 지시어에는 '이, 그, 저'가 있다. 아래 예를 살펴보자.

> **예** 손님: 기사님, 여기(이곳)에서 세워 주세요.
>
> 기사: 예? 진작 말씀하셔야죠.

> **예** 이거 거기다 놔요.
>
> (가슴에 손을 얹어 본인을 가리키며) 이 사람 좀 믿어 주세요.

> **예** 에구머니, 저를 어째.
>
> 난 저처럼 아름다운 모습을 본 적이 없어.

> **예** 기사: (요금을 안 내고 내린 손님에게) 너 거기(그곳) 서!
>
> 그거 여기다 놔요.

위의 예문들에서 지시어를 해석할 때 중심이 되는 것은 주로 '여기, 현재, 화자'이다. 즉 화자는 판단자가 되어 지시물에 대해 판단한 화자의 거리감을 표현한다.

지시어는 크게 세 가지로 나누어진다. 화자 근칭, 화자와 청자 원칭, 청자 근칭이다. 이에 따르면 한국어의 지시어는 물리적인 원근 개념이 적용되어 분화된다. 이러한 지시어를 현장 또는 상황 지시어라고 한다. 그런데 예문을 살펴보다 보면 한국어의 지시어 중 물리적인 원근감이 적용되지 않고 현장(상황) 지시어로 설명되지 않는 경우도 있다.

> **예** 연수: 전에 만났던 그곳 알지? 우리 내일 거기서 만나자.
>
> 수지: 그래, 거기서 보자.

> **예** 나는 그 노인을 다시 찾아가 사과해야겠다.

위의 예문들에서 '그'는 화자가 장소나 사람에 대해 판단한 거리감이 멀다는 것을 나타내지 않는다. 다만 지시 대상을 청자도 알고 있다고 화자가 생각하는 것을 지시한다. 이처럼 화자의 인지 개념 속에 있는 지시 대상을 표현한 것을 '개념 지시어'라고 한다. 아래 예에서 개념 지시어로 사용되는 '그'에 대해 살펴보자.

예 **가.** A: 여보 그 사람(*이 사람, *저 사람)이 내일 여기 온대.

　　　　B: 그래? 몇 시에 온대?

　　나. A: (청자가 알고 있다고 가정하며) 너 그거(*이거, *저거) 이리 내놔.

　　　　B: 그게 뭔데?

위에서 '그'는 '이'나 '저'보다 발화 현장에 있는 대상을 지시하지 않고 개념을 지시하는 데 활발하게 쓰인다. 특히 청자가 이미 알고 있다고 가정하는 대상을 지시한다.

한편 한국어에서 '그'는 청자 중심의 사고를 보여 주기도 한다. 아래 예를 보자.

예 **가.** A: 우리 영화나 보러 갈까?

　　　　B: *이럴까? *저럴까? 그럴까?

　　나. A: 자네는 유학생인가?

　　　　B: 네, *이렇습니다, *저렇습니다, 그렇습니다.

위의 예에서 (가B)는 '그'가 사용된 표현만 쓸 수 있다. 특히 (나B)에서 화자는 자신의 의견이나 신분을 이야기할 때에도 청자 근칭의 '그'를 사용하였다. 이는 화자가 청자를 고려하여 표현하는 것을 보여 준다. 이는 청자 중심의 문화를 반영한다. 다음으로 '저'는 관습적으로 사용되는 경우도 있다.

예 (가게에서 종업원을 부를 때) 여기요, 저기요, *거기요.

　　(처음 보는 사람에게 말을 걸 때) ?여기요, 저기요, *거기요.

위는 화자 중심, 청자 중심적인 사고가 아니라 '저기요'를 사용함으로써 중립적 거리감을 나타낸다. 즉 '저기'를 사용함으로써 상대방의 주의를 환기하는 것이다.

다음의 예에서는 담화나 문장 텍스트에 제시된 동일 대상을, '이, 그, 저'로 지시하는 것을 확인할 수 있다. 이들은 (언어) 문맥 지시어 혹은 조응어, 대용 표현이라고도 한다.

예 사람들은 내가 일본어를 잘 한다고 생각하는데 사실은 그렇지 않다.

　　그가 제시하는 조건은 이렇다. 첫째, 외국 출장을 가야 한다. 둘째,…

　　날씨가 점점 이상해지고 있다. 이것이 우리 사회에 큰 영향을 준다.

　　바다가 오염되고 있다. 그뿐만이 아니다.

한국어의 지시 표현을 정리하면 다음과 같다.

지시	현장(상황) 지시: 이, 그, 저
	개념 지시: 그
	언어 문맥 지시: 이, 그

* 한국어 지시 표현 '그렇게'

한국어 부사 '그렇게'는 어떤 특성을 가지고 있는가?

예1　가. (영희가 철수에게) 철수야, 그렇게 서 있지 마.

　　　나. 철수가 빨리 달렸다. 영희도 그렇게 달렸다.

위에서 '그렇게'는 상황을 지시하며 언어 문맥을 지시한다.

예2　가. 한국의 작년 여름은 그렇게 더울 수 없었다.

　　　나. 올겨울은 그렇게 추울 거래.

　　　다. A: 난 철수가 너무 좋아.

　　　　　B: (이해 못 한다는 듯) 철수가 뭐가 그렇게 좋냐?

　위에서 '그렇게'가 쓰였는데 (예2)에서는 어떤 의미를 지니고 있는가? 이때 '그렇게'는 '아주/매우/너무/꽤/몹시'와 같은 정도 부사로 해석된다. 즉 형용사나 심리 동사를 수식하여 '영희는 철수가 아주 좋대'와 같은 문장에 쓰인 '아주'와 유사한 기능을 한다. 하지만 '그렇게'가 이러한 정도 부사와 완전히 동일하다고 보기는 어렵다. 왜냐하면 '아주/매우' 등과 달리 '그렇게'는 동작 동사도 수식할 수 있기 때문이다. 또한 '아주/매우' 등과 달리 '까지'와 같은 보조사가 결합하여 '너는 치킨이 그렇게까지 좋니?'가 가능하다.

　한편 부사 '그렇게'는 '철수는 영희를 보러 영희 교실에 그렇게 간다고 한다'에서처럼 상황을 지시하기도 한다. 그런데 이때 '그렇게'는 단순 상황을 지시하는 것이 아니라 화자가 상정한 어떤 척도에서 비한정적이지만 임의의 끝점을 가리킨다. 즉 척도상 가장 마지막 단계에 있는 끝점을 '그렇게'를 통해 나타내는 것이다. 위의 예에서 '그렇게'는 '철수가 영희를 보러 가는 횟수'가 정말 많다고 화자가 느꼈다는 것을 표현하며, 그 '많은' 척도를 가리킨다. 이러한 '그렇게'의 기능을 '척도의 끝점을 지시하는 것'이라고 정리할 수 있다. 이러한 예로는 '그가 그렇게까지 자신만만한 이유는 뭘까'와 같은 예에서도 확인된다.

2. 장소 직시(place deixis)

　여기서는 '가다', '오다'의 의미 해석에 대해 살펴본다. 이를 해석하기 위해 장소 이동의 기준점을 먼저 파악해야 한다. 또한 한국어 '가다', '오다'는 영어의 'go' 'come'과 어떻게 다른가? 영어에서는 'I'm coming'이라고 표현하지만, 한국어로는

'내가 곧 갈게'로 표현하지, '내가 곧 올게'라고 쓰지는 않는다.

> **예**   나는 어제 여기 {왔어, *갔어}/나는 어제 거기 {*왔어, 갔어}

위의 예문에서 '오다'는 화자가 발화시에 존재하는 위치인 '여기'로의 이동을 나타내며 '가다'는 화자가 발화시에 존재하지 않는 '거기'로의 이동을 나타낸다. 이때 판단의 기준점은 화자의 현재 위치이다. '오다'는 도착지(goal)를 중심으로 한 표현이고 '가다'는 출발지(source)를 중심으로 한 표현이다.

한편 '가다', '오다'는 의문문에서 더 깊이 살펴봐야 한다.

> **예**   **가.** [직장에서 학교에 전화해서]
>
>   A: 선생님, 철수 학교에 {갔어요?, 왔어요?}/B: 네, 철수 {*갔어요, 왔어요}
>
> **나.** [친구 집에 전화해서]
>
>   A: 영이야, 혹시 철수 너희 집에 {갔니?, 왔니?}/B: 네, 우리 집에 {*갔어요, 왔어요}

위의 의문문에서 이동의 도착점이 청자의 위치이고 이동의 주체는 제 삼의 인물이다. 이때 (가)에서 A를 보면 '가다' 외에 '오다'도 가능하지만 대답은 '오다'만 가능하다. 이는 의문문에서만 청자가 위치한 공간으로 이동하는 사건을 나타내는 데 '가다, 오다'가 모두 쓰일 수 있음을 보여 준다. 청자의 위치가 기준점이 되어 '오다'가 허용되는 것이다. 즉, 위의 예는 의문문에서 이동 사건을 인지한 사람의 위치가 이동의 기준점이 되는 것을 보여 준다. 청자는 이동 사건을 인지한 사람으로서, 청자 기준에서 '철수', '영이'가 있는 곳이므로 '오다'도 사용할 수 있다.

> **예**   **가.** 너 먼저 우리 집에 {갈래?, 올래?}
>
> **나.** 너 먼저 우리 집에 {갈래?, *올래?}
>
> **다.** 너 지금 우리 집에 {갈래?, 올래?}

마지막 예를 보자. (가)에서는 미래의 이동 사건을 인지한 사람의 위치가 화자 집일 수도 있고, 화자의 발화 장소일 수도 있기 때문에 '오다, 가다'가 모두 가능하다. 그리고 (나)에서는 '먼저'라는 순서를 나타내는 부사에 의해 청자의 이동 사건이 화자의 이동 사건보다 앞서는 것을 알 수 있다. 이동 사건을 인지한 사람이 '오다'의 기준점에 있을 수 없으므로 '가다'만 가능한 것이다. 마지막으로 (다)에서 '지금'은 화자와 청자가 동일한 장소(집 밖)에 있을 수도 있고 화자가 기준점(화자의 집)에 있을 수도 있다는 것을 보여 준다. 따라서 그것에 따라 '가다, 오다'의 사용이 결정된다.

1. 화용론의 연구 대상으로 알맞지 않은 것은?
① 화용론은 언어를 사용하는 인간에 관심을 가지고 있다.
② 화용론에서는 언어 형식과 세계와의 관련성을 탐구한다.
③ 화용론의 연구 주제로는 화시, 전제, 함축, 화행 등이 있다.
④ 화용론은 언어 형식과 해석자와의 관계에 대해 관심을 가지고 있다.

정답: ②
해설: 의미론 분야에서 관심을 가지는 내용이다.

2. 화시 표현 중 장소 지시의 특징으로 알맞지 않은 것은?
① '이'는 화자 근칭을 나타낸다.
② '저'는 청자 근칭을 나타낸다.
③ 한국어에서 '그'는 청자 근칭으로는 설명되지 않는 예가 있다.
④ '그곳'은 청자가 화자도 알고 있을 것이라고 생각하는 장소를 가리킬 때도 사용된다.

정답: ②
해설: '저'는 화자와 청자 원칭을 나타낸다.

3. 간접 화행과 직접 화행의 차이는 무엇인가?
① 간접 화행은 언어 형식에 드러나는 화행이다.
② 간접 화행은 언어 형식에 따라 달라지는 특징이 있다.
③ 직접 화행은 언어 형식의 관습적인 사용에 따라 결정된다.
④ 직접 화행은 간접 화행과 달리 적정성 조건을 지켜야 한다.

정답: ③
해설: 직접 화행이 언어 형식에 관습적으로 적용되는 화행이다. 적정성 조건은 모든 화행에 적용된다.

4. 적정성 조건 중 성실 조건에 대한 설명으로 알맞은 것은?
① 성실 조건은 화자의 심리적 상태에 대한 조건이다.
② 성실 조건은 명제와 관련된 조건이다.
③ 성실 조건은 행위를 수행하기 위해 갖추어져야 하는 상황 조건이다.
④ 성실 조건은 화자와 청자에게 필요한 선행 조건에 해당한다.

정답: ①
해설: ② 명제 내용 조건, ③, ④ 예비 조건에 해당한다.

5. 대화의 원리에 대한 설명으로 틀린 것은?

① 실제 대화는 무작위로 주고받는 것이 아니다.
② 대화 참여자들은 비합리적 존재라고 가정한다.
③ 보통의 경우 목적이나 방향에 합당한 말을 해야 한다.
④ 대화의 격률을 지켜 대화의 목적에 합당한 말을 한다.

정답: ②
해설: 대화 참여자들은 합리적 존재라는 가정을 한다.

6. 다음 중 질의 격률을 위반한 것은?

① A: 철수야, 수박이 언제 제일 맛있는지 알아?
　 B: 나 서울에서 살았어.
② A: 우리 아빠가 괜찮을까요?
　 B: 네… 의사가 보았을 때 아버님께서는… 살 수도 있고, 희망을 일단 가지세요.
③ A: 시험은 잘 봤어?
　 B: 점심 뭐 먹지?
④ A: 어제 숙제하느라 힘들었지?
　 B: 말도 마. 나 어제 숙제하느라 죽다 살았어

정답: ④
해설: 질의 격률은 사실과 다르다고 믿는 것을 말하며 위반한다.

7. '이, 그, 저'에 대한 설명으로 알맞지 않은 것은?

① 한국어의 '이, 그, 저'는 물리적인 원근 개념을 표현한다.
② 한국어의 '저'는 화자와 청자가 모두 멀리 있을 때 사용한다.
③ 한국어의 '이, 그, 저'는 화자의 심리적 거리감을 표현하지 못한다.
④ '그'는 청자도 알고 있다고 가정하는 것을 가리킬 때 사용되기도 한다.

정답: ③
해설: '이, 그, 저'는 심리적 거리감을 나타내기도 한다.

8. '그'에 대한 설명으로 알맞지 않은 것은?

① 한국어 지시어 '그'는 청자 근칭을 나타낸다.
② '그'는 화자 중심의 사고를 보여 주는 표현이다.
③ '그'는 자신의 신분을 이야기할 때도 사용된다.
④ '그'는 현재 발화 장면에 없는 것을 가리킬 때도 사용된다.

정답: ②
해설: '그'는 청자 중심의 사고를 보여 준다.

한국어 어휘론

1. 한국어 어휘의 개념, 유형, 특성에 대해 이해한다.
2. 기원에 따른 어휘 분류, 한국어 단어의 유형, 의미 관계에 대해 이해한다.
3. 어휘 습득과 어휘력에 대해 이해한다.

Ⅰ. 한국어 어휘론

1. 한국어 어휘의 개념

사전적 정의로 단어는 분리하여 자립적으로 쓸 수 있는 말이나 이에 준하는 말을 뜻한다. 단어는 띄어쓰기의 단위가 되며 최소의 의미를 가진 독립 형식을 의미한다. 그러나 정의에서 보는 바와 같이 조사는 단어로 분류되나 독자적으로 사용되지 못하며 맥락적으로 다른 단어와의 관련에서만 사용된다. 조사는 실질적인 의미를 가진 실질 어휘와는 구분되며 기능어로서의 의미를 지닌다. 또한 관용구들은 단어로 분류되지 않지만 더 이상의 축약이 불가능하며 마치 단어처럼 한 덩어리를 이루며 한 단어로 대치가 가능한 구들이다.

언어 교육에서는 단어 이상의 단위가 어휘 교수 단위가 되기도 하고 때로는 단어보다 작은 단위인 접사가 어휘 교수에 활용되기도 한다는 점에서 어휘적 접근은 유용하다. 학술적으로 보면 어휘란 복수로 사용되며 어휘소의 모음이라고 볼 수 있으며 어휘(소)란 어휘의 단위가 된다.

어휘(소)란 사전에 오르는 등재어와 유사한 개념으로 모국어 화자에게 하나의 의미 덩어리로 인식되는 것으로 단어가 주를 이루지만, 단어보다 작은 단위의 형태소나 단어 이상의 구 단위의 항목(연어 구, 관용구, 문장)이 될 수도 있다.

2. 한국어 어휘의 유형과 한국어의 어휘적 특성

1) 사회성에 따른 어휘의 분류

(1) 표준어

표준어는 그 언어를 사용하는 민족이나 국가 중에서 가장 문화가 발달된 지방의 말로서 각 지방을 통하여 잘 이해되고 각 지방을 향하여 항상 전파될 세력을 가지고 있으며 그 민족이나 국가의 공식 용어로 쓰기에 가장 적당한 말이다(이희승, 1955년).

① 표준어의 사정 원칙: 1988년 '표준어 규정'에서 표준어는 교양 있는 사람(계층 조건)들이 두루 쓰는 현대(시대 조건) 서

울말(지역 조건)로 정함을 원칙으로 하고 있다.

② 표준어의 기능

■ 통일의 기능: 한 나라를 단일 언어 사회로 묶어 국가를 의식상 통일시키는 기능이며, 가장 대표적인 것이다.

■ 독립의 기능: 다른 언어 종족과 구별되어 종족 독립성을 유지할 수 있는 기능이다. 나아가 국어를 사랑함으로써 애국심을 고취할 수도 있다.

■ 우월의 기능: 표준어를 사용하는 계층은 사회적 우위에 있으므로 표준어 사용은 우월감, 자부심을 준다.

■ 준거의 기능: 표준어는 끊임없이 변하는 언어 현상에 있어서, 고정된 어형과 규범화된 의미를 가지게 하여 올바른 국어 사용의 준거가 되도록 한다.

(2) 방언

방언은 같은 언어권이지만 지역에 따라 분화되거나(지역 방언), 연령 · 성별 · 사회 집단에 따라 분화(사회 방언)된 말이다.

(3) 은어와 속어

① 은어: 은어는 어떤 폐쇄된 집단에 속한 사람들이 자신들의 비밀을 지키거나 자신들을 방어하기 위해 사용하는 특수한 말이다.

예 노땅: 노인, 담탱이: 담임 교사, 땡땡이: 수업을 빼먹는 일, 야자: 야간 자율 학습, 짭새: 경찰

② 속어: 속어는 비밀 유지의 목적이 없는 비속하고 천박한 어감을 주는 말이다. 공식 석상이나 점잖은 자리에서는 쓰이지 않는다.

예 골 때리다: 어이없다, 쪽팔리다: 창피하다, 끝내주다: 대단하다, 새끈하다: 세련되다, 짱: 최고

(4) 금기어와 완곡어

① 금기어: 금기어는 부정적이고 불쾌한 연상을 동반하거나 비속한 느낌을 주어 입 밖에 내기를 싫어하는 말이다.

② 완곡어: 완곡어는 이러한 금기어를 불쾌감이 덜하도록 대체하는 말이다.

예 천연두 → 마마/손님, 쥐 → 서 생원/아기네, 변소 → 뒷간/화장실/해우소

(5) 관용어와 속담

① 관용어: 관용어는 둘 이상의 단어들이 결합하여 특별한 의미로 사용되는, 관습적으로 굳어진 말이다.

예 손을 끊다: 교제나 거래 따위를 중단하다

② 속담: 속담은 우리의 전통 생활 문화와 이 속에서 생겨난 지혜를 담은 완결된 문장을 뜻한다.

예 손 안 대고 코 풀기: 손조차 사용하지 아니하고 코를 푼다는 뜻으로, 일을 힘 안 들이고 아주 쉽게 해치움을 비유적으로 이르는 말

(6) 전문어

전문어는 전문 분야의 일을 효과적으로 수행하기 위해 도구처럼 사용하는 말이다. 이것의 의미가 매우 정밀하고 다의성이 적다. 그리고 일반인에 대하여 비밀 유지를 하려는 기능도 수행한다.

2) 기원에 따른 어휘의 분류

(1) 어휘의 차용

서로 다른 언어권 사이에서 문화와 문물이 오가면서 언어도 흘러 들어오게 됨. 따라서 고유한 언어와 차용어가 공존. 한국어의 어휘에는 고유어, 한자어, 외래어가 있음

> **예** 고유어: 비, 눈, 바다, 구름, 생각, 고삘, 푼푼하다 등
>
> 한자어: 산(山), 학교(學校), 포옹(抱擁) 등
>
> 외래어: 버스(bus), 컴퓨터(computer), 바통(baton) 등

(2) 고유어와 차용어의 분포

고유어	한자어	외래어	기타	계
25.9%	58 · 5%	4.7%	10.9%	100%
(131,971개)	(297,916개)	(23,361개)	(55,523)	(508,771개)

(표준국어대사전, 1998. 현재 등재어 개수 522,628개)

(3) 고유어의 어휘적 특징

① 유의어가 많음

> **예** '가다'의 유의어: 움직이다, 떠나가다, 경과하다, 죽다, 변하다, 나가다, 생기다, 유지되다, 전달되다, 사용되다,
>
> 나가다, 지나다, 들어가다, 되다, 이동하다, 흘러가다, 상하다, 쓰이다, 출발하다 등

② 동음이의어가 많음: 경제적이나 혼란을 야기함

> **예** '쓰다'의 동음이의어

쓰다01: 「동사」 붓, 펜 연필과 같이 선을 그을 수 있는 도구로 종이 따위에 획 을 그어서 일정한 글자의 모양이 이루어지게 하다.

쓰다02: 「동사」 모자 따위를 머리에 얹어 덮다.

쓰다03: 「동사」 어떤 일을 하는 데에 재료나 도구, 수단을 이용하다.

쓰다04: 「동사」 시체를 묻고 무덤을 만들다.

쓰다05: 「동사」 장기나 윷놀이 따위에서 말을 규정대로 옮겨 놓다.

쓰다06: 「형용사」 혀로 느끼는 맛이 한약이나 소태, 씀바귀의 맛과 같다.

쓰다07: 「동사」 '켜다01'의 방언(강원, 경기, 경상, 전남, 충청, 함남)

③ 한 어휘가 두 가지 이상의 뜻을 갖는 다의어가 발달: 쓰임이 많고 뜻이 분화되기 쉬움

예 '가다'의 뜻

동사

- i 「…에/에게, …으로, …을」

1. 한 곳에서 다른 곳으로 장소를 이동하다.

2. 수레, 배, 자동차, 비행기 따위가 운행하거나 다니다.

3. 일정한 목적을 가진 모임에 참석하기 위하여 이동하다.

4. 지금 있는 곳에서 어떠한 목적을 가지고 다른 곳으로 옮기다.

5. 직업이나 학업, 복무 따위로 해서 다른 곳으로 옮기다.

- ii 「…에/에게, …으로」

1. 직책이나 자리를 옮기다.

2. 물건이나 권리 따위가 누구에게 옮겨지다.

3. 관심이나 눈길 따위가 쏠리다.

4. 말이나 소식 따위가 알려지거나 전하여지다.

5. ('손해' 따위의 명사와 함께 쓰여) 그러한 상태가 생기거나 일어나다.

- iii 「…으로」

1. 어떤 상태나 상황을 향하여 나아가다.

2. 한쪽으로 흘러가다.

3. 동력원으로 하여 작동하다.

4. 물체가 한쪽으로 기울어지다.

- iv 「…에」

1. 금, 줄, 주름살, 흠집 따위가 생기다.

2. ('무리', '축' 따위의 말과 함께 쓰여) 건강에 해가 되다.

3. 일정한 시간이 되거나 일정한 곳에 이르다.

4. 일정한 대상에 미치어 작용하다.

5. ('손', '품' 따위와 함께 쓰여) 어떤 일을 하는 데 수고가 많이 들다.

- ⅴ

1. 어떤 대상이 다른 곳으로 이동하여 사라지다.

2. ('시간' 따위와 함께 쓰여) 지나거나 흐르다.

3. 기계 따위가 제대로 작동하다.

4. 외부의 충격이나 영향으로 정신을 제대로 차리지 못하는 혼미한 상태가 되다.

5. 전기 따위가 꺼지거나 통하지 않다.

6. (완곡하게) 사람이 죽다.

-ⅵ「…이」

1. 어떤 일에 대하여 납득이나 이해, 짐작 따위가 되다.

2. 「…에」('…이'나 '…에' 대신에 '중간 정도', '최고' 따위와 같은 부사어가 쓰이기도 한다) 가치나 값, 순위 따위를 나타내는 말과 결합하여 어떤 대상을 기준으로 해서 어느 정도까지 이르다.

3. ('물', '맛' 따위의 말과 함께 쓰여) 원래의 상태를 잃고 상하거나 변질되다.

4. ('때', '얼룩' 따위의 말과 함께 쓰여) 때나 얼룩이 잘 빠지다.

-ⅶ「…을」 어떤 경로를 통하여 움직이다. 길을 가다

-ⅷ「…에/에게 …을, …으로 …을」

1. 어떤 일을 하기 위하여 다른 곳으로 이동하다.

2. 노름이나 내기에서 얼마의 액수를 판돈으로 걸다.

-ⅸ「(…을)」(기간을 나타내는 '며칠' 따위와 함께 쓰여) 어떤 현상이나 상태가 유지되다.

보조 동사

(주로 동사 뒤에서 '-어 가다' 구성으로 쓰여) 말하는 이, 또는 말하는 이가 정하는 어떤 기준점에서 멀어지면서 앞말이 뜻하는 행동이나 상태가 계속 진행됨을 나타내는 말.

④ 대우를 나타내는 어휘가 발달: 어휘적 높임을 나타내는 어휘가 많음

예 ㄱ. 묻다: 여쭈다, 받다: 받잡다, 아프다: 편찮다, 있다: 계시다

보다: 뵈다, 자다: 주무시다, 죽다: 돌아가시다

ㄴ. 먹다: 들다, 자시다, 잡수다, 잡수시다

주다: 드리다, 바치다, 올리다

말하다: 말씀드리다, 사뢰다, 아뢰다

⑤ 어휘가 음성적으로나 형태적으로 유연(有緣)함: 의성어 · 의태어 따위와 같이 언어의 형식과 내용 사이에 어느 정도 관계가 있는 성질

■ 음성적 유연성

예 {까르르, 껄껄, 방긋, 씩, 허허, 활짝, 빙긋, 싱글벙글, 빙그레, 히죽} 웃다.

　　{엉엉, 훌쩍훌쩍, 펑펑} 울다.

■ 형태적 유연성 – 어근에 결합하여 합성어, 파생어가 됨

예 먹다 – 먹이다, 먹히다, 먹이, 먹보, 먹성, 먹거리

　　자다 – 재우다, 잠, 잠보, 잠꼬대, 잠꾸러기, 선잠, 늦잠, 낮잠, 새우잠

■ 복합적 유연성 예 매미, 개구리, 뻐꾸기, 멍멍이, 야옹이, 꿀꿀이/시다, 시금하다, 시큼하다

⑥ 감각어가 매우 미세하게 분화

감각	동작(동사)	느낌(형용사)
시각	보다	곱다, 예쁘다, 멋있다, 추하다, 아름답다
청각	듣다	아련하다, 조용하다, 시끄럽다, 먹먹하다
후각	맡다	고리다, 배리다, 노리다, 누리다, 비리다, 시큼하다
미각	맛보다	달다, 짜다, 쓰다, 시다, 떫다, 맵다, 얼큰하다
촉각	느끼다	춥다, 차다, 시원하다, 덥다, 뜨겁다, 따끔하다, 부드럽다

그런데 감각어는 심리적 작용을 거치면서 파생적이거나 2차적인 느낌을 갖는데 주로 미각으로 바뀌는 경향이 있다.

예 성재는 항상 짜게 굴어.

　　형석이는 충고를 달게 받아들였다.

　　사람이란 팁팁하고 수더분하고 어수룩한 맛이 있어야지. 너무 맑으면 못써.

　　최 과장은 정말 맵더군. 단 한 번의 실수도 용서해 주지 않더군.

(4) 한자어의 형성과 특징

① 한자어의 구조

■ 한자는 표의 문자이면서 단어 문자이므로 한 글자나 두 개 이상의 글자가 어휘를 이룸

예 강(江), 산(山), 즉(卽), 좌(左), 우(右), 창(窓), 문(門), 포도(葡萄), 산호(珊瑚), 열반(涅槃), 불타(佛陀), 보리수(菩提樹),

　　총각(總角), 처녀(處女), 도대체(都大體)

■ 구성 요소들의 기능적 관계에 따라 몇 가지 유형이 있음

예 합성어의 경우 참조

■ 한자는 접사로 파생어 형성에 역할을 함

예 접두사: 비인간, 가건물, 미성년, 호경기/접미사: 김씨, 과학적, 국어학, 인생관, 예술가, 과학자

② 한자어의 특징

■ 생산성이 높고 축약 현상이 잘 나타남: 글자 하나가 뜻을 지니므로 많은 어휘를 다양한 방식으로 만들 수 있음

예 '家'(가)의 경우

　　어근: 가족(家族), 가정(家庭), 가사(家事), 가업(家業), 가문(家門),

　　　　　시가(媤家), 초가(草家), 상가(喪家), 상가(商家), 처가(妻家)

접사: 음악가(音樂家), 예술가(藝術家), 사업가(事業家), 정치가(政治家), 전문가(專門家), 전략가(戰略家),

　　　장서가(藏書家), 애연가(愛煙家)

■ 고유어 어근과 결합하여 새로운 어휘를 형성

예　물총(-銃), 밥상(-床), 쇠고집(-固執), 흔들의자(-椅子), 약밥(藥-), 창살(窓-), 색종이(色-), 양담배(洋-), 양아들(養-),

　　문설주(門-柱)

■ 동의 중복 현상

- 어휘적 차원에서 나타나는 경우

예　처갓(妻家)집, 약숫(藥水)물, 생일(生日)날, 고목(古木)나무, 역전(驛前)앞, 시내(市內)안, 속내의(-內衣),

　　새신랑(-新郞), 술주정(-酒酊)

- 어휘 통합체 차원에서 나타나는 경우

예　유언(遺言)을 남기다, 박수(拍手)를 치다, 여운(餘韻)을 남기다, 큰 대문(大門), 넓은 광장(廣場),

　　떨어지는 낙엽(落葉), 지나치게 과식(過食)하다, 미리 예습(豫習)하다, 함께 동참(同參)하다,

　　새로 신축(新築)하다, 집으로 귀가(歸家)하다, 차를 주차(駐車)하다, 돈을 모금(募金)하다

③ 외래어와 결합하여 어휘를 이룸

예　깡통(can桶), 드럼통(drum桶), 남포등(lamp燈), 바자회(bazar會)

④ 둘 이상의 한자어로 된 어휘의 경우 축약 현상이 활발히 나타남

예　임시정부→임정, 노동조합→노조, 대한민국→한국, 신라백제동맹→나제동맹, 비밀번호→비번, 남자친구→남친

⑤ 의미론적으로 고유어와는 다른 의미 영역을 지님

한자어 영역	고유어 영역
전문 어휘	일반 생활 어휘
특수 어휘	기초 어휘
높임 표현(별세, 춘추, 함자)	높임의 의미가 없는 표현(죽음, 나이, 이름)

⑥ 고유어와 달리 의미의 연속성보다는 단절성을 지님: 어휘는 남아 있으나 의미가 전 이되는 경우가 있음

예　방송(放送): 죄인을 석방함 → 전파를 보냄

　　발명(發明): 죄나 잘못이 없음을 말하여 밝힘, 경서의 뜻 따위를 스스로 깨달아 밝힘 → 아직까지 없던 기술이나

　　　　　　　물건을 새로 생각하여 만듦

(5) 한자어의 기원적 구분

① 중국

예　가정(家庭), 결혼(結婚), 고향(故鄕), 선생(先生), 신체(身體), 부모(父母)

　　보배(寶貝), 상투(上頭), 무명(木棉), 사탕(砂糖), 당직(當直)

　　가람(伽藍), 가사(袈裟), 보리수(菩提樹), 도량(道場), 찰나(刹那), 대중(大衆)

　　붓(筆), 먹(墨), 누비(衲衣), 가난(艱難), 재주(才操)

② 일본

예　연역(演繹), 귀납(歸納), 범주(範疇), 주관(主觀), 객관(客觀), 철학(哲學), 미술(美術)

　　시장(市場), 입구(入口), 현관(玄關), 역할(役割), 할인(割引)

* 순화어: 생산고(生産高)→생산액, 잔고(殘高)→잔액, 시말서(始末書)→경위서,

각서(覺書)→다짐글, 담합(談合)→짬짜미, 망년회(忘年會)→송년 모임,

세대(世帶)→가구, 식상(食傷)→싫증 남, 십팔번(十八番)→장기 또는 애창곡,

이면도로(裏面道路)→뒷길, 노견(路肩)→갓길, 출산(出産)→해산

③ 한국

예　감기(感氣), 한심(寒心), 대지(垈地), 서방(書房), 사돈(查頓), 복덕방(福德房), 생원(生員), 진사(進士), 안성댁(安城宅)

④ 몽골

예　말(馬), 가라말(黑馬), 간자말(白馬), 고라말(黃馬), 절따말(赤馬), 보라매, 송골매, 수라(水剌)

⑤ 여진

예　호미, 수수, 메주, 가위 , 두만(萬)

⑥ 한자 성어

예　3음절어: 급기야(及其也), 도대체(都大體), 심지어(甚至於), 무진장(無盡藏), 순식간(瞬息間), 어차피(於此彼)

　　4음절어: 반구저신(反求諸身), 군자불기(君子不器), 온고지신(溫故知新)

(6) 외래어의 특징

　외래어는 외국어에서 유입된 어휘 중 한국어에 어느 정도 동화되어 사용되는 말이다.

① 외래어와 외국어는 소속된 언어 체계에서의 사회적인 허용의 유무로 구분(주관적임)

※ 외래어 중 자체적으로 생성된 것도 있음

예　데드볼(dead ball), 미싱(machine), 백넘버(back number), 추리닝(training), 핸들(handle)

② 유입된 시기가 오래되어 외래어로 의식되지 않는 어휘들

예　고무(폴란드 어), 구두(일본어), 냄비(일본어), 빵(포르투갈 어), 담배(영어)

③ 외국어를 명사 또는 어근 단위로 차용하여 동사 또는 형용사를 만듦

예　hit: 히트치다, wild: 와일드하다, open: 오픈하다

(7) 외래어 구분

① 도입 시기: 근대화 시기를 기점으로 하여, 근대화 이전에는 대륙의 주변 민족어에서 유입되었고, 이후에는 일본어와 서양어에서 유입됨

② 도입 경로: 원어 사용지로부터의 직접적인 도입과 다른 나라(주로 중국이나 일본)를 통해 굴절된 것을 받아들이는 간접적인 도입이 있음

(8) 외래어 표기

　외국어를 한국어에 유입하여 쓰기 위해서는 한글로 표기해야 함. 이때에 기준이 필요한 데, 그것을 정해 놓은 것이 '외래어 표기법'이다.

*외래어 표기를 규정할 때 반드시 결정되어야 할 문제

① 당시에 쓰이고 있는 문자만으로 한정할 것인지, 새로운 부호를 사용할 것인지
　예　fry: 프라이/후라이, cake: 케이크/케잌, start: 스타트/스타아트/스타-트
② 표음주의의 선택 여부 곧 문자 대 문자의 대응 표기를 할 것인지, 소리를 중심으로 표기할 것인지
　예　Marx: 맑스/마르크스/막스/마스, book: 북/부크/북
③ 원음주의 표기 여부 곧 다른 나라를 통해 들어와 굴절되었을 경우 어떤 음으로 표 기할 것인지
　예　Europe: 유럽/구라파, Egypt: 이집트/애굽
④ 관용적으로 표기되어 오는 것은 어떻게 표기할 것인지
　예　cut: 커트/컷, radio: 라디오/래이디오우, 東京: 토쿄/토오쿄오/도쿄/동경

　이런 점들을 고려하여 정한 현행 「외래어 표기법」의 '표기의 기본 원칙'은 다음과 같다.

　제1항 외래어는 국어의 현용 24 자모만으로 적는다.
　[f, v, ε, ɱ] 등 국어에 없는 외국어 소리를 적기 위하여 특별한 문자를 만들어 쓰지 않는다.
　제2항 외래어의 1음운은 원칙적으로 1기호로 적는다.
　'fighting'을 '화이팅'으로 적고 'family'를 '패밀리'로 적는다면 혼란스럽다.
　제3항 받침에는 'ㄱ, ㄴ, ㄹ, ㅁ, ㅂ, ㅅ, ㅇ'만을 쓴다.
　'shop'을 '숖'이 아닌 '숍'으로 적는다. 특히 'racket이 비싸다.'에서 'racket이'를 [라케티] 또는 [라케디]라고 발음하지 않고 [라케시]라고 발음하므로 'ㄷ' 대신 'ㅅ'이 합리적이다.
　제4항 파열음 표기에는 된소리를 쓰지 않는 것을 원칙으로 한다. 이는 마찰음과 파찰음 에도 적용된다.
　영어와 독일어는 거센소리에 가깝게 들리고, 불어는 된소리에 가깝게 들린다. 언어 에 따라 다르게 쓰는 것이 불편함으로 거센소리로 통일하여 사용한다. '빵, 껌, 샤쓰, 히로뽕' 등은 예외이다. cont(꽁트→콩트), paris(빠리→파리)
　제5항 이미 굳어진 외래어는 관용을 존중하되, 그 범위와 용례는 따로 정한다.
　'camera'는 '캐머러'로 발음이 되지만 '카메라'로 적는다.

(9) 외래어 사용 양상

① 영어 어휘의 사용 빈도가 높음. 일본어식 영어 표현도 쓰임

> 예 핸드폰, 카드, 비디오, 씨씨, 피씨, 엠티, 오티, 텔레비, 빵꾸, 잠바, 사라다, 마후라

② 자체적으로 만들어진 외래어도 있음

> 예 백미러, 커닝, 호치키스, 포스트잇, 아이쇼핑, 바바리, 핸드폰, 오토바이

③ 다양한 어종과 결합하여 혼종어를 생산함

> 예 통도환타지아, 두루넷, 몰래카메라, 안전벨트, 소개팅, 답멜, 방팅, 재테크, 생쑈

④ 운동 경기, IT 관련, 경제 관련 어휘들과 같이 실생활과 밀접하게 연관된 어휘들이 많이 사용됨

> 예 인터넷, 서비스, 시즌, 게임, 펀드, 아파트, 골, 홈런, 스타, 마케팅, 포털, 인터넷뱅킹, DMB, LCD, 사이버, 내비게이션, 와이브로, 스팸

II. 한국어 단어

1. 한국어 단어의 유형

1) 단어의 정의

자립할 수 있는 말이나, 자립할 수 있는 형태소에 붙어서 쉽게 분리할 수 있는 말이다. 그러므로 '하늘'과 같은 자립 형태소는 그대로 하나의 단어가 되고, 의존 형태소인 '맑-', '-다'는 '맑다'처럼 서로 어울려야 비로소 하나의 단어가 된다. 형태소란 일정한 뜻을 가진 가장 작은 말의 단위이다. 실질 형태소/형식 형태소, 자립 형태소/의존 형태소로 구분된다.

2) 단어의 유형

(1) 단일어: 하나의 어근으로 된 단어이다.

(2) 파생어: 어근의 앞이나 뒤에 파생 접사(어근의 앞에 붙는 파생 접사는 접두사, 어근의 뒤에 붙는 파생 접사는 접미사)가 붙어서 만들어진 단어를 말한다.

(3) 합성어: 파생 접사 없이 어근과 어근이 직접 합쳐져서 만들어진 단어를 말한다.

2. 한국어의 단어 형성 방법

1) 형태 결합에 의한 어휘 형성

(1) 파생어

① 어근: 의미적으로 중심이 되는 실질 형태소

② 접사: 어근에 특별한 뜻을 더해 주는 역할의 형식형태소, 결합되는 어근이 제약됨

(2) 접두 파생어

어근의 품사를 바꾸지 못하고 어근에 뜻만 더해서 새로운 어휘를 만듦

① 관형사성 접두사: 명사에 붙어서 관형사와 성질이 비슷한 접두사

접두사	의미	예
갓-	이제 막, 겨우	갓난이, 갓마흔
군-	쓸데없는, 가외의	군것질, 군소리, 군입, 군살, 군불
개-	야생의, 함부로 되어 변변치 못한	개살구, 개나리, 개떡
날-	생 것의, 아직 익지 않은, 아주 지독한	날것, 날고기, 날도둑, 날강도
대-	가득 찬, 큰(대단한)	대낮, 대번, 대기록, 대학자
덧-	본래 있는 위에 더	덧신, 덧저고리
돌-	야생의, 품질이 낮은	돌배, 돌감, 돌미나리
맨-	오직 그것뿐인	맨발, 맨주먹, 맨몸
메-	차지지 않고 메진	메밥, 메떡
민-	꾸밈이나 덧붙임이 없는	민머리
선-	익숙하지 않고 서툰	선무당, 선웃음
숫-	본디 생긴 그대로의	숫처녀, 숫음식
알-	덮어 싼 것을 떨쳐 버린	알몸뚱이, 알짜
애-	어린	애호박, 애벌레
올-	자람과 익는 정도가 빠른	올벼, 올밤
찰(차)-	찰기가 있는	찰수수, 차돌, 차좁쌀
참-	진짜의, 썩 좋은	참기름, 참벗, 참느릅나무
풋-	덜 익은	풋사랑, 풋사과, 풋잠
한-	한창된, 가득찬	한길, 한여름, 한더위, 한밤중
핫-	솜을 둔, 짝이 갖추어진	핫바지, 핫옷, 핫어미, 핫아비
헛-	보람 없는	헛고생, 헛농사, 헛수고
홀-	짝이 없는	홀아비, 홀몸
홑-	하나로 된	홑이불, 홑몸(아이를 배지 아니한)

※ 다의성 접두사

■강-

ⓐ 호된, 심한

　강더위: 오랫동안 비는 내리지 않고 볕만 내리쬐는 심한 더위

　강밭다: 몹시 야박하고 인색하다

　강추위: 바람기도 없이 매우 추운 추위

ⓑ 억지의, 부자연스러운

　강샘: 사랑하는 이가 다른 이성을 사랑하는 데서 느끼는, 지나치게 시기하고 질투 하는 마음

　강울음: 억지로 우는 웃음

　강호령: 까닭 없이 꾸짖는 호령

ⓒ 그것만으로 이루어진, 다른 것이 섞이지 않은

　강굴: 물이나 그 밖의 다른 어떤 것도 섞지 아니한 굴의 살

　강된장: 된장찌개를 끓일 때 건더기는 조금 넣고, 된장을 많이 넣어서 되직하게 끓 인 것

　강보리밥: 보리로만 지은 밥

ⓓ 마른, 물기가 없는

　강기침: 마른기침

　강서리: 늦가을에 내리는 된서리

■핫-

ⓐ 솜을 둔

　핫바지: 솜을 둔 바지

　핫옷, 핫이불, 핫저고리

ⓑ 짝이 갖추어진

　핫아비: 아내가 있는 남자

　핫어미: 남편이 있는 여자

② 부사성 접두사: 용언에 붙어서 부사와 성질이 비슷한 접두사

접두사	의미	예
깔-	업신여기어	깔보다
덧-	본래 있는 위에 더	덧나다, 덧붙다
돋-	남보다 뛰어나게	돋보다
들-	몹시, 함부로	들볶다, 들끓다, 들쑤시다
되-	도리어, 도로, 다시	되걸리다, 되새기다
드-	정도가 한층 높게	드높다, 드세다
빗-	잘못	빗나가다, 빗디디다
숫-	본리 생긴 그대로	숫되다
얕-	실제보다 깎아 보아	얕보다, 얕잡다
엇-	비뚜로, 어긋나게	엇가다, 엇깎다
엿-	남몰래, 가만히	엿듣다, 엿보다
올-	일찍되게, 아무지게	올되다, 올차다
짓-	함부로, 흠씬	짓누르다, 짓밟다, 짓씹다, 짓찧다
치-	위로	치솟다, 치닫다

(3) 접미 파생어

① 한정적 접미사: 접두사와 같이 어근에 뜻을 더해 주는 한정적인 기능을 지닌 접미사

■ '사람'을 표시하는 접미사

접미사	의미	예
-꾼	어떤 일을 전문적, 습관적으로 하는 사람. 어떤 일 때문에 모인 사람	사냥꾼, 씨름꾼, 장사꾼, 소리꾼/춤꾼, 낚시꾼, 노름꾼/구경꾼, 일꾼
-꾸러기	그것이 심하거나 많은 사람	잠꾸러기, 심술꾸러기, 욕심꾸러기, 장난꾸러기
-내기	그 지역에서 태어나고 자라서 그곳 특성을 지니고 있는/그런 특성을 지닌 사람	서울내기, 시골내기/풋내기, 신출내기
-둥이	그러한 성질이 있거나 그와 긴밀한 관련이 있는 사람	바람둥이, 쌍둥이, 막둥이, 귀염둥이, 해방둥이
-보	그것을 특성으로 지닌 사람	꾀보, 잠보, 울보, 억보(억지가 센)
-뱅이	그것을 특성으로 가진 사람	게으름뱅이, 가난뱅이, 주정뱅이
-장이	전문적 기술을 가진 사람	수선장이, 미장이, 땜장이, 유기장이, 도배장이, 칠장이
-쟁이	보통의 사람	멋쟁이, 심술쟁이, 욕심쟁이, 관상쟁이, 점쟁이, 침쟁이, 소리쟁이
-배기	그 나이를 먹은 아이, 그런 물건	한 살배기, 진짜배기, 공짜배기

■ 기타

접미사	의미	예
-다랗-	정도를 의미하는 형용사에	굵다랗다, 높다랗다, 기다랗다
-들	여럿	사람들, 나무들, 학생들
-뜨리 -트리	강세	넘어뜨리다, 넘어트리다, 깨뜨리다, 깨트리다
-치-	강세	밀치다, 넘치다, 놓치다, 닫치다, 부딪치다
-사귀	낱낱의 잎	잎사귀
-새	모양	짜임새, 모양새, 이음새
-씨	태도, 버릇	마음씨, 솜씨
-아지	얕잡음, 작음	강아지, 모가지, 바가지, 싸가지
-앟- -엏-	색깔, 모양에 관계있는 말에	말갛다, 거멓다, 까맣다, 둥그렇다
-어치	그 값에 해당하는 분량이나 정도	값어치, 한 푼어치, 얼마어치
-이,히,리,기	사동, 피동	먹이다, 남기다, 먹히다, 보이다, 살리다
-적-	제법	넓적하다
-질	노릇, 짓	낚시질, 도둑질, 톱질, 쌩이질(한창 바쁠 때에 쓸데없는 일로 남을 귀찮게 구는 짓)
-희	복수	저희, 너희

② 지배적 접미사: 접두사와 달리 어근의 품사를 바꾸어 주는 지배적인 기능을 지닌 접미사

■ 명사화 접미사

접미사	예
-음/-이	웃음, 얼음, 걸음, 믿음, 게으름, 놀이 벌이, 살림살이, 높이, 넓이, 오뚝이, 깜빡이, 덜렁이, 배불뚝이, 꿀꿀이, 쌕쌕이
-기	말하기, 쓰기, 보기, 뛰기, 본보기, 굵기, 먹기
-개	덮개, 지우개, 찌개, 이쑤시개, 가리개
-애	마개, 얼개(얽+애)
-게	지게
-어지	나머지
-엄	무덤, 주검
-웅	마중, 배웅

■ 동사화 접미사

접미사	예
-하	위반하다, 운동하다, 공부하다, 구경하다, 바동바동하다
사동, 피동 형태소	밝히다, 높이다, 낮추다, 좁히다
-거리- -대-	출렁거리다, 바동거리다, 머뭇거리다 출렁대다, 바동대다, 머뭇대다

■ 형용사화 접미사

접미사	예
-하-	가난하다, 씩씩하다, 차근차근하다, 울퉁불퉁하다, 반듯반듯하다
-스럽-	자랑스럽다, 걱정스럽다, 복스럽다
-답-	학생답다, 아름답다, 신사답다
-롭-	향기롭다, 평화롭다, 자유롭다, 새롭다
-업-	미덥다(믿업다)
-브-	미쁘다(믿브다), 아프다(앓브다), 슬프다(슳브다)
-읍-	우습다(웃읍다)
-ㅂ-	그립다(그리ㅂ다), 놀랍다(놀라ㅂ다)

■ 부사화 접미사

접미사	예
-이/-히	많이, 고이, 높이, 반듯이, 깨끗이, 느긋이, 오롯이, 곰곰이, 틈틈이
	급히, 꾸준히, 넉넉히, 똑똑히, 꼼꼼히, 끔찍이, 깊숙이, 더욱이, 나날이
-오/-우	비로소, 도로(돌오), 너무, 마주(맞우)
-로	새로, 날로, 진실로
-내	끝내, 마침내, 겨우내
-껏	정성껏, 마음껏
-금	하여금

■ 관형사화 접미사

접미사	예
-적	우호적, 정신적
-까짓	그까짓, 이까짓, 네까짓

(4) 파생어의 파생

어근의 앞뒤에 접사가 덧붙어 이루어진 파생어 형태에 다시 접사가 결합하여 새로운 어휘를 만드는 경우

예 헛손질: 헛+{손+질}, 외팔이: {외+팔}+이(명사→명사)

막벌이: {막+벌}+이, 맞잡이: {맞+잡}+이(동사→명사)

시건방지다: 시+{건방+지+다}(명사→형용사)

(젠체하며 지나치게 주제넘다.→시큰둥하게 건방지다.)

(5) 합성어

① 통사적 합성어: 어근과 어근의 결합이 한국어의 일반적인 어휘 배열법에 맞도록 구성

형식	예
명사+명사	논밭, 밤낮, 길바닥, 집안, 집사람, 눈물, 길거리
관형사+명사	새마을, 첫사랑, 새해, 이승, 저승, 온갖, 이분, 새아기
부사+용언	가로지르다, 그만두다, 마주 서다, 못나다, 막되다, 잘하다
부사+부사	곧잘, 이리저리
조사 생략	힘들다, 값싸다, 재미나다, 본받다, 선보다, 다리 놓다, 앞서다, 손쉽다
연결어미 有	알아보다, 뛰어가다, 벗어나다, 스며들다, 가려내다, 게을러터지다, 약아빠지다, 잡아떼다, 빌어먹다
관형사형 어미 有	작은집, 늙은이, 젊은이, 못난이, 디딜방아, 빈주먹, 날짐승, 흰소리, 뜬소문

② 비통사적 합성어: 어근과 어근의 결합이 한국어의 일반적인 어휘 배열법에 어긋나게 구성

형식	예
연결어미 無	뛰놀다, 여닫다, 우짖다, 굳세다, 높푸르다, 검붉다, 붙잡다, 늦되다, 설익다, 오르내리다, 굶주리다, 날뛰다
관형사형 어미 無	늦더위, 늦잠, 묵밭, 곶감, 덮밥, 흔들의자, 검버섯
부사+명사	부슬비, 헐떡고개, 볼록거울, 껄껄웃음, 출랑새, 혼잣말, 왈각선생, 척척박사, 곱슬머리, 알뜰주부, 뾰족구두

③ 한자어 합성어: 2, 3, 4음절 합성어가 있음 **예** 2음절 합성어의 결합 유형

유형	예
서술어+목적어	독서(讀書), 문병(問病), 구직(求職), 입국(入國)
서울어+부사어	재경(在京), 인상(引上), 재중(在中)
부사어+서술어	필승(必勝), 북상(北上), 상향(上向)
관형어+명사	선정(善政), 묘기(妙技), 전사(戰士), 미인(美人)
대등(유사, 반대)	남녀(男女), 동서(東西), 고저(高低), 흥망(興亡)

합성어의 결합 순서는 두 개의 어근이 의미적으로 대등하게 결합될 때 순서가 고정된다. 인지적 측면에서 더 중요한 요소가 더 앞에 놓인다.

유형	예
시간의 선후	여닫다/닫열다, 개폐/폐개, 어제오늘/오늘어제
수의 크고 작음	하나둘/둘하나, 천만리/만천리
물리적 거리의 멀고 가까움	이곳저곳/저곳이곳, 여기저기/저기여기
심리적 거리의 멀고 가까움	자타, 한중일, 미일
남녀 관계	남녀, 부모, 신랑신부, 신사숙녀, 연놈, 암수

※ ladies and gentlemen

매매(賣買): 팔고 사다/사고 팔다, give and take, 수수(授受), 주고 받다

④ 합성어의 파생

유형	예
통사적 합성어 +접미사	해돋이 품갚음, 팽이치기, 글짓기, 손톱깎이, 달맞이, 재떨이 같이가기, 감옥살이(감옥에 살다), 앞차기(앞으로 차다), 가을걷이 돌팔매질(돌+팔매+질)
비통사적 합성어 +접미사	나들이, 여닫이, 미닫이, 꺾꽂이
반복 합성어 어근 +접미사	다달이, 집집이, 틈틈이, 곳곳이, 샅샅이

※ 파생어의 합성: 통조림, 맞춤법, 코웃음, 오이지무침, 돈벌이, 말다툼, 눈웃음, 볶음밥, 비빔냉면, 갈림길, 잡기놀이, 높이뛰기

⑤ 반복 합성어: 동일하거나 유사한 형태의 어근이 반복적으로 결합하여 이루어진 합성어.(첩어(疊語))

유형	예
전체 반복	집집, 가지가지, 차례차례, 군데군데 고루고루, 길이길이, 영영, 오래오래 반짝반짝, 찰랑찰랑, 보슬보슬, 빙글빙글, 아장아장
부분 반복	울긋불긋, 우락부락, 올망졸망, 오순도순, 싱글벙글 두둥실, 떼떼굴, 짝짜꿍, 애개개 차디차다, 달디달다, 쓰디쓰다, 기나길다, 머나멀다
대립되는 어근	오나가나, 이리저리, 여기저기, 들락날락, 엎치락뒤치락

⑥ 통사적 합성어와 명사구의 비교 예 작은아버지 VS 작은 아버지

기능/구분	통사적 합성어	구
의미의 변화	있을 수 있다(아버지의 동생)	없다(키가 작은 아버지)
소리의 바뀜	경우에 따라 있다(솔+나무→소나무)	없다
분리성	없다	있다(작은 너의 아버지)
서술성	없다	있다
띄어쓰기	없다	있다

3. 음운 교체에 의한 어휘 형성

음성 상징이란 언어 기호의 형식(음성)과 내용(의미) 사이의 관계가 자의적이 아니라 필연적인 성격을 띠면서 성립된 것이다. 음성 자체가 표현 가치를 지니게 된다. 직접 모방(자연음을 충실히 묘사한 대부분의 의성어)과 간접 모방(음 자체의 특성이 어떤 느낌을 불러일으키는 경우)이 있다.

1) 모음 교체

모음이 양성과 음성의 대립 관계를 이루면서 이들의 교체에 의해 새로운 어휘가 형성된다.

(1) 의미가 이질적인 경우

유형	예
체언	맛(味): 멋(美) 못(池) 마리(匹): 머리(頭) 나(自): 너(他) 살(皮): 설(正初)
용언	남다(餘): 넘다(溢) 얄다(淺): 엷다(薄) 곧다(直): 굳다(堅) 곱다(曲): 굽다(屈) 낡다(殘): 늙다(老) 밝다(明): 붉다(赤) 작다(小): 적다(少) 깎다(刻): 꺾다(折)

(2) 의미의 차이가 두드러지지 않는 경우: 주로 의성어와 의태어의 경우

(양성, 음성의 대립 관계)

유형	예
ㅏ : ㅓ	반짝반짝: 번쩍번쩍, 아장아장: 어정어정, 방글방글: 벙글벙글 빨갛다: 뻘겋다, 까맣다: 꺼멓다, 파랗다: 퍼렇다, 노랗다: 누렇다
ㅗ : ㅜ	곱슬곱슬: 굽슬굽슬, 오물오물: 우물우물, 보슬보슬: 부슬부슬
기타	매끄럽다: 미끄럽다, 따뜻하다: 뜨뜻하다, 살금살금: 슬금슬금 파릇파릇: 푸릇푸릇, 살짝: 슬쩍, 방그레: 빙그레

※ 모음의 표현적 가치

양성	소(小)	급(急)	밀(密)	속(速)	예(銳)	과(寡)	명(明)	경(輕)	청(淸)	박(薄)
음성	대(大)	완(緩)	소(疎)	지(遲)	둔(鈍)	다(多)	암(暗)	중(重)	탁(濁)	후(厚)

2) 자음 교체

파열음과 파찰음의 예사소리, 된소리, 거센소리에 따른 어휘 형성이 가능하다.

예 감감하다: 깜깜하다: 캄캄하다, 쾅: 꽝

발갛다: 빨갛다, 벌겋다: 뻘겋다

생긋: 쌩끗, 빙빙: 삥삥: 핑핑

※ 자음의 표현적 가치

예사소리	평순(平順)한 느낌
된소리	강예(强銳)한 느낌
거센소리	경탁(硬濁)한 느낌

3) 특별한 방법에 의한 어휘 형성

(1) 약어(略語)와 두자어(頭字語)

① 약어: 말하거나 글로 쓸 때 또는 인쇄나 기계에 의해서 통신을 할 때 어형이 길면 불편한 경우가 많으므로 이를 피하기

위해서 줄여 쓴 어휘

예 apartment – 아파트, drycleaning – 드라이, 총신대학교 – 총신대, 스테인리스 그릇 – 스텐, 스트렙소마이신 – 마이신

② 두자어: 약어 중 복합어를 형성하는 어근의 머리글자만 모아서 형성한 것

예 경제정의실천시민연합 – 경실련, 민주화변호사연합회 – 민변, 교육과학 기술부 – 교과부, 지식경제부 – 지경부, 농협협동조합 – 농협, 한국학술진흥재단 – 학진, 한국경영자총협회 – 경총, 대한상공회의소 – 대한상의, 지방자치제도 – 지자제, 지방자치단체 – 지자체, 명예퇴직제 – 명퇴, 난장이가 쏘아올린 작은 공 – 난쏘공

(2) 민간 어원

유추 등에 의해 낯선 어휘를 보다 친숙한 어휘로 바꾸어 사용하는 데서 나타나는 현상

예 빈자/빈대(떡): '貧者떡', '賓待떡'으로 해석(원래 '콩을 갈아서 만든 떡'의 의미), 곱창: '곱'을 '曲'으로 해석(원래 '곱'은 '기름'의 의미), 소나기: '소를 걸고 하는 내기'로 해석(원래 '뻣뻣한 비, 거센 비, 심한 비'의 의미)

Ⅲ. 의미 관계

1. 의미 관계의 성립

사물을 표현하는 어휘는 세계 사물의 존재 양상에 따라 의미적인 관계를 형성한다. 어휘는 개별 항목마다 독특한 형태와 의미, 그리고 용법을 지니고 있으나 개별적으로 존재하는 것이 아니라 밀접한 관계를 이루면서 존재하므로 어휘의 습득은 관계에 대한 정보를 수용하는 것이다. 유의 관계, 대립 관계, 동음이의 관계, 다의 관계, 상하 관계 등이 있다.

2. 유의어의 개념과 유형

1) 성격

일반적으로 둘 이상의 어휘가 같거나 비슷한 뜻을 지니고 있을 때, 이들을 유의 관계에 있다고 한다. 이러한 어휘들을 '유의어'(일부 유사한 의미를 공유하는 경우)라고 한다. 그중 통사적 특징이 같고 문장 안에서 뜻을 변화시키지 않는 상태로 교체되는 어휘를 '동의어'(의미가 똑같은 경우)라고 한다. 그러나 완전한 동의어를 찾기는 어렵다.

가리키는 대상의 범위나 쓰이는 상황이 다르거나 미묘한 느낌의 차이를 보인다.

예 그는 배고픔을 {견디면서(○), 참으면서(○)} 일을 했다.(부정적 상황을 극복하는 노력)
가로수가 폭풍을 {견디지(○), 참지} 못하고 뿌리째 뽑혔다.(물리적 극복)
그는 방송 중에 기침을 {견디느라, 참느라(○)} 혼이 났다.(정신적 극복)

누나는 애완동물을 {기르고(○), 키우고(○)} 있다.

요즘 젊은이들에게는 머리를 {기르는(○), 키우는} 것이 유행이다.

공통	기르다: 동식물을 보살펴 자라게 하다. 키우다: 동식물이 몸의 길이가 자라게 하다.
차이	기르다: 머리카락이나 수염 따위를 깎지 않고 길게 자라도록 하다. 키우다: ×

TV가 고장이 나서 {고쳐야(○), 수리해야(○)} 한다.

그 옷은 몸에 맞게 {고쳐(○), 수리하여} 입으면 좋을 것 같다.

공통	고치다: 고장이 나거나 못 쓰게 된 물건을 손질하여 제대로 되게 하다. 수리하다: 고장 나거나 허름한 데를 손보아 고치다.
차이	고치다: 모양이나 내용 따위를 바꾸다. 수리하다: ×

그에게는 이상하게 친화력 같은 것이 있었다.

그는 사람들의 지혜와 힘을 최대한으로 끌어낼 수 있는 감화력이 있다.

실패를 성공의 밑거름으로 전화하려면 실패 자체를 끌어안을 수 있는 포용력이 필요하다.

친화력: 다른 사람들과 사이좋게 잘 어울리는 능력.
감화력: 좋은 영향을 주어 생각이나 감정이 바람직하게 변화하도록 하는 힘.
포용력: 남을 너그럽게 감싸 주거나 받아들이는 힘.

유의 관계에 있는 어휘들은 의미가 같거나 비슷하다고 인식되면서도 어휘 각각이 쓰이는 문맥상의 환경이 완전히 일치하는 것은 아니다.

2) 유의 관계의 유형

① 기원에 따른 분류

예

▪ 고유어: 고유어

얻다: 받다, 속: 안, 깨끗하다: 맑다, 아우: 동생

껍질: 껍데기, 꾸중: 꾸지람, 수없는: 수많은, 가: 끝

걱정: 근심, 모양: 생김새 틈: 사이, 겨를,

▪ 고유어: 한자어

나누다: 분배하다, 나른하다: 피곤하다, 길: 도로, 걸상: 의자

마르다: 재단하다, 집짐승: 가축, 집: 가옥, 말미: 휴가

꼭대기: 정상, 다리: 교량, 가람: 강, 옷: 의복

■ 한자어: 한자어

사과하다: 사죄하다, 실태: 현황, 재주: 재간, 재능, 청소: 소제

기차: 열차, 애인: 연인, 부친: 가친, 모친: 자친

대신: 대리, 의복: 의관, 책: 서적

■ 고유어: 한자어: 외래어

배: 선박(船舶): 보트(boat), 둑: 제방(堤防): 댐(dam)

춤: 무용(舞踊): 발레(ballet), 틈: 간격(間隔): 갭(gap)

아내: 처(妻): 와이프(wife), 선술집: 주점(酒店): 바(bar)

말미: 휴가(休暇): 바캉스(vacance)

특히 고유어와 한자어는 일(一) 대 다(多)의 유의 관계를 맺는다.

예 속: 내(內), 내면(內面), 이면(裏面)

　　아이: 소아(小兒), 소동(小童), 아동(兒童), 유아(幼兒),

　　차지하다: 점유(占有)하다, 점거(占據)하다, 점령(占領)하다, 소유(所有)하다, 장악(掌握)하다

② 위상에 따른 분류: 지역적 차이(방언), 직업, 성별, 나이 따위의 사회적 차이에 따라 나뉜다.

예 머리: 대가리, 머리통, 입: 아가리, 주둥아리, 진지: 밥

　　돌아가시다: 죽다: 뒈지다, 잡수시다: 먹다: 처먹다

　　부추: 정구지, 정구지, 우렁쉥이: 멍게

　　어머나: 어험, 아프니: 아프냐, 녜(방언): 예

3) 유의어의 의미 변별 방법

① 반의 검증: 대립 관계에 있는 반의어를 대응시켜 보는 것이다.

예 '기쁘다'와 '즐겁다'는 '유의 관계'의 어휘이지만 대립되는 어휘가 각각 '슬프다'(원통한 일을 겪거나 불쌍한 일을 보고
　　마음이 아프고 괴롭다)와 '괴롭다'(몸이나 마음이 편하지 않고 고통스럽다)로 동일하지 않으므로, 두 어휘의 의미는
　　동일한 것이 아님

② 나열 검증: 유의 관계에 있는 어휘들을 계열적 위치에 놓고 의미상의 차이를 찾는 것이다.

예 즉각 – 즉시 – 곧 – 빨리 – 얼른 – 속히

　　아주 – 매우 – 몹시 – 대단히 – 굉장히 – 상당히

　　실개천 – 개울 – 시내 – 내 – 하천 – 강 – 대하

③ 교체 검증: 동일한 문맥상의 환경에서 유의어들끼리 서로 바꾸어 보는 것이다. 가장 널리 활용된다.

예 저쪽 {길이, 도로가} 더 밀린다.

넓은 {길, 도로}, {길, 도로} 안내

배가 다니는 {길, *도로}

{*길, 도로} 표지판

④ 성분 분석: 의미 성분을 분석하여 차이를 변별하는 것이다.

	[부피]	[크기]	[공간성]
두껍다	+	+	+
두텁다	+	+	−

4) 유의 관계 분석의 실제

예 사람: 인간

① 공통점

{사람, 인간}은 만물의 영장이다. {사람, 인간}이 사는 세상
저 놈을 {사람, 인간}으로 좀 만들어 주세요. 너 언제 {사람, 인간} 될래? 그런 정신 상태로 {사람, 인간} 되긴 글렀다.

■ 생각을 하고 언어를 사용하며 도구를 만들어 쓰고 사회를 이루어 사는 동물

■ 사람이나 인간으로서의 일정한 자격이나 품격 등을 갖춘 대상

② 차이점

윗사람, 아랫사람, 뱃사람, 집사람, 안사람, 큰사람, 섬사람, 바깥사람, 난뎃사람 사람값, 사람됨, 사람잡이, 사람대우, 사람대접, 사람기생충
인간계, 인간고, 인간관, 인간공학, 인간관계, 인간세계 비인간, 초인간, 투명인간, 식물인간, 집합인간, 냉혈인간

■ 고유어(사람)와 한자어(인간)로 구분되어, '사람'은 일상적이며 친숙한 느낌을 주고, '인간'은 공식적이며 전문적인 용법에 주로 쓰임

■ '사람'은 주로 고유어와 결합하는 데 반해 '인간'은 주로 한자어와 결합

> 그는 {사람, 인간}이 좋다.
>
> 젊은 {사람, *인간}들이 웃는다.
>
> 선녀가 {*사람, 인간} 세상에 내려왔다.
>
> 동물과 {*사람, 인간}은 조화롭게 살아가야 한다.
>
> 야! 이 {사람, 인간}아!(마음에 달갑지 않거나 마땅치 않은 사람을 낮잡아 이를 때)

■ '사람'은 구체적인 존재로서의 인간을 가리키지만, '인간'은 정신적인 능력과 관련하여 동물과 대립되는 존재로서의 특성이 부각됨. 따라서 관념적이고 개념적인 존재로 가리키는 경향이 있음

3. 반의어의 특성과 의미

1) 성격
두 어휘 사이에 형태가 다르며 뜻이 서로 대립되는 관계를 대립 관계라 하고 그런 관계에 있는 어휘를 '반의어'라고 한다.

① 대립 관계에 있는 어휘는 동일한 어휘 범주와 의미 영역에 포함되면서 서로 대조적인 것이 특징이다.

예 '남편'과 '아내', '총각'과 '처녀'는 '명사'라는 어휘 범주와 '인간'이라는 의미 영역에 포함되는 점에서는 동일하지만 의미적으로 '남성'과 '여성'의 대립이 존재

② 반의어 사이의 의미적인 대립 관계는 성분 분석법을 통해 기술될 수 있다. 의미성분의 대조를 통해 대립 관계의 객관적 서술이 가능하다.

예 남편: [+인간][+남성][+결혼한]

아내: [+인간][−남성][+결혼한]

총각: [+인간][+남성][−결혼한]

처녀: [+인간][−남성][−결혼한]

③ 대립 관계는 일(一) 대 다(多)의 대응도 가능하다.

예

고유어 사이	달(月) ↔ 해(日), 날 뛰다 ↔(사람) 걷다,(값) 내리다 열다 ↔(문) 닫다,(꼭지) 잠그다,(자물쇠) 채우다 벗다 ↔(옷) 입다,(모자) 쓰다,(신발, 양말) 신다,(안경, 장갑) 끼다
한자어 사이	단순(單純) ↔ 복잡(複雜), 오묘(奧妙) 상부(上部) ↔ 하부(下部), 말단(末端) 상놈(常-) ↔ 양반(兩班), 상년(常-)
한자어와 고유어	노인(老人) ↔ 젊은이, 청년, 어린이, 소년(少年)

④ 다의어인 경우, 각각의 의미 항목에 따라 대응되는 반의어가 있다.

예 동사 '서다'

(자세) 곧게 하다 차렷 자세로 서다.(↔ 앉다)

(귀) 곧게 되다 토끼의 귀가 쫑긋 서다.(↔ 눕다)

(결심, 계획) 이루다 결심이 서다.(↔ 풀어지다)

(칼날) 날카롭게 되다 칼날이 시퍼렇게 서다.(↔ 무디다)

2) 대립 관계의 유형

① 극성 대립: 중간 단계가 설정되지 않는 관계(상보적 반의어, 모순 관계)

　　　　　　양립 불가능. 쌍방을 부정하면 모순이 됨

예 남자 ↔ 여자, 참 ↔ 거짓, 살다 ↔ 죽다, 있다 ↔ 없다, 실명 ↔ 가명

② 비극성 대립: 중간 단계가 예상되는 관계(정도 반의어, 반대 관계)

　　　　　　쌍방 부정이 가능함

예 덥다 ↔ 춥다(사이에 '따뜻하다'나 '서늘하다'가 들어갈 수 있음)

좋다 ↔ 나쁘다, 길다 ↔ 짧다, 쉽다 ↔ 어렵다, 크다 ↔ 작다, 진보 ↔ 보수, 희다 ↔ 검다

③ 방향 대립: 방향상의 관계적 대립이나 이동 또는 변화를 나타내는 관계(관계 반의어, 상대 관계)

예 위 ↔ 아래, 스승 ↔ 제자, 오전 ↔ 오후, 밤 ↔ 낮, 어버이 ↔ 자식,

사다 ↔ 팔다, 입다 ↔ 벗다, 나타나다 ↔ 사라지다, 주다 ↔ 받다

3) 대립 관계의 어휘의 용법적 특징

① 동질적 부류의 어휘 중에서 대립 관계를 이루는 어휘가 존재하지 않는 어휘적 빈칸이 나타나기도 함

예 남자 ↔ 여자, 남성 ↔ 여성, *남인 ↔ 여인

② 비극성 대립의 경우 긍정적인 의미를 갖는 어휘가 더 적극적이어서 명사로 파생됨

예 길이 ↔ *짧이, 높이 ↔ *낮이, 깊이 ↔ *얕이, 넓이 ↔ *좁이, 크기 ↔ *작기

③ 방향성 대립의 경우에는 어느 한 쪽이 여러 어휘로 분화

예 입다, 신다, 쓰다 ↔ 벗다

④ 동사나 형용사의 대립 관계는 연어 정보 없이 단순하게 적용되지 않음. 반의어의 특 성은 언어마다 다르게 나타날 수 있음

예 창피를 주다 ↔ *창피를 받다, 창피를 당하다, 가벼운 부상 ↔ *무거운 부상, 심한 부상

4. 동음이의 관계와 다의 관계

1) 동음이의어

하나의 동일한 형태가 서로 관련되지 않은 두 개 이상의 뜻으로 해석될 때 동음이의 관계라고 하고 그러한 어휘를 동

음이의어라고 한다.

(1) 일반적 경우

예

배	復, 舟, 梨, 拜, 胚, 杯, 倍, 裵
눈	眼, 눈금, 그물코 구멍, 雪, 초목의 싹
밤	夜, 栗, 거푸집(녹쇠 물을 부어 놋그릇을 만들어 내는 틀), 영양분(송치-암소 배 속에 든 새끼-가 어미 배 속에서 섭취하고 자라는 영양물질)
말	言, 받침목(톱질을 하거나 먹줄을 그을 때 밑에 받치는 나무), 그릇(곡식, 액체, 가루 따위의 분량을 되는 데 쓰는 그릇), 斗(18L), 馬, 패(고누나 윷놀이 따위를 할 때 말판에서 정해진 규칙에 따라 옮기는 패), 식물(물속에 나는 隱花식물을 통틀어 이르는 말), 버선(버선을 잘못 이르는 말)
손	手, 客, 鬼神, 後孫, 姓, 단위(조기 두 마리), 접미사(7대손)
발	足, 나이테의 굵기, 簾, 버릇이나 관례, 가락(실이나 국수 따위의 가늘고 긴 물체의 가락), 단위(두 팔을 양옆으로 펴서 벌렸을 때 한쪽 손끝에서 다른 쪽 손끝까지의 길이), 접미사(기세, 힘, 효과, 그곳에서 떠남)
벌	地, 덩어리(옷이나 그릇 따위가 두 개 또는 여러 개 모여 갖추는 덩어리), 단위(옷이나 그릇), 蜂, 罰, 접두사(일정한 테두리를 벗어난)
우리	圈牢, 단위(기와 2천 장), 대명사, 牛李

(2) 동사와 형용사의 경우, 연어 관계를 통한 용법의 차이

예

타다	버스에 타다, 불이 타다, 약을 타다, 월급을 타다, 가야금을 타다, 먼지가 타다, 솜을 타다, 손을 타다
쓰다	글을 쓰다, 모자를 쓰다, 도구를 쓰다, 약이 쓰다

(3) 용언의 경우, 활용형에서 철자도 같고 발음도 같은 것

예 집에 가는 사람(가다), 밭을 가는 농부(갈다), 가는 철사(가늘다)

(4) 철자는 다르나 발음이 같은 것(음절의 끝소리 규칙: ㄱ, ㄴ, ㄷ, ㄹ, ㅁ, ㅂ, ㅇ)

예 낫-낮-낯-낱-낟[낟] 묽다-묶다-묵다[묵따] 입-잎[입]

넘어-너머[너머] 붙이다-부치다[부치다] 달이다-다리다[다리다]

식히다-시키다[시키다] 졸이다-조리다[조리다]

(5) 한자어의 경우, 한글로 표기할 때 동음이의어가 많이 존재함

예 감상

鑑賞(볼 감, 감상할 상): 주로 예술 작품을 이해하여 즐기고 평가함.
미술품을 鑑賞하다.
感想(느낄 감, 생각 상): 마음속에서 일어나는 느낌이나 생각.
일기에 하루의 感想을 적는 시간은 자신을 되돌아보는 시간이다.
感傷(느낄 감, 상할 상): 하찮은 일에도 쓸쓸하고 슬퍼져서 마음이 상함. 또는 그런 마음. 돌아가신 어머니에 대한 感傷의 눈물이 흘렀다.

2) 다의어

(1) 성격

하나의 형태가 관련된 여러 뜻으로 해석되는 것을 다의 관계라 하고, 그런 특징을 지닌 어휘를 다의어라 한다. 어휘의 형태와 의미가 일 대 일로 대응되는 것이 적절할 것이나 언어 사용의 효율성과 경제성에서 문제가 될 수 있다.

예 식사하기 전에 손을 씻는다.(사람의 손가락과 손바닥이 있는 부분)

그녀는 손에 반지를 끼었다.(손가락)

손이 모자라다.(일할 사람)

나는 오랜 친구와 손을 아주 끊을 수 없다.(교제, 관계)

그는 사기꾼의 손에 놀아났다.(수완, 잔꾀)

그의 집이 남의 손에 넘어갔다.(소유나 권력)

우리 가정의 미래는 너의 손에 달려있다.(힘, 역량)

원칙적으로 다의어는 하나의 뜻에서 관련되어 확장된 것이므로 한 어휘로 사전에 등재 되고 동음이의어는 뜻이 다른 별개의 어휘이기 때문에 따로 등재된다.

(2) 다의어의 의미 구조 양상

① 중심 의미에서 주변 의미로 의미의 확장이 이루어지는데 문맥에 의존해서 일어남

형용사 '밝다'	
햇살이 밝다.(빛) 벽지가 밝다.(색) 표정이 밝다.(표정) 눈이 밝다.(감각) 사리가 밝다.(생각) 전망이 밝다.(미래)	빛→색→표정→감각→생각→미래(구체적)(추상적)

② 특정 어휘의 의미가 중심 의미에서 주변 의미로 확장되는 것은 유사성과 인접성 때문

: 의미 사이의 관계나 형태, 구성, 기능이 유사하거나 시간이나 공간으로 인접

예 기능적 유사성: 목(머리와 가슴에 있는 잘록한 부분)-손목, 발목, 팔목, 길목, 건널목, 골목, 여울목

시간적 인접성: 아침(시간)-아침을 먹다(아침밥)

③ 중심 의미와 주변 의미는 절대불변의 고정적인 것이 아니라 시간이 흐름에 따라 변할 수 있음(언어의 역사성)

> 예 마리: 머리, 두발, 수(작품을 세는 단위) → 짐승이나 물고기, 벌레 따위를 세는 단위

5. 상하 관계와 의미장

1) 상의어와 하의어
한 어휘가 다른 어휘의 의미를 포함할 경우 상위 개념의 어휘를 상의어(상위어)라 하고 하위 개념의 어휘를 하의어(하위어)라고 한다.

① 상 · 하의어를 통해, 어휘의 의미 사이의 상하 관계를 파악할 수 있고, 하의어들의 관계를 통해 공동 하의 관계를 파악할 수 있음
② 상하 관계에서 의미적으로 하의어는 상의어를 함의하지만 상의어는 하의어를 함의하지 않음(상의어의 의미가 포괄적이고 넓은 반면 하의어의 의미는 더 구체적이고 좁음)

2) 의미장에 따른 양상
의미장이란 특정 어휘장 안에 의미적으로 관련된 부분장들이 의미적 단일체를 구성하여 이룬 어휘들의 집합이다. 의미상 밀접하게 연관된 낱말들의 집합이다.

(1) 의미 관계에 의한 어휘장: 인간은 새로 습득한 어휘의 의미를 각기 고립된 상태로 정신적 사전 속에 저장하는 것이 아니라 이미 저장된 기존의 다른 어휘들의 의미 영역과 비교하고 관계도 고려하여 적절한 영역에 저장한다.

① 다른 어휘들과의 특정한 의미적 관련을 가지면서 의미의 조직 체계 형성

> 예 신체의 외형적 특징: 야위다, 늘씬하다, 통통하다, 뚱뚱하다
> 착용성 동작: 쓰다, 끼다, 걸치다, 입다, 매다, 신다
> 맛: 달다, 쓰다, 짜다, 시다, 맵다

② 하나의 어휘뿐만 아니라 어휘 결합체가 의미장을 이루기도 함

> 예

죽다(생명 종식어 장)	
어휘	사망하다, 운명하다, 서거하다, 승하하다, 붕어하다, 순직하다, 작고하다, 돌아가다, 별세하다, 타계하다, 소천하다, 입적하다, 임종하다, 횡사하다, 급사하다, 자살하다, 안락사하다, 익사하다, 뒈지다
어휘 결합체	눈을 감다, 눈에 흙이 들어가다, 세상을 떠나다, 세상을 하직하다, 세상을 버리다, 저세상으로 가다, 열반에 들다, 천당에 가다, 천국에 가다, 요단강을 건너다, 하늘나라에 가다, 황천길로 가다, 최후를 맞다, 잠이 들다, 유명을 달리하다, 생을 마감하다, 숨을 거두다, 목숨을 끊다, 숨이 지다, 고이 잠들다, 형장의 이슬로 사라지다, 고기밥이 되다, 물귀신이 되다

(2) 통합 관계에 의한 어휘장: 어휘들이 어떤 어휘와 함께 사용되는지에 대한 것으로 연어적 성격을 뜻한다.

예　착용성 동작을 뜻하는 어휘

입다-치마, 바지, 티셔츠

신다-구두, 운동화, 양말

쓰다-모자, 안경, 마스크

차다-시계, 팔찌, 목걸이

끼다-반지

(3) 상하 관계에 의한 어휘장: 계층적 구조로 이해되며 대개 하나의 의미장을 구성한다.

예　벼-나락-쌀

- 왕겨(벼의 겉겨 *겨: 벼, 보리, 조 따위의 곡식을 찧어 벗겨 낸 껍질을통틀어 이르는 말)
- 속겨(곡식의 겉겨가 벗겨진 다음에 나온 고운 겨)
- 볏짚

(4) 연상장: 떠오르는 생각을 구체적인 말로 표현하려는 과정에서 등장하는 어휘들도 장을 형성한다.

예

꽃	장미, 해바라기, 국화, 코스모스 아름답다, 예쁘다, 향기롭다 사랑, 고백, 정열, 존경 꽃잎, 암술, 수술, 줄기 축하, 기념, 어버이날, 스승의 날
푸르다	하늘, 들, 바다, 5월, 희망
검다	새까만 머리, 컴컴한 방, 검은 옷, 거무스름한 먹구름

(5) 어휘 형성에서의 어휘장: 합성어와 파생어의 형성에서 어휘장이 이루어진다.

예

늦-	늦더위, 늦잠, 늦추위, 늦서리, 늦장마, 늦바람, 늦봄, 늦여름, 늦가을
-잠	낮잠, 밤잠, 늦잠, 토끼잠, 새우잠, 선잠
검-	검붉다, 검푸르다, *검노랗다
-머리	파마머리, 스포츠머리, 학생머리, 곱슬머리/대머리, 큰머리, 빡빡머리/검은머리, 흰머리, 센머리/머리핀, 머리빗, 머리띠/갯머리, 뒷머리, 뱃머리, 윗머리/글머리
-개	날개, 덮개, 지우개, 베개
-질	낚시질, 걸레질, 호미질, 군것질

Ⅳ. 어휘 습득과 어휘력, 어휘 선정과 배열

1. 어휘 습득과 어휘력

1) 어휘 습득의 중요성

언어로 이해하고 표현하는 것은 궁극적으로 의미를 주고받는 것이므로 어휘 교육은 언어 교육에서 가장 기본이 되는 것이다. 어휘 교육에서는 학습자가 목표 언어의 어휘를 얼마나 알고 있는가도 중요하지만, 습득한 어휘를 어떻게 적절히 사용하는가도 중요하다. 어휘는 텍스트의 이해를 위한 도구이므로 어휘를 많이 알고 있을수록 텍스트의 이해 정도가 높아진다. 또한 어휘력은 문화적 배경 지식(스키마)의 정도를 반영하므로 배경 지식이 많을수록 어휘력이 높아지고 텍스트에 대한 이해도 높아진다. 어휘력은 텍스트를 이해하는 도구가 되며 높은 언어 감각과 문화적인 배경지식이 요구되는 언어 능력의 한 부분이다.

2) 어휘력의 내용(질적 어휘력)

① 어휘력에서는 개별 어휘 자체가 아니라 이들의 형태와 의미, 용법에 대한 이해의 폭과 깊이가 큰 비중을 차지한다.Nation(1990)

구분	어휘에 대한 언어 내적 지식
형태	어떻게 발음되는가?
	어떻게 쓰는가? 철자는 어떠한가?
위치	어떤 구조에서 나타나는가?
	앞뒤에 어떤 유형의 어휘가 올 것으로 예상되는가?
기능	얼마나 자주 사용되는가?
	어디서 만날 것으로 예상되는가?
의미	의미는 무엇인가?
	상기되는 다른 어휘들은 무엇인가?

② 어휘 교육이 양적 측면뿐만 아니라 실제로 사용되는 양상을 이해하고 적용할 수 있는 능력을 키워야 함을 의미한다. 그리고 어휘의 의미를 안다는 것은 사전적인 것과 문맥적인 것을 모두 이해함을 뜻한다. 어휘 교육에서는 사전적 의미와 문맥적 의미를 동시에 다루어야 하며 심층적인 이해가 이루어지도록 접근되어야 한다.

3) 이해를 위한 어휘와 표현을 위한 어휘

듣거나 읽어서 이해하는 데 사용되는 어휘(이해를 위한 어휘)와 말하거나 쓸 때 사용 되는 어휘(표현을 위한 어휘)는 양적인 면에서 반드시 일치하지 않는다. 보통 표현 어휘의 양이 이해 어휘의 1/3 정도이다. 이러한 구분은 원리적이고 상대적일 수 있으나 실제 어휘 교육에서는 같은 비중으로 가르치고 익히게 할 수 없으므로 표현을 위한 어휘에는 많은 시간을 할애하고 이해를 위한 어휘는 짧게 제시하거나 문맥을 통해 유추하게 할 수 있다.

2. 어휘 선정과 배열

1) 학습 어휘의 선정

(1) 어휘 선정의 기준

① 어휘 교육에서는 실용적인 어휘를 중심으로 단계적으로 제시하는데, 이를 위해 학습용 어휘의 조사가 선행되어야 한다. 주제별로 사용되는 어휘를 수집하여 빈도가 높은 것부터 차례로 학습하도록 제시한다.

② 기초 어휘는 특정 언어 가운데 중추적인 부분으로서 구조적으로 존재하는 어휘 집단을 이르며 기본 어휘는 어떤 목적에 따라 인위적으로 선정되는 어휘 집단을 이룬다. 학습용 어휘는 기초 어휘와 기본 어휘를 고려하여 선정한다.

③ 학습 어휘의 선정에서는 사용 빈도가 가장 중요하면서도 객관적인 기준이 된다. 다음으로 어휘의 적용 범위와 학습 가능성, 교수 및 학습의 필요 등이 기준이 될 수 있다.

(2) 어휘의 수(양적 어휘력)와 목록 선정

① 대체로 초급 단계에서 요구되는 어휘의 수는 1,000개 정도인데 한국어능력시험에서는 1급 800개, 2급 1,500~2,000개, 3급에서는 일상생활에서 불편함이 없을 정도의 양을 요구한다.

② 한국어세계화추진위원회에서는 어휘 사용률에 바탕을 둔 어휘 분포 분석과 어휘 증가율에 따른 구간의 분석을 통하여 사용률 80% 이상에 해당하는 약 5,000개를 기본 어휘 후보 목록으로 제한한다.

③ 빈도를 기준으로 어휘를 설정하는 것은 객관성을 보장받을 수 있으나 실제 의사소통에 필요한 어휘가 그대로 반영된다고 하기는 어려우므로 교육적 상황에 적절한 주관적 요인이 작용한다. 이런 관점에서 국립국어원에서는 초급 982개 중급 2,111개 고급 2,872개로 구분하였다.

④ 동음이의어와 다의어가 존재하므로 단순한 어휘 형태의 선정만으로 부족한 점이 있다. 동음이의어 사이에도 빈도 차이가 있고 다의어의 의미에 따른 용법상의 차이가 존재하기 때문이다. 한국어세계화추진위원회에서는 한국어 교육용 말뭉치를 바탕으로 1,087개의 어휘를 선정하고 각 어휘의 의미 항목에 대한 빈도를 조사한 바 있다.

2) 어휘의 배열

(1) 등급별 어휘의 배열

① 어휘는 등급의 최상위 구성 원리가 되는 의미와 관련되고 학습자의 배경지식을 활성화시켜 주는 데 결정적인 역할을 한다.

② 선정된 어휘 목록을 등급화하는 것이 중요한데, 학습 목적과 학습 수준에 따라 급수별 어휘를 등급화할 필요가 있다. 어휘의 등급을 설정하기 위한 기준으로 다음과 같은 것들을 들 수 있다.

▪ 고빈도성을 기준으로 하여 기초 어휘 순으로 우선 학습 어휘(저급)를 선정한다.
▪ 중복도가 높은 단어 순으로 우선 학습 어휘(저급)를 선정한다.

■ 편찬될 교재의 단원별 주제와 관련된 기본 어휘를 먼저 학습해야 하며 어휘 자체의 상관관계(의미망)도 고려한다.

■ 기본 의미를 가진 어휘, 파생력이 있는 어휘를 우선 학습 어휘로 선정한다.

■ 단원의 문법 교수 요목과 연계를 가진 어휘를 먼저 학습해야 하며 문법 이해를 위한 필수적인 기능어를 우선 학습 어휘로 삼는다.

■ 교수 현장과의 연계로 교수 현장에서 필수적인 단어는 저빈도 단어라도 우선 학습 어휘의 대상에 넣을 수 있다.

③ 한국어능력시험의 어휘 평가 항목을 기준으로 제시한 등급별 관련 어휘

급수	내용
1급	일상생활에 필요한 가장 필요한 어휘 사적이고 친숙한 소재와 관련된 가장 기본적인 어휘 기본 인칭 및 지시 대명사, 의문 대명사 주변의 사물 이름, 위치 관련 어휘 수와 셈 관련 어휘 '크다', '작다' 등과 같은 기본적인 형용사 '오다', '가다' 등과 같은 기본적인 동사 물건 사기, 음식 주문 등 기본적인 생활과 관련된 기초 어휘
2급	일상생활에 자주 사용되는 기본적인 어휘 공공시설 이용 시 자주 사용되는 기본적인 어휘 '제주도, 민속촌' 등 자주 접하는 고유 명사 '깨끗하다', '조용하다', '복잡하다' 등 주변 상황을 나타내는 형용사 '출발하다', '고치다' 등 일상생활에서 자주 사용하는 동사 우체국 이용, 회의 등 공적인 상황과 관련된 기본 어휘 약속, 계획, 여행, 건강과 관련된 어휘 '자주', '가끔', '거의' 등 기본적인 빈도부사
3급	일상생활에서 사용되는 대부분의 어휘 업무나 사회 현상과 관련한 기본적인 어휘 직장 생활, 병원 이용, 은행 이용 등 빈번하게 접하는 공적인 상황에서 사용되는 기본적인 어휘 '행복하다', '섭섭하다' 등 감정 표현 어휘 '늘어나다', '위험하다' 등 사회 현상과 관련한 간단한 어휘 '참석하다', '찬성하다' 등 직장 생활과 관련한 기본적인 어휘 '장점', '절약' 등 기본적인 한자어 '생각이 나다', '버릇이 없다' 등 간단한 연어
4급	일반적인 소재를 표현하는 데 필요한 추상적인 어휘 직장에서 일상적인 업무를 수행하는 데 필요한 어휘 신문 기사 등에 자주 등장하는 어휘 빈도가 높은 관용어와 속담 자연, 풍습, 문화, 사고방식, 경제, 과학, 예술, 종교 등 일반적인 사회 현상과 관련한 핵심적인 어휘

5급	사회 현상을 표현하는 데 필요한 어휘
	직장에서의 특정 영역과 관련한 기본적인 어휘
	세부적인 의미를 표현하는 어휘(아프다: 결리다, 노랗다: 누르스름하다)
	자주 쓰이는 시사 용어
	'이데올로기', '매스컴' 등 사회의 특정 영역에서 자주 쓰이는 외래어
	일반적으로 사용되는 관용어와 속담
6급	사회 현상을 표현하는 데 필요한 추상적인 어휘
	널리 알려진 방언, 자주 쓰이는 약어, 은어, 속어
	사회 각 영역과 관련하여 널리 쓰이고 있는 전문 용어
	복잡한 의미를 갖는 속담이나 관용어
학습자의 특성이나 교수·학습의 환경에 따라 달라질 수 있음	

(2) 단원별 어휘의 조직

① 언어 교육을 위한 교재에 반영되는 어휘는 등급과 단원별 주제 등을 고려하여 빈도수가 높은 어휘를 중심으로 선정된다. 따라서 영역별 또는 분야별 어휘의 빈도수가 주요 선정 기준이 된다.

② 주어진 시간에 학습할 수 있는 어휘의 수를 예상하여 학습할 어휘를 선택하고 목록을 작성하여 단원의 내용 구성에 반영한다.

③ 교재에서의 한 단원은 하나의 주제로 구성됨. 주제와 관련되는 구체적인 언어 형식을 특정한 어휘와 문법을 반영하여 작성하고 그렇게 실현된 언어 구성체는 일정한 언어 기능을 표현한다.

④ 한 단원의 내용은 어휘의 배열을 통해 전개된다. 따라서 그 단원에서 제시되는 어휘는 주제에 집중되는 것이어야 한다. 곧, 하나의 어휘장을 이루는 것들이 주요 구성원이 된다.

예 **가.** 눈이 오다, 비가 오다, 바람이 불다, 태풍이 불다, 구름이 끼다, 안개가 끼다, 맑다, 흐리다, 덥다, 춥다, 따뜻하다, 시원하다

나. 배가 고프다, 시키다, 맛이 있다, 맵다, 차를 마시다, 친절하다, 식당, 한식집, 음식, 한식, 비빔밥, 냉면, 불고기, 김치, 인삼차, 커피, 점심, 값, 종업원, 메뉴

형 성 평 가

1. 다음 중 표준어의 기능이 아닌 것은?

① 통일의 기능

② 독립의 기능

③ 자주의 기능

④ 우월의 기능

정답: ③

해설: 표준어의 4대 기능은 '통일의 기능', '독립의 기능', '우월의 기능', '준거의 기능'이다.

2. 다음 중 고유어의 어휘적 특징으로 맞지 않는 것은?

① 동음이의어가 많아 경제적이나 혼란을 야기하기도 한다.

② 한 어휘가 두 가지 이상의 뜻을 갖는 다의어가 발달했다.

③ 어휘가 음성적으로나 형태적으로 유연(有緣)한 성질을 갖고 있다.

④ 생산성이 높고 축약 현상이 잘 나타난다.

정답: ④

해설: 생산성이 높고 축약 현상이 잘 나타나는 어휘는 '한자어'이다.

3. 다음 중 어휘의 정의가 맞지 않는 것은?

① 단어: 자립할 수 있는 말이나, 자립할 수 있는 형태소에 붙어서 쉽게 분리할 수 있는 말

② 형태소: 문장을 구성하고 있는 각각의 마디. 문장 성분의 최소 단위로서 띄어쓰기의 단위

③ 단일어: 하나의 어근으로 된 단어

④ 지배적 접미사: 접두사와 달리 어근의 품사를 바꾸어 주는 지배적인 기능을 지닌 접미사

정답: ②

해설: '문장을 구성하고 있는 각각의 마디. 문장 성분의 최소 단위로서 띄어쓰기의 단위'는 '어절'의 정의이다. '형태소'는 '뜻을 가진 가장 작은 말의 단위'이다.

4. 단어 형성 방법 중 성질이 다른 것은?

① 통조림

② 헛손질

③ 외팔이

④ 시건방지다

정답: ①

해설: '통조림'은 파생어의 합성에 해당하고 나머지는 파생어의 파생에 해당한다.

189

5. 다음 보기에 해당하는 분류는?

〈보기〉

얻다: 받다	속: 안	깨끗하다: 맑다	아우: 동생	껍질: 껍데기
구중: 꾸지람	수없는: 수많은	가: 끝	걱정: 근심	

① 고유어: 고유어
② 고유어: 한자어
③ 한자어: 한자어
④ 고유어: 외래어

정답: ①
해설: 〈보기〉는 유의 관계의 유형 중 기원에 따른 분류의 하위 범주 중 하나에 해당하는 예들이다. 기원에 따른 분류에는 '고유어: 고유어' '고유어: 한자어' '한자어: 한자어' '고유어: 외래어' 등이 있는데 그중에서 '고유어: 고유어'에 해당한다.

6. 다의어에 대한 설명 중 옳지 않은 것은?
① 원칙적으로 다의어는 하나의 뜻에서 관련되어 확장된 것이므로 한 어휘로 사전에 등재된다.
② 중심 의미에서 주변 의미로 의미의 확장이 이루어지는데 문맥에 의존해서 일어난다.
③ 특정 어휘의 의미가 확장되는 것은 유사성과 인접성 때문이다.
④ 중심 의미와 주변 의미는 한번 형성이 되면 변화하지 않는다.

정답: ④
해설: 중심 의미와 주변 의미는 절대불변의 고정적인 것이 아니라 시간이 흐름에 따라 변할 수 있다.(언어의 역사성)

7. 어휘 습득의 중요성에 대한 설명으로 옳지 않은 것은?
① 언어로 이해하고 표현하는 것은 궁극적으로 의미를 주고받는 것이므로 어휘 교육은 언어 교육에서 가장 기본이 된다.
② 어휘 교육에서의 최종 목적은 목표 언어의 어휘를 최대한 많이 익혀서 아는 것이다.
③ 어휘는 텍스트의 이해를 위한 도구이므로 어휘를 많이 알고 있을수록 텍스트의 이해 정도가 높아진다.
④ 어휘력은 문화적 배경 지식의 정도를 반영하므로, 배경이 많을수록 어휘력이 높아지고 텍스트에 대한 이해도 높아진다.

정답: ②
해설: 어휘 교육에서는 학습자가 목표 언어의 어휘를 얼마나 알고 있는가도 중요하지만, 습득한 어휘를 어떻게 적절히 사용하는가도 중요하다.

8. 어휘의 등급을 설정하기 위한 기준으로 고려할 내용이 아닌 것은?
① 중복도가 높은 단어 순으로 우선 학습 어휘를 선정한다.
② 고빈도성을 기준으로 하여 기초 어휘 순으로 우선 학습 어휘를 선정한다.
③ 기본 의미를 가진 어휘, 파생력이 있는 어휘를 우선 학습 어휘로 선정한다.
④ 저빈도 단어는 교수 현장에서 필수적인 단어라도 후순위로 가르치는 것이 좋다.

정답: ④
해설: 교수 현장과의 연계로 교수 현장에서 필수적인 단어는 저빈도 단어라도 우선 학습 어휘의 대상에 넣을 수 있다.

02 영역

일반 언어학 및 응용언어학

제1장 언어학 개론
제2장 사회언어학
제3장 외국어 습득론
제4장 대조언어학

언어학 개론

1. 언어학의 개념, 연구 분야, 통사론에 대해 이해한다.
2. 언어와 인간, 언어학 발달사, 동물과 인간의 언어 대비에 대해 이해한다.
3. 언어의 특성과 의미론 및 응용언어학에 대해 이해한다.

Ⅰ. 언어학개론

1. 언어학

언어학이란 인간의 언어를 과학적으로 연구하는 학문을 이르는 말이다. 언어학은 언어를 구성하는 3가지 요소인 소리 (sound) · 구조(structure) · 의미(meaning) 등을 이해하는 학문이다. 여기에도 언어의 실제적인 사용(actual use of language)까지 과학적으로 분석과 추론을 통해서 지식을 얻는 학문이다.

1) 언어학의 연구 분야

언어를 구성하는 세 가지 요소는 소리 · 구조 · 의미이다.

(1) 소리

소리를 연구하는 분야는 음성학(phonetics)과 음운론(phonology)이 있다. 음성학은 어느 특정한 음성이 화자(speaker)의 발성기(speech organs) 일부인 성도(vocal tract)의 어느 부분에서 어떤 형태로 만들어지는가를 묘사하는 데 그 학문적 초점을 맞춘 분야이다. 음성학은 다시 어느 분야에 초점을 두느냐에 따라 조음 음성학(articulatory phonetics), 음향 음성학(acoustic phonetics), 청각 음성학(auditory phonetics) 등 세 분야로 나눌 수 있다. 조음 음성학은 생리 음성학(physiological phonetics)이라고도 하는데, 일반적으로 음성학이라 하면 이를 두고 하는 말이다. 조음 음성학은 화자의 발성 기관 일부인 성도의 어느 부분에서 어떤 형태로 음성이 만들어지는가를 밝히는 학문이다. 음향 음성학은 화자의 음성이 공기를 통과할 때 발생하는 음파(sound waves)를 물리학적 장치를 이용하여 연구하는 학문이다. 청각 음성학은 화자의 음성이 청자(hearer)의 청각 기관(auditory organs)에 도달하여 청취 되고 우리의 뇌에서 인지되는 과정을 다루는 학문이다.

음운론은 소리로 만들어진 음성이 그 음성의 주변에 있는 다른 음성들과 어우러져 궁극적으로 어떤 소리로 변하며, 또 어떻게 만들어진 소리가 나름대로 독특한 의미를 나타내기 위하여 어떻게 체계적으로 사용되는가를 파악하는 데 연구의 중점을 둔 학문이다. 따라서 음운론은 뜻을 분화하는 데 이용되는 소리의 단위인 음소(phoneme)의 대립과 조직 및 체계를 연구 대상으로 한다. 음소는 자음이나 모음 각각이 하나의 단위가 되는 것을 이르는 말이다. 그리고 자음과 모음이 모여서 이루는 소리의 단위를 음절(syllable)이라 한다. 음운론에는 음소(phoneme)와 음절(syllable)이 그 연구 대상이다. 음운에는 분절음운과 비분절음운으로 구별된다. 음운은 말의 뜻을 구별 짓는 최소 단위이다. 국어의 분절 음운에는 자음·모음·반모음 등이 있고 비분절음운(운소)에는 장단 표시(음장)와 억양 등이 있다.

① 장단 표시의 예
(눈 眼, 雪) (밤 夜, 栗) (발 足, 簾) (벌 罰, 蜂)
(말 馬, 言) 말이 많다. [마리 만타/마 : 리 만타]

② 억양의 예
인선: 우리 언제 만날까?(↘)
인철: 일요일(↘)
인선: 일요일?(↗) 일요일은 바쁜데.(↘)

어디 가?(↘) 집에 가(↗)
집에 가(→) 단정적이고 사무적인 느낌의 평서문
집에 가(∞)) 부드러운 느낌의 청유문

상승조(↗): 판정의문문, 놀람, 달램의 감정적 의미 전달
하강조(↘): 부드러운 느낌의 평서문, 설명의문문
평탄조(→): 단정적이고 사무적인 느낌의 평서문, 권위적인 명령문, 청유문
굴곡조(∞)): 부드러운 느낌의 청유문

음절은 한 번 발음할 수 있는 발화의 최소 단위 또는 한 뭉치로 이루어진 소리의 낱말로 말소리의 단위이다. 국어에서 음절의 필수 성분은 모음이다. 모음만이 성절음(成節音)이기 때문에, 모음의 수와 음절의 수는 일치한다. 음절 구조는 초성+중성, 초성+중성+종성, 중성, 중성+종성 등이다.

예 저녁이 되자 마당에 있는 닭을 닭장으로 몰아넣었다.
[저녀기 되자 마당에 인는 달글 닥짱으로 모라너얻따] 음절 21개

(2) 구조
언어 구조를 연구하는 분야는 형태론(morphology)과 구문론(syntax) 곧 통사론이라고도 한다. 형태론은 어형론이라고도 하는데 낱말의 어형 변화를 연구하는 학문이다. 그리고 구문론 곧 통사론은 문장의 구조나 기능을 연구하는 학문을 이르는 말이다.

형태론의 최소 단위가 형태소이다. 형태소는 의미를 가지는 최소 단위에 해당된다. 다시 말하자면 일정한 뜻을 지닌 가장 작은 말의 단위이다.

① 자립성의 유무에 따라
■ 자립 형태소: 다른 형태소와 결합 없이도 홀로 문장에서 쓰일 수 있는 형태소 – 명사, 대명사, 수사, 관형사, 부사, 감탄사
■ 의존 형태소: 반드시 다른 형태소와 결합하여야만 문장에 쓰일 수 있고 단어가 되는 형태소 – 조사, 용언의 어간(語幹), 어미, 접사 등

② 의미에 따라
■ 실질 형태소(어휘형태소): 구체적인 대상이나 구체적인 상태를 나타내는 실질적인 의미를 가지고 있는 형태소 – 체언, 용언의 어간(語幹), 수식언, 독립언 등
■ 형식 형태소(문법 형태소): 문법적 기능만을 나타내는 형태소 – 조사, 어미, 접사

예 철수도 등산을 잘할 수 있게 되었다.

■ 자립 형태소: 철수, 산, 잘, 수
■ 의존 형태소: 도, 등(登, 오르다), 을, 하–, –ㄹ, 있–, –게, 되–, –었–, –다
■ 실질 형태소: 철수, 등, 산, 잘, 하–, 수, 있–, 되–
■ 형식형태소: 도, 을, –ㄹ, –게, –었–, 다

의존 명사는 자립 형태소이면서 실질 형태소이다. 보조 용언은 의존 형태소이면서 실질 형태소이다. 한자어는 각 글자가 각각의 형태소를 이룬다. 창(窓), 문(門), 산(山) 등은 자립 형태소이다. 대응하는 고유어가 없기 때문이다. 천지(天地)에서 천, 지는 각각 의존 형태소이다. 대응하는 하늘과 땅이라는 고유어가 있기 때문이다. 또한 형태론에는 단어가 있다. 단어는 자립할 수 있는 말이나 자립할 수 있는 형태소에 붙어서 쉽게 분리할 수 있는 말이다. 단어는 다음 세 가지 중 하나를 만족하면 단어로 볼 수 있다.

■ 최소 자립 형식: 자립 형태소 전부
■ 자립할 수 있는 형태소에 붙어서 쉽게 분리할 수 있는 말: 조사(조사는 학자들 간의 견해 차이가 있다.)
■ 준자립 형식: 의존 명사, 보조 용언(의존 명사와 보조 용언은 자립성이 결여되어 있거나 거의 없고 의미에 있어서도 어휘적이라기보다는 문법적인 성격이 강하다는 점에서 준자립 형식으로 간주하여 단어로 분류한다.)

예 푸른 하늘을 향해 물줄기가 치솟고 있는 것을 바라보았다.
　　단어: 푸른, 하늘, 을, 향해, 물줄기, 가, 치솟고, 있는, 것, 을, 바라보았다(11개)

2. 통사론(syntax)

1) 통사론과 기본 개념
문장의 구조를 연구하는 분야 = 구문론

문장이란 우리의 생각을 언어로 표현하는 기본 단위이다. 단어들의 결합으로 일정한 형식을 갖추어야 하고 문장의 의미와 독립적인 중요성을 가진다.

Chomsky의 예 – 의미적으로는 이상하나 문법적으로는 옳다.

2) 문법성(grammaticality)
모국어 사용자는 의미와 상관없이 문장의 형식이 올바른지에 대한 직관을 가지고 있다.

3) 문장의 골격
한국어의 기본 문장은 서술어의 성질에 따라 나뉜다.

(1) '무엇이 어찌한다': 서술어가 동사

(2) '무엇이 어떠하다': 서술어가 형용사

(3) '무엇이 무엇이다': 서술어가 체언+서술격 조사

(4) 문장의 가장 중요한 성분은? 서술어

(5) "불이야!" – 무주어문

(6) "It's raining." – 가주어

4) 서술어의 자릿수
서술어가 그 성격에 따라 반드시 필요로 하는 문장 성분의 수이다.

(1) 1항 술어

■ 주어 하나만을 요구하는 서술어

예 철수가 예쁘다.

(2) 2항 술어 = 두 자리 서술어

■ 주어 이외에 또 다른 한 성분을 필수적으로 가지는 서술어

예 인순이가 책을 읽는다.

(3) 3항 술어 = 세 자리 서술어

■주다, 삼다, 넣다, 두다, 보내다 등

예 철수가 인수에게 선물을 주었다.(주어, 목적어, 필수 부사어를 요구함)

5) 문장의 성분

어느 어절이 다른 어절이나 단어에 대해 갖는 관계이다. 한 문장을 구성하는 요소는 주성분, 부속 성분, 독립 성분으로 구분된다.

(1) 주성분: 문장의 골격을 이루는 필수적 성분

■주어, 서술어, 목적어, 보어

(2) 부속 성분: 주성분의 내용을 꾸며주는 구실의 수의적 성분

■관형어, 부사어

(3) 독립 성분: 주성분이나 부속 성분과 직접적인 관계없이 그 문장에서 따로 떨어진 수의적 성분

■독립어

6) 문장 성분의 재료

단어는 문장을 이루는 최소의 구성이다.(단어 〉어절 〉구 〉절) 어절(語節)은 문장을 이루는 도막 도막의 마디로서 띄어쓰기의 단위이다. 예를 들어, '철수가 사과를 먹었다.' 문장은 3개의 어절과 5개 단어(민규, 가, 사과, 를, 먹었다)로 이루어진 것이다. 구(句)는 중심이 되는 말과 그것에 부속되는 말들을 한데 묶은 것이다. 대개 중심이 되는 말의 품사와 일치한다.

① 명사구: 명사와 그에 딸린 말들의 묶음 예 새 차가 좋다.
② 동사구: 동사와 그에 딸린 말들이 묶음 예 꽃이 활짝 피었다.
③ 형용사구: 형용사와 그에 딸린 말들의 묶음 예 날씨가 매우 화창하다.
④ 관형사구: 관형사와 그에 딸린 말들의 묶음 예 이 책은 아주 새 책이다.
⑤ 부사구: 부사와 그에 딸린 말들의 묶음 예 기차가 아주 빨리 달렸다.

절(節)은 두 개 이상의 어절이 모여 하나의 의미 단위를 이룬다. 하나의 온전한 문장이 한 문장의 재료가 되는 것이다.

① 명사절: 명사와 같은 구실 예 철민이는 좋은 시절이 다 지나갔음을 알았다.
② 서술절: 서술어와 같은 구실 예 그 사람은 아들이 박사이다.
③ 관형절: 관형어와 같은 구실 예 그녀가 애쓴 사실이다.
④ 부사절: 부사어와 같은 구실 예 수철이가 말도 없이 갔다.

⑤ 인용절: 남의 말을 인용할 때 예 영수가 '빨리 와'하고 소리쳤다.

7) 문장의 구조

(1) 어순(word order): 어순이 다른 문장은 문장 구조와 의미의 차이를 보여 준다.

주어 + 목적어 + 서술어

예　그 소년은 그 소녀를 좋아한다./그 소녀는 그 소년을 좋아한다.

(2) 논항(argument)과 부가어(adjunct)

① 논항(argument): 술어가 요구하는 필수 성분인 주어, 목적어, 보어 등이다.

예　철수는 밤이 새도록 공부를 하였다. - 논항은 2개(철수는 공부를)

② 부가어(adjunct): 완성된 문장에 첨가되는 수의적인 요소로 부사구(adverb phrase), 전치사구(prepositional phrase), 부사절(adverbial clause) 등이 포함된다.

예　인수가 빨리 왔다. - "빨리"가 부가어임

(3) 의미

　　의미론(semantics)은 언어 표현의 의미를 연구하는 학문이다. 다시 말하자면 언어의 말소리와 관련된 영역을 연구하는 분야이다. 예를 들어 뜻을 가지고 있는 언어의 최소 단위인 형태소, 독립적으로 사용될 수 있는 단어, 이러한 단어들이 모여 하나의 완전한 생각을 나타낸 단위인 문장, 문장 등이 모여 하나의 이야기를 구성하는 담화 등이 어떠한 의미가 있는지를 살펴보는 것이 의미론이다. 따라서 의미론에는 어휘 의미론과 문장 의미론, 그리고 담화 의미론 등이 있다.

　　언어는 음성+의미로 되어 있다. 이 말은 음성에 어떤 의미가 결합되어 언어가 된다는 뜻이다. 따라서 의미는 언어에서 빼놓을 수 없는 중요한 요소이다. 언어를 음성+의미로 풀이한다면 의미(意味)는 언어의 반을 차지한다.

　　영어 사전이나 국어사전은 단어의 의미를 풀이한 책이다. 우리가 모르는 단어의 뜻을 알기 위해서는 사전을 찾아보면 쉽게 알 수 있다. 한편으로는 일상생활에 사용하는 단어는 사전에 의지하지 않고도 그 뜻을 이해할 수 있다. 그러나 어떤 단어가 무슨 뜻으로 사용되는지 치밀하게 따지려 한다면, 그리 간단하지는 않다. 일반적으로 사전에는 한 단어의 뜻을 여러 개로 풀이하고 있기 때문이다. 이는 단어의 뜻이 어느 한 가지 의미로 고정되어 있지 않다는 의미일 것이다. 예를 들어 '손', '수(手)'가 무엇이냐고 묻는다면 쉽게 답할 수 있다. 그러나 다음의 예문에서와 같이 쓰인 '손'에 대해서는 그 정의가 쉽지 않을 것이다.

예　요즘 바빠서 손이 모자란다.(일손)

　　　이 전화기 손을 좀 봐야겠어.(기술)

　　　그 여자는 손이 커서 1억, 2억은 우습게 안다.(낭비)

　　　나는 이제 요식업에서 손을 떼겠어.(관계)

손윗사람, 손아랫사람(단위)

이처럼 어휘가 문장에서 사용되었을 경우, 사전적 의미만 가지고는 이해하기 어렵다. "잘 먹고 잘살아라."는 단어 하나하나의 뜻을 모아 보면 말 그대로 호의호식(好衣好食)하며 잘 살기를 기원한다는 말일 수도 있다. 하지만 이 문장은 경우에 따라서는 욕이 될 수도 있다. 따라서 영어 사전이나 국어사전의 단어 뜻풀이에서는 이들 단어가 문장을 이루면 욕이 될 수 있다는 어떠한 실마리도 찾을 수 없다. 이처럼 의미란 눈에 잘 보이지 않고 손에 잘 잡히지도 않는 구름 같은 존재일 수도 있다. 이런 부분을 연구하는 것이 의미론이다.

3. 의미론

1) 지시물과 개념

언어는 '음성+의미'의 결합인데 이때의 음성과 의미 다르게 불리기도 하며 이 둘의 관계에 대해서도 몇 가지 다른 견해가 있다. 소쉬르(Saussure) 이것을 시니피앙(significant, 음성)과 시니피에(signifie, 의미)라고 지칭하였다. 예를 들어 '사람[salam]'이라는 단어가 있다면 [salam]이라는 음성이 시니피앙이고 이 음성을 나타내는 '人'이 시니피에이다. 이들을 각각 표현(表現)과 개념(槪念)으로 번역하기도 한다. 우리가 [사람]이라는 소리를 내는 것은 그것으로 '人'에 해당되는 어떤 대상을 나타내기 위해서이다. 따라서 시니피앙은 표현이며 시니피에는 그것이 대표하는 의미인 피표현물이다. 그리고 음성과 의미의 관계는 자의적이다.

(1) 지시설

표현과 대상(피표현물) 사이의 관계를 설명하는 학설에는 지시설과 개념설이 있다. 지시설(指示說)은 하나의 표현이 가리키는 지시물이 언어의 의미라는 것이다. [사람]이라는 음성은 실제 사물인 '사람'을 가리키는데 이때 실제 사물인 지시 대상(指示對象)이 의미라는 것이다. 그리고 이 말소리는 단순한 물리적인 실체에 불과한 것이 아니라, 이 말을 아는 사람이라면 누구에게나 공통으로 기억된 머릿속의 소리라고 할 수 있다. 이것을 청각영상(聽覺映像)이라고 한다.

(2) 개념설

지시설보다 더 일반적인 개념으로 개념설(槪念說)이 있다. 이것은 지시 대상에서 추려낸 개념 곧 심리적 영상이 의미라는 것이다. 예를 들어 '사람'이 대표하는 것은 실재하는 사람이라기보다는 우리 마음속에 형상화(形象化)된 사람이라는 것이다. 사람에는 여러 종류가 있는데 우리는 그것들의 공통점을 뽑아 마음속에 사람이라는 형상을 만들게 되고 '사람'이라는 단어는 그 심리적 영상(心理的 映像)을 대표한다는 것이다. 이 심리적 영상을 흔히 관념(觀念, thought) 또는 개념(槪念, concept)이라는 용어로 바꾸어 부르고 있다. 그리고 이것을 음성으로 표현한 것을 기호(記號, symbol) 또는 명칭(名稱, name)이라고 한다. 다시 '사람'을 예로 들면, 우리 주위에 있는 여러 사람의 실체가 지시물 내지 대상이며, [사람]이라는 음성은 그 기호 내지 명칭(이름)이고 [사람]이라는 소리를 듣고 우리 머릿속에 떠오르는 영상이 곧 개념(관념)이다. 이때의 개념이 곧 의미(意味)인데, 이 의미를 뜻(sense)이라고 하여 좀 더 포괄적인 용어로 쓰는 의미(meaning)와 구별하는 수가 있다. 그러나 보통 이 둘을 구별하지 않고 다 같이 의미라고 지칭한다.

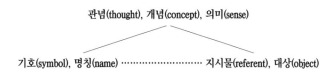

기본 삼각형

기호, 개념, 지시물 사이의 간계를 표현한 것을 기본 삼각형이라 한다. 위의 삼각형에서 기호와 지시물이 점선으로 이어져 있는 것은 그들의 관계가 직접적이 아니라 개념을 통하여 간접적으로 연합함을 보여 주는 것이다. 기호가 대표하는 것은 개념이며, 지시물은 그 개념이 대표하는 것임을 이 삼각형은 보여 준다. 다시 말하자면, 한 단어의 의미란 지시물 자체가 아니고 이 지시물의 심리적 영상인 개념이라는 것이다.

2) 문맥 의미와 용법

단어의 의미는 문맥에 따라 의미가 달라진다. 손의 의미가 문맥에 따라 각기 다른 의미를 지님을 살펴서 알 수 있다. 문맥적 의미를 예로 살펴보자.

> **예** 엄마, 비 와.

위의 문장은 말 그대로 비가 온다는 사실을 어머니께 알리는 문장일 수 있다. 그러나 문맥에 따라서는 다른 의미가 될 수 있다.

- 마당에 널어놓은 빨래를 거두어들이거나
- 열어 놓은 장독 뚜껑을 덮으라는 뜻도 될 수 있다.
- 화단에 물 주는 일을 그만두어야겠다는 뜻일 수도 있고
- 우산이나 비옷을 꺼내 달라는 뜻일 수도 있고
- 달리기 연습을 하기 싫다는 의사 표현일 수도 있다.

이처럼 어떤 의미는 문맥에서 구체적으로 드러나는 경우가 많은데 이러한 문맥 속에서 의미를 문맥적 의미라고 한다.

3) 단어 간의 의미 관계

(1) 동음이의어(同音異義語): 동음이의어(homonym)란 여러 단어 가운데 소리(형태)가 같으면서 뜻이 다른 단어를 말한 것이다.

> **예** 배 – 복(腹), 선(船), 리(梨)

표현해야 할 의미의 세계는 무한한데도 우리가 구사하고 있는 단어의 수는 한정되어 있기 때문에 동음이의어가 나타나는 것이다.

(2) 다의어(多義語): 다의어(polysemant)란 한 소리(단어)와 분명히 다르지만 분명히 관련이 있는, 둘 이상의 뜻을 가지고 있는 단어를 말한다. 그리고 이들의 의미 관계를 다의 관계(polysemy)라고 한다.

예　밥을 먹다, 물을 먹다, 담배를 먹다, 돈을 먹다, 욕을 먹다, 나이를 먹다, 귀를 먹다, 마음을 먹다, 겁을 먹다, 뇌물을 먹다

위의 예시에서 살핀 바와 같이 '먹다'의 본래 의미는 음식을 먹는 움직임인데 여기에서 '물을 먹다'로 전의되고 나아가서는 '담배를 먹다', '돈을 먹다', '욕을 먹다'로 옮아간다. 이러한 의미 확대는 어느 방향으로 어떻게 이루어지질 예측할 수 없다. 이는 중심의미에서 주변의미로 뜻이 옮아간 것이다. 주변의미는 중심의미를 다른 개념을 나타내기 위해 돌려쓴 것이라고 할 수 있다. 그런데 위의 예시에서 본 바와 같이 '먹다'가 '마시다', '피우다', '가로채다'와 같은 의미 영역을 침범한 경우도 있었다.

(3) 동의어(同義語): 동의어(synonym)란 형태가 다른 별개의 단어들이 동일한 의미가 있는 것을 말한다. 그리고 이들은 의미 관계를 동의 관계(同義關係, synonymy)라고 한다. 예를 들어 '키'와 '신장', '옥수수'와 '강냉이' 등이 이에 해당된다. 그런데 두 개 이상의 단어들이 의미적으로 완전히 일치하기란 어렵다. 그래서 '키'와 '신장'과 같은 동의어는 의미상 차이가 없어 보이지만 다음과 같은 용법상의 차이가 있다.

예　그 사이 키가 많이 컸구나./그 사이 신장이 많이 컸구나.

두 번째 예시문은 비문이다.

동의어가 생기는 동기가 있다. 첫째, 말의 맛을 달리하기 위해서이다. '아내', '마누라'는 모두 '처(妻)'를 뜻하는 동의어이다. 하지만 이들의 말맛은 다르다. 여기에 '자기'라는 말이 생겨 이것을 더욱 다채롭게 하고 있다. 둘째, 지위를 격상시키기 위해서이다. '운전수' 대신 '운전기사', '식모' 대신 '가사도우미', '청소부' 대신 '환경미화원' 등이 그 예에 해당된다. 셋째, 외래어의 수용이다. '손발'과 '수족', '할아버지'와 '조부', '열쇠'와 '키', '부인'과 '와이프' 등이 여기에 해당된다. 넷째, 사회적으로 금기(禁忌)시되는 단어를 쓰지 않기 위해서이다. 기존의 단어를 완곡하게 표현하기 위해 새로운 단어가 필요하게 된 것이다. 호랑이를 산신령, 뱀을 지킴이, 천연두를 손님, 등이 그러한 예에 해당된다.

(4) 반의어(反意語): 반의어(antonymy)란 두 단어의 의미가 반의 관계에 있는 것을 이르는 말이다. 흔히 반대말, 반대어라고 한다. 그리고 두 단어의 의미 관계를 반의 관계(反義關係, antonymy)라고 한다.

예　'낮'과 '밤', '남자'와 '여자', '승리'와 '패배', '덥다'와 '춥다', '오다'와 '가다'

반의 관계는 단어가 가지고 있는 여러 의미상 특질 가운데서 어느 한 특질에 따라 성립한다. 곧 이것은 공통적인 의미

요소가 있으면서 한 개의 요소만 달라야 성립한다.

'할아버지와 할머니'는 '사람'과 '늙은이'라는 공통된 의미 특질을 가지고 있다. 그러나 한 쪽은 남성이고 다른 한쪽은 여성이다. 성(性)이라는 의미적 대립을 보이기 때문에 이 둘은 반의 관계가 이루어진 것이다. '스승과 제자'도 살펴보자. '스승과 제자'에서는 교육이나 피교육이냐의 특질만이 문제되고 젊은이와 늙은이에서는 나이라는 특질만 문제 되므로 이들은 각각 반의어에 속한다. 이와는 달리 청년과 할머니는 반의 관계가 성립되지 않는다. 이는 청년은 성별 이외에 나이까지 다르기 때문이다.

반의어에는 꼭 두 단어만으로 이루어지는 것은 아니다.

예   뛰다: 걷다, 내리다, 떨어지다.

열다: 닫다, 잠그다, 채우다

벗다:(옷) 입다,(모자, 안경) 쓰다,(시계, 칼) 차다,(신발, 양말) 신다,(허리띠) 띠다,(반지) 끼다

'뛰다'는 이동의 속도로 보면 '걷다'의 반의어가 될 수 있지만 가격의 상승으로 보면, '내리다', '떨어지다'와 반의어가 된다. 예시문의 '열다'와 '벗다'의 경우도 이와 비슷하다.

(5) 하위어와 상위어: 단어들의 의미 관계는 그 크기가 달라서 수평으로만 대비할 수 없고 수직으로 대비해야 하는 경우가 있다. 남자와 총각, 종교와 불교의 관계가 그 한 예이다. 이처럼 한 단어의 의미 영역이 다른 단어 의미 영역의 한 부분을 차지하는 단어를 하의어(下義語, hyponym) 또는 하위어(下位語, subordinate)라고 한다. 그리고 이러한 의미 관계를 하의 관계(下義關係, hyponymy)라고 한다. 이처럼 하의 관계는 상하 관계를 이룬다. 하위어(하의어)는 그 위에 여러 층위에 걸쳐 상위어를 가질 수 있다. 예를 들어, 호랑나비는 나비, 곤충, 동물, 생물을 모두 상위어로 갖는다. 여기서 호랑나비는 나비의 하위어일 수도 있고, 곤충의 하위어일 수도 있으며 생물의 하위어일 수도 있다.

하위관계에서는 더 높은 층위의 상위어일수록 의미 영역이 더 포괄적이고 일반적이며 층위가 낮아질수록 그 의미 영역이 한정적이며 특수화된다. 또한 하위어는 상위어를 의미상으로 함의(含意)한다. 이는 상위어가 가지고 있는 의미특성을 하위어가 자동으로 갖는 것을 말한다. 예를 들어 '호랑나비'는 나비를 의미상으로 함의하며 동시에 '곤충'과 '동물'도 함의한다. 이에 따라 나비가 가지고 있는 특성을 호랑나비가 안 가질 수 없으며, 곤충이 가지고 있는 특성을 호랑나비가 안 가질 수 없다. 만일 '모든 곤충은 한 쌍의 더듬이를 가지고 있다.'는 것이 참이라면, 호랑나비도 모두 한 쌍의 더듬이를 가지고 있어야 한다.

그런데 이것의 반대는 성립하지 않는다. 곤충이 한 쌍의 더듬이를 가진다고 해서 모든 동물이 더듬이를 갖는 것은 아니다. 따라서 곤충은 동물을 함의하지만, 동물은 곤충을 함의하지 않는다. 다시 말하자면, '모든 곤충은 동물이다.'는 성립하지만, '모든 동물은 곤충이다.'는 성립하지 않는다. 하위어는 상위어의 의미를 함축하지만 상위어는 하위어의 뜻을 함축하지 않는다. 이것이 하위(하의) 관계의 큰 특징이다.

생물

동물 식물

곤충 포유동물 어류 조류

나비 파리 잠자리

호랑나비 제비나비 배추흰나비

호랑나비의 상위어

4) 의미 변화: 언어는 끊임없이 의미가 변한다. 의미 변화에는 확대와 축소가 있다.

(1) 의미 확대

■ 다리: 사람과 짐승의 다리 〉 책상다리, 지겟다리

■ 먹다: 음식을 섭취하다 〉 욕을 먹다, 마음을 먹다, 겁을 먹다

■ 영감: 정삼품 이상 정이품 이하를 높여 부르던 호칭 〉 남자 노인

■ 세수: 손만 씻는 행위 〉 얼굴 씻는 행위

■ 사장: 회사의 우두머리 〉 상대에 대한 막연한 칭호

(2) 의미 축소: 중세 국어에서 놈과 계집은 평칭(平稱)이었다. 오늘날에는 그 의미가 비칭(卑稱)으로 한정되어 쓰인다.

예　왜놈: 몸집이 작은 사람을 가리키던 말 〉 일본 사람 지칭

　　철의 장막: 철로 된 장막 〉 공산권인 소련 지칭

5) 의미 변화의 원인

(1) 언어적 원인: 어떤 단어가 자주 놀이는 문맥에 감염되어 그 의미에 변화를 입게 되는 경우 주착(主着)은 확고한 생각을 뜻하는 말이었다. 그런데 주착이 주로 없다와 어울러 부정적 의미인 '주책없다'가 되었다. 이런 경우가 언어적 원인의 예가 된다. 주책은 한자어 주착(主着)에서 온 말이다.

(2) 역사적 원인: 지시물은 변했는데 단어는 옛 모습 그대로 유지하는 경우

예　바가지: 박으로 만든 것 〉 지금은 플라스틱으로 만든 것을 이름

　　펜: 깃털로 만든 필기구 〉 볼펜 등

(3) 사회적 원인: 일반적 용법의 단어가 어떤 특수 사회집단에서 그 의미가 특수화되어 축소되거나 확대되는 경우

예　영감: 정삼품 이상 정이품 이하 벼슬아치의 호칭 〉 법원가의 판검사를 가리키는 호칭으로 축소

　　성경: 여러 종교의 경정을 두루 가리키는 단어 〉 기독교의 신구약 성서만 가리킴(축소)

벌초: 풀을 베는 행위 〉 산소에 풀을 베는 행위(축소)

공양: 부처님께 음식을 올리는 일(불교 용어) 〉 일반 사회에 통용되는 시부모 공양, 웃어른 공양 등으로 의미가

확대되었음(확대)

(4) 심리적 원인: 화자의 마음속에 깊이 뿌리박혀 있는 특징이나 경향에서 의미 변화가 일어나는 경우로 금기와 은유
가 있다.

예 은유: 어떤 사물을 그와 비슷한 특징을 가진 다른 사물로 나타내는 비유의 한 가지

미련한 사람을 곰, 정확한 사람을 컴퓨터,

금기: 사회적 관습에 따라 어떤 대상을 직접 말하지 않고 다른 말로 대신하는 경우

죽음이 두려움의 대상이다. 그래서 죽음을 말하지 않고, 돌아가다, 작고하다, 타계하다 등으로 에둘러 표

현한다.

뚱뚱한 사람을 뚱뚱하다고 말하지 않고 에둘러 건강하다고 돌려서 말하는 것

(5) 외래어의 영향: 외래어의 영향으로 의미 변화가 일어난 경우

영어권에서 대중적으로 인기 있는 사람을 star라고 한다. 그 영향으로 우리도 인기 있는 연예인을 스타라고 한다. 농구
에서 '쏜다'라는 표현을 사용하는데 이는 영어의 'shoot'의 의미를 빌려 온 현상이다.

(6) 신어(新語)의 필요성: 새로운 언어의 필요성이 의미 변화의 원인이 되는 경우

예 번개: 구름과 구름, 구름과 대지 사이에서 일어나는 전기 〉 온라인상에서 만난 사람을 오프라인에서 만나는 것

을 이르는 말, 골뱅이(컴퓨터 자판의 @를 가리키는 말) 빨래방, 게임방 등

II. 언어와 인간

1. 언어와 사고

언어는 사고와 밀접한 관계를 맺는다. 인간은 언어를 도구로 하여 생각하고 그 결과 사고력과 인지 능력이 점점 발달
한다. A.Sapir(사피어)와 B.Worf(워프)는 "언어가 없으면 사고가 불가능하다."라고 하였다. 그 예로 무지개 색깔을 7가지, 3
가지, 2가지로 인식한다고 하였다. 이에 반해 "언어가 없어도 사고할 수 있다."고 한 주장도 있다. 가령 생각은 있으나 적
절한 표현이 없을 때, 그리고 악보나 조각 작품에 자신의 생각을 담을 수 있기 때문이다.

2. 언어와 사회

인간은 사회적 동물로서 언어 공동체를 이루고 살아가는데 언어 공동체 내에서 언어 변이가 존재하며, 언어는 사회를
반영하기 때문에 언어를 통해 그 사회의 모습을 이해할 수 있다. 언어 변이의 요인으로는 지역적 요인과 사회적 요인(계
층, 직업, 세대, 성별, 환경 등)의 영향을 받는다.

3. 언어와 문화

언어는 그 언어를 사용하는 민족의 독특하고 고유한 문화를 반영한다. 에스키모의 말은 '내리는 눈, 쌓인 눈, 가루 눈, 큰 눈' 등을 구별할 수 있도록 발달되어 있고 '흰색'을 가리키는 말도 십여 개나 된다. 정작 우리말의 '눈'처럼 총칭하는 단어는 없다. 한국어는 모, 벼, 나락, 쌀, 밥을 구별하여 사용하지만 이 전체를 총칭하는 말은 없는 반면에, 영어는 'rice'만으로 이 네 개념을 포괄적으로 사용한다. 필리핀 군도의 이푸게오 언어에는 20여 가지의 쌀 명칭이 있다.

언어는 그 자체로 문화적 산물이다. 대부분의 문화적 산물은 언어를 도구로 하여 축적되고 전승한다. 한 나라의 문화적 특성은 언어 특히 어휘 부문에서 두드러지게 반영되어 있다. 우리말의 경우 친족어, 호칭어, 높임말과 낮춤말을 통해 예절에 대한 언어 문화가 섬세하게 분화되어 있다. 그리고 관용 표현에는 우리 민족의 삶의 태도와 지혜가 오롯이 담겨 있다.

4. 언어학 발달사

1) 고대 그리스 시대

(1) 플라톤(기원전 400년경): 『크라틸투스』에서 소크라테스와 대화 중에 언어의 필연성과 자의성을 언급한다.

(2) 아리스토텔레스: 단어를 품사별로 구분하였다. 언어를 자의성과 규칙성으로 보았다.
문장의 기본 구조 명사구, 동사구, 제3의 부문(접속사, 관사, 대명사 등)

(3) 스토아학파(기원전 300년경): 철학 내 독립된 분야로서의 언어학, 언어를 필연성과 규칙성으로 보았다.

(4) 알렉산드리아학파: 실용적인 관점에서 연구했다. 기원전 100년경 그리스어의 음운론과 형태론 연구를 시작했다. 지적 호기심(이론적)과 실용적 목적(언어 교육의 목적)에서 연구가 시작됐다. 실용적 목적보다 지적 호기심이 선행된다.

(5) 언어는 자연적(필연적)인가? 관습적(자의적)인가? 스토아학파는 '언어는 필연적이고 변칙적인 것', 아리스토텔레스는 '언어는 자의적이고 규칙적인 것'으로 정의했다.

(6) 언어의 자의성에 대한 근거
① 언어의 소리와 의미는 필연적이 아니고 자의적이다.
■ 소리와 의미: 자의적
■ 동음어, 동의어
■ 의성어: 언어마다 다름. 예시) 닭 우는 소리
■ 음성상징
■ 현대 학자, 자의적, 규칙

소리와 의미는 언어마다 다르다. 이는 대상물과 음성이 자의적이라는 뜻이다.

- 한국어: 사람, 개
- 영어: man, dog
- 일어: 人[hito], 犬, 狗[いぬ(이뉴)]
- 중국어: 人([rén]), 犬([quǎn])

② 소리와 의미의 관계는 시간에 따라서도 바뀐다.

예 (15세기) 어엿브다(불쌍하다) 〉(현대) 예쁘다

(15세기) 어리다(어리석다, 愚) 〉(현대) 어리다(幼)

③ 어떤 언어에나 동음어와 동의어가 있다는 사실도 자의성에 대한 증거가 된다.

예 배(인체, 과일, 선박), 범 = 호랑이, 아내 = 부인 = 마누라

④ 의성어는 어느 정도 필연적이지만 그것도 언어마다 다르다.

예 한국어: 꼬기오 영어: 콕커두둘두(cock-a-doodle-doo)

독일어: 키케리키(kikeriki) 불어: 꼬꼐리꼬/꼬꼬리꼬(coquerico, cocorico)

다른 단어에 비하면 가리키는 것과의 관계가 직접적이며 인과 관계가 있는 것처럼 느껴지나 닮은 소리를 사용하는 경향은 있어도 자음(C), 모음(V)의 종류나 음절의 수 등에 차이가 있어 본질적으로는 자의적이다.

⑤ 음성 상징(sound symbplism)/소리가 의미를 상징

예 glare[glɛər] = 섬광, 눈부시게 하다 glitter[glítər] = 광채, 반짝거리다

gloss[glɔːs, glɑs/glɔs] = 광택, 윤기 glow[glou] = 백열, 빛나다

'gl-'의 의미는 '빛'? 빛만 있는 것이 아니다.

glass[glæs, glɑːs] = 유리, glide[glaid] = 미끄러지다,

glove[glʌv] = 장갑, glottis[glátis/glɔt- = 성문

위의 단어에는 빛이 아니다. 곧, 필연성도 있으나 자의적이다.

(7) 언어에 대한 사변적 접근

① 아리스토텔레스: 문장의 기본 구조 명사구, 동사구, 제3의 부문(접속사, 관사, 대명사 등)

→ 품사 분류의 시초

② 스토아학파: 기원전 300년경 철학 내에서 언어학을 독립된 분야로 인지

(8) 언어에 대한 실용적 접근

① 알렉산드리아학파: 그리스 고전을 가르치려는 실용적인 목적, 고대 그리스 작가들의 표준적 문법과 문체를 유지

② Dionysius(디오니시오스) Thrax(씨락슨): 기원전 100년경 처음으로 그리스어의 음운론과 형태론 연구 시작

③ 철저하게 경험적, 실제 작품 속의 언어를 연구의 자료로 사용(서구, 로마에 영향)

④ 고대 그리스인의 언어 연구는 전통 문법의 기초를 제공함, 고대 로마 시대의 언어 연구, 그리스어에 적용된 음운, 문법 범주와 품사들을 사용하여 라틴어의 음운론, 문법을 제시, 교육적, 실용적 목적

2) 중세 시대 – 내성 문법(Speculative Grammar) 13~14세기

(1) 내성 문법

문법은 언어를 인간의 정신과 연결하는 것이다. 모든 언어는 보편적인 인간 정신을 반영한다. 내성 문법의 가치는 인간 정신을 탐구하는 데 있다.

① 초기: 라틴어 문법을 교육의 도구로 중시, 7가지 교양학(변증법, 수사학, 음악, 수학, 기하학, 천문학, 문법) 중 문법

② 후기: 13~14C 내성 문법

■ 지적 호기심을 바탕으로 하는 언어 연구

■ 기술된 라틴 문법의 철학적 타당성을 발견

■ 제시함이 목적

■ 문헌 기반의 연구를 거부

■ 내성적인 방법으로 철학적 목적을 위한 언어 연구

(스토아학파 – 중세 내성 문법 – 20세기 촘스키 언어학)

3) 르네상스 시대(14세기 후반~16세기 후반까지)의 언어 연구

① 신대륙의 발견 등으로 인한 새로운 많은 언어 등장

② 라틴어의 권위에 눌려 있던 개별 언어들의 중요성이 부각

③ 인쇄술의 발전 → 언어 연구와 보급

④ 실용적 목적을 위한 언어 연구: 상류 사회에서의 고전(문학 작품) 이해에 대한 필요성과 일반인들의 외국어 습득에 대한 필요성이 언어 연구의 중요한 동기

⑤ 철학적 문법 전통도 명맥을 유지

4) 19세기 언어학 – 역사적/통사적 언어 연구 중심 – 비교언어학 성립

(1) 19세기 역사비교언어학(=비교언어학, comparative linguistics)

① 비교언어학의 시작: 영국인 William Jones(윌리엄 존스)가 그리스어, 라틴어, 산스크리트어의 유사성을 밝힌 이래 인도와 유럽의 여러 언어 사이의 친족관계를 밝히고 그 언어 조상의 형식을 추정하여 재구(reconstruction)하고자 하는 언어 연구이다. 철학에서 독립된 학문으로 발전했다. 훔볼트 등 독일 언어 학자들에 의한 유형론(typology)이 등장했다.

■ 고립어: 단어의 형태가 변하지 않으면서 그 위치에 따라 문법 관계가 결정되는 언어

예 중국어

■ 첨가어: 하나의 의미를 가진 각각의 형태소들이 결합하여 단어를 구성하는 언어

예 한국어, 일본어, 터키어/먹다, 먹어서, 먹으시다

■ 굴절어: 여러 가지 문법적 의미가 하나의 형태소로 혹은 단어의 형태 변화로 표시되는 언어

예 라틴어, 프랑스어, 영어 /I, my, me

(2) 소장문법학파(Young Grammarians)

언어 변화는 규칙적이라고 주장했다. 어떤 방언의 어떤 단어에서 한 음이 다른 음으로 바뀌면 그 변화는 유사한 음성 환경에서 일어나게 되는 모든 동일한 음의 다른 모든 발생에도 영향을 미친다고 주장했다.

예 Cinn [kin](중세): [K] → tʃ, Chin[tʃin] 1 ü chicken[tʃikin] 병아리, child[tʃaild] 아이, chip[tʃip] 토막, chill[tʃil] 냉기, cheese[tʃiːz] 치즈, chest[tʃest] 대형 상자 등

주로 인구 비교언어학에서 역사주의가 발전했다. 70~80년대에는 역사주의 없이는 언어학이 성립할 수 없다는 신념이 모든 언어 연구의 기초가 되었다.

유럽 구조주의 언어학= F. de. Saussure(소쉬르, 1857-1913) → 근대 언어학의 태두

(3) 구조주의(Structuralism)

전체 시스템 내의 어떤 층위에서 요소들이 다른 요소와의 관계로 파악했다. 19세기의 언어학이 언어의 역사적인 면만 관심사로 한 것에 반발하여 언어의 공시적인 면을 중시하는 기술언어학 또는 공시언어학이 일어났다.

5) 20세기 초 소쉬르의 구조주의 언어학

(1) 구조주의의 개념 확립: 언어는 다른 요소들과의 관계를 보여 주는 구조 안에서 파악해야 함

(2) 랑그(langue)와 빠롤(parole) 구별

① 소쉬르의 이원주의(binarism): 2가지 대립되는 개념으로 분류, 2개 대립되는 용어

랑그	빠롤
잠재적, 사회적, 고정적 구성원이 인정 연구 대상	구체적인 발화 연구 대상이 아님

② 랑그(langue): 사회적 공동 시스템으로서의 언어 즉 언어 사회의 구성원이 공동으로 인식하는 추상적인 언어 목록(사회성, 수동성, 사회제도, 기호들의 체계)이다. 잠재적, 사회적, 고정적이다. 사회 구성원이 인정해야 바뀐다. 언어학의 연구 대상이다. '소주', '쏘주'를 동일한 것으로 생각한다.

예 "안녕하세요?"

랑그: 안부 인사를 뜻함/파롤: 실제로 발음되는 것

③ 빠롤(parole): 개인의 구체적인 발화(언어 활동)이다. 개인적이고 자유롭고 일시적(개인적인 행위)이다. 언어학의 연구 대상이 아니다. '소주', '쏘주', '쇠주' 모두 발화가 다르다.

(3) 언어는 기호의 한 종류: 시니피앙(signifiant, 기표, 음성)과 시니피에(signifie, 기의, 의미) 구별

기표(시니피앙)	기의(시니피에)
소리, 청각영상	의미, 개념

① 기표(시니피앙): 청각 영상/나무라는 소리, 그림이 그려짐. 소리가 영상처럼 그려짐
② 기의(시니피에): 의미 내용, 개념, 언어도 기호의 한 종류, 언어기호는 개념과 청각영상의 결합임

(4) 공시적 · 통시적 연구로 구별
① 공시태: 한 시대의 언어 상태를 기술(공시론)
② 통시태: 역사적 변천 상황 기술(통시론)
③ 공시론의 연구의 중요성 부각

(5) 실질 · 형식 구별
① 소리의 형식인 음소(언어 체계)
② 의미의 형식이 어휘(어휘 체계)

(6) 계열적 · 결합적 관계 구별: 언어 체계의 내부 구조를 결정짓는 원리

예 나는 국어를 좋아한다.

■통합적: 나, 는, 국어, 를, 좋아한다: 단어가 앞뒤 관계 연결

■ 계열적: 너, 는, 영어: 위치 요소를 다른 언어로 대치

6) 20세기 중반(1950년대) – 촘스키의 생성 문법

생성 문법(Generative grammar)은 자연어의 이미 만들어진 표현을 계속 만들어 내는 일종의 규칙들의 집합이다. 언어 능력(랑그)과 언어 수행(빠롤)을 구별한다. 언어 능력이 언어 연구의 대상이다.

(1) 언어 능력(Linguistic competence) /랑그
■ 우리 두뇌 속에 잠재해 있는 모국어에 대한 무의식적 언어 지식, 곧 문법적으로 옳은 문장을 만들어 내는 능력
■ 언어학의 연구 대상으로 추상적인 우리의 잠재 언어 지식을 밝혀내는 것이 언어학의 목표
■ 연구 대상임

(2) 언어 수행(Linguistic performance)/빠롤
■ 구체적 상황에서의 실제적 언어 사용
■ 물리적, 생리적 제약으로 인해 불완전한 발화가 생길 수도 있음
■ 피곤, 긴장하면 발음이 헛나옴
■ 연구 대상이 아님

(3) 보편 문법 추구
■ 20세기 촘스키(N. Chomsky)와 생성 문법(Generative grammar)
■ 소쉬르의 구조주의 연구 방법을 비판하고(관찰주의, 경험주의 거부) 내성적 방법으로 언어 연구
■ 중세 내성 문법: 스토아학파 이어받음
■ 보편 문법 추구: 어린아이의 언어 습득을 통해 논증/모든 언어의 공통점
■ 엄밀한 형식적 방법을 채택하여 언어를 기술하기 위해 '생성'의 개념을 수학으로부터 빌려옴
■ 일정한 수의 규칙으로 무한한 결과를 산출하는 절차로 유한한 수의 단어를 사용하여 무한한 수의 문장을 만들 수 있는 인간의 언어 능력을 기술하기 위해 사용할 수 있는 방법

7) 21세기
■ 언어지식 · 언어 직관에 기초하여 연구하는 접근법
■ 언어의 연구에서 앞으로는 의미가 더 중요할 것이라는 주장
■ 인지적 측면에 관한 연구가 더 중요할 것이라는 주장
■ 22세기 후반에 성립된 전산언어학 중요, 언어의 컴퓨터 처리에 관한 이론적 실용적 연구가 더 중요해질 것임

5. 동물과 인간의 언어 대비

1) 동물의 의사소통과 인간의 의사소통 차이

동물	인간
선천적 학습된 의사소통 모방 능력 제한적, 본능적	창의적, 의식적, 자발적, 구체적/추상적 *언어 발달 가능 : 뇌의 발달, 후두 기관의 재배치

(1) 동물의 의사소통

① 선천적인 의사소통, 학습된 의사소통

② Penny Patterson과 아기 고릴라 Koko

■ Koko는 1000개 이상의 미국 수화와 약 2000개 정도의 구두 영어를 이해할 수 있음

■ 스스로 언어와 표현을 창조한 것은 아님

■ 포유류의 언어 모방 능력

③ 말하는 코끼리 코식이(좋아, 안돼, 누워 등)

■ 코식이의 소리 모방 능력은 사람의 음성 학습 능력의 진화적 측면과 생물학적 측면을 연구하는 데 중요한 근거 제공

■ 왜? 사회적 유대 관계를 위해 따라 함

■ 인간의 언어보다 제한적이며 본능적이다.

④ 카알 폰 후리쉬(Karl von Frisch, 1967)

■ "꿀벌의 언어 중에는 上(up)이라는 단어가 없다.": 장소에 관한 꿀벌의 전달에는 고정된 일련의 신호만 가지고 있어서 그 신호가 모두 수평 거리에 관한 것이라는 점

(2) 인간의 언어

① 창의적, 의식적, 자발적, 구체적/추상적이다.

② 침팬지 등 유인원의 발성 기관은 발성에 적합하지 않지만 인간은 적합하다.

　언어 발달을 가능케 한 인간의 생물학적 진화

■ 뇌의 발달

↑

(손을 이용한 도구의 사용 ← 직립보행)

■ 후두 기관의 재배치

　인간은 유인원에 비해 후두(larynx)와 후두개(epiglottis)가 낮고 인두(pharynx)가 길며 유인원의 혀(tongue)가 납작한 데 비해 약간 굽은 곡선의 혀를 갖는 등 발성 기관의 차이를 보인다.

2) 언어의 특성(Ⅰ)

(1) 이원성(二元性, duality)

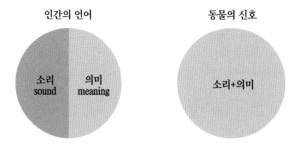

인간의 언어는 소리와 의미가 독립, 분리되어 있기 때문에 비슷한 소리가 전혀 다른 의미를 나타낼 수도 있고 다른 소리가 같은 의미를 나타낼 수도 있다.

예

- 비, 제비, 수제비/비라는 소리, 의미는 다르다.
- ass(나귀), lass(소녀), class(학급)
- 헐! = 와!

(2) 분절성(分節性, articulation)

1차 분절	2차 분절
의미 단위: 형태소, 단어 나, 는, 생각, 하, ㄴ, 다,	소리 단위: 음소 나 = ㄴ, ㅏ 는 = ㄴ,ㅡ,ㄴ

① 분절성: 언어가 일정한 단위로 나누어지는 성질

② 2중 분절(double articulation)

- 1차 분절: 의미 단위인 형태소나 단어로 분절되는 과정
- 2차 분절: 소리 단위인 음소(phoneme)로 분절되는 과정
- 인간의 언어는 2중 분절됨

예 "나는 생각한다. 그러므로 존재한다."

- 1차 분절: 나, 는, 생각, 하, ㄴ, 다, / ㄴ, 현재형, 형태소

    그러므로, 존재, 하, ㄴ, 다

- 2차 분절: 나 = ㄴ, ㅏ 는 = ㄴ,ㅡ,ㄴ

    생각 = ㅅ, ㅐ, ㅇ, ㄱ, ㅏ, ㄱ

언어의 이중 분절성은 인간 언어의 경제성을 드러내 준다.

6. 인간의 언어 습득

1) 언어 습득 이론
인간의 언어 습득과 발달은 선천적 요인과 후천적 요인의 지배를 받는다.

2) 행동주의 심리학
경험주의 철학에 입각한 행동주의에서는 언어 습득이 순전히 모방과 연습 그리고 반복에 의한 과정이라고 보았다. 곧 어린아이가 언어를 습득하는 과정은 서커스단의 동물이 재주를 배우는 과정과 대동소이해서 주위의 부모나 형제의 말을 모방하고, 목이 마를 때는 "엄마 물" 해야지 "엄마 쉬" 하면 물을 얻는 게 아니라 뺏기게 되고(이른바 자극과 반응의 관계), 틀린 말을 하면 야단을 맞지만 바른말을 하면 "과자나 사탕"을 상으로 받거나 칭찬을 듣게 되는 등의 경험(이른바 강화 작용)에 의해 언어를 습득한다는 것이다.

반론도 있다. 생전 들어 보지도 못한 문장을 어린아이가 말하고 이해한다는 사실은 모방설이 그릇된 것임을 보여 준다는 것이다. 부모가 어린아이의 문장 문법성 여부보다는 문장 내용의 진위(眞僞)나 품행의 방정에 대해 상벌을 대개 준다는 사실은 강화설도 그릇된 것임을 알 수 있게 한다는 것이다. 어린아이의 문법적으로 틀린 말을 고쳐준다고 하더라도 어린아이는 어른의 말을 흉내 내지 않고 자기의 화법을 고집하기 일쑤이다. 또한 어린아이가 문장을 말하는데 문장이 문법적으로 틀렸어도 그 말의 내용이 사실이라면 어른들은 대체로 묵인하기도 한다.

3) 생득주의: 언어의 보편성 가설
이성주의 철학(Descartes)에 토대를 둔 이 이론에서는 인간에게는 선천적으로 언어 습득 장치(LAD: Language Acquisition Device) 또는 보편 문법(UG: Universal Grammar)이 내재되어 있다고 본다.(Chomsky)

① 복잡한 것을 배우리라 기대되지 않는 나이에 아이들은 모국어를 성공적으로 배운다.
② 아이들은 주변 환경의 좋고 나쁨과 관계없이 모국어의 기본 구조를 성공적으로 학습한다.
③ 아이들이 접하는 언어에 아이들이 알게 되는 모든 정보가 있는 것이 아니다.
④ 동물은 서너 살 아이가 모국어를 배우듯 그렇게 복잡한 상징 체계를 배우지 못한다.
⑤ 아이들은 어디가 잘되고 잘못되었다고 지적해 주지 않아도 언어 습득을 이룬다.
⑥ 인간 언어에서 찾을 수 있는 음운 조직이나 구문 조직의 규칙성과 창조성, 상징성 등을 동물의 신호 체계에서는 찾을 수 없다. 인간과 동물을 구별시키는 제일 뚜렷한 증거는 언어이다.
⑦ 이 세상에는 수많은 개별 언어가 존재하고 있지만 외형상의 차이와는 무관한 공통적인 구조와 원리를 그들에게서 찾을 수 있는 보편성이 있다.

각 인간이 겪는 언어적 경험은 다른 사람의 것과 절대로 같을 수가 없는 것이다. 그래서 만약 경험주의를 따르자면 서로 다른 경험을 가졌는데도 결과적으로 공유적인 구조나 원리를 얻게 되었다는 모순된 설명을 해야 한다. 모든 인간은 언어에 관한 일정한 구조나 원리들을 이미 몸에 지니고 태어났다고 보는 편이 경험은 다르지만 획득된 지식은 같다고 보는 편보다 설득력이 있다.

4) 상호 교환론자적 입장

상호 교환론자의 입장은 언어 습득이 아이들의 천부적 능력과 언어 환경의 상호 작용에 의한다는 입장을 보인다. 상호 교환론자는 아이에게 말을 직접 지도하는 사람의 말을 연구한 결과 어른들은 아이들에게 말할 때 말하는 법을 변경한다는 점을 찾아냈다. 예컨대 더 천천히 더 높은 음조(pitch)나 억양의 변화, 더 짧게, 더 간단한 문장 유형, 잦은 반복, 바꿔 말하기(paraphrase), 아이들이 말을 반복하는 경우엔 고쳐서 대답하기 등 상호 교환론자들에게 중요한 점은 아이가 제공하는 실마리에 어른이 반응하는 대화의 주고받음이다.

상호 교환론적 입장은 '아이들이 어떻게 형태와 의미를 관련시키는가', '그들이 어떻게 대화에 상호 작용을 하는가?', 그리고 '그들이 어떻게 언어를 적절하게 사용하는가?'를 설명하는 데에 필요하다.

5) 언어 습득 과정

인간성이나 언어의 본질 자체에 보편성(普遍性)이 있듯이 모국어를 배우는 절차와 과정에도 공유적(共有的)인 특성들이 있다. 곧 어린이가 언어를 습득하는 과정은 언어의 종류나 습득 여건에 무관하게 모든 어린이가 비슷한 단계를 거친다.

(1) 어린이의 언어 습득 과정의 특징
① 모든 어린이가 거의 같은 기간 내에 기본적인 습득 과정을 마친다.
② 습득 과정이 놀랍게도 짧다.
③ 그러한 습득이 일정한 순서에 따라 단계적으로 이루어진다.
④ 어린이들은 주어진 말만 배운다.

(2) 어린이의 언어 발달 과정
① 제1단계: 출생하여 약 6개월까지이다. 이 시기는 옹알대는 시기로 언어 습득을 위한 준비 단계이다. 발음 기관의 미발달 시기로, 태어난 지 2주가 되면 사람 목소리를 식별하고 두 달이 되면 화난 목소리와 애정 띤 목소리를 구별한다. 약 4달이 되면 엄마 목소리와 남녀를 구분한다.
② 제2단계: 생후 6개월에서 만 1세까지이다. 이 시기는 종알대는 시기로 단순한 음절의 반복(무의미한 자음과 모음의 경합)한다. 언어와 문화에 관계없이 양순음을 사용하여 부모를 호칭한다.
예 [bababa…], [mamama…]
③ 제3단계: 만 1세 무렵이다. 일어문(一語文)의 시기이다. 곧 언어의 기본 단위인 낱말을 배우는 시기이다.(어휘 습득의 단계) 의사 전달을 위해 말을 사용하는 시기이기도 하다. 명사를 먼저 배우고 나중에 동사를 배운다. 능동적이고 자기중

심적이다. 15개월까지는 많아야 50개의 낱말을 인지한다.

예 아빠, 엄마 → 맘마 → 장난감, 신체 명칭, 옷 등

④ 제4단계: 만 2세 무렵으로 이어문(二語文)의 시기이다. 두 낱말을 한 문장으로 묶어서 말하며, 문법을 습득한다. 축어문으로 말한다. 곧 일정한 법칙도 없고 꼭 필요한 말만 나열하고 나머지는 생략한다. 따라서 어린이의 문법은 성인의 문법과는 완전히 다르다. 이 시기에는 약 300개의 어휘를 구사한다.

예 엄마 양말 →(1) 엄마가 양말을 신었다.(2) 엄마의 양말이다.

⑤ 제5단계: 만 3세경의 시기이다. 이 시기를 성인문(成人文)의 시기라고 한다. 말하는데 약간의 하자는 있지만 성인(成人)의 말과 아주 비슷하게 하는 시기이다. 문장의 길이가 길어지고 또한 길어진 문장들이 성인의 것과 비슷해진다. 따라서 바로 이때가 언어 습득을 위한 가장 중요하면서도 결정적인 시기이다. 이 시기에는 어휘의 수가 1,000개 정도까지 급증하여 기본적인 언어 생활에 지장이 없게 되며 문법적인 능력도 거의 성인의 그것에 접근하게 된다. 물론 음운 조직은 이미 완성된 상태이고 거의 주위의 사람들과 못 할 말이 없을 정도로 활용(活用)에 대한 지식도 완벽해진다.

⑥ 제6단계: 만 4세 이후로 완습(完習)의 시기이다. 유아의 언어 습득은 만 4살이나 4살 반 정도면 일단 종결이 된다. 어휘면에서도 4살 이후에는 2,000어 정도에 육박한다. 약 4살 정도면 언어 습득의 기본 과정은 끝나지만 그것의 확장 과정은 그 후에도 계속된다. 대체적으로 그 작업은 사춘기까지 계속된다.

III. 언어의 특성과 의미론 및 응용언어학

1. 언어의 특성

1) 언어의 기호적 특성

(1) 자의성(恣意性, arbitrariness): 소리와 의미가 연결되는 관계는 필연적이고 절대적인 것이 아니라 관습에 의해 임의로 연결된다는 것, 말소리와 의미 사이에 필연적인 관계가 없는 것, 의미 변화나 형태 변화 가능함

예 집, 하우스, 가(家)

(2) 사회성(社會性, sociality), 불역성: 말소리와 의미 사이의 관계가 사회적으로 수용된 후에는 어느 한 개인이 마음대로 그 관계를 바꿀 수 없다. 국어 순화가 성공하지 못하는 이유이기도 하다. 언어는 한 언어 사회의 구성원(언중)들 간에 맺은 사회적 약속이기 때문에 어떤 개인이 마음대로 말을 만들어 내거나 이미 있었던 말을 임의로 바꾸거나 없앨 수 없다. = 언어의 불역성(不易性)

(3) 역사성(歷史性), 가역성: 언어는 시간의 흐름에 따라 단어의 소리와 의미가 변화하거나 문법 요소에 변화가 생기기도 한다. 언어는 항상 고정되어 불변하는 것이 아니라 시간이 흐름에 따라 끊임없이 변화한다. = 언어의 가역성(可易性)

① 음운: 중세 국어에는 유성 마찰음 ㅸ/ㅿ/ㅇ, 모음 /가 존재하였다. 중세 국어에는 성조가 존재하였다.

② 어휘: 중세 국어에는 오늘날 사용하지 않는 어휘가 있었다. 온[百], 즈믄[千], 골[萬], 잘[億]

③ 의미

■ 의미의 확장: 다리 유정체의 다리 → 무생물의 다리 책상다리, 돌다리 등

■ 의미의 축소: 즁 [유정체(有情體)] → 짐승 [수(獸)]

■ 의미의 이동: 어엿브다 [불쌍하다, 憫然(민연)]→ 예쁘다 [美(미)]

(4) 창조성(創造性, creativity), 개방성: 한정된 단어를 사용하여 무한한 문장을 만들 수 있다. 처음 들어 본 문장을 이해하고, 일찍이 경험하지 않은 새로운 문장을 생성한다. 새말을 만들어 낸다. 기존 단어가 새로운 의미를 얻게 된다. 인간은 전에 들어 보지도 않은 무한수의 문장을 만들고 이해할 수 있으며, 무한히 긴 문장을 만들어낼 수도 있다. 언어는 무한한 창조력을 가진 개방적 체계(언어의 개방성)이다.

언어의 창조성 = 생산성(生産性, productivity), 언제든지 새로운 낱말을 더 만들어 낼 수 있으며 낱말을 배합하여 문장을 만드는 것도 얼마든지 가능하다.

> 언어의 창조성에 관한 훔볼트(W. von Humbolt)의 어록
>
> "언어는 ergon(작품)이 아니라, energeia(활동)이다."
>
> "언어는 음성에 사상을 표현하는 능력을 부여하는 영구히 되풀이 되는 정신 활동"

(5) 추상성(抽象性, abstractness): 많은 구체적인 대상으로부터 공통의 속성만을 추출하는 추상화 과정을 통하여 개념을 형성한다.

예 꽃: 무궁화, 진달래, 개나리, 국화 목련

나무, 책상, 산: 추상화 과정을 거쳤기 때문에 추상성을 지님

광개토대왕, 윤관, 세종, 남명 조식, 면암 최익현, 윤동주 – 고유 명사는 지시 대상이 하나여서 추상화 과정을 거친 것이 아니므로 추상성을 가진다고 하기 어렵다.

언어의 의미(개념)는 언어에 의해 분절이 이루어져 형성된 한 덩어리의 생각으로서 같은 부류의 사물들에서 공통적 속성을 뽑아내는 추상화의 과정을 거쳐서 형성된다.

예 장미, 튤립, 백합, 진달래… 공통적 속성(식물…) → '꽃'

한옥, 아파트, 초가집… 공통적 속성(건물…) → '집'

(6) 체계성(體系性, systematic): 언어마다 특유한 문법을 가지고 있다. 어느 언어를 보아도 그 소리의 짜임새(음운 체계)나 단어의 연결 방식(통사 구조)이 질서정연하다.

① 소쉬르의 구조주의 ②촘스키의 규칙 지배성과 창조성

언어의 문법 규칙 중에는 귀환적 규칙(recursive rules)이 있기 때문에 무한한 수의 문장의 생성이 가능하다.

> **예** 신애가 예쁘다.
>
> 철수가 신애가 예쁘다고 말했다.
>
> 영자가 철수가 신애가 예쁘다고 말했다고 생각한다./신애가 예쁘다.(반복적 규칙)

(7) 언어의 분절성(分節性): 언어음은 자음과 모음으로 나뉜다. 언어는 물리적으로 연속된 실체를 분절적으로 쪼개어 표현한다.

> **예** 감나무(ㄱ/ㅏ/ㅁ/ㄴ/ㅁ/ㅜ) 자음과 모음의 음소로 결합.
>
> 얼굴에는 뺨, 이마, 턱의 경계. 무지개 색의 구분 등

일요일과 월요일, 2023년 12월 31일 자정과 2024년 1월 1일 0시 등이 분절성으로 인식

(8) 문화적 전달성(cultural transmission= 비전승성): 언어 전달이 문화적이지 유전적, 생물학적이 아니다. 사람에게는 말을 습득하는 내재적 능력이 있을 뿐 개개 언어는 습득해야 한다. 한국어 구사하는 것은 문화에서 자랐기 때문에 전달받는다. 전승되는 것이 아니다. 처음부터 갖고 태어나는 것은 아니다.

(9) 이원성(二元性): 음성과 의미라는 이원적 체계로 이루어진 것이다. 이 음성 체계와 의미 체계는 독립적으로 분리되어 있다.

> **예** 동음이의어: 배 – 선(船), 복(腹), 리(梨)/유의어: 시름, 근심, 걱정

2. 언어의 구조적 특성

언어를 이루는 '음운, 단어, 문장, 담화/글'은 각각의 구조를 가지며, 그 구조는 일정한 규칙과 체계로 구성되어 있다. 규칙을 어기는 문장은 비문법적인 문장이 된다. 규칙을 배우지 않은 아이들도 모국어에 대한 언어적 '직관'을 통해 문법적인 문장으로 고칠 수 있다. 비문법적이라는 것을 알 수 있는 것은 국어 공동체가 음운, 단어, 문장의 구성에 대해 잠재 의식적으로 공유하고 있는 규칙이 존재함을 가리키며, 그 규칙에 따라 이러한 결합이 허용되지 않는다. 음운, 단어, 문장, 담화 등 모든 문법 단위가 각각의 체계가 있고 그 단위 간에도 일정한 체계가 존재한다.

3. 언어의 기능

1) 지시적 기능(Referential function)
① 사물이나 현상 또는 개념 등을 나타내는 기호 체계의 기능

② 전달하고자 하는 내용 곧 메시지의 서술적, 명제적 내용을 나타내는 기능

③ 제보적(提報的, informative) 기능 정보를 전달하는 기능, 주제에 초점, 가장 중심이 되고 중립적인 기능

2) 감정적 기능(Emotive function)

① 화자의 감정 상태나 어떤 일에 대한 태도 등을 나타내는 기능

② 표현적 기능(Expressive function)

③ 화자에 초점 [예] 〈비가 온다〉 - "제기랄, 비가 오네!", "야, 비가 온다" 배우의 독백 등

3) 사역적 기능(Conative function), 명령적 기능

① 전달된 내용이 청자의 감정, 행동, 이해 등에 미치는 영향을 좌우하는 기능 곧 발화자가 청취자에게서 불러일으켜 지기를 바라는 소망 또는 요구가 만족되도록 사용하는 언어의 용법

② 욕구적 기능(= 환기적, 지령적 기능): 화자의 욕구를 수반, 곧 청자에게 명령, 요청, 부탁 등으로 행동에 영향을 미치거나 질문 형식으로 응답을 바라는 언어 행위에 따르는 기능

4) 교감적 기능(Phatic function), 친교적 기능

① 청자와 화자 간의 사회적 관계 또는 유대를 확인하고 대화의 길을 터주며 사회적 교환(交歡)의 분위기를 조성해 주는 기능

② 인사말이라든가 특별한 전달 내용을 갖지 않는 상투적인 문구라든가 상대방에 대하여 적의가 없음을 나타내기 위해 쓰이는 말들이 전형적인 예

③ 의사소통의 경로를 터놓고 유대 관계를 유지하기 위한 언어의 기능

④ Malinowk가 어떤 집단의 유대가 단지 말을 교환하는 것만으로써 형성되는 것을 'Phatic communion'이라고 말한 데서 최초로 사용됨

⑤ 의례적 기능: 의례적으로 유대 관계 보여 주기 위해, 출퇴근 길에 나누는 의례적인 인사말, 날씨에 대한 발화 등

⑥ 사회적 접촉 기능(Social interaction): 어떤 정보를 전달하기보다는 사회생활을 좀 더 풍요롭고 부드럽게 하기 위하여 의례적이고 형식적인 말을 주고받는 것

5) 상위 언어적 기능(Metalingual function), 메타적 기능

① 언어 자체에 관해 이야기하거나 언어를 사용해서 다른 언어를 정의하기도 하고 언어를 배우기도 함

② 언어 표현 자체에 대한 설명을 가하는 기능 곧 이야기의 내용이 언어 기호 그 자체에 관한 것

③ 관어적 기능(언어 설명을 위해 다른 언어 사용)

[예] 까투리는 암꿩이다.(관어적 기능)

까투리 한 마리가 있었다.(지시적 기능)

"What I meant by saying that was…"(내 말의 뜻은 …)

6) 시적 기능(Poetic function)

① 청자나 독자가 전달 내용을 감상할 수 있도록 언어 표현을 선택하는 기능 즉, 어떤 발화를 아름답고 조화롭게 꾸미려는 경향

② 미적 기능

예 김영랑의 「돌담에 속삭이는 햇발」

"새악시 볼에 떠오르는 부끄럼같이 시의 가슴에 살포시 젖는 물결같이"

'새악시'는 새색시의 사투리, '살포시'는 살며시

4. 의미론의 개념

의미론이란 언어 표현, 곧 하나의 문장이나 그 요소의 의미 연구이다. 의미와 사전적 정의를 동일시하면 안 되는 이유는 모든 언어 사전의 정의가 순환적이기 때문이다. 맥락(context)이 의미 해석에 미치는 영향 무시하기 때문이다. 의미의 의미(meaning of meaning)는 무엇인가? 그것을 알기 위해 의미론을 살펴보자. 의미론에는 지시설·개념설·행동설·화용설(용법설) 등이 있다.

1) 지시적 의미 이론(Referential theory of meaning) = 지시설

지시설이란 어느 한 언어 표현의 의미는 그 표현이 지시하는 대상(referent, 지시체)

■ 지시체/대상: 구체적이거나 실재적인 사물, 추상적인 대응물

■ 지시: 언어 표현이 가리키는 지시체를 말하는 것, 화자의 지시와 언어적 지시로 구별

(1) 화자의 지시: 화자가 어느 한 표현을 발화함으로써 하나의 대상을 지시하는 것

예 조선 시대, 제4대 임금 → '세종'

표현에 사용된 언어적 지시와 일치하지 않는 경우가 생길 수가 있다.

예 한국 출신의 세계적인 축구 스타 → '손흥민', '황의조'…

(2) 언어적 지시: 단순히 언어의 부분으로서의 표현을 지시하는 것이다. 고유 명사나 대명사, '현 대통령, 내 첫사랑'과 같은 한정된 구 등의 지시적 표현이다. 모든 명사구가 지시적 표현은 아니다.

① 지시적 명사구, 비지시적 명사구

지시적 명사구 – 그 사람, 저 꽃/비지시적 명사구 – 대부분의 사람, 약간의 책

② 한정적 명사구

화자가 청자도 지시체를 알고 있다 생각하고 사용하는 명사구 – 그 소녀

③ 비한정적 명사구: 화자만의 문제임

예 모든 소년들이 어떤 소녀를 사랑한다.

■특정적 명사구: 화자가 어떤 특정한 지시체를 염두에 두고 하는 표현

예 【모든 소년들이 동일한 한 소녀를 사랑함】

■비특정적 명사구: 화자가 어떤 특정한 지시체를 염두에 두지 않음

예 【소년마다 사랑하는 소녀가 적어도 하나는 있다는 뜻】

(3) 지시 의미론의 문제점: 낱말이 지칭하는 사물을 볼 수 없는 경우인 동사류나 형용사류, 추상 명사류의 의미를 규정하기가 쉽지 않다. 어떤 표현은 의미가 있어도 그 표현이 지시하는 대상이 없는 경우가 있다.

예 용왕, 선녀, 그리고, 떠나다, 아주, -았-

두 표현이 동일한 대상을 지시하면 그 두 표현은 동일한 의미를 지니나 그렇지 않은 경우도 있다.

예 조선 시대 제4대 임금, 한글 창제자, 세종 → 이충녕

2) 심리주의적 의미 이론 = 개념설

개념설은 어느 한 언어 표현의 의미는 그 표현을 알고 있는 사람의 마음이나 정신 속에 그 표현과 연합되어 있는 관념이나 개념 = 심리적 영상

① Saussure(소쉬르, 1857~1913)
■언어 기호: 기의 Signifie(시니피에: 개념) & 기표 Signifiant(시니피앙: 청각영상) → 곧 의미는 심리적 실체
② Ogden(오그던) & Richards(리차즈, 1923)의 의미의 기호 삼각형
■기호와 대상 사이에는 직접적인 관계가 없고(점선), 그들의 연관은 사고나 지시를 통해서 이루어짐
■기호인 언어 표현은 먼저 심리적 실체인 심리적 영상(개념)과 연합되어 의미를 갖게 되고 이 심리적 영상은 다시 실제 세계의 대상을 가리키는 데에 사용된다는 것

개념(= 사고, 지시)

기호(상징, symbol)
언어 표현으로서의 낱말이나 문장

지시체(referent),
언어 표현의 의미적 대상

③ 언어상대주의: 언어 표현의 의미를 심적 표상으로 보는 것의 극단
■언어가 사고를 지배한다는 주장
■Humboldt(훔볼트), Sapir(사피어) & Whorf(워프)
■Whorf(워프) 가설은 두 가지로 구분할 수 있다. 언어가 사고와 같은 인지 현상을 결정한다는 언어 결정론(Linguisticdeterminism)

이 있다. 화자가 사용하는 언어가 사고와 같은 인지 현상에 영향을 미친다는 언어 상대성(Linguistic relativity)이다. 언어 결정론은 학습하는 언어가 사고방식을 완전히 결정한다는 관점이 되고, 언어 상대성은 학습하는 언어가 사고를 완전히 결정하는 것은 아니지만, 사고방식에 어느 정도의 영향은 미친다는 관점이다.

④ 심리주의적 의미 이론(개념설)의 문제점: Saussure(소쉬르)가 말하는 청각 영상과 개념, 그리고 Ogden(오그던)과 Richards(리차즈)가 주장하는 기호로서의 언어 표현과 심리적 영상으로서의 사고나 개념을 연결 시켜 주는 것은 무엇인지 명확하지 않다. 심리적 영상을 갖기 어렵거나 구별하기 어려운 경우도 있다.

> **예**   그리고, 또는, 뿐
>
>   민규가 영어와 일어를/영어나 일어를 할 줄 안다. → 영상으로 구별하기 어려움

영상이 서로 같은 두 개의 다른 표현은 서로 동의 관계에 있다고 인정해야 하나 두 표현의 영상(개념)이 서로 동일하더라도 그 두 표현의 의미가 동의적이 아닌 경우가 있다.

> **예**   전나무/주목나무(개념은 나무로 동일하지만 의미는 다름)

3) 행동주의적 의미 이론 = 행동설

행동설은 언어 표현의 의미는 화자가 그 표현을 말하는 상황을 야기시키는 자극(S)과 그 표현이 야기시키는 청자의 반응(R) 또는 그들의 연합이라는 것이다. 미국의 행동주의 심리학에 영향을 받은 구조주의 언어학의 과학적, 기계적인 언어 분석 방법에 의거하여 나타난 것으로 언어 표현의 의미는 그 표현으로 말미암아 야기된 객관적으로 관찰이 가능한 행동이고 모호한 심리적 실체는 연구 대상에서 제외된다.

① Bloomfield(블룸필드, 미국의 언어 학자: 1887~1949)의 예
- 영이와 철수가 함께 길을 가다 배고픈 영이가 길가에 있는 사과나무에 사과가 달린 것을 쳐다본다.(자극, S)
- 영이는 철수에게 사과 한 개를 따달라고 말한다.(r반응 …. s자극) 표현
- 철수가 사과나무에 올라가서 사과 한 개를 따서 영이에게 준다.(반응, R)

어느 한 표현(r … s)의 의미는 그 표현이 실제적 사건인 실제적 자극(S) 및 실제적 반응(R)과 연결된 것이다.
- 의미란 자극과 반응이 일어나는 상황

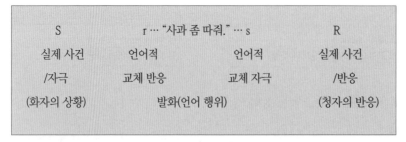

S	r … "사과 좀 따줘." … s		R
실제 사건	언어적	언어적	실제 사건
/자극	교체 반응	교체 자극	/반응
(화자의 상황)	발화(언어 행위)		(청자의 반응)

어느 한 표현(r … s)의 의미는 그 표현이 실제적 사건인 실제적 자극(S) 및 실제적 반응(R)과 연결되어 있는 것 √ 곧 의미란 자극과 반응이 일어나는 상황인 것이다.

② 행동주의적 의미 이론의 문제점: 관찰될 수 없는 어떤 추상적인 속성을 나타내는 낱말들의 의미에 대해서는 만족스러운 설명할 수 없다.

[예] 마음, 도덕, 믿다, -이, -을, -면, -서, -는데 등

자극에 대한 반응은 일정해야 한다는 것을 전제로 하나 실제로 우리가 어느 한 언어 표현을 발화할 때마다 그에 대한 반응이 달리 나타날 수도 있고 또한 아무 반응도 유발되지 않는 경우도 있을 수 있음

[예] 그이가 양주 한 병을 혼자서 다 마셨어요.

→ 미쳤군!/그랬어요?(반응이 다름) 동의 관계를 설명하기 어려움

4) 화용적 의미 이론(화용설)

(1) 화행(speech act): 대화/발화 행위

단언, 진술, 질문, 응답, 명령, 요청, 약속, 제안 등 화자에 의해 이루어지는 발화 행위이다. Austin(오스틴, 1962)의 화행 이론은 언어 자체의 의미보다 언어가 무엇을 하는가에 초점을 둔다.

① 대화 행위의 삼분법
- 언표/표현 행위(locutionary act): 무엇인가를 특정한 언어 형식으로 말하는 행위
- 언표내적/수행 행위(illocutionary act): 언표 행위가 가지고 있는 말의 효력
- 언표달성/결과 행위(perlocutionary act): 발화가 수행된 결과로 나타나는 행위

[예] **가.** 창문 좀 열어 줄래? / **나.** 창문 좀 열어 주면 좋겠어.
　　　다. 난 꼭 이것을 살 거야. / **라.** 난 네 이름이 알고 싶어.

(가)와 (나)의 언표 행위는 각각 '질문'과 '진술'이나 언표내적 행위는 모두 '요청' (다)와 (라)의 언표 행위는 모두 '진술'이나 언표내적 행위는 각각 '주장'과 '요청'

② 직접 대화 행위와 간접 대화 행위
- 직접 대화 행위: 화자의 의도와 표현 내용이 일치하는 발화
- 간접 대화 행위: 직접 대화 행위와 관련된 다른 표현으로 돌려 말함으로써 목적하는 수행 행위를 간접적으로 나타내는 발화
- 발화 전 단계: 화자는 문이 열려 있어 추위를 느끼고 청자가 문을 닫아 주기를 바란다.
- 발화 단계: 문 좀 닫아줘. - 직접 대화 행위, 춥지 않니? - 간접 대화 행위

③ 화행문과 단언문
- 화행문(= 수행문): 약속, 명령, 제안, 요청, 명명, 선언 등이 화행문의 일반적인 내용

예 나는 너에게 백만 원을 줄 것을 약속한다.(약속)

나는 너에게 집으로 돌아갈 것을 명령한다.(명령)

■ 참과 거짓을 논할 수 없고 적정 조건만 논할 수 있음

■ 적정 조건(felicity condition): 화행이 이루어지기 위해서는 충족되어야 할 조건, 곧 화행은 적절한 자격을 가진 사람이 적절한 맥락에서 적절한 말을 함으로써 이루어짐

■ '약속하다, 명령하다, 명명하다'와 같은 수행 동사가 약속, 명령, 명명의 화행문에 쓰이기 위해서는 일인칭 주어의 현재형으로 쓰여야 함

■ 단언문: 세상에 비추어 참과 거짓이 판명되는 문장. 곧 진리 조건에 의해 의미를 기술할 수 있는 문장

예 영수가 동우에게 돈을 줄 것을 약속했다.

장교가 졸병에게 진격할 것을 명령했다.

(2) 화용적 의미론의 개념(화용설, 용법설)

언어 표현의 의미는 그 표현이 언어 내에서나 맥락 속에서 사용됨으로써 결정된다는 것이다.

= 용법적 의미 이론(use theory), 맥락적 의미 이론(contextual theory), 기능적 의미 이론(functional theory), 화행적 의미 이론(speech act theory)

① Wittgenstein(비트겐슈타인, 1889-1951)의 용법적 의미 이론 = 용법설: 어떤 낱말에 일정한 의미를 인정하지 않고 그 낱말이 사용되는 구체적인 맥락에서의 용법을 의미라고 보는 입장, 용법설의 근거는 다의어 의미 파악과 밀접한 관련을 맺고 있다.

예 책을 보다(읽다)/시험을 보다(치루다)/손해를 보다(당하다)./집을 보다(지키다).

→ 용법이 아주 다양하여 일관된 의미를 부여하기가 매우 어렵다.

조사, 어미, 접사, 접속사 등과 같은 추상적인 언어 형태에 대해서 잘 설명할 수 있으며 언어 교육 시 효과적으로 이용될 수 있다.

② 화용적 의미 이론의 문제점: 중의적인 문장의 의미 구별이 어렵다.

예 나는 인수와 철수를 때렸다./키 큰 남편과 부인이 왔다.

의미적으로 불완전하고 변칙적이지만 통상적으로는 사용되는 표현의 경우 그 용법으로 의미를 설명하기 어렵다.

예 우리 언니는 애기야./그 사람은 산송장이다.

사용법은 있으나 무의미한 표현의 경우 그 용례가 의미를 나타낸다고 보기 어렵다.

예 에야노 야노야/트랄라 라라라/케지나칭칭나네

의미론과 화용론의 차이는 '맥락'에 대한 고려 여부에 있다. 의미론(semantics)은 언어 표현의 내적인 의미에 관심을 두는 연구이고 화용론은 '맥락'에서의 언어 사용과 확장된 의미의 문제를 연구한다.

> **예** "비 올라"
> 시어머니와 며느리와의 관계 – 며느리에게 말할 때 "빨래 걷어라."
> 어머니와 아들과의 관계 – 아들에게 말할 때 "우산 챙겨라."

5) 의미 속성

(1) 유의미성(meaningfulness): 어느 특정한 의미를 갖는 것

> **예** 나는 지금 학교에 안 간다.(유의미적)/나는 안 지금 학교에 간다.(무의미적)

(2) 중의성(ambiguity): 어느 한 언어 표현이 한 가지 이상의 의미를 나타내는 것

> **예** 어휘적 중의성 – 할아버님께서 돌아가셨다.(죽다: 귀가하다)
> 구조적 중의성 – 나는 아버지와 어머니를 만났다.

(3) 잉여성(redundancy): 의미상 불필요한 표현이 첨가되어 사용되는 경우

> **예** 매(每) 시간마다, 역전(驛前) 앞, 미리 예고(豫告), 만일 눈가 오면 전화해. 그 소문은 근거 없는 낭설(浪說)이다.

- 어휘소와 문법소의 중복 시 문법소는 필수적
- 문법소: 연결어미

(4) 변칙성(anomalousness): 통사적으로는 잘 짜인 문장이지만 의미상으로는 완전하지 못하고 조리에 맞지 않는 문장

> **예** 바위가 떡을 마셨다 → 선택 제약 위반: 마시다

(주어 – 유정물, 목적어 – 액체) 철수가 물을 마시다.

(5) 지시성(reference): 어느 한 언어 표현은 이 세상에 있는 실제적, 비실제적인 대상이나 추상적인 대상을 지시할 수 있고 어느 한 대상이나 모든 대상을 지시할 수도 있으며 모든 대상의 공통적 특성을 지시할 수도 있음

> **예** 김구, 천당, 진리, 이 책, 책 수집, 나는 청색을 좋아한다.

(6) 진리성(truth property)

① 언어적 진리성: 언어 자체의 의미에 의해 진리치를 결정

> **예** 아내는 여자이다.

② 경험적 진리성: 경험이나 외부 세계에 대한 지식에 의해 진리치가 결정됨, 언어 표현의 의미 이론에서는 주로 언어적 진리성에 관심을 가지나 어느 한 언어 표현의 진위를 판단하는데 경험이나 외부 세계에 대한 지식이 도움이 될 수도 있음

> 예 경복궁은 서울에 있다.(참)
>
> 고래는 포유동물이 아니다.(거짓)
>
> 감기로 죽은 사람은 없다.(참이거나 거짓)

(7) 분석성(analyticity): 어느 한 언어 표현이 의미적으로나 논리적으로 반드시 항상 참이 되는 것

> 예 개는 동물이다./처녀는 미혼의 성인 여성이다.

(8) 모순성(contradiction): 어느 한 언어 표현이 의미적으로나 논리적으로 항상 거짓이 되는 것

> 예 그의 어머니는 남자이다.
>
> 그는 여기에 있고 여기에 없다.
>
> 분석성, 모순성은 문장을 구성하는 단어의 의미 결과

5. 응용언어학(applied linguistics)

응용언어학은 언어와 관련된 인간의 생활을 편리하게 하기 위한 연구와 응용 분야, 언어 교육, 어문정책과 어문규범, 사회언어학, 심리언어학, 대조언어학, 신경언어학, 전산언어학, 언어 치료(언어병리학, language pathology), 문맹과 소수 언어 보존, 번역론, 법언어학 등이 있다.

1) 언어 교육

효율적인 언어 교육은 언어의 정확한 기술과 이해에서 출발하므로 언어의 여러 측면에 대한 연구인 이론 언어학의 바탕 위에서 언어 교육의 이론과 방법이 개발되었다. 대조언어학의 연구 성과를 언어 교육에 적용했다. 언어를 교육하는 교수법의 개발은 독자적인 연구 영역이다.

(1) 모국어 교육 연구
- 모국어 교육 분야의 연구 영역은 모국어 교육, 제2 언어로서의 한국어, 한글 교육 등
- 모국어 교육 분야는 조기 언어 교육에 크게 기여
- 응용언어학이 제일 먼저 추구해야 할 과제

(2) 외국어 교육 연구
제2 언어 혹은 외국어로서의 언어 교육, 이중 언어 교육, 다중 언어 교육, 조기 영어 교육, 목적으로서의 언어 교육
(예 상업영어, 무역영어, 의학영어, 법률영어 등)

2) 언어 정책과 표기 문제 연구

국가 언어 정책과 국어 정서법과 표기의 기계화, 국어 표준화, 정화, 순화 등

3) 번역과 문체 연구 분야

학문의 세계화를 위한 가장 시급한 작업은 국어로 된 학술 서적을 번역하는 작업이다. 또한 외국 서적을 우리말로 번역하는 작업이 중요한 과제 중의 하나이다. 문체론에 대한 실용적인 연구가 선행되어 학문적으로 체계화되어야 한다.(번역의 이론과 실제, 해석의 이론과 실제, 문체 이론과 기법 등)

4) 언어와 공학 분야 연구

전산 언어학(computational linguistics)은 컴퓨터로 인간의 언어를 처리하기 위한 기초적, 응용적 연구를 목표로 하는 학문이다. 인공 언어와 자연 언어 처리, 컴퓨터와 언어 처리 문제, 말뭉치 구축(corpus linguistics) 기계 번역, CD-ROM과 언어 교육 프로그램, 컴퓨터와 화상 언어 교육 등에 관한 연구이다.

5) 언어와 언론, 법 분야 연구

방송 등 언론 분야의 언어 연구이다. 법언어학(forensic linguistics)은 언어와 법의 상호 관련성을 연구하는 분야이다.(법정에서의 담화, 법정에서의 통역과 번역, 법률 문서의 가독성과 이해 가능성 문제 등)

6) 언어병리학 분야 연구

언어병리학(language/speech pathology)은 여러 가지 종류의 의사소통 장애의 진단, 예방, 치료와 관련된 이론 임상에 대하여 연구하는 학문이다.(음성 장애 지도, 말더듬이 지도, 구강 장애 지도, 실어증 지도, 성대장애 지도, 언어 발달 지도, 농아언어학과 점자 기호, 수화의 이론과 실제, 청각 청취 이론, 발음발성학 등)

7) 언어 평가 분야 연구

언어 능력평가, 외국어능력평가, 표준화검사이론 등이 있다.

8) 의사소통 분야 연구

의사소통을 위한 비언어적 기제에 대한 연구로 몸짓과 표정 · 공간 · 동작에 관한 이론과 실제, 의사소통의 문화적인 차이에 대한 연구를 한다.

6. 심리언어학

심리언어학(psycholinguistics)은 인간이 언어를 습득하고 그것을 사용할 때 나타나는 정신적 · 인지적 과정에 대해서 연구하는 학문이다. 심리언어학에서는 일상적인 상황에서 일어나는 인간의 언어 수행뿐 아니라, 뇌 손상으로 인한 언어 소실이나 언어 입력 부재로 인한 불완전한 언어 습득과 같은 비정상적인 언어 습득과 사용에 대한 연구도 수행한다.

언어심리학에는 언어학과 심리학 두 학문이 연계되어 있다. 언어학 측면에서는 언어학의 구분 방식에 따라 언어 단위의 다양한 층위를 살피는 것과 음성, 단어, 구, 문장, 담화에 이르기까지의 언어 현상을 다룬다. 그리고 심리학적 측면은 언어를 정신 작용으로 파악하고, 인간을 특정한 상황과 의도에 따라 행동하는 개인으로 바라본다. 그리고 객관적으로 관찰할 수 있는 행동과 주관적으로 파악할 수 있는 체험을 다룬다. 따라서 언어 심리학은 언어 사용자에 대한 연구인 것이다.

1) 심리언어학(psycholinguistics)의 정의와 연구 과제

언어 처리의 메커니즘을 행동과 기능적 측면에서 연구하는 학문이다. 인간의 언어 처리에 관한 모든 것을 연구하는 분야로 규정할 때 신경언어학도 심리언어학의 일부로 간주된다. 연구 과제는 말소리의 산출과 지각, 표기 처리 과정, 형태소 처리 과정, 어휘 의미의 처리, 통사 처리 과정, 문장의 의미 처리, 텍스트의 이해와 기억, 기억 기반의 담화 이해와 추리의 문제, 텍스트를 통한 학습, 언어 산출, 언어와 사고, 언어 · 뇌 · 진화, 언어 습득과 언어 발달 등이 있다.

2) 언어의 처리

(1) 언어의 이해와 산출 과정

■ 이해: 음성 청취 → 단어 인식 → 문장의 통사 구조 분석 → 문장 의미 파악

■ 산출: 단어 선택 → 문장 구조 형성 → 문장 발화

■ 단어를 인식하고 선택하는 과정에서 인간은 뇌 속에 있는 어휘에 대한 기억, 즉 머릿속 사전(mental lexicon)을 참조하여 단어의 의미와 문법적 특성을 인식하고 활용한다.

(2) 언어 이해 과정에 대한 연구

■ 단어 우선 효과(word superiority effect): 지각 작용이 단어일 경우 더욱 활성화되는 현상

예 **가.** 나무 하늘 꿈/ **나.** 나하무꿈늘 – (나)보다 (가)의 지각 작용이 더욱 활성화되는 것

■ 친숙성 효과(familiarity effect): 자주 사용하는 단어일수록 빨리 인식되는 현상

■ 촉발 효과(priming effect): 먼저 제시된 단어가 나중에 제시된 단어의 처리에 영향을 주는 현상 → 단어들 사이의 연관성과 머릿속 사전의 관계를 보여줌

■ 어휘결정과제(lexical decision task): 컴퓨터 화면에 글자의 연속체를 보여 주고 그것이 단어인지 아닌지를 피험자가 결정하게 하는 실험

예 **가.** 간호사 〉 의사/ **나.** 삼촌 〉 의사 – 단어 사이의 의미적 연관성이 있는 (가)만 촉발 효과가 나타남

■ 언어 이해 단계: 음성 성취 → 단어 인식 → 문장의 통사 구조 분석 → 문장 의미 파악

(3) 언어 산출 과정에 대한 연구: 스푸너리즘(Spoonerism)

■ 스푸너리즘: 원래 의도한 음성의 위치를 실수로 서로 바꾸는 현상

예 변신의 귀재 → 변제의 귀신,

hiss a mystery class(추리 수업을 듣다) → miss a history class(역사 수업에 빠지다)

- 언어 산출 과정: 단어 선택 → 문장 구조 형성 → 문장 발화

3) 언어 습득과 언어 이론

(1) 어린아이의 언어 습득

① 출생 후 ~ 6개월: 옹알거리는 단계

- 다양한 울음소리를 내며 생후 2개월이면 울음소리와는 별도로 다른 소리를 내기 시작함

- 대략 3개월 정도부터 옹알이 시작, 처음엔 모두 같은 소리를 내지만 점차로 모국어에 가까운 발음을 내게 됨

- 이 기간에 외부의 소리에 대한 식별 능력을 갖추고, 모국어에 속하는 언어음과 그렇지 않은 음을 구별함

② 생후 6개월 ~ 1년: 종알거리는 단계

- 이 시기에 시작되는 종알거림을 일종의 언어음으로 간주. 많은 양의 언어적 또는 비언어적 신호(정보)를 전달하고 신호(정보)를 받아들임

- 생후 8개월쯤 되면 같은 음절을 여러 번 되풀이하는 반복적인 종알거림으로 바뀜

- 차츰 어른의 억양을 모방하려는 노력이 나타나고 종알거림 소리에 자음과 모음이 다양하게 섞여 나기 시작

③ 출생 후 1년: 일어문(一語文, holophrastic sentence) 단계

- 한 단어를 말하는 단계로 단음절 어휘가 대부분이며 한 문장을 대신하는 기능

- 한 단어를 반복하여 소리 내는 2음절의 소리를 사용

④ 만 2세: 이어문(二語文) 단계

- 두 단어로 문장을 만듦

- 모든 단어는 명사, 동사와 같은 내용어이고 기능어(문법적 요소)는 없음

예 아빠 차, 엄마 옷

*go sleep(go to sleep),

*baby book(baby's book)

Mommy sock(Mommy, gie me socks/Mommy's socks)

- 어순 습득 시작

⑤ 만 3세: 성인문 단계

- 서너 개의 단어를 배합하여 문장을 말하기 시작

- 전보문 발화(tellegraphic utterance) 시작 - 주요 명사와 동사를 배열하여 내용어로만 이루어진 짧은 문장이지만 내부

구조를 갖춘 발화

예   Mary want book. Mommy gimme(gie me) sock.

⑥ 만 4세 이후 대부분의 아동은 어른과 비슷한 발음과 문법을 구사하게 됨

(2) 언어의 발현

■ 촘스키의 보편 문법? 모든 자연 언어에는 공통적인 보편 구조가 내재해 있으며 이러한 보편 구조는 생물학적으로 타고난 것으로 보편 문법은 그러한 보편 구조를 설명하는 문법. 촘스키는 어린아이의 언어 습득 현상을 근거로 보편 문법을 설명.

■ 촘스키: 인간은 생득적으로 보편적인 언어 능력을 갖고 태어난다고 주장 → 보편 문법

① 언어 습득 장치(Language Acquisition Device, LAD)

■ 인간의 뇌 속에 존재하는 생득적인 언어 학습 기제, 타고날 때부터 언어 습득 장치(LAD)에 보편적 문법 지식이 미리 프로그램되어 있다고 가정. 곧 모든 언어에 필요한 기본 원칙이 담겨 있기 때문에 인간은 누구나 선천적으로 언어적 본능을 타고나고, 언어를 사용하는 사회 환경에서 태어나 그 언어에 접촉하게 되면 일차 언어 자료(primary linguistic data)를 기초로 하여 언어를 습득하게 된다는 것

■ 언어 자료 — 언어 습득 장치(LAD) — 문법/언어 능력

■ LAD는 언어의 습득을 규정하는 생득적 구조로 특정의 언어만을 습득시키는 것이 아니고, 어떠한 언어든 노출된 언어를 완전히 습득케 하는 유연성과 일반성을 갖춘 것

■ LAD가 지니는 생득적 언어 특성: 맥닐(McNeill, 1966) 환경 속에서 언어음과 비언어음을 구분할 수 있는 능력 언어적 사건들을 여러 군으로 조직화할 수 있는 능력

예   인사할 때 하는 말, 제안하는 말 등

■ 일정한 언어 체계 유형만이 가능하고, 다른 유형들은 불가능하다는 것을 아는 능력

■ 한국어의 경우 SO 어순은 가능하나 OS 어순은 불가능

■ 직면하는 언어적 자료로부터 가능한 한 가장 간결한 체계를 구성하기 위하여 발달 과정상의 개인적 언어 체계를 끊임없이 평가할 수 있는 능력

② 언어 습득의 결정적 시기

■ 언어 유전자는 가지고 있지만 특정 시기가 지나 자동으로 사용할 수 있는 것이 아니고 어느 정도의 학습과 언어 자극이 필요함

■ 인도에서 발견된 늑대 소녀와 미국에서 고립되어 자란 "지니(Genie)"의 일화

■ 언어 습득의 결정적 시기는 6~7세 이전

4) 보편 문법(Universal Grammar, UG)

(1) 개념: 모든 자연 언어에는 공통적인 보편 구조가 내재해 있으며 이러한 보편 구조는 생물학적으로 타고난 것,(주어와 서술어가 오는 것) 언어이론은 그러한 자연 언어의 보편 구조를 규명하는 일

■ 촘스키(1957)의 〈Syntactic Structures〉

(2) 보편 문법의 근거

■ 아이의 언어 습득 현상은 인간의 선천적 언어 능력을 보여줌

■ 아이들의 언어 습득은 학습 현상으로만 설명하기 어려움

■ 아이들은 인종과 탄생 지역에 상관없이 동일한 언어 습득 능력을 보여줌, 곧 아이들은 특별한 교육 없이도 언어에만 노출되어 자라면 자신의 모국어를 유창하게 말할 수 있음

■ 아이들의 폭발적인 단어 습득 능력 → 생물학적 언어 능력 ㉠ 사물을 단순화시켜 파악하는 능력 ㉡ 상호배타성 제약: 하나의 사물에 하나의 이름만 있다고 생각하는 것

■ 아이가 접촉하는 언어 입력 데이터는 아이가 오용을 습득해 가기 위해 충분한 정보가 되지 못함, 곧 성인의 자연스러운 발화는 반드시 모든 문장이 문법적이지도 않고, 구어적으로 간략화한 문장이 있는 등 아이가 언어를 발달시키는 모범으로서 부적절함 **예** *I goed, *안 나 먹어.

■ 아이들의 언어 습득 과정을 살펴보면 언어 보편적 요소를 확인할 수 있음 한국 아이들의 잘못된 '안' 부정 표현 → 자신의 모국어의 특성과 상관없이 중요한 것을 제일 앞에 두려는 보편규칙 때문에 기인

예 한국어: *안 나 먹어./영어: I do not eat.

■ 문법 규칙의 과잉 적용이 나타남

예 한국 아이들의 경우 주격 조사로 '-이가'를 사용 *선생님이가, *별이가

영어권 아이들의 경우 모든 동사의 과거형에 '-ed'를 사용 *I goed, I taked.

(3) 언어의 다양성: 원리(principle)와 매개 변수(parameter)

■ 아이들은 생득적으로 타고난 보편 문법을 통해 쉽게 자기 모국어의 규칙을 찾아내고 적용하면서 언어를 습득함

■ 즉 아이들은 전혀 들어보지도 못한 말을 한다거나 틀린 문장에 대한 교정 없이도 문법적으로 올바른 문장을 만들어내는데 이는 바로 보편 문법의 원리를 통해 가능함

■ 아이들은 주변으로부터 제한된 수의 문장을 듣고 이를 기초로 특정 언어에 맞는 변수를 고정하는 작업을 한다는 것

5) 언어 습득과 유전자

촘스키가 생득적 언어 능력(LAD)이 들어 있는 언어 유전자의 존재를 예측하였다. 21세기에 들어 그 존재가 드러나기 시작했다. 언어에 문제가 있는 사람들은 'FOXP2(Forkhead box P2)'라는 유전자의 아미노산에 결함이 있었으며 침팬지와는 'FOXP2' 유전자 구성 아미노산 중 2개에서 차이점을 보인다. 'FOXP2'는 인간 언어 능력과 관련된 것으로 밝혀진 첫 번째 유전자이다.

■촘스키의 보편 문법: 모든 자연 언어에는 공통적인 보편 구조가 내재해 있으며 이러한 보편 구조는 생물학적으로 타고난 것으로, 보편 문법은 그러한 보편 구조를 설명하는 문법이다. 촘스키는 어린아이의 언어 습득 현상을 근거로 보편 문법을 설명하였다. 촘스키의 보편 문법은 어린아이의 언어 습득에서 그 근거를 찾고 있다. 촘스키는 어린아이의 언어 습득 현상이 인간의 선천적 언어 능력을 보여 준다고 주장한다. 인간의 언어 능력과 관련된 유전자가 있음이 밝혀졌다. 'FOXP2'는 인간의 언어 능력과 관련된 것으로 밝혀진 첫 번째 유전자이다.

7. 사회언어학

사회언어학(socio-linguistics)이란 언어와 사회의 관계에 중점을 둔 응용언어학의 하위 분야이다. 사회언어학에 대해 Hudson(허드슨, 1980)은 '사회와의 관계 속에서의 언어 연구'라고 정의하였으며 Milroy(밀로이)는 '실제 화자들이 사용할 때의 사회적 문맥 및 상황적 문맥 속에서의 언어에 대한 연구'라고 정의하였다.

언어는 그것을 사용하는 언어 사회를 전제로 한다. 그리고 각 언어 사회는 다른 사회와 구별되는 문화나 사고방식을 공동체 내에서 공유한다. 그뿐만 아니라 한 사회 내에서도 시간의 흐름에 따라 변화가 일어나 과거와 현재의 모습이 달라진다. 공시적 측면에서 한 사회의 특성은 그 사회 구성원이 사용하는 언어에 일정한 영향을 미친다. 통시적 측면에서 사회의 변화는 언어 변화에 원인을 제공한다. 이처럼 언어와 사회는 밀접한 관계에 있으며 이를 연구하는 것이 사회언어학인 것이다.

1) 사회언어학(sociolinguistics)과 언어의 변이(ariation)

(1) 사회 · 문화적인 맥락 속에서 이루어지는 화자의 구체적인 언어 사용을 조사 · 분석함으로써 언어 변이와 사회적 요인과의 관계를 체계적으로 연구하는 언어학이다.

(2) 언어의 변이(ariation) = 방언(dialect)
■동일한 내용을 다양한 언어 형식으로 표현하는 것
■광의의 방언은 지역적 변이와 사회적 변이를 포함하나 보통 주로 지역적 차이에 따른 언어변이를 일컬음
■방언을 연구하는 학문을 방언학(dialectology) 혹은 방언론이라 하며 그 연구 대상에 따라 지역 방언학(geographical dialectology)과 사회 방언학(social dialectology)으로 나눌 수도 있음
■방언은 표준어(標準語 standard language)에 대한 상대적 개념으로 불릴 수도 있음

2) 지역 방언: 지역적 차이에 따른 언어 변이

(1) 한국어의 지역 방언
① 동북 방언=관북 방언: 함경남 · 북도를 포함
② 서북 방언=관서 방언: 평안남 · 북도를 포함

③ 동남 방언=영남 방언: 경상남·북도를 포함

④ 서남 방언=호남 방언: 전라남·북도를 포함

⑤ 제주 방언=탐라 방언: 제주도와 그 일대를 포함

⑥ 중부 방언=경기 방언: 나머지 지역(경기·강원·충청·황해도)을 포함

(2) 재미있는 지역 방언 예

〈표준어1〉 어서 오십시오. 〈표준어2〉 잠시 실례합니다.

경상도: 퍼뜩 오이소. 내 좀 보이소.

전라도: 허벌나게 와버리랑께. 아따 잠깐만 보더라고.

충청도: 빨리 와유. 좀 봐유.

(3) 미국 영어의 방언

① 종류: 뉴잉글랜드 방언, 뉴욕시 방언, 북부 방언, 중부 방언, 펜실베니아 서부 방언, 남부 방언, 서부 방언, 알래스카 방언, 하와이 방언

② 뉴잉글랜드, 뉴욕 방언: 단어 끝과 자음 앞의 'r' 발음 생략 → 'rhotic' 악센트 예 car, beer, short

③ 북부 방언: 치경음과 치간음 다음의 /j/ 발음 생략 → 'yod-dropping' 예 new[nuː], duke[duːk], Tuesday[tuːzde], resume[rzuːm]

④ 남부 방언

■ 비음 앞의//와//의 중화 → 'the pin-pen merger'

■ 이중 모음 [a]의 단모음화: [a] → [aː] 예 bible, wide

⑤ 어휘적 차이 예 soda: 북동부 방언 pop: 북서부, 중부, 서부 coke: 남부

(4) 영국 영어의 경우

① 표준 영어 = RP(receied pronunciation) = the Queen's English: 영국 남부의 교양인이 사용하는 영어

② RP는 모음 앞의 경우를 제외하고는 /r/발음 생략 → 'non-rhotic'

③ 't, d'의 탄설음 변이가 없음 예 water, party

④ RP는 /s/나 /l/다음에 간혹 /j/발음이 생략되는 경우가 있으나, 그 외 /n/, /t/, /d/, /z/와 /θ/다음에서는 생략되지 않음

예 suit [suːt]/[sjuːt], lute[luːt]/[luːt], new[njuː], duke[djuːk]

⑤ RP는 가까운 과거를 언급할 때 'just, already, yet'과 함께 현재 완료형을 사용하나 미국 영어(AmE)는 단순 과거형도 함께 사용함

예 "I hae just arried home."(AmE/RP)/"I just arried home."(AmE) "I hae already eaten."(AmE/RP)/"I already ate."(AmE)

⑥ 'team'이나 'company'와 같은 총칭 명사나 스포츠 팀을 나타내는 장소 고유 명사의 경우 RP는 미국 영어와 달리 복수로 취급함

예 The Clash are a well-known band.(RP)/The Clash is ~.(AmE) Spain are the champions.(RP)/Spain is the champion. (AmE)

3) 사회 방언(social dialects)

(1) 정의: 언어 사용자의 연령, 성, 신분과 계층, 직업 등 사회적 특성에 따른 언어의 차이(존대어, 속어, 비어, 은어, 특수어, 성차어, 연령어, 유행어 등)

(2) 특성
① 사용하는 집단의 특성 반영
② 발음, 문법, 어휘 등에서 표준어와 차이를 보이는 경우가 있음
③ 사용 구성원 간의 친밀감을 높여줌
④ 사용 계층이나 집단 내의 의사소통을 원활하게 함
⑤ 시대 상황의 변화에 민감하게 반응

(3) 연령어: 한 개인의 연령 단계에 따라 사용하는 언어가 달라지거나, 또는 세대 간의 차이에 따라 다르게 사용되는 단어나 표현
예 맘마-밥, 때찌-때리다, 아빠-아버지, 너-당신/자네

젊은 세대일수록 비표준 발음이 많다.
예 과대표[꽈대표], 사납다[싸납다], 꽃이[꼬시]

젊은 세대일수록 비표준어, 은어, 속어의 사용이 많다.
예 걍(그냥), 셤(시험), 헐(놀라움), 차케(착해), 난림다(난리입니다)

젊은 세대일수록 유행어, 줄임말의 사용이 많다.
예 짐승남, 꽈사(과사무실), 강추(강력한 추천), 깔맞춤(색깔 맞춤), 메일(멜)

영어의 경우 인용 동사 'say' 이외에 'be like'가 쓰이는데 주로 젊은 층에서 사용된다.

(4) 계층 방언(class dialect) 사례
■ 미국 하층 계급의 사람들이 'non-rhotic' 악센트를 더 많이 사용함
■ 미국 흑인과 백인 영어의 차이
예 I done it yesterday. I did it yesterday.

He ain't got it. He hasn't got it.

■ 태국의 사회 계층에 따른 어휘 차이

예 '아버지': pra-chuan(왕족) por(평민) '먹다': sawei(왕족) gin(평민)

(5) 말투(style) = 상황 방언(situation dialect)

■ 상황에 따라 달라지는 말

■ 비격식체와 격식체 언어

예 엄마-어머니, 해요-합니다

■ 인도네시아어의 'High'(격식)와 'Low'(비격식) 변이

예 부정어: tidak(격식), enggak(비격식), 1인칭 대명사 '나': saya(격식), aku/ku/gua/gue(비격식)

4) 존대법, 높임

어떤 대상을 언어로써 높이거나 낮추어 대접하는 문법 범주이다. 사람들 사이의 종적인 신분 관계와 횡적인 친소 관계를 언어로써 표현하는 법이다. = 대우법, 경어법, 존비법, 높임법

화자, 청자, 제삼자 간의 상호 관계에서 성립한다.

(1) 주체 존대법: 화자가 문장의 주체를 높이는 표현법

① 주체 존대의 실현 방법

■ 어휘적: 존대 명사나 주체 존대 동사에 의해 - '연세, 생신, 계시다, 주무시다'

■ 파생적: 존대 접미사 '-님'에 의해

■ 굴곡적: 선어말 어미 '-시-', 주격 조사 '-께서'를 붙임

예 "할아버님께서 주무시다."

어휘-주무시다, 파생적(존대 접미사) -님, 굴곡적(선어말 어미, 격 조사) 께서, 시

② 주체 존대법의 제약: 나이, 사회적 지위, 친분 등의 요인

■ 주체가 화자보다 높아서 존대의 대상이 되더라도, 청자가 주체보다 높은 경우에는 '-시-'를 쓰지 않음 → 압존법

예 할아버지, 아버지가 지금 왔습니다.

■ 존대 대상을 화자 자신과의 개별적 관계로 파악하기도 함

예 ○○○ 대통령은 훌륭한 지도자이다.(공적, 객관적 서술) ○○○ 대통령은 훌륭한 지도자이시다.(사적, 자신과의 친근 관계로 서술)

■ 주체를 간접적으로 높임(존대 대상의 신체 부분이나 개인적 소유물이 되는 말은 '-시-'를 붙여 간접높임으로 말함)

예 할아버님은 귀가 밝으십니다. 선생님께서 감기가 드셨다.

(2) 객체 존대법: 화자가 문장의 객체를 높이는 표현법

① 객체 존대의 실현 방법

■ 어휘적: 존대 명사나 객체 존대 동사에 의해 - '귀사, 댁, 드리다, 여쭙다'

■ 파생적: 존대 접미사 '-님'에 의해

■ 굴곡적: 부사격 조사 '-께'에 의해

② 객체 존대법은 주체 존대법과 달리 일정한 어미에 의해 실현되지 못함

예 제가 할아버님께 약주를 드리다.

■ 어휘적: 약주, 드리다

■ 파생적:(존대 접미사) '-님'

■ 굴곡적: 부사격 조사 '-께'

(3) 상대 존대법: 화자가 청자를 언어로서 높이거나 낮추어 표현하는 법

= 상대 경어법, 청자 존대법, 청자 경어법, 공손법

청자 존대법의 화계는 지역, 연령, 세대, 사회 계층 등에 따라 다름

① 상대 높임의 방법: 일정한 종결 어미를 사용함

② 상대 높임법의 구분

■ 격식체: 말하는 이와 말 듣는 이 사이의 거리가 멀 때

해라체(아주 낮춤): -다, -냐, -자, -어라, -거라, -라/가거라

하게체(보통 낮춤): -게, -이, -나/오게.

하오체(보통 높임): -오, -(으)ㅂ시다 갑시다.

합쇼체(아주 높임): -습니다/-ㅂ니다, -습니까/-ㅂ니까, -(으)시오 /오십시오

■ 비격식체: 말하는 이와 말 듣는 이가 가까울 때

해체(두루 낮춤): -아/-어, -지, -을까 →(해라체+하게체)/빨리 가.

해요체(두루 높임): → -아/어요, -지요, -을까요 →(하오체+합쇼체)

8. 대조언어학

대조언어학(contrastive linguistics)은 둘 이상의 언어를 체계적으로 비교, 대조하여 공통점과 차이점을 밝히고자 하는 언어학 분야이다. 비교와 대조의 대상은 음운, 형태, 문법 구조나 어휘 등이다. 최근 연구에서는 텍스트나 담화 차원에서의 대조, 언어 문화적 요소나 비언어적 의사소통 방식에 대한 대조에도 관심을 기울이고 있다. 대조언어학은 외국어 번역이나 이중 언어 사전 편찬에서 등가적(equivalent) 항목을 찾아내기 위한 방편이 된다. 그러나 무엇보다도 외국어 학습 과정에서 모어의 간섭으로 인해 발생하는 오류를 방지하고자 학습자의 모어와 목표어의 체계를 대조하는 과정에서 발전하였다.

1) 대조언어학과 언어 교육

(1) 대조언어학(Constratie Linguistics)

두 개 또는 그 이상의 언어를 공시적으로 대조하여 그들 사이의 차이점과 공통점 등을 연구하는 언어학의 연구 방법이다.

① 비교언어학: 언어 변화 및 언어 간의 관계를 연구하는 통시적인 분야로 특정 언어들의 어원적 상호 관련성을 연구하는 학문이다.(공통점 파악)
② 언어 유형론: 언어를 공시적 관점에서 유형별로 구별하여 언어 간의 유사성과 차별성을 고찰하려는 학문이다.

대조언어학은 언어 간 차이점과 공통점들을 다 포함하여 다루어지지만 차이점에 더 주안점을 두며 그 대상 영역은 단어의 음운, 형태, 의미, 문장, 문화 영역 등의 연구를 모두 포함한다. 대조언어학은 사회언어학, 심리언어학, 역사언어학 등의 언어학과 교육사회학, 교육심리학의 교육학 분야와도 연계성을 가지는데 순수 이론적 언어학에서보다는 응용언어학 분야에서 그 중요성이 더욱 증대되고 있다. 대조언어학은 위의 학문 외에도 기계 번역과도 밀접한 관계를 가진다. 예컨대 외국어를 모국어로 번역할 때의 가장 큰 문제는 표현된 외국어를 그대로 번역하는 것이 아니라 그 속에 담겨 있는 의미, 문장의 구조, 사회 문화적 요소를 이해하게 하는 것이다. 따라서 번역의 기초 작업으로서 대조적 방법에 의한 언어 자료의 비교는 필수적이다. 응용언어학으로서 대조언어학이 가지는 가장 큰 효용성은 외국어 교육에의 활용에 있다. 외국어 교육에서는 '대조 분석'이라는 용어로 기술한다.

(2) 대조 분석 가설(Contrastive Analysis Hypothesis: CAH)
① 강한 주장(Lado(라도), 1957 & Fries(프라이즈), 1957): 대조 분석은 제2 언어 학습의 모든 문제점에 대한 예언력을 가지며 모국어와 제2 언어의 차이가 제2 언어 학습에서 겪는 유일한 어려움이다. 두 언어의 음운, 문법, 어휘, 문화 등의 모든 구조를 사전에 대조 분석하여 외국어 학습상의 문제점을 예측하고 그 결과를 학습 지도, 교재 편찬 등에 활용한다면 학습상의 오류를 예방할 수 있다.
② 약한 주장(Weinrich(바인리히), 1953 & Haugen(하우겐), 1953): 대조 분석이란 두 언어 사이의 차이점을 단순히 기록하는 것으로 오류에 대한 예언력은 없지만 오류가 발생했을 때 오류의 원인 규명에 가능한 설명을 할 수 있다.
③ 대조 분석의 기본 가설: 학습자의 목표 언어와 모국어의 차이가 크면 클수록 언어 습득 상의 어려움이 크다. 학습자는 일반적으로 모국어에 나타나는 현상을 목표 언어에 전이하려는 경향을 보이며, 외국어 학습 시 주된 장애는 모국어의 간섭 현상이다. 대조 분석을 통해 오류의 문제를 규명하고 교정할 수 있다.

(3) 대조 분석의 기본 개념
① 학습의 전이

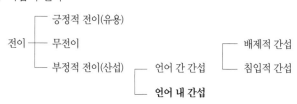

■긍정적 전이: 모국어와 목표어의 일치. 빠른 전이 → 유용(facilitation)

■부정적 전이: 모국어와 목표어의 대조 → 간섭(interference) 현상 출현

■무전이: 상호 영향이 없는 관계 → 간섭이 일어나지 않는 경우

■대조 언어 학자들은 이러한 전이를 예측·진단할 수 있다고 보며 학습의 장애 요인이 되는 부정적 전이인 간섭을 더 중시

■제2 외국어 학습은 모국어와 제2 언어의 모든 같은 요소들이 긍정적 전이를 일으키고 두 언어 간 다른 요소의 방해를 극복하여 모든 제2 언어 요소들을 전체의 학습에 통합시키는 것

② 간섭

언어 간 간섭	언어 내 간섭
언어 간의 차이, 두 언어 차이 범주: 의문, 형태, 구조, 규칙 차이 때문에 ■배제적 간섭/존재하지 않아서 : 한국어는 영어의 정관사, 부정관사 없다. : 영어는 한국어의 조사 없다. ■침입적 간섭/달라서 : 영어와 한국어 어순 다르다. : 한국어 형용사는 서술어이다. 영어 안 된다.	■이미 알고 있는, 새로 학습하는 것의 적용 〉 오류 학습 내용 간의 불규칙성, 복잡성, 비대칭성 ■과잉 일반화

■언어 간 간섭: 언어 간 범주의 차이와 구조, 규칙, 의미의 차이에 의해 나타남

배제적 간섭: 모국어에 없는 요소로 인하여 제2 언어 학습 시 방해가 일어나는 것

예 한국어 화자의 영어 관사(article) 학습. 마찰음 'f' 등의 학습 등

침입적 간섭: 모국어의 어떤 요소가 제2 언어 학습을 방해하는 것

예 한국어 어순과 영어 어순의 차이로 발생하는 어순 학습 장애

예 한국어 화자의 부정 의문문에 대한 답변:

네가 안 했어? - 응, 안 했어./Didn't you do it? - No, I didn't do it.

■언어 내 간섭: 학습자가 이미 알고 있는 제2언어의 어떤 요소가 다른 영역에 영향을 끼치는 것. 이는 양자 간의 불규칙성, 복잡성, 비대칭성이 기인함

예 한국어 불규칙 동사를 일반 규칙 동사에 과잉 적용하는 것

한국어 화자가 영어 불규칙 동사를 규칙 동사와 같이 활용하는 것

■보통 언어 간 간섭이 언어 내 간섭보다 더 큼

■보통 초급 단계에서 고급 단계로 갈수록 언어 간 간섭 오류는 감소하고 언어 내 간섭 오류가 점차 증가함

■ 간섭과 두 언어 간 차이에는 반비례 관계가 발견됨, 즉 언어 간 오류의 발생 비율은 대개 두 언어의 구조가 유사할 때 높게 발생되며 구조가 완전히 다른 경우에는 간섭이 줄어들어 오류가 더 적게 발생

형성평가

1. 음성과 의미는 임의적 관계이다 이를 무엇이라 하는가?
① 언어의 역사성
② 언어의 배타성
③ 언어의 사회성
④ 언어의 자의성

답: ④

해설: 언어의 음성과 의미는 필연적 관계가 아니라 임의적 관계이다. '사람'이라는 지시체(의미)는 동일한 것을 가리키지만, 나라마다 부르는 호칭인 기호는 다르다. 한국은 '사람'이고 미국은 'Man'이다. 그리고 중국은 '人'이다. 이와 같이 음성과 의미의 관계는 필연적 관계가 아니라, 임의적 관계로 맺어져 있다. 이를 '언어의 자의성'이라 한다.

2. 시니피앙과 시니피에 곧 음성과 의미의 관계에 대한 일반적인 견해는?
① 음성이 대표하는 것은 지시물이다.
② 음성과 지시물의 관계는 직접적이다.
③ 단어의 의미란 지시물의 심리적 영상이다.
④ 단어의 의미는 그것이 대표하는 대상, 또는 지시물 자체이다.

답: ③

해설: 기호와 지시체 사이에는 직접적인 관계가 없다. 그래서 기호인 언어 표현은 먼저 심리적 실체인 심리적 영상(개념)과 연합하여 의미를 갖게 된다. 이 심리적 연상은 다시 실제 세계의 대상을 가리키는 데에 사용된다.

3. 촘스키의 언어 능력(linguistic competence)과 언어 수행(linguistic performance)에 대한 설명으로 바르지 않은 것은?
① 언어 능력은 모국어를 자유로이 구사할 수 있는 능력을 말한다.
② 언어 수행은 구체적 상황에 있어서의 실제적 언어 사용을 말한다.
③ 언어 능력은 추상적인 것으로서 구체적인 언어 수행을 규제한다.
④ 언어 수행은 문법적 능력과 담화 능력을 포괄하는 개념이다.

답: ④

해설: 언어 능력이란, 모국어 화자가 직관적으로 바른 문장과 비문(非文)을 구별하여 문법적 문장과 비문법적 문장을 즉각적으로 구별할 수 있는 능력이다. 반면에 언어 수행은 실생활에서 실제로 사용하는 표현(말하기, 쓰기)과 언어적 사고에 대한 이해(듣기, 읽기) 등이다.

4. 다음 언어 중 첨가어에 해당하지 않는 언어는?
① 한국어   ② 일본어   ③ 터키어   ④ 중국어

답: ④
해설: 중국어는 고립어임

5. 문법적이지만 의미상으로는 완전하지 못한 언어 표현의 의미 속성은?

① 유의미성

② 모순성

③ 중의성

④ 변칙성

답: ④

해설: 변칙성이란, 통사적으로는 잘 짜여진 문장이지만 의미상으로는 완전하지 못하고 조리에 맞지 않는 문장을 이르는 말이다.

예시) 바위가 떡을 마셨다.→ 선택제약 위반: 마시다(주어-유정물, 목적어-액체) 철수가 물을 마시다.

6. 언어 간의 유사점과 차이점을 기술하여 그 결과를 언어 교수 등에 응용하는 분야는?

① 대조언어학

② 비교언어학

③ 언어 유형론

④ 언어정책학

답: ①

해설: 대조언어학(contrastive linguistics)은 둘 이상의 언어를 체계적으로 비교, 대조하여 공통점과 차이점을 밝히고자 하는 언어학 분야이다. 비교와 대조의 대상은 음운, 형태, 문법 구조나 어휘 등이다. 최근 연구에서는 텍스트나 담화 차원에서의 대조, 언어 문화적 요소나 비언어적 의사소통 방식에 대한 대조에도 관심을 기울이고 있다.

7. '영감'이 법원가에서는 판검사를 가리키는 칭호로 축소되어 쓰이고 있다. 이러한 언어의 변화는?

① 언어적 원인

② 사회적 원인

③ 역사적 원인

④ 심리적 원인

답: ②

해설: 사회적 원인은 일반적 용법의 단어가 어떤 특수 사회집단에서 그 의미가 특수화되어 축소되거나 확대되는 경우이다.

예시) 영감: 정삼품 이상 정이품 이하 벼슬아치의 호칭 〉 법원가의 판검사를 가리키는 호칭으로 축소

성경: 여러 종교의 경전을 두루 가리키는 단어 〉 기독교의 신구약 성서만 가리킴(축소)

벌초: 풀을 베는 행위 〉 산소에 풀을 베는 행위(축소)

공양: 부처님께 음식을 올리는 일(불교용어) 〉 일반 사회에 통영되는 시부모공양, 웃어른 공양 등으로 의미가 확대되었음(확대)

8. 다음 중 서술어의 종류가 다른 하나는?

① 소정이가 논다.

② 소정이가 윷을 논다.

③ 민수가 차를 멈추었다.

④ 나는 그녀를 생각한다.

답: ①

해설: ①은 한자리 서술어이고, 나머지는 두 자리 서술어이다. 한자리 서술어는 주어 하나만을 요구하는 서술어이고, 두 자리 서술어는 주어 이외에 또 다른 한 성분을 필수적으로 가지는 서술어이다.

제2장 사회언어학

학습 목표

1. 사회언어학의 개념과 특성을 알고 순수언어학과 사회언어학의 차이에 대해 이해한다.
2. 사회언어학의 연구 분야, 원칙, 방법과 지역 방언과 사회 방언, 호칭과 경어법에 대해 이해한다.
3. 이중 언어와 양층 언어, 언어 접촉과 전환, 다문화 배경 학습자의 한국어 사용에 대해 이해한다.

Ⅰ. 사회언어학의 개념, 특성, 대상

1. 사회언어학의 개념

언어 항목의 사회적 분포 및 의미를 필수적인 고려의 대상으로 삼는 언어학이며 언어를 추상물로서가 아니라 실제로 사용될 때의 모습으로서 관찰하며, 이때의 사회적 배경을 중시하는 학문이다. 구체적인 사회의 장에서 인간 행동의 두 가지인 언어 사용과 사회체계 안에서의 인간 행동과의 상호 작용을 밝히고, 언어 사용 자체뿐 아니라 언어에 대한 태도나 언어 및 언어 사용자의 사회적 체계에 관련된 문제들을 연구하는 학문이다.

2. 사회언어학의 특성

'언어와 사회의 공동 변이를 찾아 기술하는 것'이며 '언어 수행 이론을 수립하는 것'이다. 사회언어학은 공시와 통시를 하나의 연속체로 보고 연구하며 언어 사용 및 사회적 문맥에 관심을 둔다. 언어학에서 대상으로 하는 언어 능력을 의사소통의 능력으로 확대한다. 사회언어학은 언어에 대한 태도에 있어 생성 문법 이론과 대립적인 입장을 보인다.

3. 사회언어학의 대상

어떤 특정 이론을 통해 생겨난 것이 아니라 분석의 대상이 되는 공동체를 중심으로 생성된 것이며, 미디어 속의 언어, 언어와 성(性, genre), 세대별 언어 등, 사회 현상으로서의 언어, 사회 현상과 관련된 언어 문제에 관한 것이다. 언어의 내적 구조뿐 아니라 외적 요인도 연구하며 사회적 맥락에서 언어의 변화와 발전에 관한 것이다.

1) 언어의 내적 요인: 언어의 의미와 구조

2) 언어의 외적 요인: 경제적, 사회적, 인구통계학적 문제들

언어의 여러 가지 양상이 그 사용자들이 속한 다양한 사회적 환경(화자의 나이, 성별, 인종, 출신 지역, 대화 상대와의 관계, 발화의 목적, 기능 등)과 밀접하게 관련되어 있음을 인지하고 이를 학문적으로 체계화하는 것이다.

촘스키의 생성 문법: 세계 모든 언어에 보편적으로 적용되는 언어 원리 수립을 목표로 문법성(정문, 비문 등)의 여부, 어순의 특징, 문장 성분 등을 연구의 대상으로 했다. 촘스키는 생성 문법의 주요 구성 요소들이 "내재적" 보편 문법의 구성 요소라고 주장했다. 생성 문법가들은 대부분 문법의 여러 속성이 의사소통의 편의나 언어 습득 환경과 무관하게 인간이 생득적으로 가지고 있는 인지 능력이라고 생각했다.

↕

사회언어학: 어떤 언어 공동체이든 동질적일 수 없다는 인식을 바탕으로 언어를 어떤 언어 공동체에서 사용되는 구체적 모습 그대로 파악하려고 했다.

하나의 언어 사회 안에서 언어의 변화, 언어 기능의 특성, 그리고 언중의 특성을 연구하고 이 세 가지가 끊임없이 상호 작용하고 변하고 서로를 변화시키는 것이다. 언어 공동체의 다양성과 이질성 그대로의 언어 자료, 즉 거의 이상화되지 않은 실제의 언어 자료를 대상으로 하여 사용 규칙을 만들어냄으로써, 언어 속의 사회문화적 요소들까지 파악하여 진정한 언어 사용 능력을 증대하는 것이다.

예 [밥 먹어라]

■ 음운론적 분석: 무성양순파열음의 외파와 내파 또는 불파에 따른 상보적 분포 확인. 연음 법칙, 비음화, 모음조화의 동화 현상
■ 통사론적 분석: 두 자리 서술어('먹다')의 쓰임과 명령문, 한국어의 격조가 생략
■ 의미론적 분석: '밥'의 동의어인 '진지', '뫼' 등과의 비교. '먹다'의 다의성 활용
■ 사회적언어학적 분석: 말하는 이와 듣는 이의 관계, 어떤 전제와 추론에 의한 상황, 제3의 의미는 무엇인지

예 ① 정호한테서 편지가 왔습니다.
      ② (여보게) 정호한테서 편지가 왔네
      ㄴ. 사회언어학적으로 지위, 나이가 달라질 가능성에 대해 연구

예 [자녀가 몇이나 되십니까?]
↓
(아프리카에서 이 질문이 온전하게 전달되기 위해) 지금 살아있는 자녀는 딸과 아들을 모두 합해 몇인가요?]
ㄴ. 각 언어 공동체에 따라 다른 의미를 부여하는 표현에 대한 연구

4. 순수언어학과 사회언어학의 차이

1) 순수언어학과 사회언어학에서의 언어 능력

(1) 순수언어학에서의 언어 능력

　언어 수행과 대립되는 요소로서 이상적인 화자가 내재적으로 지니고 있는 능력을 말하며, 인간의 언어 능력이라는 것을 주로 문법성의 테두리 안에서 판단하였음

① 문법적인 표현과 비문법적인 표현을 판별하는 능력
② 들어보지도 못하고 써본 일도 없는 문장을 포함하여 무한수의 문법적인 문장을 들어 이해하고, 만들어 낼 수 있는 능력
③ 표면 구조가 서로 다른 문장이 동의임을 알아내는 능력
④ 한 자기 문장이(표면 구조상) 둘 또는 그 이상의 뜻으로 해석될 수 있음을 아는 능력
ㄴ 인간의 언어 능력 = 언어의 문법 구조에 관한 여러 가지 지식
언어를 '어떻게 쓰느냐'는 이 능력 밖의 것으로 봄

(2) 사회언어학에서의 언어 능력

　인간의 언어 행위는 협의의 문법 규칙에 의해서만 규제되는 것이 아니라 발화 행위가 일어날 때의 여러 가지 사회적 여건에 의해 규제되는 것으로 판단하였음

① 언어 표현의 명제적 의미뿐 아니라 사회적 의미를 이해하고 쓰는 데 필요한 규칙에 대한 지식
② 언어를 지시적 기능뿐만 아니라 여러 가지 사회적 기능으로 이해하고 쓸 수 있는 능력
③ 언제, 어디서, 누구에게, 무엇에 관해 얘기하느냐 등 발화 행위의 사회적 상황에 따라 적절한 표현을 골라 쓸 수 있는 능력, 나아가서는 언제 말을 해도 좋고, 언제 침묵을 지켜야 하는지 등에 관한 지식
ㄴ 언어 표현의 사회적 적격성은 문법성과 함께 매우 중요한 것으로 판단하였음

2) 순수언어학과 사회언어학의 주요 특성

(1) 순수언어학의 주요 특성
① 연구 대상: 순수 문법적 능력
② 문자의 관점: 문법성
③ 논지 전개 방법: 문법성
④ 언어 사회관: 문법성
⑤ 의미 파악: 문법성
⑥ 규칙 기술 방법: 1차적 순수언어학적 의미만 파악- 범주적 규칙
⑦ 언어 현상: 분절적으로만 봄

(2) 사회언어학의 주요 특성

① 연구 대상: 순수 문법적 언어 능력 + 사회언어학적 능력

② 문자의 관점: 사회적 맥락에 따른 용인성, 적절성

③ 논지 전개 방법: 사회적 맥락에 따른 용인성, 적절성

④ 언어 사회관: 연역적 방법+귀납적 방법

⑤ 의미 파악: 연역적 방법+귀납적 방법

⑥ 규칙 기술 방법: 1차적 순수언어학적 의미 + 사회 상황적 맥락의 의미-범주적 + 비범주적 규칙

⑦ 언어 현상: 분절적, 연속적으로 봄

II. 사회언어학의 연구 분야, 원칙, 방법

1. 사회언어학의 연구 분야

1) 사회방언학

① 개념: 방언 분화가 지리적인 요인에 의해서가 아니라 사회 집단, 즉 사회 계급, 연령, 성별, 종교, 인종 등과 같은 사회적인 요인에 의해 분화된 방언을 연구하는 학문이다.

② 연구 영역: 계층 방언 연구, 연계망 연구, 성별 언어 연구, 민족 방언 연구, 흑인 영어 연구, 지역 방언 연구, 대화 스타일과 변이의 상호 작용연구, 연령에 따른 변이/언어 변화 연구.

③ 특징: 사회 맥락 속에서의 언어 연구 성과를 통해 순수언어학을 보완하여 보다 완성된 언어학을 형성하는 것을 그 궁극적 목적으로 한다. 윌리엄 라보프(William Labov)가 가장 선도적인 역할을 하여 '라보프식언어학(Labovian type of sociolinguistics)'이라고도 한다. 사회방언학에서는 한 언어 공동체 안에서의 언어 변이(language variation)에 관해 관심을 보인다.

2) 의사소통의 민족지학

① 개념: 인간 상호 작용의 언어적, 비언어적, 사회적 변수의 여러 가지 측면을 자세히 다룸으로써 의사소통을 위한 명시적, 암시적 규범을 모두 기술하는 학문이다.

② 연구 영역: 특정 문화 안에서의 언어 사용의 유형, 언어 사건(speech events)의 형식, 화자가 적절한 말을 선택하는 규칙, 화자와 청자 및 주제, 채널, 배경 간의 관계, 담화 분석, 대화 분석, 호칭어/경어법 연구, 상호 작용/맥락연구, 문화간 의사소통 연구, 언어 태도 연구 등

③ 특징: 사회언어학을 우리가 일반적으로 언어학이라고 부르는 것의 하위 분야로 보는 것을 거부한다. 언어학은 사회 맥락 속에서의 언어의 기능이 어떤 것들인가를 밝히는 데서 출발하며 이렇게 규명된 언어 기능을 위해 특정 언어 형식 또는 표현이 선택되는 과정을 체계적으로 기술하는 것이 되어야 한다고 주장한다.

3) 언어 사회학

① 개념: 사회학과 언어학의 학제적 성격 중 사회학적 요소를 언어학적 요소보다 강조하는 학문 분야이다.

② 연구 영역: 소수 민족의 언어, 언어의 표준화, 언어 정책, 신생 국가의 언어 계획, 접촉언어학, 언어 생성과 사멸, 이중/다중 언어 연구, 양층 언어 연구, 언어 전환 연구, 피진/크리올 연구, 언어 정책 연구

③ 특징: 연구 주제가 사회적 요인들과 관련된 언어 현상이라기보다 언어가 관련된 사회 현상이라는 데 있다. 따라서 다른 두 유형에서처럼 기존 언어학에 도전하거나 이를 보완 확장하려는 의도가 없다.

4) 사회언어학의 연구 원칙

① 언어는 이미 만들어진 에르곤(ergon: 일, 행위)이 아니라 현장에서 만들어지는 에네르기아(energia: 실현)이다. 따라서 한 언어 공동체가 사용하고 있는 언어의 구체적인 모습을 파악하기 위해서는 현장의 언어를 관찰해야 한다.

② 한 언어 공동체가 사용하고 있는 언어를 자료화할 때는 그것을 수집하는 방법이 객관적이어야 하고, 그것을 분석하는 방법이 과학적이어야 한다.

③ 분석된 언어 자료를 제대로 해석하기 위해서는 인간에 대한 이해와 인간을 둘러싼 환경에 대한 깊이 있는 통찰력이 필요하다.

④ 사회언어학적인 관점의 연구 분야는 늘 새롭게 개발될 가능성을 지닌다.

2. 사회언어학의 연구 방법

1) 라보프의 백화점 연구

(1) 연구 내용

　　뉴욕시라는 한 지역을 언어 공동체 단위로 하여 모음 후행[r] 발음이 뉴욕시의 사회 계층적인 표지(marker)가 된다는 것을 연구하였다. 뉴욕시에서 서로 다른 사회 계층을 주요 고객으로 하는 세 백화점을 대상으로 음운 변이형 조사에서 다음과 같이 예측해 보고 검증하였다.

- 사회 계층이 높은 손님이 주 고객인 백화점의 직원일수록 /r/발음을 많이 낸다.
- 'floor'라고 할 때가 'fourth'라고 할 때보다 /r/발음을 많이 낸다.

(2) 연구 방법 및 연구 결과

　　각각의 백화점 점원들에게 'Where are the women's shoes?(여자 신발 가게는 어디 있습니까?)'라고 질문했다. 모두 '모음 후행 'r' 자료를 얻어 분석하였는데, 결과는 예측대로 사회적 계층의 변이형으로 생각되는 /r/발음의 계층적 유형을 밝혀냈다.(이 세 개의 백화점은 모두 신발 가게가 4층에 있어서 'Fourth floor'를 답변하도록 유도했다. 물론 답변을 못 알아들은 척함으로써 목표한 발음을 강조하도록 했다.)

　　사회 계층이 높은 손님이 주 고객인 백화점의 직원일수록 /r/발음을 많이 낸다는 것을 확인했다. 'floor'라고 할 때가

'fourth'라고 할 때보다 /r/발음을 많이 낸다는 것을 확인했다.

2) 번스타인의 어린이의 언어 결핍 관련 연구
① 연구 내용: 노동 계층의 어린이들이 학교에서 성적이 부진한 이유와 언어 사용에 대한 연구이다. 면담을 통하여 대화를 했다. 노동 계층 어린이들이 질문에 대하여 짧게 단음절어로 말하는 것을 보게 됐다.

② 연구 방법 및 연구 결과
- 노동 계층 어린이들은 개별 면접 방식의 시험에서는 가능한 한 짧고, 단음절로 답변함
- 중산층 어린이들은 질문에 대하여 길고 자세히 답변함
- 노동 계층 어린이들의 언어적 자원이 '제한적'(restricted)이라고 판단을 내렸음

Ⅲ. 지역 방언과 사회방언, 호칭과 경어법

1. 지역 방언과 사회 방언

1) 지역 방언

(1) 개념: 같은 언어이나 지역에 따라 달라진 말

(2) 특징
① 충청도 방언의 특징: 말이 느리고 말끝을 길게 늘여 말함, 문장 끝에 '-구먼', '-유' 등을 사용함
> **예** 밖에서 보니 몬 알아보겠구먼.(밖에서 보니까 못 알아보겠구나.)
> 안녕히 가셔유.(안녕히 가세요.)

② 강원도 방언의 특징: 말끝을 약간 올려서 말함, 문장 끝에 '-야', '-요' 등을 많이 사용함
> **예** 연우 다 컸다야.(연우 다 컸네.)
> 안녕히 가시래요.(안녕히 가세요.)

③ 전라도 방언의 특징: 말끝에 '-잉'을 넣어 길게 늘임
> **예** 밖에서 본께 못 알아보겠다잉.(밖에서 보니까 못 알아보겠구나.)
> 문장 끝에 '-냐', '-제' 등을 사용함
> **예** 이게 누구다냐?(이게 누구야?)
> 니 연우 맞제?(너 연우 맞지?)

④ 경상도 방언의 특징: 말의 높낮이가 크고 말이 짧음
> **예** 어딨노?(어딨니?)

이 누고?(이게 누구야?)

문장 끝에 '-나', '니꺼', '-니더' 등을 사용함

예　빨랑 갖고 온나.(빨리 가지고 와.)

안녕하십니꺼?(안녕하십니까?)

동생이랑 책 사러 왔십니더.(동생이랑 책 사러 왔습니다.)

⑤ 제주도 방언의 특징: 표준어와 가장 차이가 큼, 말끝을 줄여서 짧게 말함

예　여기 무사 완?(여긴 어쩐 일이야?)

문장 끝에 '-수다', '-쑤과', '-예' 등을 사용함

예　들어가십써예.(안녕히 가세요.)

〈 문장 표현 예시〉

표준어: 이 노래 들어봤니? → 평안도: 이 노래 드더 봔?

표준어: 나무에 무엇이 달렸습니까? → 함경도: 낭게 무시기 달렸음메?

표준어: 누가 갖다 놨어? → 황해도: 누구라 갖다 놔서?

표준어: 안녕히 가세요. → 강원도: 안녕히 가시래요.

표준어: 근데 여긴 어쩐 일이야? → 충청도: 근데 여긴 우쩐 일이여

표준어: 정말 오래간만이다. → 전라도: 겁나게 오래간만이다.

표준어: 명치가 아프다고 하지 않았니. → 경상도: 멩치가 우리하다 안 카나.

표준어: 아주머니! 안녕하셨어요? → 제주도: 아주망! 안녕하셔쑤과?

〈 어휘 표현 예시〉

표준어: 어머니/방언: 엄니(경기, 경남, 전남, 충남), 어머이(강원, 경상)

표준어: 딸꾹질/방언: 딸꾸기(경기, 강원), 포깍질(전라, 충남)

표준어: 복사뼈/방언: 복상씨(강원, 경북, 전북, 충청), 귀마리꽝(제주)

표준어: 부추/방언: 정구지(경상, 전북, 충청), 소풀(경상)

표준어: 소꿉놀이/방언: 빠꿈사리(전북, 충남), 흑밥장난(제주)

표준어: 옥수수/방언: 강낭수꾸(경북), 옥수꾸(경기, 경상, 충청)

2) 사회 방언

(1) 개념: 성별이나 세대, 직업 등 사회적 요인에 따라 다르게 쓰이는 말

(2) 유형

① 유행어: 비교적 짧은 어느 한 시기에 널리 쓰이는 말로, 당대의 사회상을 반영하고 있는 경우가 많음

예 생파(생일 파티), 생선(생일 선물), 문상(문화상품권), 소확행(소소하지만 확실한 행복),

갑분싸(갑자기 분위기 싸해짐), 인싸(insider), TMI(Too Much Information), 넘사벽(넘을 수 없는 사차원의 벽)

② 전문어: 전문 분야에서 그 분야의 일을 효율적으로 수행하기 위해 사용하는 말

예 심리, 클로즈업 등

③ 은어: 특정 집단 안에서 내부의 비밀을 유지하기 위해 그 집단 밖의 사람들은 알아듣지 못하도록 만들어 쓰는 말. 그 말을 사용하지 않는 사람들에게 거리감과 소외감을 줌.

■ 시장(市場)에서의 은어: 밥이 많다(생선 양이 많다), 잘 먹는다(잘 팔린다), 할켰다(손님이 가버렸다), 야리(100원), 후리(200원), 가찌(300원), 다마(400원), 데부(500원), 미스(600원), 아끼(700원), 아따(800원), 아부나이(900원), 야리셍(천 원), 백 원(만 원), 만 원(100만 원)

■ 군대에서의 은어: 짠물(인천 출신), 깎사(이발사), 올뻬미(유격대), 어머니(인사계), 말뚝(장기복무자), 빨리 3층 집을 부숴야지(빨리 병장이 되어야지), 별들에게 물어봐(나는 모른다)

■ 게임 세대의 은어: 현질(온라인 게임의 아이템을 현금을 주고 사는 것), 지지(Good Game의 약자(GG) 여기서 게임을 포기하겠다는 뜻으로 게임이 끝나고 하는 인사말)

④ 성별어

■ 여성어 연구 1 – 민현식(1996): 의문문을 많이 사용함, 부가 의문문을 남성에 비해 많이 사용함, '하니?', '더라구요', '거 같아요', '거 있죠' 등을 많이 사용함

■ 여성어 연구 2 – 김순자(2001): 청자를 배려하는 종결 어미의 사용 경향이 강함, '–다'는 주로 감탄적 진술에 사용함, 진술시 '–다'보다는 상대적으로 어감이 온화하고 친근한 '–어'를 많이 사용함, 명령의 경우 '–어라'가 아닌 '–어'의 사용 비율이 높았음, 질문시에는 '–냐'보다는 '–어'나 '–니'를 사용하여 온건한 질문 화행을 수행함, 청유의 경우 '–자'를 주로 사용하며 남성 화자들이 동료 간에 사용하는 '–지'는 사용하지 않았음

2. 호칭과 경어법

1) 호칭

(1) 개념: 화자가 대화 상대방인 청자 또는 대화 현장에 없는 제3자를 부르거나 가리킬 때 쓰는 표현

(2) 유형

① 이름 호칭어: 박성희, 성희, 성희야, 박성희 씨, 박성희 님

② 직함 호칭어: 회장님, 원장님, 김용준 이사관, 이 대령님, 정 박사

③ 친족 호칭어: 할머니, 어머님, 아빠, 삼촌, 영호 할머니

④ 대명사 호칭어: 너, 자네, 자기, 당신, 그분

⑤ 통칭(두루높임) 호칭어: 선생님, 사장님, 사모님, 아주머니, 학생, ○○님

⑥ 기타 호칭어: 곰돌이, 나주댁

2) 경어법

(1) 개념: 다른 사람을 높여 대우하기 위한 언어 형식들의 사용 방식

(2) 요인

① 참여자 요인

힘	계층, 나이, 지위(직위, 직급, 임관, 입사, 입학, 입회 서열, 항렬), 성, 수혜자 관계
거리 (유대감, 연대감)	성별: 동성, 이성
	친소 관계
	물리적 거리: 시간적 거리, 공간적 거리
	심리적 거리: 긍정적 거리, 부정적 거리, 중립적 거리

② 상황 요인

격식성, 제 삼자 인물의 현장성(화자와 청자 밖의 제 삼자가 대화 현장에 존재하는지의 여부가 경어법 사용에 영향을 끼치는 것)

(3) 사용 상황

① 사람들 사이의 실제 지위 관계를 언어 형식으로 표현하는 것

② 나이, 계급, 직급, 항렬 등의 힘 요인이 작용할 때가 많음, 화자와 청자가 얼마나 가까운 사이인지, 언제부터 아는 사이인지, 서로에게 어떤 태도를 갖고 있는지, 함께 소속된 집단의 성격이나 대화 상황이 어떠한지 등을 고려하여 사용함

(4) 유형

① 청자 경어법

■ 객체 경어법은 동작의 대상이 되는 객체를 높이는 경어법임

■ 중세 국어 시기에는 객체 경어법을 담당하는 문법 형태소가 따로 있었음

■ 현대 국어에서는 높임의 조사 '-께'와 '드리다', '뵙다' 등의 높임의 동사에 의해 표현됨

② 주체 경어법

■ 동작이나 상태의 주체를 높이는 경어법으로 선어말 어미 '-시-'에 의해 표현됨

③ 객체 경어법

- 대화에 참여하고 있는 대화 상대방인 청자를 높이거나 낮추어 대우하는 경어법임
- 현대 국어에서는 '-으십시오', '-어요', '-으오', '-게', '-어', '-어라' 등 6단계의 상대 경어법 형식 부류가 있음

(5) 특성

한국어 경어법은 기본적으로 화자들 사이에서 필요한 공손함과 예의를 효과적으로 표현하는 도구이다. 한국어의 풍부한 경어법 요소들은 화자들이 상황 및 대화 상대의 변화에 따라 적절하게 말할 수 있도록 도와준다. 청자 경어법 각 형식은 청자에 대한 높임의 정도를 조절하는 기본적 기능뿐만 아니라 여러 가지 말하기 상황에 따른 적절할 말투와 문체를 제공하는 부수적 기능을 함께 갖고 있다. 경어법의 복잡한 체계와 용법 때문에 한국어 학습과 사용에서 상당한 부담이 되고 있다. 경어법은 기본 문장에 추가적 형식의 사용으로 그 기능이 표현되는 것이기 때문에 문장의 길이를 늘어나게 하고, 결과적으로 언어 경제성 면에서 불리한 요소로 작용한다. 경어법은 서로 예의를 지키고 존중하게 하는 수단이 되면서도 사람들 사이에서 갈등을 일으키고 행동의 자유를 제약하는 원인으로 작용할 수 있다.

IV. 이중 언어와 양층 언어, 언어 접촉과 전환

1. 이중 언어와 양층 언어

1) 이중 언어

(1) 개념: 둘 또는 그 이상의 언어를 일상 언어 생활에서 다소 유창하게 사용하는 언어를 지칭함

> **예** 다수자 언어: 국가의 공식 언어로 인정받아 국민 대다수가 사용하는 언어
> 소수자 언어: 상대적으로 사용 인원이 적은 언어 또는 주로 정치적으로 종속된 집단이 사용하는 언어
> (프랑스에서의 네덜란드어, 우마리나에서의 독일어, 미국에서의 영어를 제외한 다른 언어)

2) 양층 언어(다이글로시아)

(1) 개념: 동일한 언어의 변이들이 한 공동체 내에 존재하는 서로 다른 상황에서 각각의 특수한 기능을 하면서 서로 중첩되지 않게 사용하는 것

(2) 특징: 일반적으로 양층 언어 상태를 이루는 두 언어는 사회적 지위가 다르고, 각각의 언어를 사용하는 장소와 상황이 명확히 나님
① 상층어: 법률, 교육, 방송, 행정 등과 같은 '높은 차원'의 기능을 위해 사용(학교에서 진행되는 정식 교육을 통해 습득)
② 하층어: 친구나 가족 간의 대화, 비격식적인 이야기, 쇼핑 등 '낮은 차원'의 기능을 위해 사용(집에서 모어로 습득)

> **예** 조선 시대에 상층부가 사용한 상층어는 한문, 하층부가 사용한 하층어는 한글이었음

2. 언어 접촉

1) 피진

(1) 개념

① 하나의 공통된 언어가 사용되지 않고 있는 다중 언어 사용 상황에서 둘 또는 그 이상의 집단 구성원들에 의해 사용되는 언어이다.

② 대개 식민지 지역 또는 무역이나 노동이 관련된 상황에서 외부인들과 현지인들 사이의 의사소통 문제를 해결하기 위해 생성되었다.

③ 지리상의 발견 이래 세계 각국에서 생겨났으며 현재도 멜라네시아제도와 중국 연안 등지에서 사용되었다. 원래 영어의 business(상업)가 중국식으로 발음되어 피진(pidgin)이 되었다고 본다.

(2) 특징

① 두 언어 중 한 언어를 단순화하고 다른 언어의 요소를 섞어 만드는데 음운, 문법, 어휘 모든 면에서 언어 구조가 단순함

② 음절 구조는 대부분 자음-모음(CV)이고 단어의 대부분은 1음절어(CV)이거나 2음절어(CVCV)임

③ 곡용, 활용과 같이 단어의 형태가 변화하여 문법적 기능을 표시하는 현상이 거의 없음

④ 문법적 기능만을 나타내는 허사(기능어)가 거의 없고 실사(내용어)를 이용해 문법적 기능을 간접적으로 표현함

⑤ 어순은 고정되어 있으며 절과 절을 연결할 때 내포보다는 접속을 이용함

⑥ 단어의 수는 많아야 수백 개에 불과하며 그것도 특정한 분야에 국한되며 대부분 복합어나 파생어가 아닌 단순어임

2) 크레올

(1) 개념: 피진이 사용되는 지역의 어린이들이 부모의 모어 대신 피진을 모어로 습득한 것

(2) 특징

① 영어, 프랑스어, 스페인어, 포르투갈어 등의 유럽어가 노예로 잡혀 온 아프리카인들이나 태평양 섬 주민 등이 사용하는 토속어(local languages)와의 접촉을 통해 형성된 현지 모국어를 지칭함

② 크레올어는 피진어보다 체계가 더 안정되고, 어휘가 확장되어 있으며, 언어구조 또한 더 정교함

3) 링구아 프랑카

(1) 개념: 서로 다른 모어를 사용하는 화자들이 의사소통을 하기 위해 공통어(共通語)로 사용하는 제3의 언어(때로는 한 집단의 모어)

(2) 특징

① 국가나 단체에서 공식적으로 정한 언어를 뜻하는 공용어(公用語)와는 다른 개념임

② 링구아 프랑카는 특정 언어를 지칭하는 표현이 아니라, 언어 가교의 기능을 수행하는 언어들을 통칭하는 표현임

③ 본래의 의미가 파생되어 학술, 상업 등의 특정 분야에서 널리 사용되는 언어라는 뜻으로 사용되기도 함

> **예** 국제회의, 국제기구에서 널리 쓰이는 영어가 대표적인 링구아 프랑카

[링구아 프랑카 VS 피진]

- 피진은 그 정의상 교류 집단의 언어 중 의사소통자에게 필요한 표현(**예** 무역에서 상품명과 수량 명사)만을 간소화하여 문법적 구성 없이 엮은 것임
- 의사소통의 가교 역할이라는 점에서 링구아 프랑카의 구실을 한다고 볼 수 있으나 언어로 보기 어려움

[링구아 프랑카 VS 크레올]

- 문화 상충의 1차 산물이 피진이라면, 그것이 한 단계 발전하여 체계화된 언어로 자리 잡은 것이 크레올임
- 크레올은 언어로서, 링구아 프랑카로서의 요건을 모두 만족시키므로 링구아 프랑카의 하위 항목 정도임

3. 언어 전환(부호 전환, 코드 스위칭)

1) 언어 전환

(1) 개념: 단일 언어 사용 상황에서 화자들이 방언이나 상황 변이어 등을 바꿔 가며 말하거나 이중 또는 다중 언어 사용 상황에서 화자가 이미 사용하고 있던 언어를 다른 것으로 교체하는 현상

(2) 원인

① 외적 원인: 다중언어 혹은 양층언어 상황에서 공적인 자리에서는 상위어를 쓰고 사적인 자리에서는 하위어를 사용함

> **예** 공식 석상에서 표준어를 구사하던 지방 출신의 정치가가 연설을 마치고 내려와 자기 고향의 지지자들과 사투리를 써서 대화를 하는 경우

② 내적 원인: 개인들이 어떤 언어집단의 화자들과 가까워지고 싶으냐에 따라 다른 언어로 전환하여 사용함

> **예** 미국에 사는 한국인 가정에서 부모들끼리 대화할 때 한국어를 쓰다가 자식들과 대화할 때 영어로 교체하는 경우

4. 다문화 배경 학습자의 한국어 사용

1) 문법적 특징
다문화 배경 한국어 학습자는 연령 구분 없이 쓰기를 가장 어려운 언어 활동으로 지적한다.

(오류의 예)

그나마 있는 인간 관계도 그리 단단하지 못 한다.

하지만 우리 인생에서 어려운 것을 많다.

그중에서도 친한 사람도 있어 미안한 고마운 사람들도 있다.

나는 오래 전에 한 친구에게 신세를 진 적이 있다.

나를 예쁘게 건강하게 나아주시는 우리 부모님과 식식하게 잘 키워주시는 우리 언니에게 미안한 마음이 크다.

2) 어휘적 특징
다문화 가정 여성은 한국어가 미숙하여서 주저함을 나타낼 때, 미묘한 감정을 드러낼 때 감탄사를 많이 사용한다. 다문화 배경 학습자들이 한국어의 어휘 체계 중에서 한자어와 외래어로 인해 의사소통에 어려움을 겪고 있다. 새터민의 경우 외래어에 대한 이해가 상대적으로 매우 부족한 것으로 나타났다.

3) 담화적 특징
다문화 가정 여성의 경우 대도시보다는 소도시, 도시보다는 지방에 거주하는 비율이 높고 처음부터 한국어 교육 기관에서 한국어를 체계적으로 배운 것이 아니므로 생활 속에서 저절로 지역 방언을 익힌 경우가 대다수를 차지한다. 다문화 가정 여성은 말하기와 듣기에 강한 반면 쓰기와 읽기에는 취약하다. 학령기 자녀의 기초적인 한국어 학습 과정 도움을 주지 못한다.

4) 발음상의 특징
한국어 학습자들이 한국어를 발음할 때 모국어의 간섭으로 많은 어려움을 겪는다. 개별 음소의 발음에서 오는 차이, 음절 구조의 차이, 상이한 음운 현상 등으로 인해 발음상의 어려움을 호소한다.

> **예** 미국인 L2 학습자가 한국어의 '불, 풀, 뿔'을 제대로 발음하지 못함. → 한국인은 'ㅂ'과 'ㅍ'과 'ㅃ'을 다른 소리로 인식하는데, 미국인은 'P'와 'b'를 다른 소리로 인식함

형 성 평 가

1. 다음 중 순수언어학에서 바라본 언어 능력에 대한 개념으로 적절하지 않은 것은?

① 문법적인 표현과 비문법적인 표현을 판별하는 능력

② 표면 구조가 서로 다른 문장이 동의임을 알아내는 능력

③ 한 문장이(표면 구조상) 둘 또는 그 이상의 뜻으로 해석될 수 있음을 아는 능력

④ 언어 표현의 명제적 의미뿐 아니라 사회적 의미를 이해하고 쓰는 데 필요한 규칙에 대한 지식

정답: ④

해설: ④ 사회언어학에서의 언어 능력에 대한 개념이다.

2. 다음 〈보기〉 빈칸에 가장 적절한 내용은?

〈보기〉
사회언어학은 언어에 대한 태도에 있어, (   )이론과 대립적인 입장을 보인다.

① 음운론

② 통사론

③ 생성 문법

④ 언어 수행

정답: ③

3. 다음 중 사회방언학의 연구 영역으로 보기 어려운 것은?

① 지역 방언 연구

② 흑인 영어 연구

③ 성별 언어 연구

④ 문화간 의사소통 연구

정답: ④

해설: ④ 의사소통의 민족지학의 연구 영역이다.

4. 다음 중 언어 사회학의 연구 영역으로 보기 어려운 것은?

① 언어 정책

② 양층 언어 연구

③ 언어 생성과 사멸

④ 연령에 따른 언어 변화 연구

정답: ④
해설: ④ 사회방언학의 연구 영역이다.

5. 다음 중 강원도 방언의 특징으로 가장 적절한 것은?

① 말끝에 '-잉'을 넣어 길게 늘임

② 문장 끝에 '-구먼', '-유' 등을 사용함

③ 문장 끝에 '-야', '-요' 등을 많이 사용함

④ 문장 끝에 '-수다', '-쑤과', '-예' 등을 사용함

정답: ③
해설: ① 전라도 방언, ② 충청도 방언, ④ 제주도 방언의 특징이다.

6. 다음 중 대명사 호칭어의 사용과 거리가 먼 것은?

① 너

② 자네

③ 자기

④ 성희야

정답: ④
해설: ④ 이름 호칭어의 사용이다.

7. 다음 중 피진에 대한 설명으로 적절하지 않은 것은?

① 원래 영어의 business(상업)가 중국식으로 발음되어 피진(pidgin)이 되었다고 봄

② 어휘의 사용이 확장되어서 부모의 모어를 아이들이 모어로 습득하여 언어로 사용하기에 문제가 없음

③ 지리상의 발견 이래 세계 각국에서 생겨났으며 현재도 멜라네시아제도와 중국 연안 등지에서 사용됨

④ 대개 식민지 지역 또는 무역이나 노동이 관련된 상황에서 외부인들과 현지인들 사이의 의사소통 문제를 해결하기 위해 생성되었음

정답: ②
해설: 피진에 대한 설명이 아니다.

8. 다음 중 서로 다른 모어를 사용하는 화자들이 의사소통을 하기 위해 공통어(共通語)로 사용하는 제3의 언어는 무엇인가?

① 피진

② 상층어

③ 하층어

④ 링구아 프랑카

정답: ④
해설: 링구아 프랑카에 해당하는 설명이다.

1. 언어와 사고에 대한 관점, 행동주의와 구조주의, 인지주의와 생득주의, 인본주의와 구성주의에 대해 이해한다.
2. 대조 분석 가설의 개념과 특성, 입장과 전이, 절차와 대조 분석 가설의 활용에 대해 이해한다.
3. 크라센의 학습과 습득 가설, 기타 가설과 중간 언어, 화석화와 퇴화, 학습자 변인, 오류 분석과 교정에 대해 이해한다.

Ⅰ. 언어와 사고에 대한 관점

1. 언어와 사고에 대한 관점

① 훔볼트 : 지식 활동은 필연적으로 언어 활동과 일체가 되려고 함. 언어는 사회적인 것에서 자아 중심적인 것으로 다시 내적 언어로 진행 언어가 사람의 사고방식이나 정신 구조에 일정한 영향을 미침
② 사피어 : 언어가 인간의 사고를 반영할 뿐 아니라 인간이 세상을 보는 방식을 결정함
③ 스키너 : 언어도 행동의 한 부분이라고 판단함. 언어는 환경과의 관계에서 자극 – 반응 – 보상 – 강화의 경험을 통해 학습됨
④ 촘스키 : 언어와 사고는 서로 독립적이며 언어 형성이 조건 형성의 원리를 따른다면 어린이가 언어를 그렇게 빨리 배울 수 없음
⑤ 피아제 : 언어 능력은 인지 성숙에 따라 상호 작용의 결과로 발달함. 언어에 대해 배우는 것은 어린이들이 이미 알고 있는 것에 의해 결정됨
⑥ 핑커 : 촘스키의 이론 발전시킴. 언어 능력은 일반적 지적 능력과 구별되며, 모든 사람에게 동일하고 자연스럽게 개발됨. 어린이는 의식적 노력이나 형식적 교육 없이 언어를 익힐 수 있음

2. 행동주의와 구조주의

1) 행동주의
① 아동은 백지상태로 태어나 다양한 강화에 의해 조건화되는 것이 학습이라고 보았음
② 인간의 정신적인 활동은 존재하지 않으며 '자극 → 반응 → 강화'의 과정을 학습이라고 보았음
③ 관찰 가능한 행동과 행동 변화가 연구의 대상이며 학습은 반복적인 연습과 경험 때문에 이루어진다고 하였음

④ 파블로프의 실험에 근거하였으며 학습은 행동의 변화이고 학습자는 수동적 정보수용자이므로 학습 환경이 중요하다고 하였음

⑤ 행동주의 이론에서의 언어 습득: '부모에 의한 자료 제시 → 모방 → 반복 학습 → 오류 - 수정과 강화 → 습관 형성' 인간의 이성적인 인식을 부정함

⑥ 스키너의 경험주의: '자극 → 반응 → 보상 → 강화 → 습관화'로 언어 습득이 이루어질 수 있다고 주장함

2) 구조주의

① 20세기 전반 구조주의 철학에서 시작하여 언어학계를 지배했던 언어철학 및 언어 연구 방법론임

② 말은 일련의 습관의 형성으로 보고 반복과 연습, 흉내, 유추를 통한 습관화라고 보았음

③ 언어는 하나의 체계로 존재하기 때문에 개별적인 문법 요소보다는 각각의 문법 요소들을 유기적인 관계 속에서 설명해야 한다고 주장함

④ 어떤 사물의 의미는 개별이 아니라 전체 체계 안에서 다른 사물들과의 관계에 따라 규정된다는 인식을 전제로 함

⑤ 개인의 행위나 인식 등을 궁극적으로 규정하는 총체적인 구조와 체계에 관한 탐구를 지향함

> **예** 모음 '아'는 '아' 하나로는 어떤 가치도 부여할 수 없으며 '어', '오' 등 변별 자질을 갖춘 다른 요소와의 관계 속에서 '아'는 문법적 자질을 갖게 된다고 보았음

3) 행동주의와 구조주의 이론에 대한 비판

① 발달심리학적인 동물 실험의 결과를 동물과는 판이한 인간의 언어 행위에 그대로 대입하는 것은 모순됨

② 모방이나 강화는 언어의 기본적인 문형을 습득하는 데에는 도움이 되나 어린이가 어떻게 복잡한 언어 구조를 습득하는지 설명하는 것이 불가능함

③ 세상의 어린이가 일정한 기간 비슷한 언어 발달 단계를 거치는지에 대해 설명하기 어려움

3. 인지주의와 생득주의

1) 인지주의

① 규칙의 이해를 통하여 전체도 부분도 이해가 가능하다고 봄

② 학습자가 무엇을 배울 것인가는 그 학습자가 이미 알고 있는 것이 무엇이며 신정보를 어떻게 처리하는가에 따라 학습자 내부의 인지 구조가 변화하는 것이 학습임

③ 외부로부터의 정보를 받아들여서 자신의 인지 구조 속으로 포함하는 과정이 학습의 원리임

2) 생득주의

① 어린이의 언어 습득은 태어날 때부터 가지고 있는 생물학적으로 결정된 생득적인 능력에 의해 이루어짐

② 환경에서의 경험은 이미 내재하여 있는 언어 능력을 촉매해 주는 역할만 함

　사람의 언어 습득 장치에는 타고날 때부터 보편적 문법 지식이 있음, 아이들은 모든 언어에 보편적으로 내재한 일반 문법 규칙과 문법 범주에 대한 인식 능력을 갖추고 태어남, 인간은 언어 체계의 저변에 깔린 법칙을 스스로 발견할 수 있는 특수한 능력이 있음, 언어 습득 장치의 도움으로 인간은 모국어를 습득하며 사춘기 전까지 언어 습득 능력이 가장 활발, 모든 언어가 공유하는 보편 문법이 있다고 가정하면 보편 문법에 관한 연구는 모든 언어에 관한 탐구라고 할 수 있음

3) 인지주의와 생득주의에 대한 비판
① 인지주의에서는 아동이 의미를 습득하는 과정을 명확하게 밝히기 어려움
② 정상적인 인지력이 발달함에도 언어를 습득하지 못하는 것을 설명하기 어려움

4. 인본주의와 구성주의

1) 인본주의
① 행동주의에 대한 반발로 발생한 이론임
② 가르치는 것보다 배우는 것이 중요하다고 보며 교사보다 학습자 중심의 학습을 강조함
③ 인간의 정의적 영역을 중시하며 진실한 의사소통을 바탕으로 한 학습을 강조함
④ 교사는 진실한 의사소통이 가능한 최적의 학습 환경을 조성해야 함

2) 구성주의
① 인간이 자신의 경험으로부터 지식과 의미를 구성해 낸다는 이론
② 언어 발달은 내재적인 요소와 환경의 상호 작용으로 일어남
③ 지식은 경험으로부터 구성되며, 학습은 구성적 과정을 통하여 내적 표상을 만들어 간다고 봄

3) 인본주의와 구성주의에 대한 비판
① 인본주의 교육의 시행을 주장할 수 있는 명백한 경험적인 근거가 부족함
② 학습자가 배우는 데에 있어 오랜 시간이 필요하며 긴장감이 모자라는 경향성이 있음
③ 학습자에게 교육의 주도권을 부여하는 것에 대한 문제가 발생할 수 있음
④ 교육의 효과를 평가하기 위해서는 학습자 개인을 다른 방식으로 평가하는 것이 어려움

II. 대조 분석 가설

1. 대조 분석 가설의 개념과 특징

1) 대조 분석 가설의 개념
공시적인 관점에서 서로 다른 언어 간의 공통점과 차이점을 비교하여 외국어 및 제2 언어 습득을 쉽게 할 수 있다고 보는 것(학문 분야: 대조언어학)

예   영어권, 일본어권, 중국어권 화자들은 대개 한국어의 3 계열의 자음—평음(ㄱ, ㄷ, ㅂ, ㅅ), 경음(ㄲ, ㄸ, ㅃ, ㅆ, ㅉ), 격음(ㅋ, ㅌ, ㅍ, ㅊ)—을 구별하는 데 어려움을 느낌. 한국어처럼 3원 대립을 하는 자음 체계를 가진 언어가 매우 드물기 때문임. 대부분 언어는 유성/무성(영어)이나 무성 무기음/무성 유기음(중국어)의 2원 대립을 보임. 따라서 유성음과 무성음의 2 계열의 자음 체계를 가진 언어권 화자들은 구조적으로 2원 대립의 질서에 지배를 받기 때문에 한국어의 3원 대립 체계를 분간하기 어려움 → 대조언어학은 이를 원리적으로 이해하고, 그 해결 방안을 모색하고자 하는 응용 학문임

2) 대조 분석 가설의 특성
① L2 학습이 어려운 것은 모국어의 간섭 때문이므로 목표어와 모국어에 대한 대조언어학적 지식은 외국어 학습 과정에 일어나는 전이와 간섭 현상을 파악하는 데 도움을 줌

② L1과 L2의 음운적, 형태적, 통사적, 표현 담화적 특징 등을 과학적이고 구조적으로 분석하여 이를 학습에 활용해야 한다고 보았음

③ 대조 분석 가설에서는 L1과 L2의 체계적인 대조는 학습자가 겪을 수 있는 어려움을 예견할 수 있을 뿐만 아니라 해결할 수 있다고 봄

④ 이때 L1과 L2 간의 차이가 클수록 L2 학습의 어려움이 크고, L1과 L2의 대조 분석 결과는 L2 학습의 어려움과 오류를 예측하는 데 필요한 것으로 보았음

2. 대조 분석 가설에 대한 입장과 전이

1) 대조 분석 가설에 대한 입장

(1) 강 가설
① 개념 및 특성: L1 – L2 차이로 학습에 어려움을 느끼게 되면 L1의 요소를 전이시킬 가능성이 큼, L1에서 전이된 요소

에 의해 생기는 부정확한 요소가 바로 오류가 된다고 보았음, L1 전이로 인해 일어나는 모든 오류는 대조 분석을 통해 예측 가능하다고 보았음

② 단점: 오류의 원인을 학습자의 모국어에서만 찾으려고 함, 대조 분석을 통해 언어 학습자의 간섭 문제를 정확하게 예측하기 어려움, 대조할 언어 항목의 선택이나 난이도 예측 시 조사자의 주관성이 개입됨

(2) 약 가설
① 개념 및 특징: 대조 분석의 역할을 과대평가한 측면을 보완하며 나온 가설임, 학습이 끝난 후에 학습자들에게 나타난 실제적 오류를 분석하는 방법으로 사후 분석이라고도 함, 대조 분석으로 발견되는 상이점들이 학습자의 오류로 나타날 확률이 높기는 하지만 상이점이 모두 오류로 나타나는 것은 아니라고 봄, 대조 분석은 오류의 원인을 해석하는 데에 상대적으로 도움이 되는 정도로 여김
② 단점: 관찰될 수 없는 인지적 영역(사고, 기억 등)의 오류 설명이 어려움

2) 전이

(1) 긍정적 전이
■ 이전에 습득한 것이 이후의 학습에 도움이 되어 긍정적인 영향을 미치는 경우임 → 유용
■ 긍정적 전이는 L1과 L2가 일치하거나 유사할 때 이를 전이시킴으로써 나타날 수 있는 현상임

(2) 부정적 전이(간섭)
■ 이전에 습득한 것이 이후의 학습에 부정적인 영향을 미쳐 학습을 방해하는 경우임 → 간섭
■ L1과 L2 간에 차이가 있음에도 L1 체계를 L2 사용에 적용해 부정적인 결과인 오류를 발생시킴
예 한국어의 학습 초기에 동사나 형용사가 '먹어요, 잡아요'에서처럼 '-어요/아요'와 함께 활용하는 경우를 배우고 나서 소위 말하는 불규칙의 경우에도 '*춥어요, *덥어요'라고 하는 경우가 이에 해당함
예 한국어를 모어로 하는 사람들이 영어를 배울 때 'should'나 'can, would, must' 등의 조동사가 3인칭 주어와 쓰일 때 '-s'나 '-es'를 붙이는 경우도 이에 해당함

① 언어 간 간섭
■ 배제적 간섭: 모어에 없는 요소 때문에 목표어의 학습에 어려움이 있는 것
예 베트남인이 한국어를 배울 때 한국어에 없는 연음 현상 등을 이해하고 적용하기 어려움
예 한국어를 모어로 하는 사람들이 영어를 배울 때 한국어에 없는 정관사나 부정관사의 사용에서 겪는 어려움
예 영어를 모어로 하는 사람들이 한국어를 배울 때 영어에는 없는 주격, 목적격 조사, 보조사 등의 사용에서 겪는 어려움

■ 침입적 간섭: 모어에 있는 요소 때문에 목표어의 학습에 어려움이 있는 것

예1 미국인이 한국어를 배울 때 어순의 차이로 한국어를 어려워함

예2 영어를 모어로 하는 사람이 영어의 어순 때문에 한국어 학습에서 어순의 간섭을 받는 경우나 반대로 한국어를 모어로 하는 사람들이 영어의 어순 때문에 받는 간섭의 경우

예3 *'학교는 깨끗한입니다'처럼 영어의 형용사를 한국어의 형용사와 혼동하거나 영어의 형용사 대역어를 잘못 이용하여 나타나는 오류

② 언어 내 간섭

■ 학습자가 습득한 목표어 지식의 습득이 이후에 학습할 내용에도 과도하게 적용되는 것

예 동사와 형용사 규칙 활용 습득 후 '춥어요, 덥어요'를 만드는 오류가 나타남

	긍정적 전이(유용)		
전이	무전이		
	부정적 전이(간섭)	언어 간 간섭	배제적 간섭
			침입적 간섭
		언어 내 간섭	

3. 대조 분석의 절차와 대조 분석 가설의 활용

1) 대조 분석의 절차

기술	비교 · 분석 언어 기술

↓

선택	대조 항목을 설정

↓

대조	두 언어 동일 부분 구조 비교

↓

예측	두 언어 구조 유사성 · 상이성 대조 → 오류, 난이도 측정

2) 대조 분석 가설의 활용

① 습득 과정에서 학습자들의 어려움을 예측하거나 오류의 원인을 해설하는 데 있어 대조 분석의 효용은 여전히 간과할 수 없음

② 특히 음성과 음운 차원에서는 학습자 L1의 간섭 현상이 L2 학습상 난점이나 오류를 예측하는 데에 상당한 효용성을 지님

Ⅲ. 크라센의 가설

1. 크라센의 학습과 습득 가설

1) 학습과 습득 가설의 개념 및 특성
의식적인 학습 과정과 무의식적인 습득 과정은 상호 배타적임, 성인이 목표어로 유창하게 의사소통을 하기 위해서는 '학습'이 아닌 '습득'을 해야 함, 언어 교실에서 학습자들의 학습이 습득으로 이어지도록 의사소통적 활동을 풍부하게 제공해야 한다는 주장을 끌어냄

	학습	습득
개념	학습자가 언어 형태에 관심을 두고 언어 규칙을 공부하면서 자신이 언어를 배우고 있음을 의식하는 것	무의식이고 직관적으로 언어 체계를 구조화하는 것
환경	교실 등의 환경	주로 그 언어를 사용하는 국가나 언어 공동체
특징	규칙과 형태를 배우며 반복하고 암기하는 과정에 관심이 있음	자연스러운 언어의 습득, 언어의 형태보다 의미와 기능에 관심이 있음

2) 학습과 습득 가설에 대한 비판
의식적이고 무의식적인 과정에 대한 Krashen의 정의가 분명하지 않고 실제적으로 검증하기가 어려움, 습득과 학습을 구분하면서 학습한 지식은 습득될 수 없고 습득된 지식과 독립적으로 존재한다고 주장하였는데 지금도 많은 논쟁이 오가고 있음

2. 크라센의 기타 가설

1) 모니터 가설(감시 가설)

(1) 모니터 가설(감시 가설)의 개념 및 특성
습득한 지식은 초기 생성(initial production) 그리고 유창성(fluency)과 관련이 있고 학습한 지식은 만든 문장에 대한 모니터(monitor, 감독자) 역할을 함, 학습자는 습득한 지식으로 문장을 만들고 학습한 지식으로 맞는지 틀리는지를 생각해 보고 수정하지만, 실제적인 문장 생성은 습득된 지식에만 의존함, 학습된 지식이 모니터 역할을 하려면 다음과 같은(충분조건이 아닌) 필요조건이 있어야 함

- 충분한 시간
- 형태에 초점을 맞추는 것
- 해당하는 문법 규칙을 아는 것
- 모니터 모델은 학습자들의 개인적인 실력 차이를 설명하는 데 도움이 됨

예 실수를 두려워하는 사람은 자신의 말이 맞는지 틀리는지 확인하기 위해 상당한 시간을 쓰므로 결과적으로 비유 창성을 일으킴

- 반면에 틀리는 것을 그다지 신경 쓰지 않는 사람들은 문법에 덜 신경을 쓰게 되므로 유창성이 좋음
- 발화의 생성은 학습자가 습득한 지식에 의존하며 학습한 지식은 습득한 지식을 점검, 수정하게 함
- 학습자가 자신의 발화를 점검하는 것은 학습에는 관련되지만, 습득에는 관계가 없음
- 모니터링에 많은 주의를 기울이면 발화의 유창성이 낮아짐(친밀한 관계에서는 모니터 덜 사용)

(2) 모니터 가설(감시 가설)에 대한 비판

실제 회화에서 항상 모니터를 작동할 여유가 사실상 없음, 모니터 모델에서 예측한 결과가 맞지 않았음, 충분한 시간을 주거나 형태에 초점을 맞추게 해 주거나 문법 규칙을 아는 사람을 선택해서 연구한 결과는 Krashen 의 예상과 거리가 멀었음, 사용하고 있는 규칙이 습득에서 왔는지 학습에서 왔는지 알기 어려우며 실험으로 검증하기 어려움

2) 자연적 순서 가설

(1) 자연적 순서 가설의 개념과 특성

목표어에 노출되어 듣기를 하는 것만으로도 예정된 순서에 따른 습득이 일어난다고 주장함, 학습자들이 문법 형태소를 '학습한' 순서와 '습득'한 순서 일치하지 않는다는 제2 언어 학계의 연구 결과가 있음, 학습과 습득이 서로 다른 과정이라고 확신함, 자연적 순서 가설은 형태소 순서 연구에 영향을 받았으며 가설의 주장은 따라 일정한 순서에 따라 언어의 규칙을 배운다는 것임

(2) 자연적 순서 가설에 대한 비판

형태소 순서 연구에 너무 의존했으며 모국어가 끼치는 영향을 전혀 고려하고 있지 않음

3) 입력 가설

(1) 입력 가설의 개념과 특성

학습자의 언어 구조 습득을 돕는 것은 '이해 가능한 입력'이 충분히 주어지는 것임

> i(학습자의 현재 언어 상태) + 1(현재 학습자의 수준보다 약간 상회하는 수준의 입력)

말하기 학습 초기의 교실에서는 학습자가 일정 기간 듣기에 집중할 수 있는 침묵기가 필요하며 말하기를 강요하면 안됨, 침묵기에 이해 가능한 입력이 지속적해서 주어지면 학습자가 스스로 목표어의 언어 구조를 파악하고 규칙을 내재화할 수 있다고 주장함, 입력 가설의 핵심은 위의 자연적 순서 가설에 따라 순서대로 학습자의 언어가 발달하기 위해서는

이해 가능한 입력(comprehensibe input)이 충분히 필요하다는 것임, 이해 가능한 입력은 현재 학습자의 수준보다 한 단계 더 높은 수준의 입력을 의미함

(2) 입력 가설에 대한 비판

다른 가설과 마찬가지로 i 라는 수준과 i+1 라는 수준이 어느 정도인지 그리고 어느 정도가 충분한 것인지 명확하지 않음, 모든 가설이 순환적(circular)이어서 검증하는 것이 불가능함

4) 정의적 여과 장치 가설

(1) 정의적 여과 장치 가설의 개념과 특성

학습자의 심적 부담이 적고, 학습에 대한 방어적 태도가 없어야 언어 습득이 긍정적으로 일어난다고 주장함, '정의적 여과 장치'=학습자의 동기, 욕구, 태도, 감정 상태에 기초하여 입력 언어를 잠재의식으로 걸러 내는 장치, 정의적 여과 장치는 학습자가 충분한 입력을 얼마나 받아들이는지를 결정함, 학습자의 자신감 또는 의욕과 같은 요소 때문에 발생하는 개인적인 차이를 설명함

(2) 정의적 여과 장치 가설에 대한 비판

애매모호하고 이론적인 바탕이 없음

> **예** 일반적으로 감정이 불안정한 10대 시기에는 여과 장치의 수준이 높다고 할 수 있으므로 Krashen의 결론은 10대 청소년은 언어를 잘 배우지 못한다는 것이 될 수가 있음

> **예** 반대로 적극적이고 자신감이 넘치는 어른 학습자들이 모두 언어를 잘 배우는 것도 아님. 또한, 감정적 여과 장치가 어떻게 작동하는지 알 수가 없음

IV. 중간 언어, 화석화와 퇴화, 학습자 변인, 오류 분석과 교정

1. 중간 언어

1) 중간 언어의 개념

제1 언어 학습자나 외국어 학습자가 언어 학습 과정에서 만들어 사용하는 불안정한 상태의 목표 언어임

목표 언어를 습득해 가는 과정 중에 학습자에게 나타나는 개인적이고 특수한 언어임, 언어는 단번에 습득하는 것이 아니라 시행착오의 과정을 거친다는 것을 증명하는 언어임, 연구자들이 단순한 오류 분석을 넘어 학습자 언어에 관해 관심을 끌게 되었고, 제2 언어 습득을 연구하는 계기가 되기도 했음

> **예** 한국인이 영어를 배워 말할 때 자신도 모르게 한국어 단어를 섞어서 사용한다거나, 일본인 학습자가 한국어를

배울 때 일본어식 억양으로 한국어 문장을 발화하는 것 등

| 모국어 | → | 중간 언어 | → | 목표 언어 |

학습자의 언어 ≠ 학습자의 모어, 학습자의 언어 ≠ 학습자의 목표 언어

2) 중간 언어의 유사 용어

학자	용어	개념
코더 (S. P. Coder)	개별 혹은 개인적 특유 방언	학습자 언어의 규칙은 그 학습자만의 고유한 특성임
리차즈 (Richards)	전이적 언어 능력	학습자 언어가 불안정성을 지니며 계속 변화함
제임스 (C. James)	학습자 버전의 목표어	교사가 접하고 사용의 적합성 여부를 평가 · 판단하게 되는 언어임
클라인과 퍼듀 (Klein&Perdue)	학습자 변이	중간 언어와 유사한 개념
넴서 (Nemser)	근사 체계	학습자 언어가 목표어에 유사한 방향으로 발전함을 조함

3) 중간 언어의 주요 5가지 과정

(1) 언어 전이(Language transfer)

중국어권이나 영어권 한국어 초급 학습자에게서 조사를 생략한 문장을 많이 만들어 냄

예 '나 학교에 가요', '나 점심 먹었어요' 등의 문장은 체계가 발달하지 않은 모국어(중국어, 영어)의 영향이 목표어인 한국어 학습에 전이된 예임

(2) 훈련 전이(Transfer of training)

화석화된 언어 체계가 학습의 훈련 과정에 기인하는 예임

예 수업 현장에서 교사에 의한 반복된 훈련이 습관화되어 영향을 미치는 경우를 말함

(3) 제2 언어 학습 전략(Strategies of second language learning)

학습자가 복잡한 목표어의 체계를 더 단순한 체계로 수정하여 사용하는 경우임

예 영어권 초급 학습자가 '-는 것'이라는 문형을 단순화하여 '내가 그때 잠(→잠자는 것)하고 먹는 것이 아주 힘들었어요.'라는 문장을 만들었음 → 학습자는 '잠자는 것'이라는 명사구를 '잠'이라는 명사로 간략히 하여 사용함을 볼 수 있음

(4) 제2 언어 의사 전달 전략(Strategies of second language learning communication)

학습자가 목표어 화자와의 의사 전달을 위하여 화석화된 항목이나 규칙을 적용하는 중간 언어 현상임

예 일본인 한국어 가운데 모국어인 일본어의 주격 조사 영향으로 한국어의 받침에 따라 형태를 달리하는 주격 조사 '이/가'의 구분을 잘하지 못하는 경우가 많음

일부 학습자들은 발화될 때 천천히 생각하면서 '이/가'의 구분을 하며 말하기보다 빨리 의사소통을 하기 위하여 '가'로만 발화하는 경우가 이에 해당함

(5) 목표어 언어 요소의 과잉 일반화(Overgeneralization of target language linguistic material)

목표어의 규칙을 지나치게 적용하는 중간 언어 현상임

예 '가요. 먹어요. 공부해요' 등의 예를 통해 어말 어미 '아/어/여요'를 학습한 학습자들이, 불규칙 동사의 예외적 어미 활용을 적용하지 않고, '덥다, 춥다,' 등의 불규칙 동사에도 이를 과잉 적용하여 '춥어요. 덥어요'라고 사용하는 경우를 들 수 있음

2. 화석화와 퇴화

1) 화석화

중간 언어 체계가 발전되어 나가지 않고 정지되어 고쳐지지 않는 근접 규칙 체계를 말한다. 이러한 현상은 오류에도 불구하고 긍정적 강화가 주어지고 청취 조정이 일어나지 않을 때 생긴다.

2) 퇴화

극복되었던 중간 언어 규칙이 긴장 등의 상황에서 다시 출현하는 경우를 말한다. 중간 언어 연속체의 최종 목표 지점에 도달하지 못한 대부분 학습자의 언어 능력이 어느 지점에서 고정화되어 버리는 것을 말한다.

3. 학습자 변인

1) Reid(1987)의 학습자 유형

	시각적 학습자	청각적 학습자	운동적 학습자	촉각적 학습자
선호하는 학습 활동 유형	그림, 영화 등	새로운 정보 듣기, 토론 등	역할극, 신체 활동 등	손으로 하는 활동 등

2) Witkin(1977)의 학습자 유형

(1) 장 독립형 학습자

① 자신이 경험한 것을 잘 분석하고 구조화함

② 사물을 지각할 때 배경이 되는 주변의 영향을 받지 않거나 적게 받음

③ 자신의 주변에 있는 다른 사람 및 세계를 보다 분화된 방식으로 경험함

(2) 장 의존형 학습자

① 주변의 장에 영향을 많이 받음

② 비분석적이고 직관적으로 자극을 지각하고 인지함

③ 주어진 대상을 전체적으로 파악하려는 경향이 있음

3) 학습자 변인 연구의 필요성

① 외국어 교육 방법의 변화: 의사소통식 접근법 → 통합적 방법 → 학습자 중심 교육법

② 학습자 변인에 따라 교육 과정, 교수 요목, 교재, 교수법, 교육 평가가 다르게 적용되어야 함

③ 학습자 학습 동기, 귀국 후의 한국어 활용도, 더 배우고 싶은 언어 기능 등 요구 조사 결과를 교육 과정 수립에 반영하도록 함

4. 오류 분석과 교정

1) 오류와 실수

오류	학습자가 목표 언어의 체계를 정확하게 인지하지 못해서 잘못을 범하는 것
	학습자가 규칙적이고 반복적으로 범하는 언어 능력의 문제
	학습자가 목표어에 대해 어느 정도의 언어 능력이 있는지 확인하는 근거
	학습자 스스로 수정하는 것이 불가능함
	예 '가방이가 있어요./선생님이가 좋아요.'의 문형을 반복하는 학습자
실수	학습자가 목표 언어의 체계를 인지하고 있으나 정확히 활용하지 못하는 것
	학습자가 발화 과정에서 나타내는 일시적 문제
	망설이기, 비문법적 발화, 작은 실수 등을 의미함
	학습자가 스스로 수정하는 것이 가능함
	예 '좋아요'를 일시적으로 '촣아요'로 쓴 학습자

*교사는 학습자의 잘못된 표현이 오류인지 실수인지 구별해 낼 수 있어야 한다.

2) 오류 분석의 절차

자료 수집→오류 식별→오류 기술→오류 설명→오류 평가

① 자료 수집: 연구 목적에 따라 학습자가 생산한 내용 중 일부를 수집한다.

[자료 수집에서 주의할 점]

■ 학습자의 언어 습득 양상을 객관적으로 파악하기 위해 오류를 포함한 부분과 오류가 없는 부분을 모두 수집한다.

■ 오류의 원인을 정확히 파악하기 위해 발화의 맥락을 보존하여 수집한다.

■ 어떤 상황에서 누구에게 한 말인지, 어떤 목적으로 쓴 글인지 등의 맥락 정보와 함께 기록한다.

② 오류 식별: 학습자 발화에 오류가 있는지 확인한다.

[오류의 유형]

■ 명시적 오류: 문장 수준에서 명확히 드러나는 오류

■ 비명시적 오류: 문장만으로 판단할 수 없고 맥락이나 상황을 고려할 때 드러나는 오류

③ 오류 기술: 학습자 발화 속에서 오류를 찾아낸 뒤 목표어로 그 문장을 재구성하고 재구성한 문장을 학습자의 문장과 비교한 후 그 차이점을 기술함, 오류가 있되 전달하고자 하는 의미가 명확하고 목표어 문장으로 재구성할 수 있을 때 기술 대상이 됨

[오류 분류의 범주]

■ 첨가: 불필요한 요소가 덧붙어서 발생하는 오류

■ 누락: 필요한 요소가 빠져서 발생하는 오류

■ 대치: 비슷한 범주나 전혀 다른 범주의 요소로 바꿔 써서 발생하는 오류

■ 어순: 목표어 어순에 맞지 않아서 발생하는 오류

④ 류 설명: 학습자 발화에서 오류가 왜 발생했는지 원인을 밝히는 부분임

[원인에 따른 오류의 유형]

■ 언어 간 전이: 모국어의 영향(부정적 전이)

■ 언어 내 전이: 목표어의 영향(과잉 일반화, 불완전 적용)

■ 학습의 장: 교육 자료, 교육 방법

■ 의사소통 전략: 학습 전략에 의한 오류, 의사소통 전략에 의한 오류

⑤ 오류 평가: 의사소통에 주는 지장 정도에 따라 전반적 오류, 부분적 오류로 판단함

3) 오류 수정의 처리 방법

① 고쳐 말하기: 비정형적이거나 미완성인 발화를 교사 혹은 목표어 화자가 조심스럽게 다시 고쳐 말하거나 확장하는 암시적 피드백

② 명료화 요구: 교사가 학습자가 발화를 고쳐 말하거나 반복하도록 유도하는 피드백

③ 상위 언어적 피드백: 교사나 목표어 화자가 학습자 발화의 정형성에 관한 해설이나 정보를 덧붙이는 피드백

④ 유도하기: 학습자 스스로 수정하도록 유도하는 교정 피드백

⑤ 명시적 교정: 학습자에게 형태 오류를 명확하게 지적하거나 교정된 형태를 제공하는 방법으로 강조 억양과 함께 제공되는 피드백

⑥ 반복: 학습자 발화의 비정형적 부분을 교사가 반복하는 것으로 억양을 바꿔 강조하는 등의 방법으로 제공되는 피드백

4) 오류 분석의 의의

① 교사에게 학습자가 목표 수준에 어느 정도 도달했으며, 무엇을 더 가르쳐야 하는지를 알려줌

② 연구자에게는 언어의 학습, 습득 방법과 학습자가 목표 언어 학습에서 사용하고 있는 전략과 과정을 암시함

③ 학습자 자신에게는 목표 언어를 배우는 과정에서 자신이 세운 가설이 타당한지를 검증해 볼 수 있는 수단이 됨

④ 교사의 교수 방법을 개선하고 교재 개발과 관련성이 있음

형 성 평 가

1. 다음 중 행동주의에 대한 설명으로 적절하지 않은 것은?

① 아동은 백지상태로 태어나 다양한 강화에 의해 조건화되는 것이 학습이라고 보았음

② 인간의 정신적인 활동은 존재하지 않으며 '자극 → 반응 → 강화'의 과정을 학습이라고 보았음

③ 어린이의 언어 습득은 태어날 때부터 가지고 있는 생물학적으로 결정된 생득적인 능력에 의해 이루어진다고 보았음

④ 파블로프의 실험에 근거하였으며 학습은 행동의 변화이고 학습자는 수동적 정보 수용자이므로 학습 환경이 중요하다고 하였음

정답: ③

해설: ③ 생득주의에 대한 설명이다.

2. 다음 중 보편 문법에 대한 설명으로 적절하지 않은 것은?

① 사람의 언어 습득 장치에는 타고날 때부터 보편적 문법 지식이 있음

② 인간은 언어 체계의 저변에 깔린 법칙을 스스로 발견할 수 있는 특수한 능력이 있음

③ 언어 습득 장치의 도움으로 인간은 모국어를 습득하며 사춘기 전까지 언어 습득 능력이 가장 활발

④ 아이들은 모든 언어에 보편적으로 내재한 일반 문법 규칙과 문법 범주에 대한 인식 능력을 청소년기 이전에 습득함

정답: ④

해설: ④ 청소년기 이전이 아니라 이미 태어날 때 인식 능력을 갖춘다.

3. 대조 분석의 절차 중에서 두 언어 동일 부분의 구조를 비교하는 단계는?

① 기술   ② 선택   ③ 대조   ④ 예측

정답: ③

해설: '기술'은 비교·분석 언어 기술, '선택'은 대조 항목을 설정, '예측'은 두 언어 구조 유사성·상이성 대조 단계이다.

4. 다음 〈보기〉에서 제시하는 예와 관련이 없는 것은?

〈보기〉

영어를 모어로 하는 사람들이 한국어를 배울 때 영어에는 없는 주격, 목적격 조사, 보조사 등의 사용에서 어려움을 겪음

---

① 긍정적 전이   ② 부정적 전이   ③ 배제적 간섭   ④ 언어 간 간섭

정답: ①

해설: '긍정적 전이'는 이전에 습득한 것이 이후의 학습에 도움이 되어 긍정적인 영향을 미치는 경우이다.

5. 다음 중 목표어에 노출되어 듣기를 하는 것만으로도 예정된 순서에 따른 습득이 일어난다고 주장한 이론은?

① 입력 가설
② 학습과 습득 가설
③ 자연적 순서 가설
④ 모니터 가설(감시 가설)

정답: ③
해설: 자연적 순서 가설에 대한 설명이다.

6. 다음 중 학습자의 자신감 또는 의욕과 같은 요소 때문에 발생하는 개인적인 차이를 설명하기에 적절한 가설은?

① 학습과 습득 가설
② 자연적 순서 가설
③ 모니터 가설(감시 가설)
④ 정의적 여과 장치 가설

정답: ④
해설: 정의적 여과 장치 가설에 대한 설명이다.

7. 다음 중 〈보기〉의 예와 관련이 있는 것은?

> 〈보기〉
> '아/어/여요'를 학습한 학습자들이, 불규칙 동사의 예외적 어미 활용을 적용하지 않고, '덥다, 춥다' 등의 불규칙 동사에도 이를 과잉 적용하여 '춥어요, 덥어요'라고 사용함

① 언어 전이(Language transfer)
② 훈련 전이(Transfer of training
③ 제2 언어 학습 전략(Strategies of second language learning)
④ 목표어 언어 요소의 과잉 일반화(Overgeneralization of target language linguistic material

정답: ④
해설: 목표어 언어 요소의 과잉 일반화의 예이다.

8. 다음 중 오류 분석의 절차 중 '오류 기술'에 대한 것은?

① 학습자 발화에 오류가 있는지 확인한다.
② 학습자 발화에서 오류가 왜 발생했는지 원인을 밝힌다.
③ 연구 목적에 따라 학습자가 생산한 내용 중 일부를 수집한다.
④ 학습자 발화 속에서 오류를 찾아낸 뒤 목표어로 재구성한 문장을 학습자의 문장과 비교한 후 그 차이점을 기술한다.

정답: ④
해설: ① 오류 식별, ② 오류 설명, ③ 자료 수집 단계에 대한 설명이다.

제**4**장   대조언어학

학습 목표

1. 대조언어학의 개념과 역사 및 어족에 대해 이해한다.

2. 대조 분석 가설과 오류 분석에 대해 이해한다.

Ⅰ. 대조언어학의 개념과 역사 및 어족

1. 대조언어학의 개념

1) 연구 내용

① 두 개 이상 언어를 서로 비교하여 언어의 특징을 파악하고 공통점과 차이점을 밝힘(차이점에 초점)

② 해당 언어 간의 개별적이고 구체적인 특징을 체계적으로 연구

예   한국어와 중국어, 한국어와 영어

2) 접근 방법: 공시적 접근

3) 연구 목적

① 학습자의 모국어와 학습 대상 언어의 공통점과 차이점 통해 외국어 교육에 활용

② 외국어 교육과 번역 등 실용적 분야의 활용

4) 언어학적 분류 – 응용언어학

5) 대조언어학의 특징

① 언어를 비교할 때는 무작위적으로 하는 것이 아니라 일관되고 체계적인 모델을 이용하여 대조(음운, 형태, 어휘, 통사, 담화 등을 비교)

② 학습자의 모국어와 제2 언어 간의 차이가 적으면 적을수록 제2 언어 습득이 쉬울 것이라고 봄. 따라서 차이가 적은 언어들끼리는 대조언어학적 연구의 필요성이 적음

271

③ 그런 점에서 대조언어학은 동일 계통의 언어가 아닌 언어들을 서로 대조함으로써 서로 무엇이 다른지 밝혀내는 것을 목적으로 함

④ 제2 언어를 학습하는 사람들에게 그들의 모국어와 제2 언어 간의 차이를 명료하게 보여 주면 제2 언어 습득에 도움이 될 것이라고 믿음

2. 대조언어학의 역사

1) 비교언어학

① 18세기 비교언어학은 언어 사이의 공통점을 찾아 친족 관계와 조어를 찾아 언어 범주를 분류하는 데 초점을 두었음

② 비교언어학은 형태론이나 어휘론, 통사론 등에 의미를 두지 않았음

2) 행동주의와 구조주의의 발달

① 1950년대 이후 행동주의 심리학과 구조주의 언어학이 발달함

② 제2 언어 학습은 모국어와 또 다른 하나의 언어 습관을 가지는 것

③ 언어 체계는 작은 단위에서부터 큰 단위로 언어 체계를 완성해 감

④ 언어 간의 서로 다른 체계를 알아야 효율적으로 외국어를 배울 수 있다고 봄

⑤ 1950~70년대 유럽과 미국을 중심으로 음운론을 바탕으로 한 대조언어학이 발달

⑥ 1970년대 말 언어 간의 차이로 학습의 난이도를 예측하기 어려우며, 모든 어려움을 예측할 수 없으며, 언어 내 문제를 다루지 못한다는 비판을 받음

3) 사회언어학과 문화 연구로 확장

① 언어 간의 대조만으로 모든 언어 학습 과정을 설명할 수 없지만 제2 언어를 효율적으로 학습하는 데 많은 영향을 줌

② 1980년대 후반에는 언어의 전반적인 영역으로 확장되어 사회언어학, 문화 연구, 지역 연구로 범위를 넓혀감

3. 어족

1) 계통적 유사성

(1) 아시아 지역의 어족

어족	어군(언어)
알타이어족	터키어군(터키어, 카자흐어, 우즈베크어, 키르기스어 등)
	몽골어군(몽골어)
	퉁구스어군(예벤키어)
중국 · 티베트어족	중국어군(중국어)
	티베트 · 버마어군(티베트어, 버마어, 종카어)
타이 · 카다이어족	태국어, 라오어
오스트로네시아어족	말레이 · 폴리네시아어군(말레이어, 인도네시아어 등)
오스트로 · 아시아어족	몬 · 크메르어군(크메르어, 베트남어)
	문다어군(인도 북동부, 일부 방글라데시어)

(2) 유럽 지역의 어족

어족	어군(언어)
인도 · 유럽어족	게르만어군(영어, 독일어, 스웨덴어, 네델란드어)
	이탈리아어군(프랑스어, 이탈리아어, 스페인어 등)
	켈트어군(아일랜드어, 웨일즈어, 스코틀랜드어)
	발트 · 슬라브어군(러시아어, 폴란드어, 체코어 등)
	인도 · 이란어군(힌디어, 산스크리트어, 네팔어 등)
	그리스어군(그리스어)
우랄어족	핀 · 우그르어군(헝가리어, 핀란드어, 에스토니아어)

(3) 아프리카 지역의 어족

어족	어군(언어)
나이저 · 콩고어족	반투어군(스와힐리어, 요루바어, 풀라어, 이보어 등)
아프리카 · 아시아어족	셈어군(아랍어, 히브리어)
	차드어군(하우사어)
	베르베르어군
	쿠시어군
	오모어군
	고대 이집트어군

(4) 아메리카 지역의 어족

어족	어군(언어)
투피어족	과라니어

2) 구조적 유사성 – 형태

(1) 훔볼트(Humboldt)의 형태론적 유형론

① 고립어: 하나의 단어는 하나의 형태소로 이루어짐(중국어, 베트남어)

어형 변화 없음. 단어의 순서에 의해서 문법 관계 표현

② 교착어: 하나의 단어는 각각 분리된 형태소로 결합됨(터키어, 한국어)

어근에 접사가 결합. 첨가어라고도 함

③ 굴절어: 하나의 단어에 여러 문법 범주가 표현됨(라틴어, 그리스어)

조사가 없음. 단어의 어미 변화로 성, 수, 인칭, 시제 등 문법 관계 표현

④ 포합어: 하나의 어근 앞뒤로 접사를 붙여 다양한 격과 의미를 모두 표현(인디안어, 에스키모어). 하나의 문장을 단어처럼 표현. 접사는 자립 불가

3) 구조적 유사성 – 어순

(1) 어순에 의한 유형적 분류

① 주어(S), 목적어(O), 동사(V)의 순서 예 나는 너를 사랑한다, I love you.

② 형용사와 명사의 순서 예 빨간 자동차, voiture rouge

③ 속격과 명사의 순서 예 내 친구의 집, la maison d'un ami

④ 명사와 전치사(후치사)의 순서 예 2월에 서울에서, in Seoul in February

4. 인접 학문과의 관계 및 연구 분야

1) 비교언어학과 대조언어학

(1) 비교언어학

① 통시적 연구

② 언어들 간의 공통점 연구

(2) 대조언어학

① 공시적 연구

② 언어들 간의 차이점 연구

5. 대조언어학의 연구 분야

1) 음운 대조

① 음소(분절음)

② 운소(초분절음)

③ 음절 구조

2) 형태 및 어휘 대조

(1) 형태 대조

① 한국어에는 조사가 있고 접속사가 없는데 영어는 반대

② 파생(맨-손) 또는 굴절(춥-고)로 단어 형성

(2) 어휘 대조

① 동형 동의어: 형태나 발음 유사, 의미도 유사

예   한국어(준비) = 베트남어(chuẩn bị)

② 동형이의어: 형태나 발음은 유사, 의미는 다름

예   愛人: 한국어(애인) ≠ 일본어(あいじん) ≠ 중국어(li-nrén)

③ 상위어와 하위어

3) 통사 대조

(1) 어순: 구성성분들의 배열순서

① 명사구 내 어순: 전치사/후치사 언어, 수식어와 피수식어 위치

예   한국어(후치사: 거리에서), 영어(전치사: in the street)

　　　한국어(빨간+자동차), 프랑스어(voiture rouge, 자동차+빨간)

② 동사구 내 어순: 부사어와 서술어 위치, 본용언과 보조 용언의 위치

예 한국어(빨리+달린다), 영어(run+fast)

한국어(먹어+보다), 영어(can+eat+it)

(2) 시제

① 이분법: (과거/비과거) (미래/비미래)

② 삼분법: (과거/현재/미래)

II. 대조 분석

1. 대조 분석 가설의 개념

1) 대조 분석 가설이란

① 학습자의 모국어와 학습 대상 언어를 과학적이고 구조적으로 분석함

② 언어 간 공통점과 차이점을 모두 포함하나 차이점에 더 초점을 둠

③ 언어의 음운, 형태, 통사, 표현 담화적 특징을 대조함

④ 개별적 사실들을 대조하여 언어 전체의 특징을 볼 수 있음

⑤ 언어에 대한 공시태적 연구임

⑥ 외국어 습득이 어려운 이유는 모국어의 간섭 때문으로 여김

2) 대조 분석 가설의 전제 조건

① 언어 사이에는 차이점이 있음

② 차이점을 기술, 설명할 수 있음

③ 차이점이 제2 언어 습득에 영향을 미침

3) Clifford Prator(1967)의 난이도 위계 가설 6단계

① 모국어와 제2 언어(목표어) 간에 공통점이 많으면 단계가 낮고, 차이점이 많으면 단계가 높음

② 단계가 올라갈수록 학습 난이도가 높아지고 부정적 전이(간섭)가 많이 일어남

■ 0단계(전이: transfer): 모국어와 목표어의 차이가 없음. 1: 1 대응. 쉽게 긍정적 전이가 일어남

■ 1단계(합체: coalescence): 모국어의 여러 항목이 목표어에서 한 항목으로 합쳐짐. 모국어에서의 구별은 목표어에서 무시해도 됨

■ 2단계(구별 부족: underdifferentiation): 모국어에 있는 항목이 목표어에는 없음

■ 3단계(재해석: reinterpretation): 모국어와 목표어에 둘 다 있으나 모국어의 항목이 제2 언어에서는 다른 형태나 분포로 나타남

■ 4단계(과잉구별: overdifferentiation): 모국어에는 없는데(있어도 전혀 유사하지 않음) 목표어에서는 나타남, 학습자가 새롭게 배워야 함

■ 5단계(분리: split): 모국어에 있는 한 가지 항목이 목표어에서 둘 이상으로 분리됨

4) 대조 분석에 대한 두 가지 견해

(1) 강설: 대조 분석에 대해 적극적인 입장(Lado, Fries)

① 누구나 외국어를 배울 때는 모국어의 간섭을 피할 수 없음

② 모국어와 학습 대상 언어 간의 차이 때문에 외국어 학습이 어려움

③ 외국어 학습에서 어려움을 겪는 주요하고 유일한 원인은 학습자의 모국어 간섭

④ 두 언어의 차이가 크면 클수록 학습이 어려움

⑤ 간섭이 예측되지 않는 곳에서는 학습에 아무 어려움이 없음

⑥ 제2 언어 학습이란 모국어와 목표어의 차이점을 극복하는 것

⑦ 체계적인 대조로 제2 언어 습득의 어려움을 예측할 수 있음

⑧ 두 언어를 비교하여 얻은 결과로 제2 언어 습득의 어려움을 해결할 수 있음

⑨ 학습자가 학습해야 할 것은 대조 분석에 의한 차이점의 양과 같음

⑩ 대조 분석 가설을 근거를 외국어 교재를 작성하고자 함

(2) 약설: 대조 분석에 대해 소극적인 입장(Weinrich, Haugen)

① 대조 분석으로 학습자의 모든 오류를 예측하거나 해결할 수 없음

② 발음은 모국어의 간섭이 크지만 통사적, 어휘적, 의미적 간섭은 학습자에 따라 다양하게 나타나므로 예측하기 어려움

③ 오류를 예견하기보다 오류가 발생한 후 오류의 원인을 설명할 수 있음

④ 외국어 학습에서 관찰된 어려움을 설명하기 위해 언어학적 지식을 사용함

⑤ 대조 분석은 학습자의 모국어와 제2 언어 간의 차이점을 단순히 기록하는 것

⑥ 대조 분석 약설은 오늘날 언어 간 영향론에 가까움

2. 전이와 간섭 및 대조언어학의 연구 방법

1) 전이와 간섭

(1) 전이(transfer)란?

① 전이는 이전 학습의 경험이 새로운 학습에 영향을 미치는 것

② 학습자의 모국어는 제2 언어 습득에 영향을 미침

③ 모국어 정보를 다른 언어에 적용할 때 긍정적 전이 또는 부정적 전이가 일어남

(2) 전이의 유형

① 긍정적 전이(facilitation): 학습자의 모국어와 제2 언어가 같으면 특별히 신경 쓰지 않아도 그대로 전이될 수 있으므로 긍정적인 학습 효과가 남

② 부정적 전이(간섭, interference): 학습자의 모국어와 제2 언어가 연관은 있으나 다를 때 학습을 방해하게 되어 부정적 효과가 나타남

■ 언어 간 간섭: 모국어와 제2 언어 사이에 일어나는 간섭 현상. 언어 간 범주의 차이 또는 구조 · 규칙 · 의미의 차이에 의한 간섭

배제적 간섭: 학습자의 모국어에 없어서 제2 언어 규칙을 잘못 적용함

침입적 간섭: 학습자의 모국어가 제2 언어와 달라서 학습에 방해가 됨(모국어에 있는 규칙과 달라서 잘못 사용함)

② 언어 내 간섭: 제2 언어 안에서 일어나는 간섭. 학습자의 모국어와 관계없는 오류. 학습자가 이미 배워서 알고 있는 제2 언어 요소가 새로 학습하는 제2 언어에 영향을 미쳐 오히려 부정적 영향을 줌

■ 과잉 일반화: 목표어의 규칙을 부적절한 문맥에까지 확대하여 발생

■ 단순화: 목표어 규칙보다 단순한 언어규칙을 산출

■ 발달상 오류: 자연 발달 단계를 반영

■ 의사소통 오류: 의사소통 전략으로 인해 발생

■ 유도된 오류: 훈련의 전이로 인해 발생

■ 회피 오류: 목표어 구조의 어려움으로 사용을 기피해서 발생

③ 무전이(zero transfer): 학습자의 모국어와 제2 언어가 전혀 관련성이 없을 때 특별히 긍정적이거나 부정적인 영향을 미치지 않음, 전이가 전혀 없음

2) 비례 관계

① 언어 간 간섭(53%)이 언어 내 간섭(31%)보다 더 큼(Ricchard, 1974)

② 초급일수록 언어 간 오류가 많고, 고급으로 갈수록 언어 내 오류가 많음. 즉, 고급으로 갈수록 언어 간 간섭은 감소, 언어 내 간섭은 증가(Taylor, 1975)

3) 반비례 관계

① 두 언어의 차이가 약간 있을 때 간섭은 오히려 더 커지고, 차이가 커질수록 간섭은 줄어든다는 견해가 있음, 차이가 아주 클 때는 두 언어 간에 간섭이 일어나지 않기도 함(Lee, 1980)

② 언어 구조가 비슷하면 간섭이 많이 생기지만 학습은 더 빨리 진행되고, 서로 무관한 언어들은 간섭은 적지만 학습은 더디다는 반비례 주장도 있음(Wilds, 1962)

4) 대조언어학의 연구 방법

(1) 공시태성의 원칙

① 분석 대상의 두 언어가 서로 다른 기준을 가지고 있으면 대조 자체가 불가능

② 같은 시대, 공통된 시점에서의 언어 현상을 연구해야 함

(2) 등가성의 원칙

① 언어 자료는 같은 의미를 가진 것끼리 대조해야 함

② 두 언어(S1, S2)의 형식은 전혀 달라도 내용이 같으면 등가성 성립

③ 직접 등가가 아니어도 제3의 항을 매개로 등가 증명 가능

④ 지시하는 문장의 의미나 상황 맥락상의 쓰임에서도 성립

(3) 동일성의 원칙

① 언어 자료는 같은 분석 방법을 취해야 함

② 설명하는 용어와 단어를 최대한 통일시켜야 함

(4) 단계성의 원칙

① 언어 자료는 같은 난이도를 가져야 함

② 기초적인 난이도와 복잡하고 어려운 난이도를 같이 비교할 수 없음

5) 대조언어학의 분석 순서

① 기술(description): 대조하려는 두 언어의 언어학적 특징과 형태, 문법을 설명

② 선택(selection): 두 언어에서 대조하려는 특정 항목을 선택

③ 대조(contrast): 두 언어를 대조 분석의 원칙 하에서 대등한 조건으로 대조

④ 예측(prediction): 학습자가 겪을 난이도를 측정하고 예상되는 오류를 목록화

III. 오류 분석

1. 오류 분석의 개념과 원인

1) 오류 분석이란

① 대조 분석 가설이 학습자의 오류 원인과 유형을 모두 설명할 수 없다는 한계점 인식

② 학습자의 오류는 두 언어 차이뿐 아니라 다양한 원인에서 비롯될 수 있음

③ 모든 오류가 예측 가능한 것은 아님

④ 오류에 대한 인식 변화(오류는 학습자의 학습 단계를 보여 주며 학습자가 학습 대상 언어를 어떻게 내재화시키는지 보여줄 수 있음)

2) 실수와 오류의 차이

① 실수(mistake)

■ 언어 수행상의 오류

■ 이미 알고 있지만 정확하게 활용하지 못하고 무심코 잘못 내뱉음

■ 언어 능력 부족 때문이 아닌 발화 과정상 나타나는 일시적 문제

■ 주의를 기울이면 스스로 수정 가능

② 오류(error)

■ 모어 화자의 성인 문법 체계와 달리 뭔가 잘못된 이탈 형태

■ 현재 학습자의 언어 체계를 직접적으로 보여 줌

■ 학습자 스스로 수정할 수 없음

■ 자기 수정을 하지 못한다면 이탈의 빈도로 오류 판단

3) 대조 분석과의 차이

① 대조 분석

■ 학습자의 모국어와 학습 대상 언어의 음운, 형태, 통사, 표현 및 담화적 특징을 대상으로 함

예   영어권 학습자의 한국어 습득을 돕기 위한 영어와 한국어의 대조

■ 학습자의 오류를 예방해야 할 부정적 요인으로 인식

② 오류 분석

■ 학습 대상 언어만을 대상으로 함

■ 목표어 학습 과정을 이해하기 위해 외국인과 원어민 화자들의 목표어를 대조

■ 학습자의 모국어는 일부 오류의 원인을 이해하기 위한 정보를 제공할 수 있음

■ 학습자의 오류를 자연스러운 학습 과정이자 학습 수단의 일부로 인식

4) 오류의 중요성(Corder, 1967)

① 오류를 통해 학습자는 학습 과정에서 스스로 설정한 언어 가설을 검증할 수 있음

② 오류는 학습자의 언어 발달 과정을 보여 주는 긍정적 요소임

③ 오류는 학습자에게 학습을 위한 지침을 제공함(학습 대상 언어로의 도달 정도와 학습자가 학습해야 할 것을 교사에게 제공)

④ 오류는 연구자에게 학습자가 어떤 전략과 절차를 사용하여 언어를 습득하는지 보여 줌

5) 오류의 원인

① 언어 간 전이(언어 간 간섭에 의한 오류)

■ 주로 초급 단계에서 발생

■ 학습자가 모국어의 영향을 받아 발생하는 오류

■ 학습 대상 언어에 대한 지식 체계가 부족해 모국어 체계를 학습 대상 언어에 그대로 적용하는 경우가 많음

② 언어 내 전이(언어 내 간섭에 의한 오류)

■ 모국어 간섭뿐 아니라 목표어 자체의 언어 전이 때문에 오류 발생

■ 학습 대상 언어의 문법적 복잡성이나 불규칙성 때문에 발생하는 오류

■ 숙달도가 높아질수록 더 많은 언어 내 간섭 발생

■ 과잉 일반화: 이전에 배운 언어 규칙을 적용하면 안 될 부분까지 적용

③ 학습의 장(context)에 의한 오류

■ 교과 과정, 교재, 교사 등 학습 환경으로 인해 발생하는 오류

■ 학습자의 언어 체계 때문이 아니라 교사의 잘못된 설명, 교재의 잘못된 제시 등 학습 환경에서 잘못 유도되었기 때문에 오류가 발생하기도 함

■ 기계적으로 암기했으나 실제 사용하는 상황을 모를 경우

■ 아직 배우지 못한 문형이 포함되어 있을 경우

■ 유사한 표현을 인접한 시간에 배워서 혼동이 생긴 경우

■ 구어와 문어의 구분 부족

■ 교실 밖 사회적 상황에 의해 발생하는 오류

2. 오류 식별과 기술 및 문제점

1) 오류의 식별과 기술

(1) 오류 식별

① 학습자의 오류는 학습자의 이해 자료나 표현 자료를 분석하여 추론함

② 학습자 언어 체계는 다양한 형태로 나타나거나(변이) 불안정하게 나타남

③ 한 학습자를 반복적으로 관찰하면서 나름의 질서와 논리를 추론해야 함

④ 언어 분석의 첫 단계: 명백한 오류와 명백하지 않은 오류의 식별

■ 명백한 오류: 문장 수준에서 의심할 여지 없이 비문법적인 경우

■ 명백하지 않은 오류: 담화 수준에서 살펴보았을 때 오류가 나타나는 경우

(2) 오류의 범주 구분

① 오류의 유형: 첨가/생략/대치/어순

② 오류의 수준: 발음 또는 철자/어휘/문법/담화

2) 오류 분석의 문제점

(1) 객관성 부족

① 오류의 판단 기준은 학습의 목적이나 교수법에 따라 다를 수 있음

② 복합적인 오류는 분석자에 따라 범주가 다를 수 있음

(2) 오류에 대한 지나친 주의

① 오류 감소는 언어 능력 향상을 의미하지만, 외국어 학습의 궁극적 목표는 오류 감소가 아니라 의사소통 능력 확보에 있음

② 오류에 지나치게 집중하면 회피 전략을 자주 사용하게 됨. 회피하면 해당 항목을 얼마나 어려움 없이 학습하고 있는지 알 수 없음

(3) 오류의 빈도에 따른 난이도 설정의 어려움

① 교재나 교사가 강조하는 내용은 오류 발생이 적을 수 있으나, 쉬운 내용이라도 상대적으로 덜 강조되면 오류가 더 발생할 수 있음

② 오류의 빈도가 낮다고 해서 난이도가 낮은 것은 아님

(4) 언어의 보편성을 간과

① 모든 언어는 보편성과 특수성을 가지고 있음. 언어의 특수성 못지않게 보편성도 중요함

3) 오류 분석의 유용성

① 외국어 교육에 대한 관점을 학습자 중심으로 전환시킴

② 학습자들이 생산한 다양한 오류 양상을 밝혀 외국어 학습 과정을 이해하게 됨

③ 언어권별 교수법을 마련하는 중요한 자료를 제공함

1. 대조언어학의 언어학적 분류로 맞는 것은?

① 일반언어학

② 사회언어학

③ 심리언어학

④ 응용언어학

정답: ④

해설: 대조언어학은 응용언어학의 범위에 포함된다.

2. 교착어에 해당하는 것은?

① 라틴어

② 터키어

③ 인디안어

④ 베트남어

정답: ②

해설: 교착어로 한국어, 터키어 등이 있다.

3. 모국어에 없어서 제2 언어 규칙을 잘못 적용하는 것은?

① 침입적 간섭

② 배제적 간섭

③ 긍정적 전이

④ 부정적 전이

정답: ②

해설: 모국어에 없어서 제2 언어 규칙을 잘못 적용하는 것을 배제적 간섭이라고 한다.

4. 대조 분석의 순서로 맞는 것은?

① 기술-선택-예측-대조

② 기술-선택-대조-예측

③ 선택-예측-대조-기술

④ 선택-예측-기술-대조

정답: ②

해설: 기술-선택-대조-예측의 순서로 대조 분석을 진행한다.

5. 오류 유형에 따른 구분에 해당하지 않는 것은?

① 첨가

② 담화

③ 대치

④ 어순

정답: ②

해설: 담화는 오류의 수준에 따른 구분에 해당한다.

6. 오류 분석에 대한 설명으로 맞는 것은?

① 학습 대상 언어만을 대상으로 한다.

② 이미 아는 것을 잘못 말한 것을 대상으로 한다.

③ 학습자 예방해야 할 오류를 부정적 요소로 인식한다.

④ 언어 능력이 아닌 발화 과정상 나타나는 일시적 문제로 인식한다.

정답: ①

해설: 오류 분석은 학습 대상 언어만을 대상으로 오류를 자연스러운 학습 과정이자 수단의 일부로 인식한다.

7. 알타이어족에 속하지 않는 언어는?

① 몽골어

② 버마어

③ 카자흐어

④ 키르기스어

정답: ②

해설: 버마어는 중국티베트어족, 티베트버마어군에 속한다.

8. 학습의 장 오류에 대한 설명이 아닌 것은?

① 구어와 문어의 구분 부족

② 모국어의 영향을 받아 발생

③ 교실 밖 사회적 상황에 의해 발생

④ 아직 배우지 않은 문형이 포함된 경우

정답: ②

해설: 모국어 영향으로 나타나는 오류는 언어 간 전이에 해당한다.

04 영역

한국 문화

제1장 다문화 사회와 한국 문화
제2장 한국 사회의 이해
제3장 한국 문학의 이해
제4장 한국 현대 문화 이해

제 1 장 다문화 사회와 한국 문화

학습 목표

1. 다문화 및 이주민 관련 주요 개념과 이론, 이주민에 대한 태도와 행동 및 정책에 대해 이해한다.

2. 문화 다양성의 개념과 정책 대상, 해외와 한국의 다문화 정책, 이민 정책에 대해 이해한다.

3. 이민 정책에 대한 평가와 논의 제언, 다문화 교육 현황과 과제, 프로그램을 위한 제언을 이해한다.

https://www.youtube.com/watch?v=KOVoZ-Xlnp8

출처 : 2022 간추린 교육통계(한국교육개발원)

(단위: 명)

구분	2017	2018	2019	2020	2021	2022
계	109,387	122,212	137,225	147,378	160,058	168,645
초등학교	82,733	93,027	103,881	107,694	111,371	111,640
중학교	15,945	18,068	21,693	26,773	33,950	39,714
고등학교	10,334	10,688	11,234	12,478	14,308	16,744
각종학교	375	429	417	433	429	547

출처 : 2022 간추린 교육통계(한국교육개발원)

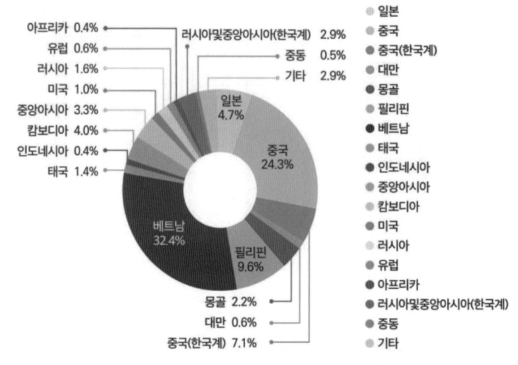

아프리카 0.4% ●
유럽 0.6% ●
러시아 1.6% ●
미국 1.0% ●
중앙아시아 3.3% ●
캄보디아 4.0% ●
인도네시아 0.4% ●
태국 1.4% ●

러시아및중앙아시아(한국계) 2.9%
중동 0.5%
기타 2.9%

일본 4.7%
중국 24.3%
필리핀 9.6%
베트남 32.4%
몽골 2.2%
대만 0.6%
중국(한국계) 7.1%

● 일본
● 중국
● 중국(한국계)
● 대만
● 몽골
● 필리핀
● 베트남
● 태국
● 인도네시아
● 중앙아시아
● 캄보디아
● 미국
● 러시아
● 유럽
● 아프리카
● 러시아및중앙아시아(한국계)
● 중동
● 기타

출처 : 2022 간추린 교육통계(한국교육개발원)

[관련기사]
ㄴ [K-이민정책] 같은 동포 다른 대우…비자제도가 차별 보완 못해
ㄴ [K-이민정책] 외국인 노동자 원하는 근로 현장…현실은 부처 입맛대로
ㄴ [K-이민정책] 인력도입 규모 산정 주먹구구…"부처 연결 부조화"
ㄴ [K-이민정책] 지방소멸…그리고 한국형 이민정책
ㄴ [K-이민정책] "이탈 조장·최저임금 붕괴"…외국인 가사근로자 도입
ㄴ [K-이민정책] 노총각 울리는 국제결혼
ㄴ [K-이민정책] 결혼이민자 17만명…'가정폭력' '혼인단절' 해결 급선무
ㄴ [K-이민정책] "일손 부족 해결" vs "이탈 조장"… 계절근로제 명암
ㄴ [K-이민정책] "유학생을 위한 '체류 생애 시스템' 구축 필요"
ㄴ [K-이민정책] "지방대학 소멸 막자"… 유학생을 지역맞춤형 인재로
ㄴ [K-이민정책] "세계는 인재유치 전쟁"…日 산업체는 매주 학교로
ㄴ [K-이민정책] 외국인유학생 "한국서 일하고 싶지만 비자가 발목 잡아"
ㄴ [K-이민정책] "비자 장벽에 막힌 코리안 드림"

https://news.jtbc.co.kr/article/article.aspx?news_id=nb12146646

Ⅰ. 다문화 및 이주민 관련 주요 개념과 이론

1. 다문화 및 이주민 관련 주요 개념

1) 다문화에 대한 관점

(1) 다문화주의

　　다문화주의(multiculturalism)는 문화의 다양성을 인정하고 수용하는 이념이나 정책이다(Jary and Jary, 1991: Castles, 2007). 여기서 문화는 생각이나 가치뿐만 아니라 인종, 민족, 국적, 언어, 종교, 관습 등을 포함하는 광범위한 의미로 사용된다. 현대 사회에서 다문화주의는 문화적 통일과 보편화에 대응하면서 다양한 문화를 옹호하고 보호하면서 동시에 소수 집단이 주류 문화에 대해 가지는 불평등한 관계를 개선하려는 입장이다. 다문화주의는 한편으로 문화적 정체성의 문제로서 소수 집단에 대한 문화적 차별의 철폐를 주장하기도 하지만 다른 한편으로 경제적 이해와 정치적 권력의 문제로서 소수 집단이 겪는 경제적, 정치적 불이익의 시정을 요구한다. 다문화주의는 두 가지 주요 요소를 지니고 있는데, 첫 번째는 특정 민족 집단이 기존의 법과 상충하지 않는 한 자신의 언어, 종교, 관습을 유지할 수 있는 권리를 인정하는 것이고, 두 번째는 국가가 기회의 평등을 보장하기 위해 소수 집단에 대한 차별을 막고 사회의 모든 구성원이 교육, 경제, 정치 과정에 참여할 수 있는 기회를 똑같이 가지도록 실행하는 것이다(Castles, 2007).

　　다문화주의는 1971년 캐나다가 민족다원주의(ethnic pluralism)를 국가 정치 체계 내에 포함하고 이를 실행하는 정부정책을 지칭하는 용어로 공식화시키면서 발전했으며, 이후 이민자의 비율이 높은 호주, 미국, 영국, 스웨덴, 네덜란드 등의 나라들도 이러한 정책을 적극적으로 도입하면서 광범위하게 확산되었다. 이 같은 맥락에서 다문화주의라는 용어의 등장은 대규모 이민이 가져다 준 사회 문화적 결과에 대한 인식의 성장과 밀접하게 연관되어 있다. 이들 나라들이 다문화주의를 도입하면서 주창하는 기본적인 원칙은 서로 다른 민족적 배경을 가진 이주민들에 대한 평등(equality), 관용(tolerance),

포섭(inclusiveness)의 가치다. 이러한 가치에 바탕을 둔 다문화주의는 이주민을 현지 문화에 동화시키려는 정책의 반대편에서 소수 민족 집단의 시민권과 문화적 정체성을 인정하고 나아가 문화적 다양성의 가치를 공식화하는 사회적 기조다.

(2) 다문화 정책

다문화 정책은 다문화주의 이념 또는 다문화주의를 지향하는 정책을 일컫는다. 정책적인 차원에서 다문화 정책은 문화의 다양성을 인정하고 수용하면서 모든 사회 구성원이 문화적, 인종적, 민족적, 언어적 배경에 상관없이 똑같은 기회를 제공함으로써 사회 통합을 이루는 것을 목적으로 하는 정부의 제도적 개입이라고 할 수 있다.

(3) 다문화 사회

다문화 사회는 민족, 언어, 종교, 가치, 관습 등을 포함한 문화적 특성이 다양한 집단들로 이루어진 사회를 지칭한다. 이상적으로 다문화 사회는 문화적 다양성을 지지하면서 다양한 문화적 배경을 가진 사람들을 똑같은 지위를 지닌 사회 구성원으로 받아들이는 다문화주의를 지향한다.

(4) 다문화 가족

다문화 가족은 인종, 민족, 종교, 언어 등과 같은 문화적 특성이 서로 다른 사람들로 구성된 가족을 일컫는다. 다문화 가족의 형성은 주로 혼인, 혈연, 입양의 방식을 통해 이루어진다. 한국의 경우 법적으로 다문화 가족은 결혼 이민자(대한민국 국민과 혼인한 적이 있거나 혼인관 계에 있는 재한 외국인)와 출생 시부터 대한민국 국적을 취득한 자로 이루어진 가족 또는 귀화 허가를 받은 자와 출생 시부터 대한민국 국적을 취득한 자로 이루어진 가족을 말한다.

2. 다문화 및 이주민 관련 주요 개념과 이론

1) 주요 이론

(1) 용광로 모형

용광로 모형(melting pot model)은 한 사회 내의 다양한 인종이나 민족 집단들이 지닌 문화, 종교, 가치관, 생활 방식의 차이들이 혼합되어 하나의 공통된 사회적 및 문화적 형태를 만들어 낸다는 관점이다. 이러한 개념은 여러 금속들을 고온에서 녹여 보다 강하고 많은 장점을 지닌 새로운 혼합물로 만들어 내는 용광로에서 따왔다. 이런 관점에서 용광로 모형은 한편으로 이질적인 요소들로 이루어진 사회가 보다 동질적인 요소를 지닌 사회로 변해가면서 다른 한편으로 상이한 요소들이 함께 합쳐져서 공통된 문화를 지닌 하나의 조화로운 사회를 변해가는 모습을 의미한다. 용광로 모형의 가장 대표적인 사례로 다양한 인종적, 민족적, 문화적 배경을 가진 구성원들이 하나의 공통된 문화와 정체성을 이끌어 내는 미국 사회를 꼽을 수 있다. 이상적으로 용광로 모형은 공통의 문화를 형성하는 데 있어 각 집단의 문화가 각기 기여하도록 가정되지만 현실적으로 모든 집단이 똑같은 지위를 지니고 있지 않은 상황에서 소수 집단이 기존의 주류 사회와 문화에 흡수되거나 녹아들어 동화되는 경향을 나타낸다.

(2) 샐러드 그릇 모형

샐러드 그릇 모형(salad bowl model)은 한 사회 내의 서로 다른 인종과 민족들이 자기네 고유한 문화를 유지한 채 합쳐져서 전체의 문화를 형성하는 모습을 나타낸다. 샐러드 그릇 모형은 샐러드 그릇 안의 재료들이 각자의 모습과 특성을 그대로 유지한 채 전체 샐러드 요리를 구성하는 형태에 비유될 수 있다. 샐러드 그릇 모형에 의하면 새로운 이주민들은 용광로 모형에서처럼 자신들의 고유한 문화를 버리고 기존의 주류 문화에 흡수, 혼합되는 것이 아니라 자신들의 문화를 그대로 간직하면서 전체 문화의 통합에 이바지할 수 있다. 통합된 전체 문화는 각 인종과 민족 집단의 문화가 병렬로 상호 공존하면서 연결되어 있는 형태를 보인다. 샐러드에서 각 재료를 확인할 수 있듯이 통합된 전체 문화에서도 각 문화의 개별성은 그대로 발견할 수 있다. 샐러드 그릇 모형은 다양한 문화를 인정하고 수용한다는 측면에서 다문화주의, 문화다원주의, 모자이크 모형과 유사한 개념으로 사용된다.

3. 이주민에 대한 태도와 행동 및 정책

1) 문화적 상대주의와 다원주의

문화적 상대주의(cultural relativism)는 이 세상에 어떠한 문화도 본래 좋거나 나쁘다고 할 수 없으며, 각각의 문화는 그것이 나타난 각 사회의 문화적 맥락에서 이해되어야 한다는 믿음이나 태도이다. 이러한 관점은 사람들이 친숙하지 않은 다른 사회의 문화에 대해 자신의 문화를 기준으로 윤리적 판단을 내리는 것을 삼가게 한다. 또한 문화적 상대주의는 낯설고 비정상적인 문화적 관행에 대해서도 관용과 존경을 가질 것을 제안한다. 사람들은 보통 다른 사회의 관습, 가치, 규범, 행동을 자신의 문화에 의해 평가한다. 그리고 이러한 평가는 종종 상당한 감정을 동반하기도 하며 좋거나 나쁘다 혹은 옳거나 그르다는 식의 도덕적 의미까지 내포하고 있다. 문화적 상대주의는 이러한 판단을 내리는 행위를 막아 주면서 다른 문화에 대한 포용과 존중을 강조한다. 다원주의는 다양한 문화가 공존하는 가운데 각 집단의 문화에 대한 존중의 질서가 유지되는 것을 목표로 한다.

2) 자기민족중심주의

자기민족중심주의(ethnocentrism)는 자신의 문화를 다른 문화보다 우월하다고 보고 자신의 문화를 기준으로 다른 문화를 판단하는 경향이다. 따라서 자기민족중심주의자는 다른 사회의 문화나 하위 문화에 대해 다르다고 할 뿐만 아니라 일탈로 볼 가능성이 높다. 만약 별다른 근거 없이 "우리 민족이 제일 우수해", "우리 것이 최고야"라고 주장하고 대신 다른 나라의 사람과 문화를 비하하고 배척한다면 이는 자기민족중심주의 태도의 발현이라고 할 수 있다. 일반적으로 자기민족중심주의는 상대적으로 동질적이고, 전통 지향적이며, 고립된 사회에서 쉽게 나타난다. 왜냐하면 이러한 사회의 사람들은 다른 사회의 문화와 접촉이 별로 없고 또 그래서 다른 사회의 문화가 지니는 독특성과 효용성, 그리고 그러한 문화가 나온 맥락을 이해 하지 못하기 때문이다. 개별 문화의 독특성과 다양성을 인정하지 않으려는 한다는 측면에서 자기민족중심주의 문화의 다양성을 인정하려는 문화적 상대주의와 반대되는 입장이다.

3) 인종주의

인종주의(racism)는 어떤 인종이나 민족 집단은 본래 열등하기 때문에 나쁜 대우를 받고 또 어떤 인종이나 민족 집단은 본래 우수하기 때문에 좋은 대우를 받는 것은 정당하다고 보는 믿음이나 태도를 말한다. 인종주의적 이념은 특정한 인종이나 민족 집단에 대한 지배와 복종, 차별과 착취를 위한 도덕적 기초를 제공해 준다.

4) 차별적 포섭 및 배제

차별(discrimination)은 특정한 집단에 속한 사람들에 대한 불평등한 대우이다. 편견이 사람들이 가진 믿음과 태도라고 한다면 차별은 그러한 편견을 가진 사람들의 행동이다. 편견과 마찬가지로 차별 또한 특정한 집단의 사람들에게 이익이나 피해를 줄 수 있다는 측면에서 호의적이거나 부정적이 될 수 있다. 하지만 대개 차별은 소수 집단이나 하위 집단에 대해 불이익이나 해를 주는 방식으로 이루어진다. 차별적 포섭 및 배제는(Castles & Miller, 2003) 이민자들을 구별하여 특정한 능력이나 자격을 갖춘 사람들에게는 특정한 사회 영역으로의 접근을 허용하는 반면 그렇지 않은 경우에는 배제하여 이들을 관리하는 것을 목표로 한다.

5) 동화주의

동화(assimilation)는 소수 집단의 사람들이 자신들의 고유한 문화를 버리거나 수정해서 지배적인 주류 집단의 문화에 흡수되는 형태를 말한다. 이주민의 경우 동화는 자신이 지녔던 고국의 문화를 포기하고 새로운 정착지의 문화를 수용하는 모습이 되겠다. 이러한 동화의 대표적인 모습은 용광로 모형이다. 대개 동화는 자발적으로 일어나며, 주류 집단의 언어를 사용하고 주류 집단 사람처럼 옷을 입고 주류 집단 식으로 이름을 바꾸는 것 등을 포함한다. 이러한 변화는 초기 이주민보다는 이주민의 자녀들에게서 적극적으로 또 활발하게 나타난다. 다시 말해 주류 문화를 통한 사회 통합을 목표로 하는 정책이다.

6) 문화 접변

문화 접변(acculturation)은 서로 다른 집단들의 사람들이 서로 다른 문화들을 접촉하면서 상대방인 다른 집단의 문화와 생활 방식을 수용하는 것을 말한다. 문화 접변은 대개 소수 집단의 사람들이 주류 집단의 문화나 생활 방식을 따르는 방식으로 나타나기 때문에 동화의 한 형태라고 할 수 있다. 이주민의 경우 문화 접변은 새로운 정착지에서의 사회적 진입과 경제적 성공을 위해 현지 문화에 동화하고 따르는 형태로 일어난다.

7) 통합

통합(integration)은 사회 내의 모든 집단이 상대방 문화의 일부 특성들을 서로 인정하고 받아들이면서 사회의 일부가 되는 과정을 의미한다. 통합은 일방향이 아닌 쌍방향의 상호 교환 방식이다. 통합을 통해 소수 집단의 사람들도 주류 집단 사람들의 일상적인 상호 작용 과정에 동등한 자격으로 참여할 수 있다. 이주민의 경우 출신지와 출신지 문화는 물론 현지사회와 문화와의 관계도 똑같이 유지하려 할 때 통합이 발생할 가능성이 높다. 통합의 결과로 혼성 문화(hybrid culture)가 발생하거나 서로 다른 집단 사람들 간의 친한 친구관계나 혼인 관계가 나타나기도 한다.

* 윌리엄 킴리카(Will Kymlicka) 문화적 다양성과 다문화주의에 관한 중요한 이론

(1) 문화적 그룹의 권리(Rights of Cultural Communities)

① 언어와 교육 권리: 소수 문화 공동체들은 자신들의 언어로 의사소통하고 교육을 받을 권리를 갖는다.

② 문화적 관례의 보호: 소수 문화 공동체의 문화적 관례와 전통은 존중되고 보호받아야 한다.

(2) 양자주의(Polyethnic Rights)

① 특별한 권리와 보호: 소수 문화체는 특별한 법적 지위와 권리를 보장받아야 한다.

② 자치 권리: 소수 문화체는 자체적으로 문화적 관행과 제도를 유지하고 실천할 수 있는 자치권을 가져야 한다.

(3) 사회적 시민권(Social Citizenship)

① 시민권 보장: 모든 시민은 동등한 시민권을 보장받아야 한다.

② 참여와 정치적 대표성: 소수 문화체는 사회적 및 정치적으로 참여하고, 그들의 목소리는 정치적 결정에 반영되어야 한다.

8) 문화적 다양성의 정책적 실행(Policy Implications of Cultural Diversity)

① 교육 및 언론: 교육과 언론은 문화적 다양성을 존중하고 반영해야 한다.

② 법적 보호: 문화적 다양성은 법적으로 보호되어야 하며, 인권과의 조화를 이루어야 한다.

9) 국제적 차원(International Dimension)

① 국제적 협력: 문화적 다양성은 국제 사회에서 존중되어야 하며, 국제 협력을 통해 보호되어야 한다.

② 이주자의 권리: 이주자들은 자신의 문화적 신념과 실천을 존중받으면서 이동과 이주의 권리를 갖는다.

II. 문화 다양성 개념 및 정책 대상

1. 문화 다양성 개념

1) 문화의 정의와 문화 다양성의 중요성

"문화는 사회와 사회 구성원의 특유한 정신적 · 물질적 · 지적 · 감성적 특성의 총체로 간주해야 하며, 예술 및 문학 형식뿐 아니라 생활 양식, 함께 사는 방식, 가치 체계, 전통과 신념을 포함하는 개념으로 정체성, 사회 단결 및 지식 기반 경제의 발전에 대한 논의의 핵심을 이루고 있음"(유네스코 문화 다양성 선언, 2001)

"문화는 시공간을 넘어 여러 형태로 나타나는 특징을 가지고 있음. 이러한 문화의 다양성은 인류를 구성하는 집단과 사회의 정체성과 독창성을 구현하기 때문에 교류 · 혁신 · 창조성의 근원으로서 문화 다양성은 인류에게 반드시 필요. 따라서 문화 다양성은 인류의 공동 유산이자 현재와 미래 세대를 위한 혜택이라 볼 수 있음"(유네스코 문화 다양성 선언, 2001)

2) 법률과 협약을 통해 본 문화 다양성 개념

2005년 유네스코에서 발표한 「문화적 표현의 다양성 보호와 증진에 관한 협약(문화 다양성협약)」에 따르면, '문화 다양성'이란 "집단과 사회의 문화가 표현되는 다양한 방식"으로, 이와 같은 표현들은 집단과 사회의 내부, 집단과 사회의 사이에서 전승되는 것을 의미함. 문화 다양성은 인류의 문화유산이 다양한 문화적 표현을 통해 표현되고, 증대되며, 전승되는 방식뿐 아니라, 사용된 방법과 기술에 관계없이 다양한 양식의 예술적 창작, 생산, 보급, 배포 및 향유를 통해서도 명확하게" 드러남

국내에서 제정된 「문화 다양성의 보호와 증진에 관한 법률(문화 다양성법)」에서는 '문화 다양성'을 "집단과 사회의 문화가 집단과 사회 간 그리고 집단과 사회 내에 전해지는 다양한 방식으로 표현되는 것"을 의미함. 또한 문화 다양성은 수단과 기법에 관계없이 인류의 문화유산이 표현, 진흥, 전달되는 데에 사용되는 방법의 다양성과 예술적 창작, 생산, 보급, 유통, 향유 방식 등에서의 다양성을 포함

종합하면 문화 다양성은 ① 집단과 사회의 문화가 집단과 사회 간 그리고 집단과 사회 내부에 표현되는 다양한 방식으로 ② 수단과 기법에 관계없이 인류의 문화유산이 표현, 진흥, 전달 시 사용되는 방법의 다양성 ③ 예술적 창작, 생산, 보급, 유통 및 향유를 통해 나타나는 다양성으로 정의할 수 있음

3) 문화 다양성 정책의 대상 및 범주

① 문화 다양성 정책은 문화 다양성을 보호하고 증진하기 위해 국가와 지방자치단체가 수립하는 다양한 형태의 정책을 의미함
② 국내 문화 다양성 정책은 2005년 유네스코의 「문화적 표현의 다양성 보호와 증진에 관한 협약,(약칭: 문화 다양성 협약)」에서 제안한 '문화적 표현의 다양성 보호와 증진을 위한 지침과 조치'를 따르고 있음
③ 유네스코 문화 다양성 협약에서 제시한 8개의 문화 다양성 지침으로는 인권과 기본적 자유에 대한 존중 원칙, 주권 원칙, 모든 문화에 대한 동등한 존엄성 인정과 존중 원칙, 국제적 연대와 협력 원칙, 개발의 경제적, 문화적 측면의 상호 보완성 원칙, 지속 가능한 개발 원칙, 공평한 접근 원칙, 개방과 균형 원칙 등이 있음

2. 해외의 다문화 정책

1) 미국과 캐나다의 다문화 정책

1차 세계대전 이후부터 2020년까지 미국과 캐나다의 다문화 정책은 시대적 변화와 이민 패턴, 사회적 요인 등에 따라 다양한 변화를 겪었다.

(1) 미국

① 1차 세계대전 이후 – 1960년대

이민 규제 강화: 1920년대에는 이탈리아, 폴란드, 러시아 같은 유럽 이민자들에 대한 이민 제한이 강화되었다.

② 1952년 이민 및 국적 법: 이 법은 인종, 국적, 종교 등에 기반한 이민 제한을 완화하고 선진 국가에서의 이민을 우선시하는 등 현대적인 이민 정책의 초석을 놓았다.

③ 1960년대 – 1970년대

민권 운동: 1960년대의 민권 운동은 인종 차별을 극복하고, 다양한 인종 및 문화적 배경을 가진 이민자들의 권리를 강조하게 되었다.

④ 1980년대 – 1990년대

이민 제도 개혁: 1980년대에는 이민 제도가 개혁되어 가족 단위 이민을 우선시하고, 난민 및 난민 심사 기준을 완화했다.

⑤ 2000년대 이후

테러와 보안 정책 변화: 2001년 9 · 11 테러 이후, 이민 규제가 다시 강화되었고, 보안 측면에서 강력한 조치들이 시행되었다.

(2) 캐나다

① 1차 세계대전 이후 – 1960년대

훈련 및 고용 프로그램: 1940년대 후반부터 1960년대 초반까지, 영국과 유럽에서의 이민을 유도하기 위해 훈련 및 고용 프로그램이 실시되었다.

② 1960년대 – 1970년대

퀘벡 혁명: 1960년대에 퀘벡에서의 독립 운동이 강화되며, 프랑스어를 사용하는 이민자들에 대한 배려와 인식이 높아졌다.

③ 1980년대 – 1990년대

다문화주의 정책 도입: 1988년 다문화주의가 정식으로 도입되었고, 이민자들의 문화적 다양성을 인정하고 존중하는 정책이 시행되기 시작했다.

④ 2000년대 이후

경제 이민 정책: 경제적 이유로 이민을 유도하는 프로그램들이 강화되었고, 특히 신기술 및 경영 역량을 갖춘 이민자들을 유치하는 데 초점을 맞추게 되었다.

2) 독일과 일본의 다문화 정책

(1) 독일

① 1945년 이후 – 1970년대: 제2차 세계대전 이후 독일은 전쟁으로 인한 이민자들을 수용하게 되었고, 주로 유럽에서 이주한 이민자들이 독일에 정착하였다. 초기에는 문화적 통합보다 경제적 회복에 중점을 두었다.

② 1980년대 – 1990년대: 독일은 이슬람 국가에서의 이민이 증가하면서 다문화 정책에 대한 논의가 확대되었다. 다문화주의를 받아들이면서 이민자들의 문화적 특성을 존중하고, 이들을 독일 사회에 통합하는 정책을 적극적으로 추진했다.

③ 2000년대 이후: 독일은 이민자들의 다양성을 존중하고 교육, 언론, 정치 등 다양한 사회 분야에서 다문화주의를 실현하기 위한 정책을 진행하고 있다.

(2) 일본

① 1945년 이후 - 1980년대: 일본은 고도의 고용률과 경제 성장을 유지하기 위해 외국인 근로자를 받아들였다. 그러나 이들은 주로 단기 계약 근로자로 취급되며 일본 사회에 통합되지 못한 경우가 많았다.

② 1990년대 - 2000년대: 일본은 다문화 정책에 대한 논의를 확대하면서 일본 사회에서의 다양한 문화적 요소를 인정하고 수용하려는 시도를 보였다. 그러나 이민자들의 권리와 사회 참여를 보장하는 법적 장치는 여전히 제한적이다.

③ 2010년대 이후: 일본은 여전히 다문화 정책의 확대보다는 국내의 인구 감소와 관련된 경제적 이슈에 중점을 두고 있으며, 다문화주의를 추진하는 방향은 제한적이다.

3. 한국의 다문화 정책

1) 한국의 이민 정책 변화

한국의 이민 정책은 시대에 따라 크게 변화해왔다. 다음은 시기별 이민 정책과 변화에 대한 설명이다.

(1) 조선 시대(1392년~1910년)

조선 시대에는 국경 통제가 엄격하게 이루어져 이민이 거의 없었다. 그러나 중국에서 조선으로 이주하는 사람들은 있었으며, 이들은 환국이나 결혼을 이유로 조선으로 입국할 수 있었다.

(2) 일제 강점기(1910년~1945년)

일제 강점기에는 일본의 식민지화 정책에 따라 일본에서 한국으로 대량 이민이 이루어졌다. 이들은 대부분 농업이나 산업 분야에서 일하며, 이민자들의 인구 비율은 전체 인구의 2% 이상을 차지했다.

(3) 한국 전쟁 이후(1950년~1960년대)

한국 전쟁 이후에는 대량 이민이 이루어졌다. 대부분은 북한에서 남한으로 이주하거나, 중국이나 일본 등 타국에서 돌아온 사람들이었다. 그리고 미국과의 군사 동맹이 체결되면서 미국인들도 한국에 상주하기 시작했다.

(4) 개발의 시대(1970년~1980년대)

1970년대에는 경제 개발을 위한 외국인 투자가 늘어나면서, 외국인들의 한국 입국이 늘어났다. 이들은 대부분 기술자나 비즈니스맨 등이었다. 그리고 이 시기에는 대학 교육을 위한 유학생들도 늘어나게 되었다.

(5) 근대화의 시대(1990년대~현재)

1990년대에는 경제적으로 발전하면서 외국인들의 한국 입국이 더욱 늘어나게 되었다. 이 시기에는 대부분 결혼이나 교류, 연구 등을 위한 이민자들이 많았다. 그리고 2007년부터는 외국인 노동자를 위한 외국인 노동자 정책도 시행되고 있다. 외국인 노동자 정책은 3D 산업, 서비스업, 농업, 어업 등에서 노동력 부족 문제를 해결하기 위한 정책으로, 필요한 분야에서 외국인 노동자를 적극적으로 받아들이고 있다. 또한, 외국인 노동자를 대상으로 하는 언어 교육 및 직업 교육 등의 제도도 도입되었다.

2) 고급 인력 유입

한국은 과학 기술 및 경제 분야에서 성과를 보인 외국인 전문가를 유치하기 위해 '고급 인재' 비자라 불리는 비자를 부여하고 있다. 이 비자는 한국 기업이나 연구기관에서 고급 기술 또는 학문 분야에서 활동할 외국인에게 주어지며, 해당 분야에서의 경력과 실적을 기반으로 선별된다.

3) 다문화 정책 강화와 교육 지원

한국에서는 다문화 사회로의 전환을 위해 교육 분야에서도 다양한 지원 정책을 제공하고 있다. 예를 들어, 다문화 가족지원법을 통해 이민자 가족들에게 교육, 보건, 복지 등의 다양한 지원을 제공하고 있다. 이를 통해 다문화 가정의 학교 생활 안정과 사회 적응을 돕고 있다.

4) 국제결혼 이민자 지원

국제결혼 이민자들에게도 다양한 지원이 이루어지고 있다. 국제결혼 이민자 지원 및 관리에 관한 법률은 국제결혼을 통해 한국에 입국한 외국인에게 국어 교육, 문화 이해 교육, 직업 교육 등의 프로그램을 제공하여 사회 통합을 돕고 있다. 또한, 이민자의 인권과 안전을 보장하기 위해 법적 근거를 마련하고 있다.

5) 난민 및 난민 심사 기준 강화

한국은 국제적으로 난민 보호 의무를 다하고자 난민 인정 및 지원에 관한 법률을 마련하였다. 이 법은 정치적, 종교적 및 인종적 이유로 어려움을 겪는 외국인에 대한 난민 심사 기준을 강화하여 보호를 제공하고 있다. 이를 통해 난민들의 안전과 인권을 보장하고 있다.

6) 문화 다양성 증진을 위한 정책

한국에서는 다문화 사회를 증진하기 위한 다양한 프로그램을 운영하고 있다. 예를 들어, 다문화 가족통합지원센터를 통해 다문화 가정의 부모와 자녀에게 문화 교육, 상담, 직업 교육 등을 제공하여 사회 참여와 경제 활동을 돕고 있다.

한국은 이제 다문화 사회로 발전하면서, 다양한 국적과 문화를 가진 이민자들이 한국에 입성하고 있다. 이들을 위해 다문화 정책도 강화되고 있으며, 다양한 이민자들이 서로 다른 문화와 생활 방식을 존중하며 함께 살아가는 사회적 분위기도 조성되고 있다.

하지만, 이민자들에 대한 인식 부족이나 차별 등의 문제도 아직 존재하고 있다. 따라서 앞으로도 이민자들의 권익을 보호하고, 다문화 사회의 조화로운 발전을 위해 더욱 노력해야 한다. 또한, 최근 몇 년간은 주로 고학력이나 기술 능력이 뛰어난 이민자들을 유치하기 위해 스타트업 비자나 글로벌 인재 비자 등의 제도가 도입되었다. 이러한 제도를 통해 한국은 뛰어난 인재를 유치하고 기술력을 높이며 경제 발전을 촉진할 수 있다.

그러나 이러한 이민 정책의 변화에 대해 일부에서는 부정적인 반응도 보이고 있다. 이들은 국내 노동자들의 일자리를 빼앗는다거나, 사회적 문제를 야기한다는 등의 이유로 이민자들에 대한 반대를 강조하고 있다. 이민 문제는 국내외적인 상황 변화에 따라 끊임없이 변화하며, 이민 정책도 그에 맞춰 조정되어야 한다. 따라서 이민자들과 함께하는 사회를 만들기 위해서는 서로 다른 생각과 의견을 존중하며, 개인과 사회의 발전을 위해 노력해야 한다.

III. 이민 정책 방향 및 특징, 평가와 제언

1. 이민 정책 방향

1) 다문화 관련 뉴스 보도

"결혼 이민자는 문화 차이와 의사소통의 어려움을 겪고 있다. 입국 초기에 한국 생활에 어려움을 겪고 있거나 가정 폭력, 이혼, 경제적 문제 등 위기 상황에 처해 있다. 언어 소통이 힘들어 소비 생활 정보를 제공받거나 이해하지 못하고 소비자 피해를 당하는 경우가 있다. 안전과 관련된 표기나 안내를 잘 모르면 사고가 발생할 수도 있다. 병이 나거나 다쳐서 병원에 갔을 때 의사의 말을 알아듣지 못해 치료에 어려움을 겪기도 한다."

"이에 각 지방 정부는 신규 이민자를 돕기 위한 여러 프로그램을 운영하고 있다. 수원시의 경우 베트남과 중국, 일본, 몽골 등 각국 출신으로 다문화 서포터즈를 구성해 한국어 교육, 성평등 인권 교육, 사회 통합 교육, 방문 교육, 언어 발달 지원 등 맞춤형 교육 사업과 서비스를 제공하고 있다. 은행과 병원도 동행해 준다."

"외국인력정책위원회가 27일 결정한 내년 외국 인력(E-9) 고용 한도는 올해 12만 명보다 37·5% 늘어난 규모다. 정부는 역대 최대 규모의 고용 허가를 한 배경으로 '빈 일자리'와 '현장 수요'를 들었다. 이날 고용노동부는 보도 자료를 통해 "음식점업·임업·광업 등 인력난 심화 업종 실태 조사를 거쳐 내국인 일자리 잠식 가능성, 외국 인력 관리 여건 등을 종합적으로 고려해 외국 인력 고용을 허용하기로 했다"고 설명했다. 한식 음식점은 전국 100곳의 시군구(세종·제주 포함) 주방 보조 업무에 한해서만 외국 인력 도입이 시범적으로 허용된다. 휴·폐업 비율이 높은 상황을 고려해 5인 미만 음식점은 업력 7년 이상, 5인 이상은 업력 5년 이상이어야 외국인 노동자를 고용할 수 있다. 임업은 전국 산림사업법인과 산림용 종묘생산법인에서, 광업은 연간 생산량이 15만 톤이어야 외국 인력 도입이 가능하다."

2. 주요국의 이민 정책 특징

1) 미국

미국의 역사는 이민과 함께 한 역사로 이민이 국가 정체성에서 중요한 부분을 차지한다. 미국의 이민 정책은 이민국적
법을 토대로 비교적 안정적 형태를 이루고 있고 여러 차례 이민 개혁 시도가 있었지만, 1965년 이민법 내용을 유지하고 있
다. 미국의 경우 다양한 요인들로 인하여 정책이 쉽게 변화하지 않는다는 특징이 있는데 이로 인해 경제 상황 변화를 적
시 반영하지 못한다는 한계도 지적되고 있기는 하다. 하지만 그동안의 정책을 분석해 볼 때 정책이 의도한 결과를 담보하
기 어렵다는 반론도 있다. 그리고 미국에서는 인구와 경제 논리뿐만 아니라 인종 국가 안보 이민의 범죄화나 정치화 등
지배층의 관점 여론 등이 이민 관련 법제도 변화에 영향을 미쳤는데 이를 통해 이민 정책의 형성과 전개가 사회적 정치적
합의 과정임을 알 수 있다.

2) 캐나다

캐나다의 이민 정책은 개인의 인적자본을 판별하여 이민자를 수용하는 경제 이민 프로그램 운영과 세계대전이나 내
전 등 국제 사회에 중대한 인도적 위기가 발생할 때마다 대량으로 난민을 수용하는 난민 프로그램 운영이 중심축이 된다
고 할 수 있다. 캐나다에서는 점차 과거보다 더 높은 수준으로 이민자의 즉시 적응력을 요구하고 있어 캐나다 거주 경험
이 있고 영어를 능숙하게 구사하며 즉각적으로 활용 가능한 기술을 보유한 사람을 선호하는 경향이 뚜렷해지고 있다. 이
러한 방향성 전환에 이민자의 정착과 통합 정도에 대한 지속적인 모니터링과 분석이 역할을 한 것으로 보인다. 그리고 정
권에 따라 다소 차이는 있지만 이민자 유입과 동시에 이들의 정착과 소속감을 강조한다는 측면에서 결혼 이민자에 편향
된 정책을 펼치고 있는 한국에 시사점을 준다고 볼 수 있다.

3) 뉴질랜드

뉴질랜드는 국가 수립 시기부터 정부가 유럽인의 영주 이민을 지원하는 이민 정책이 추진되었고 이후 이민 프로그램
운영은 뉴질랜드 인구 성장 및 발전에 중요한 동력이 되어왔다. 이민 경로가 마련된 이후 이 체계를 현재까지 유지하고
있다. 뉴질랜드는 미국이나 캐나다와는 국가의 규모가 다르기 때문에 인적 자본을 강조함과 동시에 핵심 기술 목록 작성
등을 통해 노동 시장 수요 위주의 정책을 펼쳐왔고 이민자 유치에 있어 뉴질랜드와 경쟁 관계에 있는 국가들의 정책 변화
를 주시하고 있다는 특징이 있다. 더불어 다른 정착형 이민 국가들과 달리 영주 거주와 구분되는 거주 비자를 운영하고
있는데 이 두 비자의 차이는 뉴질랜드 입국 관련 규제이다. 고소득 국가 출신자에 대해서는 전 세계적으로 이동성의 규제
가 점차 완화되는 상황에서 이러한 단계를 두면서 뉴질랜드의 사회 보장 혜택만을 누리는 경우를 방지하고자 하는 것으
로 보인다.

4) 독일

독일은 앞에서 다룬 사례들과 비교하여 상대적으로 늦게 이민자의 유입이 시작되었기 때문에 이민자의 통합에 관한
논의도 최근의 변화라고 할 수 있다. 독일은 이민자의 사회 참여를 통해 사회 통합을 달성하고자 하고 권리를 부여함과
동시에 통합 강좌 수강 등 이민자의 자기 책임과 의무 준수를 강조하고 있다. 이러한 독일 정부의 정책 변화는 2006년 발
표된 국가 통합 계획을 통해 확인할 수 있는데 이 계획이 도출되기까지 독일의 다양한 행위자들 간 논의가 진행되었고 다
양한 영역에서 여러 개의 실천 계획이 도출되었다. 그리고 독일에서는 이민자의 역량 활용 측면에서 출신국에서 취득한

자격 요건 인정을 위해 법률을 개정하고 관련 절차 및 제도를 마련하고 있다.

5) 일본

일본은 이민 정책을 부인해왔지만 최근에는 이민자의 전문성과 노동력을 적극 수용하고 있는 국가로 꼽히고 있다. 이러한 정책 변화의 이면에는 인구 구조의 급변과 생산 연령 인구 부족이 있음을 알 수 있다. 최근의 변화에 따라 이민 행정 관련 조직과 업무 분장에 변화가 있었는데 2009년에는 그동안 지방자치단체에 위임한 외국인 관리 업무를 법무성 입국관리국으로 일원화하였고 2019년에는 법무성 내 기존 입국 관리국을 출입국재류관리청으로 재편 승격시켰고 기존에 빠져 있던 사회 통합 업무까지 포함하고 있다는 점에서 큰 변화임을 확인할 수 있다. 그러나 외국인의 처우나 통합에 관한 법률은 여전히 부재하다. 일본의 경우 오랫동안 이민자로 살아온 한국의 재일 동포가 존재하는데 그동안 재일 동포의 정체성을 부인해 온 일본 정부가 향후 신규 이민자를 대상으로 어떠한 통합 정책을 펼칠지 주목해 볼 만하다.

3. 국내 이민 정책 평가와 정책 논의 제언들

현재까지의 외국인 이민자 유입 정책은 사증 체류 자격 별 혹은 주요 정책 대상별 현안 대응식 관리 방식을 취하였고 전체 유입 정책의 방향성을 제시해 주지 못하였다. 향후 정부는 외국인 이민자 유입 정책을 운영함에 있어 수요와 공급 주도 운영 방식을 적절히 조합할 필요가 있을 것이다.

수요 주도 운영 방식은 국내 노동 시장 수요에 따라 외국인의 유입을 허용하는 방식인 반면 공급 주도 운영 방식은 외국인이 자격 요건을 갖추는 경우 수요와 무관하게 국내 정착할 수 있는 자격을 부여하는 방식으로 크게 경제 기여 가족 결합 인도주의 보호로 구분할 수 있다. 다만 수요와 공급이 융합된 방식으로도 제도가 설계될 수 있다.

수요 주도 운영 방식과 관련하여 현행 노동 시장 테스트 방식 개선을 제안하고 또 다른 한편으로 노동 시장 지표를 검토하여 수요가 있는 분야 업종 및 직종을 파악하고 온라인 플랫폼을 통해 목록을 공개하여 이해 관계자의 의견을 수렴하는 방식을 제안한다.

공급 주도 운영 방식과 관련하여 현재 인구 구조가 급변하는 지역에서는 산업이 쇠퇴함에 따라 수요를 논의하기 어려운 상황이기 때문에 별도의 유입 및 정착 경로를 마련할 필요가 있고 이 연구에서는 지방자치단체의 추천 등을 통해 취업 이민자를 선발하는 방식 그리고 농어촌에서 취업 이민자들이 장기적으로 농·어업인으로 성장할 수 있는 기회를 제공해야 한다.

공급 주도 운영 방식의 핵심은 유입 정착 이 가능한 자격 요건을 정하는 것인데 향후에는 이민자의 안정적 정착을 위해서 부모 등 직계 가족 초청이 가능한 초청자 요건도 검토할 필요가 있다. 다만 공급 주도 이민 정책을 운영함에 있어 연간 유입 규모에 대한 관리도 필요할 것으로 보인다.

더불어 효율적인 유입 정책 운영을 위해 향후에는 단순 노무직에 있어서도 공공과 민간 알선의 병행 운영이 필요할 것으로 보인다. 정보가 부족하여 외국인 구인에 어려움이 있는 사업주에 대해서는 정부가 알선을 지원할 수 있지만 그 외의 경우에는 시장에서 이러한 수요가 해결되도록 하는 것이 필요하다. 더불어 농업 분야에서는 인력 활용의 효율성을 제고하기 위해 농업일자리지원센터 등이 외국인의 고용주체가 되는 방식을 제안한다.

또한 외국인 불법 고용을 관리함에 있어서 외국인 개인에 집중되는 관리 방식에서 벗어나 외국인의 경제 활동을 가능하게 하는 사업주 대상 관리 방식을 강화하는 것이 필요하다. 이민 관련 규정을 지속적으로 준수하는 사업주에 대해서는 외국인 고용 신청 시 심사 간소화 등 우대를 적용하여 규정 준수에 따른 인센티브를 제공할 수 있을 것이다.

임금 절감 효과를 누리기 위해 외국인을 고용하는 사업주를 관리할 필요가 있기 때문에 노동시장영향평가라는 절차를 통해 기업이 구조 조정 노력을 하도록 강제하고 이에 더해 단순 기능 외국인 고용 일몰제 도입을 논의할 필요가 있다.

취업 이민자와 이들을 고용하는 사업주가 다양한 이민 경로를 쉽게 이해할 수 있도록 할 필요가 있고 이를 위해 하이코리아 내 사증 체류 자격 내비게이터를 신규 구축할 것을 제안한다.

1) 융합형 유입 정책 운영 및 정주 경로 관리

국경 간 사람의 이동이 보다 활발해 지면서 이동하는 이들이 송출국과 수용국에서 누릴 수 있는 권리와 의무에 대한 논의는 더욱 가속화될 것으로 보인다. 국내의 법 체계는 국민과 외국인의 경계를 강조하고 사실상 한국에서 영구 정착이 허용된 영주 자격 소지자도 출입국관리법상 우월한 지위가 실생활에서는 보장되고 있지 않다. 더불어 거주 자격의 경우에도 그 지위가 상당히 모호하다고 할 수 있다.

현재 다문화 가족지원센터를 통하거나 배우자를 통해 국내 사회 서비스 접근성이 높아진 결혼 이민자와 달리 영주자격 소지자의 사회 서비스 접근성은 상당히 제한적이다. 유관부처와 지방자치단체가 관련법이나 조례 개정을 통해 영주 자격 소지자의 서비스 접근성을 제고할 필요가 있다. 더불어 불가피한 상황에 처한 영주 자격 소지자의 공공 부조 수급에 대한 논의도 이루어질 필요가 있다.

현재 외국인이 국내에서 거주 자격으로 변경을 하는 경우에도 활동하는 분야는 종전 체류 자격에 해당하는 분야로 제한하고 있는데 불가피한 일부 경우를 제외하고는 거주 자격 소지자는 경제 활동 분야 제한을 철폐할 것을 제안한다.

더불어 외국적 동포를 대상으로 부여하는 사증 체류 자격을 일원화하고 특정 국가 출신자들의 과도한 단순 노무 취업으로 인해 국내 노동 시장에 부정적인 영향을 미칠 것이 우려되는 경우에 대해서는 재외 동포의 취업을 제한할 필요가 있을 것이다. 사회 통합 프로그램 운영 방식은 국가의 사회 통합에 대한 원칙을 보여 주는 수단이 될 수 있다. 국내 사회 통합 프로그램 역시 현재와 같이 획일화된 형태로 운영되는 방식에서 탈피하고 이민자의 책임도 강조하기 위해서 심화 맞춤형 프로그램을 추가적으로 편성하고 이러한 심화 단계에 대해서는 자기 부담을 고려해 볼 수 있을 것이다.

시민 교육의 내용을 다양화하고 현재의 범죄 금융과 소비 등을 중심으로 구성되어 있는 프로그램에 인권에 대한 내용을 포함시키는 것을 제안한다.

2) 이민 정책에 대한 국민 이해 제고

현재 외국인 이민자 유입 정책 결정 방식에 대해 제한적인 정보만을 제공함으로 인해 불필요한 논쟁이 야기되기도 하는데 정책 결정 과정에서의 소통은 이민에 대한 대중의 인식에도 영향을 미칠 수 있기 때문에 온라인 플랫폼을 통해 외국인 유입 규모안과 고용 허용 업종 및 직종 목록 안에 대한 의견 교환이 이루어질 필요가 있을 것이다.

이민자 유입 및 정착 규모가 증가함에 따라 외국인 이민 관련 업무를 담당하는 공무원의 정책 전문성이 요구되고 이들의 이해와 관점은 정책 기획 및 운영에 영향을 미치기 때문에 공무원을 대상으로 하는 교육이 확대될 필요가 있고, 관련

공무원 및 공공 기관 종사자의 교육을 의무화할 필요가 있다. 이민자의 유입과 정착이 점차 확대됐고 인구 구조 급변으로 인해 불가피한 현상이 될 수도 있으므로, 국민을 대상으로 이민 정책에 대한 정확한 정보 전달과 정책 홍보가 필요하다.

3) 이민자 정착 모니터링

이민자를 대상으로 운영하는 사회 통합 프로그램을 다양화하고 사회 서비스에 대한 접근성을 높이는 동시에 이민자의 정착을 지속적으로 모니터링하여 정책의 문제점을 확인하고 방향성을 제시할 필요가 있다.

국내 외국인과 귀화자 관련 승인 조사 통계 중 가장 광범위한 인구를 대상으로 하는 이민자 체류 실태 및 고용 조사의 경우 임금 등 일부 핵심 변수에서 상세한 수준의 분석이 어렵고 표본수가 작은 등 데이터의 한계로 인해 연구 활용도가 낮기 때문에 데이터 접근성을 제고하고 표본을 확대하고 행정 통계와의 연계 방안 및 가구 단위 조사 방법을 모색하는 등 개선이 필요할 것이다.

이민 정책과 관련해서는 단일한 의사 결정 체계가 부재하고 이것은 지방자치단체 업무 처리에도 어려움을 가져오고 있다. 현재 중앙 정부의 조직 구조가 개편되는 것은 현실적으로 어렵기 때문에 지방자치단체 차원의 주요 제도 개선 사항 등을 상향식으로 전달할 수 있는 공식 경로를 마련할 필요가 있다. 구체적으로 법무부의 지방출입국 · 외국인청(사무소)에서 관리하는 사회 통합협의회와 지자체별로 설치되어 있는 외국인 주민 관련 주민 협의회 등을 함께 개최하는 연계 회의를 개최해야 한다.

4) 국제 규범 준수

한국인과 가족을 형성하지 않는 외국인 이민자에 대해 사회 체계의 수용성이 떨어지는 한국 사회에서는 그동안 보호를 필요로 하는 외국인 이민자에 대해서도 전사회적 범부처 노력이 부족하였다. 특별한 공로가 있는 사람이나 탁월한 능력이 있는 사람 등에게 영주 자격 신청 시 생계 유지 요건을 완화 혹은 면제해 주는 것처럼 난민의 경우에도 이를 완화 혹은 면제해 주고 난민 협약에서 명시한 난민의 동화 및 사회 통합에 대하여 체결국으로서의 의무를 이행해야 할 것이다.

현재 아동 관련 대부분 정책은 결혼 이민자의 자녀에 집중되어 있고 기타 외국적 아동의 안정적 성장 환경 구축에 대한 포괄적 정책은 부재하다. 외국인의 출입국과 체류 정착에 관한 사항을 정하고 있는 출입국관리법과 재한외국인 처우 기본법에서 외국적 아동의 지원과 보호에 대한 국가의 의무를 명시할 필요가 있다. 또한 미등록 외국적 아동의 안정적 성장환경을 위해서는 궁극적으로 체류 안정이 보장되어야 함을 지적하고 있기 때문에 출입국관리법에 외국적 아동의 상황을 고려한 체류 자격 부여에 관한 조항 신설이 필요하다.

국제 사회의 일원으로 한국이 서명한 합의문의 목표에 대한 책임 있는 이행이 필요하고 여러 목표들 중에서 한국이 적극 이행이 가능한 목표를 설정하여 국제 사회에서 선도적 역할을 수행할 필요가 있을 것이다.

5) 행정 효율화

외국인이나 이민 다문화 등에 대한 각기 다른 개념의 활용과 오해로 인하여 겪는 다양한 문제를 정부 차원에서 예방하기 위해서는 부처 간 이민과 관련한 정의를 명확히 하고 특히 공공 영역의 행정 시스템을 결합하고 연계하여 공동 개발 활용할 수 있어야 한다. 이를 위해 등록외국인에 대해서는 외국인등록번호를 기준으로 부처 간 데이터를 연계할 수 있도록 자료 코딩 시스템을 개발 표준화하고 등록하지 않는 외국인과 그 외 정보가 필요한 대상 관련 데이터는 부처 간 행정 통계 결합 시스템을 통해 공유하여 실시간으로 다운로드 및 분석할 수 있도록 해야 할 것이다. 또한 이러한 데이터를 효과적으로 가공하고 전문적으로 활용하기 위한 전문 관리 기관 설치가 필요하다.

그동안 출입국 및 체류 관리가 고도화되었지만 여전히 개선이 필요한 부분이 상당하다. 체류 민원 온라인화는 단계별로 추진할 필요가 있는데 먼저 체류 업무 관련 지침을 정비하여 공개하고 다음으로 비교적 단순한 체류 업무에 대해서는 전자 민원 신청을 의무화하고 하이코리아 시스템을 고도화하여 궁극적으로는 모든 체류 업무에 대해 전자 민원 신청을 의무화할 필요가 있다.

이민 행정 효율화를 위해 외국인 정책 평가 체계를 개선할 필요가 있다. 부처들이 외국인 정책에 대한 지원과 컨설팅을 수행한다는 의미로 평가 목적을 전환하고 외국인 정책 기본 계획 수립 후 부처 및 지자체별 과제 편성 시 가이드라인을 제공할 필요가 있다. 또한 결과와 영향 중심의 성과 지표를 설계하고 평가가 완료된 이후에는 전문 기관에서 컨설팅을 수행할 수 있도록 해야 한다.

6) 이민 행정 거버넌스 개편

현재 이민 정책에 대한 지방자치단체의 관심과 자원 부족은 실제 사업 기획과 집행을 어렵게 하고 이는 다시 자원 부족으로 이어지게 된다. 따라서 외국인을 지원하기 위한 기관을 지방자치단체에 설치할 수 있는 법적 근거를 마련하고 동시에 국가 수준 중앙 정부에서 기획 추진해야 할 과제와 지자체가 자율성을 갖고 시행해야 할 과제가 무엇인지 기준을 정해야 할 것이다.

출입국·외국인청(사무소)은 지역을 중심으로 외국인 유입 관련 수요를 조사하여 이를 서울 출입국정보화센터나 본부에 전달할 수 있다. 중앙에서는 이러한 지역별 수요를 국가 차원에서 검토하고 지역 수요가 반영되는 이민 정책 수립의 기초 자료로 활용할 수 있을 것이다. 또한 인구 감소가 심각한 지역에서는 지역 경제에 기여할 수 있는 이민자에 대해 영주 자격이나 국적 취득을 선제적으로 제안하면서 이들의 정주화를 유도할 수 있을 것이다.

IV. 한국의 다문화 교육 현황과 과제

1. 세계시민교육(GCED)과 지속가능한발전교육(ESD)

세계시민교육과 지속가능한발전교육을 연계한 미래 다문화 사회를 살아갈 시민 교육의 성격을 띠어야 한다. 세계시민교육 주요 내용은 ① 평화와 인권, ② 상호 문화적 이해, ③ 시민 교육, ④ 다양성과 관용에 대한 존중, ⑤ 포용이다. 지속가능한발전교육의 주요 내용은 ① 기후 변화, ② 생물 다양성, ③ 재난 위험 행정 전문가, ④ 지속가능한 소비, ⑤ 빈곤 퇴치이다. 또한 세계시민교육의 차원은 나 자신, 가정에서, 학교에서, 지역 사회에서, 국가에서 세계로 되어 있다.

2. 다문화교육센터

외국어 교육원과 마찬가지로 대부분의 시도교육청은 산하에 다문화교육센터가 있다. 이들 센터는 다문화교육센터, 다문화 교육지원센터 등으로 명칭의 차이가 약간 있기는 하지만 공통적으로 다문화 가정 학생들에 대한 교육과 일반 학생들에 대한 다문화 교육, 다문화 가정 학부모 교육의 역할을 담당하고 있다.

1) 운영상의 특징

(1) 다문화 가정 학생 교육

다문화교육센터의 가장 핵심적인 역할로는 다문화 가정 학생들에 대한 한국어 교육을 들 수 있다. 다문화 가정 학생들의 경우 한국어 능력이 일반학생들보다 현저히 떨어지기 때문에 학습 부진을 겪게 되고, 이는 상급 학교 진학 및 취업에도 큰 영향을 미친다. 따라서 다문화교육센터에서는 다문화 가정 학생들을 대상으로 한국어 교육에 중점을 두고 있다. 한국어 교육은 평일 방과 후 시간을 이용하거나 주말에 한국어반을 개설하여 진행한다. 이와 더불어 일부 다문화교육센터에서는 다문화 가정 학생들에 대한 학력 지원 프로그램도 운영하고 있다.

즉 다문화 가정 학생들에게 학교 수업에 필요한 국어, 수학 등 교과목에 대한 보충 학습을 실시하여 학교 수업에서 일반 학생들에게 뒤쳐지지 않도록 지원하고 있다. 이러한 한국어 교육 및 학력 지원 프로그램 외에도 다문화 가정 학생들이 한국 문화에 적응할 수 있도록 돕기 위해 다양한 체험 학습 프로그램을 운영하고 있다. 인천다문화교육지원센터의 경우에는 다문화 가정 학생 진로 및 직업 교육을 실시하고 있으며, 강원도교육청다문화센터에서는 다문화 가정 학생을 대상으로 이중 언어 말하기 대회를 실시하고 있다.

(2) 일반 학생 교육

일반 학생들을 대상으로 진행하는 다문화 교육으로는 다문화 체험을 통한 다문화 감수성 및 수용성을 높이기 위한 교육이 주요 내용이 된다. 일반 학생 대상의 다문화 교육은 학교로 찾아가거나 다문화교육센터를 방문하는 형태로 이루어지게 되는데, 다문화 이해 교육 강사 또는 다문화 가정 출신 강사들이 초 · 중 · 고등학생들을 대상으로 해당 국가의 문화적 다양성, 의식주 문화 등을 교육한다. 일부 다문화교육센터에서는 다문화 가정 학생들과 일반 학생들이 함께 어울릴 수 있는 다문화 어울림 프로그램을 운영하기도 한다.

(3) 다문화 가정 학부모 교육

다문화교육센터에서는 다문화 가정 학생 및 일반 학생들에 대한 교육 외에도 다문화 가정 학부모들에 대한 한국어 교육 및 한국 문화 이해 교육을 함께 실시하고 있다. 부산다문화교육지원센터의 경우 토요 가족 상호 문화 아카데미라는 프로그램을 통해 다문화, 탈북 학생 가족들에게 영화 상영 등을 하고 있으며, 서울다문화교육지원센터에서는 지역 다문화 가족지원센터와 협력하여 다문화 가정 학부모들에게 자녀 이해와 부모 역할, 학교생활에 대한 정보를 제공하는 '우리 아이 행복하게 키우기'라는 다문화 가정 학부모 연수 프로그램을 진행하기도 한다.

(4) 다문화 교육 교원 역량 강화 교육 및 컨설팅 지원

다문화교육센터에서는 학교에서 다문화 교육을 지도할 교원들을 위한 직무 연수를 진행하고 있다. 제주다문화교육센터의 경우 다문화 교육 관리자 과정 직무 연수, 다문화 학생 지원 역량 강화 직무 연수(다문화 교육의 이해, 학습 지도, 생활 지도, 진로 지도), 다문화 가정 학생 상담 역량 강화 직무 연수, 다문화 이해 교육 강사 역량 강화 연수 등을 통하여 교원 및 다문화 교육 관련자들에 대한 역량 강화를 꾀하고 있다.

(5) 다문화 교육 학교 운영 지원

일부 다문화교육센터에서는 다문화 교육의 확대 및 발전을 목표로 다문화 교육 정책 학교 운영 지원하고 있으며, 다문화 유관 기관 협력 체제 구축을 통하여 보다 내실 있는 다문화 교육을 추진하고자 노력하고 있다. 예를 들어 인천다문화교육센터의 경우에는 다문화 다양성 교육 중점 학교, 한국어학급운영학교, 다문화연구학교 등의 운영을 지원하고 있으며, 충청남도교육청 다문화교육센터에서는 다문화 유치원, 한국어 학급, 중점 학교, 연구 학교 등의 운영을 지원하고 있다.

3. 비영리 단체

시도 교육청 외에 기업, 비영리 단체들도 다문화 가정 학생 및 중도 입국생, 탈북 학생들의 한국 사회 적응을 위한 교육 활동을 진행하고 있다.

4. 한국어 학습 지원

중도 입국 청소년 및 탈북 청소년 등을 대상으로 하는 단체에서는 한국어 교육을 가장 중요한 과제로 삼고 있다. 이들 단체는 대부분 정규 한국어 교육 과정을 개설하여 매일 일정 시간 학생들이 한국어를 집중적으로 학습할 수 있도록 하고 있다. 서울온드림교육센터의 경우 매일 2시간씩 하는 정규 한국어 교육 과정 '다정 한국어' 프로그램과 이용자의 수준에 맞춰 맞춤식 한국어 교육을 진행하는 상설 한국어 교육 과정 '다감 한국어'프로그램을 운영하고 있다.

중도 입국 청소년 및 탈북 청소년의 경우 다른 나라에서 어린 시절을 보냈기 때문에 한국어 수준이 크게 떨어지고, 그러한 이유로 한국 학교에 들어가도 학교 수업을 따라가기가 사실상 불가능하다. 이러한 문제점들을 보완해 주기 위해 각 단체에서는 학교 단계별 교과 수업을 진행하여 이들이 학교에 들어갔을 때 쉽게 적응할 수 있도록 도와주고 있다. 대비용 수업을 하고 있다.

중도 입국 청소년을 대상으로 하는 진로 교육도 함께 이루어지고 있다. 무지개청소년센터 이주배경청소년지원재단의 경우 진로 교육 기초 프로그램으로 '무지개를 JOB아라', '내-일을 잡아라' 라는 프로그램을 운영하고 있는데, '무지개 Job아라'는 중도 입국 청소년(제3국 출생 북한 이탈 주민 자녀 포함)의 특성을 고려한 단계별 · 맞춤형 진로 교육을 통해 중도 입국 청소년들이 안정적으로 한국 사회에 정착하도록 돕고 있다. '내-일을 잡아라'는 사회 진출을 희망하는 이주 배경 청소년(중도 입국 청소년, 다문화 가정 청소년, 탈북 청소년 등)을 지원하기 위한 진로 교육 심화 프로그램이다. 이주 배경 청소년의 특성을 고려한 다양한 현장 직업 교육 제공으로 사회 적응 능력 향상과 자립 의지 고취에 목적을 두어 전문적인 내용을 접할 수 있는 기회를 제공하고 있으며, 체계적인 진로 지원 프로그램의 참여를 통해 취업하기 위해 갖춰야 할 기본 소양, 규칙적인 생활 태도 양성, 취업을 준비할 수 있도록 지원하고 있다.

5. 한국 사회 적응 지원

한국 사회가 낯선 중도 입국 청소년에게 한국의 생활과 문화 등 기본 정보 제공 및 한국의 역사와 문화를 넘어 다른 나라의 문화를 배울 수 있도록 지원하고 있다. 서울온드림교육센터의 경우 입국 초기 청소년에게 한국 사회에 대한 기본 정보 제공을 목적으로 '한국 사회 이해 교육', '글로벌 문화 탐방', '문화 캠프' 등을 실시하고 있다. 기초 및 경제 생활 체험, 대중교통 이용, 교육 기관 탐방, 문화체 험 등 실생활에 필요한 체험 활동으로 내용이 구성되어 있다.

세계시민교육목표역량	주제	수업 내용	차시
인지적 역량	평화, 지속가능발전	여행 이야기를 통한 국가 이해	1
사회 · 정서적 역량	세계화	파닉스, 쉬운 인사말	1
사회 · 정서적 역량	문화 다양성	원어민 선생님이 읽어 주는 동화책	1
행동적 역량	경제정의	상호 문화 비교, 무역, 국제 교류 활동	1

6. 다문화 교육 프로그램을 위한 제언

■ 세계시민교육을 담당하는 서울특별시교육청 직속 기관으로 독립하여 인력과 예산 확보

■ 조직 구성은 교육 프로그램 구성 및 운영을 담당하는 교육부서(교육 기획 운영부)와 행정을 담당하는 일반 행정부서(총무부), 그리고 국내 및 국외 기관과의 협력을 추진하는 대외 협력 부서로 재구성

■ 전문성 있는 인력(영어 외 언어 원어민 강사, 다문화 교육, 세계시민교육, 이중 언어 교육 등에 지식 및 유경험자)의 보강 필요

■ 고용 안정성과 체계적인 직무 연수를 통해 인력의 전문성 강화

■ 전문가 자문위원단 구성 및 적극적 운용 필요(인공 지능, 다문화 교육, 창의융합교육, 세계시민교육, 응용언어학 등 분야 전문가)

■ 효과적인 프로그램의 지속적 개발 및 아카이빙 체계화 필요(이를 위한전문 인력 및 재정 지원 필요)

■ 최첨단 시설과 환경을 효과적으로 활용할 수 있는 세계시민교육 콘텐츠 개발 필요(이를 위한 전문 인력 및 재정 지원 필요)

■ 온라인과 블렌디드 플랫폼을 활용한 프로그램 개발 필요

■ 다문화가족지원센터, 다+온 센터 등 관내 유관 기관과 지속적인 교류와 협업을 통해 통합적 지원 체계 구축 필요

1. 다음 중 다문화 정책에 대한 설명으로 옳은 것은 무엇인가?
① 다문화 정책은 1971년 미국에서 처음 도입되었음
② 다문화주의와는 별개의 이념이며 상충하는 정책임
③ 소수 집단의 문화적 특성을 무시하고 통일된 국가 문화를 강조
④ 다양한 사회 구성원에게 똑같은 기회를 제공하여 사회 통합을 목적으로 함

정답: ④ 다양한 사회 구성원에게 똑같은 기회를 제공하여 사회 통합을 목적으로 함
해설: 다문화 정책은 문화의 다양성을 인정하고 수용하면서 모든 사회 구성원에게 동일한 기회를 제공하여 사회 통합을 이루는 것을 목적으로 한다. 이는 문화적, 인종적, 민족적, 언어적 배경에 관계없이 평등한 기회를 제공하는 정부의 제도적 개입을 의미한다.

2. 다음은 어떤 이론을 설명하고 있는가?

"특정한 집단에 속한 사람들에 대한 불평등한 대우이다. 편견이 사람들이 가진 믿음과 태도라고 한다면 차별은 그러한 편견을 가진 사람들의 행동이다. 편견과 마찬가지로 차별 또한 특정한 집단의 사람들에게 이익이나 피해를 줄 수 있다는 측면에서 호의적이거나 부정적이 될 수 있다. 하지만 대개의 경우 차별은 소수 집단이나 하위 집단에 대해 불이익이나 해를 주는 방식으로 이루어진다."

① 인종주의
② 동화주의
③ 자기민족중심주의
④ 차별적 포섭 및 배제

정답: ④
해설: 차별적 포섭 및 배제는(Castles & Miller, 2003) 이민자들을 구별하여 특정한 능력이나 자격을 갖춘 사람들에게는 특정한 사회 영역으로의 접근을 허용 하는 반면 그렇지 않은 경우에는 배제하여 이들을 관리하는 것을 목표로 한다.

3. 유네스코 문화 다양성 협약에서 제시한 8개의 문화 다양성 지침 중에서 언급되지 않은 것은 무엇인가?
① 국제적 평화 원칙
② 지식재산권 보호 및 존중 원칙
③ 기존 문화에 대한 보존과 활용 원칙
④ 문화적 다양성 증진을 위한 교육 원칙

정답: ① 국제적 평화 원칙
해설: 유네스코 문화 다양성 협약에서 제시한 8개의 문화 다양성 지침은 다양한 측면에서 문화 다양성을 존중하고 지원하는 내용을 담고 있다. 그러나 "국제적 평화 원칙"은 명시적으로 언급되지 않았다.

4. 다음을 읽고 어느 나라의 정책을 설명하는 것인지 고르시오.

> 1980년대 - 1990년대
> 이민 제도 개혁: 1980년대에는 이민 제도가 개혁되어 가족 단위 이민을 우선시하고, 난민 및 난민 심사 기준을 완화했다.
>
> 2000년대 이후
> 테러와 보안 정책 변화: 2001년 9/11 테러 이후, 이민 규제가 다시 강화되었고, 보안 측면에서 강력한 조치들이 시행되었다.

① 미국
② 일본
③ 독일
④ 캐나다

정답: ① 미국

5. 한국의 법무부 사회 통합 프로그램 중 제공하고 있지 않은 것은?
① 한국어 프로그램
② 조기 적응 프로그램
③ 기업체 추천 프로그램
④ 국제결혼 안내 프로그램

정답: ③ 기업체 추천 프로그램
해설: 기업체 추천 프로그램은 진행하고 있지 않다.

6. 외국인이나 이민 다문화 등에 대한 각기 다른 개념의 활용과 오해로 인하여 겪는 다양한 문제를 정부 차원에서 예방하기 위한 방법으로 제시하지 않은 것은?
① 공공 영역의 행정 시스템을 분산
② 자료 코딩 시스템을 개발 표준화
③ 부처 간 이민과 관련한 정의를 명확하게 내림
④ 데이터를 가공 및 전문적으로 활용하기 위한 전문 관리 기관 설치

정답: ① 공공 영역의 행정 시스템을 분산
해설: 부처 간 이민과 관련한 정의를 명확히 하고 특히 공공 영역의 행정 시스템을 결합해야 한다고 했다.

7. 세계시민교육 주요 내용으로 언급하지 않은 것은?

① 포용

② 평화와 인권

③ 상호배타적 이해

④ 다양성과 관용에 대한 존중

정답: ③ 상호 배타적 이해

해설: 상호 문화적 이해를 설명했다.

8. 세계시민교육의 지속가능발전교육의 주요 내용으로 맞지 않은 것은?

① 기후 변화

② 빈곤 퇴치

③ 생물 다양성

④ 지속가능한 소득

정답: ④ 지속가능한 소득

해설: 지속가능한 소비를 설명했다.

한국 사회의 이해

1. 문화의 개념과 차원, 다문화 사회, 문화 간 의사소통의 개념에 대해 설명할 수 있다.
2. 한국인의 사고방식을 이해하고 설명할 수 있다.
3. 사회 통합 프로그램과 상호 문화 교육을 이해하고 설명할 수 있다

Ⅰ. 문화의 개념과 여러 관점

1. 문화의 개념과 차원

문화(culture)란 문명(civilization)과 구별되는 예술적 · 정신적 창조물을 규정하면서 시작되었다. Brown(2010: 202)은 '언어는 문화의 일부분이며, 또한 문화는 언어의 일부분이라고 했다. 즉, 이 둘은 밀접하게 얽혀 있어서 언어든 문화든 그 중요성을 잃지 않으면서 둘을 떼어낼 수 없다'고 그 중요성을 언급했다. 문화란 대단히 복잡한 개념이면서도 고정불변의 무언가가 아니라 지속되면서도 끊임없이 변화하는 에너지를 지닌 것이다. 문화와 언어 교육의 불가분성을 학습자가 이해하게 하고 다양한 문화의 속성과 한국어 교육에서 문화 교육의 필요성을 인지하게 하는 한편, 교실 현장에서 즉시 적용할 수 있는 실제적인 교육 내용을 갖추는 것이 중요하다. 실제적인 문화 교육을 하기 위해서는 교육 현장에서 문화를 바라보는 다양한 관점을 강조해야 한다.

1) 맥락에 따른 문화 개념

Hall(1976)은 시간, 공간과 속도, 논리, 언어 메시지, 사회적 역할, 대인 관계에 따라 문화 유형을 분류했다. 의사소통에서 맥락(context)의 중요성을 강조하며 문화를 크게 고맥락 문화(high- context culture: 맥락화된 정도가 높은 문화)와 저맥락 문화(low-context culture)로 나누어 설명했다. 맥락은 의사소통이 이루어지는 사회적 · 물리적 상호 작용 상황을 뜻한다.

(1) 저맥락 문화

느슨한 사회 구성, 개인 우선적 대인 관계, 집단보다 개인을 중시하고 대인 관계가 단편적이고 단기적이다. 언어 메시지가 언어 기호 중심적이다. 한 번에 하나씩 업무를 처리하고, 한 줄로 서는 문화에 익숙하다. 시간을 중시하여 시간 관리나 계획이 엄격하고 정확하다. 저공시적 문화로 맥락보다는 사진 속의 대상에 초점을 맞춘다. 소크라테스 문답법의 영향으로 분석적 추리를 통해 지식을 습득한다. 논리적이고 이성적이며 논리적인 대화를 통해 상대방을 굴복시키는 논증 과

정을 보여 준다. 의미하는 바를 불필요한 사족이나 형식 없이 직접적으로 말한다. 상세하게 표현된 정보를 바탕으로 의사소통하는 경향이 있다. 개인을 우선에 두고 대인 관계는 잦은 이동으로 약한 편이다. 개인의 행동이 어떻게 표출될지 예측되지 않고 각 개인에게 기대하는 역할도 분명하지 않은 경향이 있다.

(2) 고맥락 문화

언어 메시지는 상황 맥락 중심적이다. 체계적 사회 구성으로 집단 우선적이며 사회적 통합과 조화를 중시한다. 한 번에 여러 가지 일을 동시에 처리하는 데에 익숙하다. 시간 관념이 그다지 엄격하지 않고 계획이 느슨한 편이다. 약속 시간 변경이 언제든지 가능하다.("모레 저녁쯤 와.") 자연과의 공존이나 다른 사람들과 조화를 중시한다. 아프리카, 아시아, 라틴 아메리카 사람들은 인간이 자연과 조화를 이루며 살아간다고 생각하기 때문에 자연의 흐름에 순응하고 사회적 추세를 반영하면서 살아간다. 주변의 맥락을 중시하는 특성(기념사진을 찍을 때 어떤 장소인지 알 수 있도록 배경 맥락 속에서 대상이 무엇을 하는지 설명하려고 함)이 있다. 여행 사진을 찍을 때 다른 상황에서 자신과 친지의 행복한 순간을 기념하기 위해 사진을 찍는다. 공자, 맹자, 노자, 장자 등의 영향으로 직관, 공간 논리, 명상 등을 통해 자식을 습득한다. 동양 철학은 감성적이고 직관적이다. 공자는 인(仁)에 대해 묻는 제자에게 그들 간의 조화로운 관계를 기반으로 제자들을 효과적으로 설득하는 방법을 생각하면서 각각 다른 대답을 한다. 공자는 대화하는 맥락을 중시한다. 간명하게 말하고 맥락적 정보를 바탕으로 효율적으로 의사소통한다. 사람의 감정 상태를 해석할 때 대체로 주변의 분위기와 상황을 중심으로 인물의 상태를 묘사한다. 간접적으로 말하고 존경을 표하고 조화를 유지하려고 한다. 사회가 체계적이기 때문에 개인의 행동을 쉽게 예측할 수 있고 구성원이 기대에 부합하는 역할을 해 나간다.

2. 문화를 바라보는 관점

1) 자민족 중심주의

자민족 중심주의란 자신이 속한 그룹을 모든 것의 중심으로 해서 사물을 바라보는 관점이라고 한다. 타인이 가진 매우 다른 특성을 접한 개인의 심리적 기제의 관점에서 볼 때 가장 경제적인 반응은 그 특성의 존재 자체를 부정하는 것이다. 특성을 무시하는 태도가 외국인에게 적용되면 자민족 중심주의로 변하게 된다.

2) 문화상대주의

자민족 중심주의와 달리 '문화는 다양하며 인간의 인식과 가치관은 문화에 따라 다르다'라는 명제를 기본으로 한다. 다른 문화를 이해하고자 하는 인류학자들의 기본적인 인식이 되어 왔다. 문화는 다양한 형태로 존재하며 개별 문화는 자율성과 독자적인 가치 체계를 갖는다는 것이다. 인간의 사고방식과 행동을 그가 속하는 문화의 가치 판단에 따라 규정된다는 것이다. 따라서 개인의 인식과 행위는 각 문화의 맥락에서 이해되고 평가되어야 한다는 것이 상대주의적 문화의 입장이다.(유명기, 1993: 31)

문화상대주의 입장에서 각 문화적 요소는 그것이 속하는 문화적 맥락과 관련지어 살펴보아야 비로소 제대로 파악할 수 있으며 본질적으로 중심에서 벗어나기를 통해 문화의 민족 중심주의적 관점을 약화시키려고 한다.(Abdallah-Pretceille,

2010: 39-40)

좋은 의도에서 출발한 문화 존중 정신은 종종 각 문화를 신성시하는 것으로 나타났고 문화에 대한 비판을 가로막았다. 이러한 문화상대주의는 각 문화를 절대시함으로써 다문화 사회로 이끌었지만 상호 문화적 사회로는 이끌지 못했다.(Verbunt, 2012: 21)

3) 다문화주의(multiculturalism)

다문화 또는 다문화주의라는 개념은 오늘날 매우 다양한 의미로 사용되고 있다. 다문화주의 자체가 단순한 사회 현상이 아니라, 본질적으로 지극히 정치적인 의미를 가지기 때문이다. 미국에서 기존의 동화주의가 실패하자 다문화주의라는 개념을 그 대안으로 제시한 배경과 관련이 있다.

* Abdallah-Pretceille(2010: 37-40)가 정리한 다문화주의 특징
① 소속 집단에 우선권 부여
② 차이만큼 많은 별도의 공동체 공간 조성
③ 각자의 권리를 보장하는 법률 제정
④ 문화상대주의를 최대한 인정
⑤ 공공 영역에서 차이를 인정하고 표출

윤여탁(2014: 92)은 다문화의 개념을 단일 문화와 상대되는 것으로 다인종, 다민족이라는 사회 구성원의 다양성에 따른 문화의 차이를 인정하고 존중하고자 하는 사회적 인식이라고 했다. 다문화주의는 집단 간의 문화적 차이를 정치적으로 인정하는 데 성공했지만, 다문화주의가 다양한 단일 문화들의 병존만을 의미한다는 비판을 받았다.

4) 상호 문화주의(interculturalism)

일반적으로 한 사회 속에 존재하는 문화 집단들 간의 교류에 관한 철학이다. 문화적 다양성을 이해시키는 데 효과적인 수단으로 여겨진다. 수용 사회가 새로 들어온 이민자들을 통합하는 데 적극적으로 참여하고, 문화적 차이를 서로 알고 이해하는 것을 전제로 한다. 상호 문화주의는 개인적인 차이를 유지하면서도 국가나 지역의 지배적인 문화를 공통 분모로 권장하는 노력이라고 할 수 있다. 사회 구성원들 간의 끊임없는 상호 작용이라는 전제 조건은 다문화주의 이념 속에는 명시적으로 나타나지 않는 조건이다.(장한업, 2014: 118-119) 상호 문화주의는 나와 타인의 문화적 차이를 알고 이해하는 것이며, 집단 간 교류에 대한 일종의 철학이라고 할 수 있다.

II. 다문화 사회와 의사소통

1. 다문화 사회의 유형

문화 간 의사소통은 대화 참여자들 간 문화적 배경이 다른 사람들과 상호 작용하는 맥락 속에서 이루어진다. 문화적

배경이 다른 화자들 간의 상호 작용에서는 대인 간 의사소통 패턴에서 차이가 생긴다. 대인 간 의사소통에서 세대 간에 신념이나 관습이 전달되는 것은 문화 유지의 기능에서 비롯된다. 문화는 대인 간 의사소통 패턴을 다양한 방식으로 조직하는 데 중요한 역할을 한다. Lusting과 Koester(2006)은 다문화 사회를 은유적으로 표현했다.

1) 도가니(melting pot)
- 이민자들은 고유한 개인적인 문화보다 더 나은 하나의 거대한 문화에 동화되어 살아가고 있음을 비유한 것이지만, 역동적인 미국의 다문화 사회를 정확하게 나타내지는 못함
- 실제로 다양한 문화가 함께 녹아서 그들의 고유한 유산을 하나의 문화적 전체로 흡수하는 경향은 존재하지 않음
- 미국 내 문화 집단이 그들 자신의 고유하고 구별되는 유산을 유지하면서 다른 집단의 관습과 편의를 수용하고 지속적으로 적응하고 있는 것임

2) 지류(tributary)
- 미국의 다문화 사회는 많은 지류 문화가 어우러져 있고, 그들은 흐를 수 있는 수많은 길을 제공하는 거대한 문화적 유역이라고 표현함
- 지류는 공통적인 목적을 향해 흘러가지만 그 고유한 정체성을 유지함. 이는 고유한 문화적 정체성을 유지하기 때문에 지류라는 은유적 표현이 적합할 수 있음. 그러나 이 표현에는 문화 집단이 궁극적, 필연적으로 하나로 혼합될 거라는 가정이 숨어 있음
- 지류들이 함께 모여 하나의 주류를 형성한다는 생각이지만, 그 지류들은 어떻게든 그들이 흘러 들어가는 강력한 강보다 하위의 범주이거나 덜 중요한 것임을 암시함

3) 양탄자(tapestry)
- 여러 종류의 실이 다른 실과 함께 섞여서 양탄자를 만드는 것과 같음. 비록 각각의 실은 작지만 구별할 수 있음. 그러나 미국의 문화 집단은 양탄자를 함축하는 것보다 더 유동적임
- 만일 재배치를 하려면 여러 실을 다시 짜맞춰야 함

4) 샐러드(salad)
- 샐러드가 계속 버무려 온 많은 독특한 재료로 구성된 것처럼 미국을 고유한 혼합물과 다른 문화가 섞여 복잡한 결과물로 봄
- 샐러드는 여러 재료가 혼합되어 독특한 색감, 식감, 미감을 제공함
- 샐러드는 고정된 것이 없이 유동적이지만 미국 내 문화 집단은 샐러드와 같이 항상 움직이고 섞이고 빠르고 활기차나 뒤범벅이 되지는 않음

2. 문화 간 의사소통

1) 개념

문화 간 의사소통 능력은 문화가 다른 화자들과 의사소통 할 때 적절하고 효과적으로 자신의 의도를 표현할 수 있는 능력이다.

〈그림 1〉 문화 간 의사소통 능력(김진석, 2015: 114)

① 효과성(effectiveness): 의사소통을 하는 사람들이 상호 공유하는 의미를 달성하거나 원하는 목표 관련 결과를 달성하는 척도
② 적절성(appropriates): 상호 작용 하는 행동이 적절한 것으로 간주되고 목표 문화의 사람들이 만들어 놓은 기대감에 어울리는 정도성
③ 만족성(satisfaction): 화자가 자신의 의도를 상대방에게 만족스럽게 전달했는지를 점검하고, 그렇지 않으면 수정/보완하는 일련의 과정이 이어짐, 문화적 배경이 다른 사람과 말할 때, 자신이 한 말이 올바르게 전달되었는지, 상대방이 제대로 이해했는지를 항상 점검하고, 자신의 의도가 만족스럽게 전달되지 않았다고 판단되면 수정하거나 보충하게 됨

2) 문화 간 의사소통의 구성 요소(Byram, 1997)

① 태도(attitude): 호기심과 개방성을 갖는 것으로, 다른 사람의 관점을 정상적인 것으로 받아들이고 자신의 관점도 다른 사람의 시각에서는 이상하게 보일 수 있다는 것을 인정하는 자세
② 지식(knowledge): 다른 사회 집단 또는 문화권 사람들의 문화적 양식, 산물, 가치 등에 대해 아는 지식
③ 해석 기술(skills of interpreting): 다른 문화의 텍스트, 문서 등을 해석하고, 이들이 자신의 사회에 주는 의미를 설명할 수 있는 능력
④ 발견과 상호 작용 기술(skills of discovery and interaction): 독자적으로 또는 대화자와의 상호 작용을 통해 다른 문화의 중요한 현상에 대해 발견하고, 그것에 대해 의미를 부여할 수 있는 능력

문화적 배경이 다른 화장들과 의사소통하는 경우, 화자는 대화 참여자들 간 의미 해석 및 상호 작용의 기술을 제대로 터득해야 한다. 언어 사용을 통해 협상하고 전달해 나가는 사회적 측면이 크면 클수록 비원어민 화자들은 언어를 배우는 것이 더 어려워진다. 원어민들 간에 무의식적으로 일어나는 담화 구조를 비원어민이 학습하는 데에 어려움을 겪지만, 문

화 간에 다소 차이가 나타나는 상호 작용 기술을 터득하여 효과적으로 의사소통이 되도록 해야 한다.

3. 한국인의 문화 간 의사소통 사례

한국은 20세기 말부터 각 분야에 세계화가 급격히 진행되면서 다양한 문화적 배경을 지닌 사람들, 즉 외국인 근로자, 국제결혼 가정(다문화 가정)의 구성원, 한국에 온 유학생, 외국에서 태어나 한국에 돌아온 귀국 자녀, 여러 목적의 장단기 외국인 체류자, 새터민(북한 이탈 주민) 등과 의사소통을 해야 하는 상황이 되었다. 한국은 한 국가 내에 다양한 문화가 공존하는 다문화적 의사소통 환경이 일상화, 일반화되고 있다.

1) 한국인의 빈말 표현에 대한 외국인의 인식

한국인이 많이 사용하는 빈말 표현으로 '어디 가세요?' '나중에 한번 보자' '나중에 올게요.' '음식이 입에 맞을지 모르겠어요.' 등이 있다. 한국인의 빈말 표현에 대해 외국인은 이해하지 못하거나 기분이 조금 나쁘다고 응답했다. 지키지 않을 약속을 거짓으로 하는 게 기분이 나쁜 이유이다. 한국인의 빈말 표현은 문화 간 의사소통 상황에서 언어 사용의 차이로 오해를 유발할 수 있다.

2) 문화권에 따른 자기 의견 표출 방법

한국의 학교 교육에서 학생들은 수업 시간에 교수나 교사에게 단독으로 질문을 하거나 자신의 견해를 밝히는 행위는 다른 학생들에게 부정적으로(잘난 체한다/튀어 보인다) 보일 것을 의식해 자제하고, 수업 후에 교수나 교수와 개인적으로 이야기하는 모습을 보였다. 개인주의 문화권인 영어권 국가들은 수업 시간에 자신의 의견을 명확히 밝히는 것을 당연하게 여기고 자신의 의사표현을 아주 중요하게 생각한다. 따라서 개인주의 문화권은 집단주의 문화권과 달리 집단 속에서 개인이 의견을 드러내는 것을 당연하게 여긴다.

3) 작은 일에도 칭찬하는 것 vs 칭찬을 자제하는 것

한국은 유교의 영향으로 감정 표현을 자제하는 생활을 해 왔기 때문에 한국인은 칭찬을 비롯한 감정 표현을 하는 데에 서투를 뿐만 아니라, 동시에 칭찬을 받게 되면 이를 인정하기보다는 부담스러워하는 표현을 한다. 서양 사람들은 아주 작은 일에도 상대방에 대한 칭찬과 찬사를 자주 표현함을 알고 있지만, 한국인 대부분은 어색해한다. 한국인은 가까운 사이이거나 친하지 않으면 쉽게 칭찬하지 않기 때문이다.

4) 문화권에 따른 사람 간 접촉

한국에서는 손을 잡거나 팔짱을 끼고 다니거나 공공장소 등에서 모르는 어린아이를 귀엽다고 머리를 쓰다듬거나 얼굴을 만지는 때가 종종 있다. 이에 대해 부정적으로 보는 외국인들의 반응이 많을 수 있다. 한국의 학교 교육 현장에서 교실, 화장실 등에서 학생들 간에 이동을 하거나 활동 중에 서로 밀고 밀치는 모습을 흔히 볼 수 있다. 영어 문화권에서 살다가 온 학생들은 상대방 몸을 밀거나 하는 행위에 대해 민감하게 반응할 수 있다. 문화권에 따른 접촉의 차이에 대해 교육하고 접촉의 허용도에 대해 명확한 기준이 필요하다.

5) 사생활을 공유하는 문화 vs 사생활을 공유하지 않는 문화

한국에서는 사람들이 처음 만나면 먼저 인사를 나누고 자기소개로 가족 관계와 직업에 대한 이야기를 스스럼없이 한다. 한국에서는 서로 알거나 친분이 있으면 공적으로 처리할 일도 사적으로 처리하는 경우가 있다. 외국인들은 사생활을 남에게 알리고 싶어 하지 않는 문화를 지닌다. 서로에 대해 많이 알고 있어야 친하다고 생각하는 한국인과 그렇게 생각하지 않는 문화권의 사람이 만났을 때, 사생활 공유에 대한 생각 차이로 발생할 수 있는 의사소통 갈등이 생길 수 있다.

6) 그 외 사례

- 외국인이 이해하기 어려운 한국의 직장 문화: 회식, 등산 등
- 식사 문화: 덜어 먹지 않고 함께 먹는 식사 방법 등
- 문화권에 따른 시간 개념: 나라마다 약속 시간을 허용하는 범위가 다름
- 외국인이 한국 문화에 대해 갖는 부정적인 인식: 외모 중시, 여성의 가사 부담, 서열 중시, 외국인 차별, 심한 경쟁, 음주, 화를 잘 냄, 눈치를 많이 봄, 금전 관계가 불분명함 등
- 북한 이탈 주민에 대한 인식: 편견과 차별, 상이한 언어 문화 등
- 이중 문화인으로 살아가야 하는 재외 동포
- 결혼 이주민의 한국살이
- 배우자의 문화에 대한 존중 필요, 배우자의 모국어와 생활 방식에 대한 교육을 정책적으로 지원해야 함

* 문화 간 의사소통의 이해와 실천

이문화권 사람들과 다양한 교류와 접촉을 통해 이문화에 대한 정확한 지식과 정보력을 갖추고 이문화의 정서를 이해해야 한다. 문화상대주의 입장에서 외국인의 일상생활 문화, 사고방식과 한국 문화의 차이를 인정하고 존중해야 한다. 편견과 고정 관념 없이 외국인과 외국인의 문화를 바라보는 태도가 필요하다. 모든 인간은 문화적으로 평등하다는 가치관을 머리가 아닌 마음으로 받아들여야 한다. 다문화 가정에 대한 이해와 교육을 시민교육으로 확대해야 한다.

Ⅲ. 한국인의 사고방식, 사회 통합 프로그램, 상호 문화 교육

1. 한국인의 사고방식

역사 문화적 관점에서 볼 때 현대 한국인은 매우 독특한 환경에서 살고 있다. 전통과 현대, 동양과 서양이라는 두 개의 교차점에 놓여 있다. 약 5천 년이라는 긴 역사와 그 과정에서 형성된 한국의 전통은 한국인의 사고방식에 크게 영향을 주었다. 19세기 말 전 세계가 서양의 주요 국가의 영향을 받을 때 한국은 문을 닫고 전통을 그대로 지켜냈다. 일본의 식민지를 거쳐 1945년 해방이 되었을 때 한국은 바로 서양의 영향을 받기 시작했다. 현대 한국인은 전통과 현대의 영향을 받고 있다.

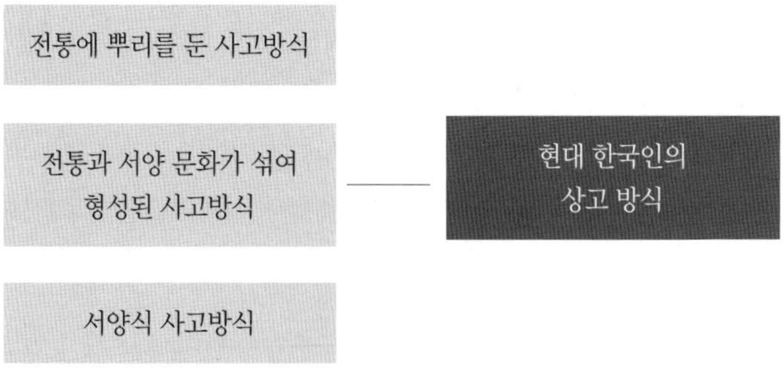

〈그림 1〉 현대 한국인의 사고방식(조항록, 2018: 105)

1) 가족주의적 사고방식

■ 처음 만났는데도 개인적인 질문을 하는 것 예 이름, 결혼 여부 등/우리 집, 우리 회사

■ 한국인에게 뿌리 깊이 박혀 있는 가족주의적 사고방식과 관계있음

■ 가족주의적 사고방식은 지금도 한국인에게 영향을 주고 있음

■ 일반 사회생활에서 혈연, 지연이 중요한 역할을 하는 경우도 있음

2) 권위주의와 체면

■ 유교의 영향으로 윗사람과 아랫사람 사이의 차별을 전제로 함

■ 윗사람과 아랫사람 사이에 지켜야 할 예절이 많음

■ 윗사람은 아랫사람보다 큰 권위를 갖고 이러한 사회에서 권위와 체면은 중요한 가치를 가짐

■ 체면을 지키기 위해 사정이 넉넉하지 않은데도 남 앞에서 돈을 쓰려고 하는 것, 불편한데도 옷을 갖춰 입어야 하는 것 등도 유교적 권위주의와 관계있음

3) 경제 발전과 빨리빨리

■ '빨리빨리'는 현대 한국 사회에서 형성된 한국인의 사고방식임

■ 옛날 한국인은 남들 앞에서 천천히 행동하는 것이 권위를 유지하는 것으로 생각했으나 1960년대 이후 경제 발전과 산업화로 도시에 사람들이 모여들면서 한국인은 몹시 바빠짐. 빨리 움직이지 않으면 일에 문제가 생기고 기회를 잃는 경우도 많이 있었음

■ 이러한 생각은 개인에만 국한되는 것이 아니라 국가 사회적으로 어떤 목표를 설정하고 그것을 빠르게 달성하기 위해 힘을 합치도록 하는 기능도 하였음. 그 과정에서 나타나는 부작용을 때때로 그리 중요하지 않게 생각하기도 함

2. 사회 통합 프로그램

법무부의 사회 통합 프로그램(Korea Immigration & integration program, KIIP)은 2009년부터 시행하고 있다. 외국인이

한국 국적을 취득하기 전까지 보통 2년~5년까지 사회 적응 교육 서비스를 제공받으며 국적 취득 후 3년까지 법적으로 사회적응 혜택을 받을 수 있으므로, 이는 한국에 입국한 후 5년에서 8년까지 한국 사회 적응 교육의 혜택을 받을 수 있다. 이주민이 국적을 취득한 후에는 국민과 같은 의무와 권리를 부여한다는 정책적 의미가 있다. 사회 통합은 이주민과 수용국 구성원 간 상호 이해 및 사회 갈등을 최소화할 수 있는 양방향 포용의 과정이라고 할 수 있다. 사회 통합 정규 교육 과정은 한국어, 한국 문화, 한국 사회 이해를 학습하며 한국 사회 적응과 역량 강화를 목적으로 한다. 사회 통합 프로그램 시민교육은 법무부의 사전 승인을 받은 분야별 전문 기관에서 개발한 이주민 대상 맞춤형 교육으로 현재 5개 교육 과정이 운영되고 있다.

구분	한국어와 한국 문화					한국 사회 이해	
내용	한국어와 한국 문화					영주 공통 소양	귀화 심화 소양
과정	기초	초급1	초급2	중급1	중급2	기본	심화
단계	0단계	1단계	2단계	3단계	4단계	5단계	
시간	15	100	100	100	100	70 기본 교육(60) / 사회 참여 교육(10)	30

출처 법무부 출입국외국인청책본부(2022). 2021년도 사회 통합 프로그램 운영 지침

구분	주관	시간	교육 내용
생활 법률	법무부	3시간 이내	실생활과 밀접한 기초 생활 법률 및 법 질서 교육
소비자 교육	한국소비자원	3시간 이내	소비자 피해 예방 및 권리 구제 방법 등 소비자 교육
금융 경제 교육	금융감독원	3시간 이내	주택 임대차, 은행 이용, 보험 가입, 공과금 납부 등 실생활 금융 이해력 향상을 위한 금융 경제 교육
범죄 예방 교육	경찰청	3시간 이내	이주 여성 대상 성폭력 등 범죄 예방을 위한 교육
소방 안전 교육	소방청	3시간 이내	재난, 화재, 생활, 응급 처치 등 실생활 중점 안전 교육

출처: 법무부 출입국외국인 정책본부(2022). 2022년도 사회 통합 프로그램 운영 지침

1) 사회 통합 프로그램 사회참여교육

■ 사회 봉사 활동

■ 법무부 및 출입국 관서의 장이 인정하는 행사 등(세계인의 날 및 한마음 걷기 축제 등)

■ 시민 교육, 이민자 멘토 교육

■ 유적지, 안보 현장, 박물관 등 현장 견학/지자체 연계 프로그램, 헌혈

2) 2차 세계대전 이후 국제 경제와 기술 발전은 교통과 통신의 발전으로 이어졌음. 국가라는 경제, 체제가 과거에 비해 약화되는 모습이 나타나면서 세계 시민성이 대두되었음

3) 세계시민교육은 소통과 협력, 참여적 활동과 같은 국가의 시민으로서 세계시민성을 길러주는 교육이라고 할 수 있음(강혜영 · 장준호 · 양윤정, 2017)

4) 세계시민교육은 평화, 인권, 문화 다양성 등에 대해 이해하고 실천하는 시민을 양성하는 교육임

5) 다문화 사회 시민교육은 모든 구성원이 지역 문화 공동체와 국가에 대하여 사려 깊고 명료한 정체성을 발전시키도록 해야 함

3. 상호문화교육

■ 국내로 결혼 이민자의 꾸준한 증가, 저출산 고령화 사회로 인한 외국 노동력의 유입, 유학생 증가 등은 우리 사회가 다문화 사회로 진입했음을 보여 주는 중요한 지표가 됨

■ 한국 사회가 이제 단일 민족 국가로서 정체성을 유지하기 어려우며, 오히려 다양성과 이질성이 혼재하는 다문화 사회이며, 사회 문화적 통합을 위한 노력이 다각도로 필요함

■ 사회가 점차 변화함에 따라 한국의 다문화 정책도 과거 동화주의에서 다문화주의로 변화해 왔음. 다양한 문화적 배경을 가진 구성원들 사이의 사회적 통합이 중요한 화두로 대두되었음.

■ 국내 체류 외국인이 급속히 늘어가는 다문화적인 상황에서 한국에서 이루어지는 문화 교육에도 변화가 필요함

■ 초기의 한국 문화 교육은 한국어 교육을 중심으로 그 안에서 문화, 또는 한국 문화에 대한 정보적 내용을 전달하는 방식이었으나 점차 타 문화와의 차이를 인정하는 교육이 이루어져 왔음

■ 한국 문화에 대한 이해와 적응을 바탕으로 서로의 문화가 가진 공통점을 찾고, 더 나아가 새로운 한국 문화로 확대해야 하는 상호문화주의 관점에서 문화 교육이 이루어져야 함

■ 사회 통합 프로그램은 이민자를 위한 특수 목적 한국어 교육임. 이민자가 함양해야 할 한국어 능력과 한국 문화 능력 향상에 특화될 수 있도록 지속적으로 개선 방향을 모색해야 함

■ 사회 통합 프로그램 교재의 문화 교육 내용 기본 방향은 이민자가 한국 사회의 일원으로서 지역 사회에 좀 더 용이하게 적응하고, 언어와 문화 능력을 키우게 하는 것임. 이를 위해 교재는 주로 한국 사회 적응에 필요한 정보 문화가 주된 내용으로 구성됨

■ 상호 문화주의적 관점에서 문화 교육에 포함해야 할 상호 문화 역량의 요소는 의사소통 역량, 갈등 관리 역량, 존중, 성찰임. 이 역량은 주체 간의 상호 작용을 통해서 새로운 문화를 만들어 낼 수 있으므로 사회 통합에 의한 문화적 융합의 과정에서 필수적인 요소임

■ 단순히 비교를 통해 문화적 차이에 대해 이해하는 것을 넘어서서 문화적 경험을 할 수 있도록 내용을 구성해야 함

1) 의사소통 역량
① 의사소통할 때 다른 사람의 감정이나 상황에 대해 알아차리고, 상대방의 언어 정보의 의미를 정확하게 파악하는 교육 내용을 포함
② 자기중심적인 성급한 단정을 피하고 이해를 바탕으로 경청하는 연습

2) 갈등 관리 역량
① 문화적 차이로 인한 오해와 충돌 발생을 낮출 수 있도록 해야 함
② 상대방의 감정을 이해하려고 노력하고 입장을 바꿔 생각하는 태도
③ 문화 간 갈등에 대한 경험을 이야기하고 이를 어떻게 극복했는지 등을 나눌 수 있는 기회를 제공해야 함

3) 존중
① 다른 사람과 다른 문화를 인정하는 차원을 넘어서 각 개인을 소중하고 귀하게 생각할 수 있도록 해야 함
② 문화 간에는 우월함이나 열등함보다는 수평적이고 동등한 관계라는 것을 인식할 때 상호 작용이 일어날 수 있음
③ 타문화에 대한 관심과 공감을 할 수 있어야 함

4) 성찰
지금까지 자신이 속해 있던 문화적 맥락에서 나온 선입견, 편견에서 벗어나 스스로를 돌아보고 타문화를 좀 더 공정한 기준으로 바라보는 안목이 필요함

IV. 사회 통합 프로그램 교재

1. 사회 통합 프로그램 교재의 한국 사회문화 교육 내용
① 한국어와 한국 문화 및 한국 사회 이해 교재
② 한국어와 한국 문화 교재는 기본적으로 한국어 학습을 위한 교재로 한국어 학습 과정에서 한국의 사회와 문화를 다룸, 언어 속에 그 사회의 문화가 들어 있고 사회 문화적 정보를 언어를 더 잘 이해하고 적용할 수 있음
③ 한국 사회 이해 교재는 한국의 사회와 문화 관련 내용을 다룸
④ '다양한 언어와 문화적 배경을 가진 구성원과의 공존의 중요성, 한국 사회의 일원으로 능동적으로 생활, 한국 사회의 주체적인 구성원으로서 안정적인 생활을 영위'하도록 하는 목적
⑤ '우리 사회의 일원으로서 개인의 능력을 충분히 발휘, 한국 사회 공동체의 일원으로서, 우리 사회에 안정적으로 자립'하는 등 외국인이나 이민자를 한국 사회의 당연한 일부로, 주체로 인식하고 있음
⑥ 이민자를 민주 사회의 주체로 보고자 하는 민주 시민 교육적 접근이며, 이민자가 주체적인 시민으로서 자신의 삶을 영

위하고 한국 사회에 일정 부분 기여할 수 있음을 보여줌

〈표 1〉 한국어와 한국 문화의 단계별 목표

단계	목표
기초	한글 자음 모음을 익혀 간단한 기초 어휘를 읽고 쓸 수 있다. 한국어의 기본 문장을 한국인 원어민 화자가 이해할 수 있을 정도로 발음할 수 있다.
초급1	이민자가 한국 생활에서 자주 접하는 개인적인 상황에서 기초적인 어휘, 정형화된 표현을 사용하여 의사소통을 할 수 있다. 또한 가장 기본적인 한국의 일상생활 문화를 이해하고 적용할 수 있다.
초급2	일상생활과 관련된 주제로 간단하게 의사소통을 할 수 있으며, 한국 생활에서 자주 접하는 공공 장소(우체국, 은행 등)에서 간단한 과제를 수행할 수 있다. 한국 생활에 관련된 일상생활 문화를 이해하고 적용할 수 있다.

출처: 진정미, 조순정, 2023: 8

〈표 2〉 한국어와 한국 문화 교재 구성(기본 과정: 72단원, 415시간)

과정	단원 수	이수 시간	교재 주요 내용
기초	4	15	한글 자모음, 한국어의 발음, 유용한 표현
초급1	18	100	인사, 사물, 한국어 식당, 기념일, 근로, 친구, 음식 주문, 휴가, 교통, 약속, 병원, 한국 생활 등
초급2	18	100	고향, 의복, 통화, 약, 집들이, 공부, 위치, 실수 등
중급1	16	100	대인 관계, 성격, 복지, 소비, 주거, 문화 생활, 고장 수리, 취업, 부동산, 고민 상담, 직장 등
중급2	16	100	한국 적응, 가족, 과학, 의례, 문화유산, 국제화, 질병, 사건 사고, 교육, 투표, 환경, 생활, 경제 등

출처: 설규주, 2022: 29

〈표 3〉 한국 사회 이해 교재 구성(기본 과정: 50단원, 70시간)

주제 (단원 수)	교재 주요 내용
사회(8)	한국의 상징, 가족, 일터, 주거, 복지, 의료와 안전 등
교육(4)	보육, 초 · 중 · 등 교육, 고등 교육, 평생 교육
문화(7)	전통 가치, 의식주, 의례, 명절, 종교, 대중문화, 여가
정치(5)	민주 정치, 입법, 행정, 사법, 선거
경제(5)	경제 활동, 경제 성장, 장보기, 금융, 취업
법(8)	외국인, 체류, 국적, 가족, 재산, 생활 법률, 범죄, 권리 보호
역사(7)	고조선, 삼국, 고려, 조선, 일제 강점기, 인물, 문화유산
지리(6)	기후와 지형, 수도권, 충청, 전라, 경상, 강원, 제주

출처: 설규주, 2022: 29

〈표 4〉 한국 사회 이해 교재 구성(심화 과정: 20단원, 30시간)

주제 (단원 수)	교재 주요 내용
국민(4)	헌법, 국민의 권리, 의무, 복지
사회변동(4)	정부 수립, 6. 25, 민주주의, 사회 변동
정치외교(4)	정치 과정, 선거와 정당, 외교, 통일
경제(4)	경제 체제, 자산 관리, 기업과 근로자, 국민 경제와 국제 거래
법(4)	가족, 재산, 직장, 범죄

출처: 설규주, 2022: 29

2. 사회 통합 프로그램 교재의 실제

1) 문화 비교론적 관점

① 한국어와 한국 문화, 한국 사회 이해 교재 모두 문화에 대한 비교론적 관점이 일정 부분 반영되어 있음

예 집들이 선물 관련: "여러분 고향에서는 다른 사람 집에 갈 때 무엇을 선물해요?"

예 여러 나라의 다양한 이사 문화를 소개하면서 중국, 러시아, 미국 등의 사례를 언급하고 관련 질문으로 "자기 고향의 이사 문화를 한국의 이사 문화와 비교해 이야기해 봅시다." 질문을 제시함

2) 한국어와 한국 문화 교재와 한국 사회 이해 교재 차이점

① 한국 사회 이해 교재에서 총체론적 관점을 일정 부분 찾을 수 있음

② 한국 사회 이해 교재는 시사적인 소재가 많은 편임

예 1인 인구 증가 관련 읽기 자료에서 결혼 연기, 이혼율 증가, 1인 가구 증가, 1인을 위한 서비스 증가, 고령화 등을 연결하여 설명하고 있음

예 (이해 교재) 2020년 국회의원 총선거 결과 제시

(한국어 교재) 한국 선거의 종류, 지도자의 자질 등 일반적인 내용 제시

③ 한국어와 한국 문화 교재에만 있는 내용은 대체로 일상생활에서 실용적인 것들 또는 전통문화와 같이 한국의 정체성과 관련된 것

예 전자 제품 무상 수리 방법, 주로 사용하는 스마트폰 앱, 한국에서 성과 이름을 부르는 방법, 한국의 민요 아리랑의 기원과 의미, 악보 등 전통 문화적인 내용

3) 한국어와 한국 문화 교재와 한국 사회 이해 교재 관련성

① 한국어와 한국 문화 교재와 한국 사회 이해 교재는 각각 교육 목표가 다르므로 교재가 전부 동일할 수는 없으나, 두 교재 모두 한국 사회의 다양한 모습을 다루기 때문에 일부 비슷한 소재가 등장하기도 한다. 서로 적절한 관련성과 계열성을 갖추고 있다면 오히려 이민자가 한국 사회를 깊이 있게 이해하도록 도움을 줄 수 있다.

② 한국어와 한국 문화 교재에서 대화 참여자들은 미국, 중국, 필리핀, 베트남, 방글라데시, 한국 등 다양한 문화권으로 구성되어 있으며 교재의 본문 자료 내용은 다양한 언어 문화 배경을 가진 한국어 학습자들이 문화 차이로 인해 느낄 수 있는 화용적인 어려움에 대한 예시가 다수 포함되어 있다.

(어려움의 예)

친구가 하는 말이 이해가 안 됐지만 공감하는 척했어요.

모르는 유행어가 많은데 그냥 따라 하면서 아는 척해요.

단어가 잘 안 떠오르는 때가 많고 마음이 급하면 모국어를 섞어 쓰기도 해요.

격식을 차려서 말해야 하는 상황에서 어떻게 말해야 할지 잘 모를 때가 많아요.

③ 문화는 생활 양식의 총체이므로 문화 다양성은 성, 인종, 계층, 종교, 지역, 언어, 장애 여부 등을 포괄한다. 사회적으로 성인지 감수성(gender sensitivity)이 높아지면서 교재에도 성평등 인식을 반영해야 한다는 지적이 활발히 이루어지고 있다.

④ 2020년에 개발된 사회 통합 프로그램 교재는 이민자 대상의 교재라는 특수성을 고려해 국립국어원은 성인지 감수성 및 문화 다양성 감수를 주관하고 그 결과를 반영하도록 하였다.

⑤ 교재 집필 모형 개발 단계에서 등장인물을 검토하여 성차별적 요소와 문화적 편견을 시정하였고, 1차 교재 편집본을 다문화 전문가 문화 다양성을 감수하였다.

⑥ 문화 다양성은 성(gender), 직업, 연령, 국적의 다양성을 다루고 이러한 문화 요소를 균형 있게, 평등하게, 편견 없이 다

루도록 한다.

⑦ 다양한 문화를 균등하게 포함하는 양적 차원의 문제가 아니라 다양한 문화를 가치 있게 다루는 질적 차원의 접근을 포함한다. 이는 특정 문화를 중심(표준)으로 제시하거나 타 문화를 부정적으로 기술하지 말아야 하는 것과도 연관된다.

⑧ 문화 다양성을 반영하려면 특정 문화를 왜곡된 시선으로 기술하여 고정 관념, 편견을 드러내는 오류를 범하지 말아야 한다. 무의식적인 고정 관념이나 편견이 교재에 반영되는 것을 가장 경계해야 한다.

⑨ 집단 간에 상호 작용이 활발하지 않거나 특정 유형의 상호 작용만 이루어진다면 다양성의 반영이라고 보기 어렵다. 이민자는 도움을 구하는 사람으로 등장하고 한국인은 조언자로 그려진다면 다양한 상호 작용이 반영된 것으로 볼 수 없다.

⑩ 이민자의 한국 사회 기여 이미지나 다양한 민족 구성원이 문화 수업에 참여하는 사진을 넣는다.(일률적으로) 한복을 입거나 한국의 의례를 다룰 때도 집단의 동질성을 부각하여 획일화하는 오류를 범하지 않도록 해야 한다.

⑪ 이민자가 한국 생활에서 어려움을 겪거나 주변 사람과 갈등을 해결하거나 할 때 "시간이 지나면 해결될 거라고 생각해요."보다 "저는 한국 사람과 적극적으로 소통하면서 상대방을 이해하려고 노력했어요. 문화 간 차이를 극복하는 게 중요하다고 생각해요." 등으로 자립적이고 주체적인 사회 구성원으로 이민자 모습을 그려내야 한다.

⑫ 다양한 상호 작용을 반영하려면 대화 참여자 구성이 다양해야 하고 상호 작용이 풍부한 텍스트를 구성하려면 과제를 설계할 때 '조언하기, 불평하기, 의견 제시하기, 갈등 해결하기, 설득하기' 등 다양한 의사소통 기능을 포함해야 한다.

형성평가

1. 문화를 바라보는 관점으로 적절하지 않은 것은?
① 문화상대주의
② 상호문화주의
③ 자민족 중심주의
④ 단일 문화주의

정답: ④
해설: 다문화주의가 포함된다.

2. 고맥락 문화에 해당하는 것은?
① 의미하는 바를 불필요한 사족이나 형식 없이 직접적으로 말한다.
② 상세하게 표현된 정보를 바탕으로 의사소통하는 경향이 있다.
③ 개인을 우선에 두고 대인 관계는 잦은 이동으로 약한 편이다.
④ 사람의 감정 상태를 해석할 때 대체로 주변의 분위기와 상황을 중심으로 인물의 상태를 묘사한다.

정답: ④
해설: 고맥락문화는 맥락 중심의 문화이다.

3. 문화 간 의사소통의 구성 요소로 맞지 않는 것은?
① 태도
② 지식
③ 해석 기술
④ 적용

정답: ④
해설: 적용은 문화 간 의사소통의 구성 요소와 관계없다.

4. 문화 간 의사소통 이해와 실천과 맞지 않는 것은?
① 문화상대주의 입장에서 외국인의 문화를 존중한다.
② 다문화 가정에 대한 교육은 해당 지역에서만 하면 된다.
③ 편견과 고정 관념 없이 외국인을 바라보아야 한다.
④ 이문화권 사람들과 다양하게 접촉하며 정서를 이해한다.

정답: ②
해설: 다문화 가정에 대한 이해와 교육을 시민 교육으로 확대해야 한다.

5. 사회 통합 프로그램과 관계없는 것은?

① 이민자를 위한 한국어 교육만 진행한다.

② 교재는 주로 한국 사회 적응에 필요한 정보 문화로 구성된다.

③ 한국 사회 적응 교육의 혜택을 받을 수 있다.

④ 이민자가 한국 사회의 일원으로 지역 사회에 잘 적응하도록 한다.

정답: ①

해설: 이민자를 위한 한국어와 한국 문화 교육을 시행한다.

6. 상호문화 역량의 요소로 맞지 않는 것은?

① 존중

② 의사소통 역량

③ 비교

④ 갈등 관리 역량

정답: ③

해설: 비교가 아니라 성찰이 포함된다.

7. 사회 통합 프로그램 교재와 관련 없는 것은?

① 한국어와 한국 문화 교재는 한국어 수업에서 한국 문화를 다룬다.

② 한국 사회 이해 교재는 한국 사회와 문화에 대한 내용을 다룬다.

③ 한국 사회에서 이민자로서 수동적으로 생활하여 적응하도록 한다.

④ 한국 사회에서 안정적으로 자립할 수 있도록 지원하는 내용이다.

정답: ③

해설: 한국 사회의 일원으로 능동적으로 생활하여 적응하도록 한다.

8. 사회 통합 프로그램 교재의 문화 다양성과 관련하여 맞지 않는 것은?

① 문화 다양성은 성(gender), 직업, 연령, 국적 등의 요소를 편견 없이 다루는 것을 말한다.

② 특정 문화를 중심(표준)으로 제시하거나 타 문화를 부정적으로 기술하지 말아야 한다.

③ 문화 다양성을 반영하려면 특정 문화에 대한 고정 관념, 편견을 드러내는 오류를 범하지 말아야 한다.

④ 교재에서 이민자는 도움을 구하는 사람으로 등장하고 한국인은 조언자로 등장하는 것이 일반적이다.

정답: ④

해설: 교재에 특정 유형의 상호 작용만 드러나지 않도록 해야 한다.

제3장

한국 문학의 이해

1. 한국문학의 개념과 범위, 갈래를 설정해 보며 한국 고전 운문의 갈래와 형식, 내용을 이해한다.
2. 한국 고전 산문의 역사적 흐름과 고려 시대, 조선 시대 산문의 갈래와 형식, 내용을 이해한다.
3. 한국 현대 운문, 현대 산문의 역사적 흐름과 시대별 주제 의식과 대표 작가와 작품을 이해한다.

Ⅰ. 한국 문학의 일반론

1. 한국 문학의 개념과 범위

1) 한국 문학의 개념

한국 문학은 한국인의 생활 감정을 각 시대에 우리말이나 우리 문자로 기록된 문학이라고 정의할 수 있다. 한국 문학은 '우리 민족이 각 시대에 사회 문화적 현실에 응전하면서 역사적 생활 공간에서 창조해 온 문학의 모든 것'이라고 이해할 수 있다.

2) 한국 문학의 범위

한국 문학의 범위를 설정하는 것은 쉬운 일이 아니다. 우선 구비 문학(口碑文學)을 한국 문학에 포함할 수 있느냐에 대한 고민은 일찍이 시작되었다. 구비 문학이 한국 문학의 일부라는 사실은 분명하지만 구비 전승되는 양상 때문에 과연 독립적인 문학 양식으로 볼 수 있는지에 대해서는 다양한 생각과 주장이 있어 왔다. 하지만 이제 학계에서는 음성 언어와 문자 언어가 다 언어이듯이 구비 문학도 한국 문학의 소중한 자산으로 수용하고 있다.

다음으로, 한문학을 한국 문학에 포함할 것인지를 오랫동안 고민해 왔다. 한문이 중국에서 유래한 문자이며, 한문학이 중국 문학에서 유래한 양식이라는 점에서 '한국어로' 표현하지 않았다는 결정적인 증거로 말미암아 한국 문학의 범위에서 배제하자는 주장이 일었다. 이러한 주장은 개화기, 1910년대에 대두된 것으로, 개화라는 시대적 이념과 자주 정신을 꽃피우던 신진 학자들의 입장에서는 중국을 향한 사대주의의 깊은 뿌리를 뽑아내고 싶었을 것이다. 하지만 분명히 말하지만 우리 한문학은 결코 중국 문학과 같지 않다. 우리 선조는 문자는 빌려 썼지만 우리 언어 현실에 맞도록 개량했다는 점에서 그 독창성을 인정하지 않을 수 없다. 아울러 과거 우리 언어 문자의 특수한 역사성을 고려해야만 한다.

물론 훈민정음 창제 이후에도 사회적 지배 계층을 형성했던 사대부들이 우리 문자보다는 한자를 널리 썼다는 사실에 대해 후손의 입장에서 아쉬움이 있을 수 있다. 하지만 그들의 삶을 고려할 때 사회 · 문화적 조건이 개화기 이전까지는 크게 변화가 없다는 점에서 아쉬움과는 상관없이 이들의 문학 활동도 고스란히 인정해야 할 것이다. 따라서 한문학도 당당히 우리 한국 문학의 범위에 포함해야 할 것이다. 특히 1960년대 이후 한국 한문학에 대한 학문적 연구가 본격적으로 이루어지고 있는 것은 바람직한 현상이라 할 만하다.

이러한 내용을 종합하면 다음과 같다.

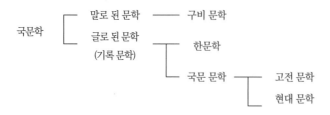

그리고 현대에 와서는 한국 문학 범위가 점점 확장되고 있다. 우선 한국 문학과 다른 나라의 문학이 지닌 상동성(相同性)을 탐색하는 비교 문학이 활성화되고 있다. 한국 문학과 중국 문학, 한국 문학과 일본 문학, 한국 문학과 영미 · 유럽 문학, 한국 문학과 러시아 문학의 상동성, 혹은 영향 수수 관계에 대한 연구가 더욱 활발해지고 있다.

2. 한국 문학의 갈래

문학의 갈래는 작가, 작품, 독자를 매개하면서 인간 경험의 예술적 형상화를 인도하는 여러 층위의 관습들이 일정한 연관을 갖추고 다수의 작품에 공통으로 나타나는 것을 말한다. 갈래란 일정한 군집의 작품들이 공유하는 문학적 관습의 체계이며, 개별 작품의 존재를 지탱하는 초개인적 준거의 모형이다. 미시적으로 관찰할 때 모든 문학 작품은 어느 하나도 같지 않다는 점에서 개성적이지만, 그 개성이 일정한 문학 행위의 장 속에서 실현되기 위해서는 기존의 양식 및 관습과 어떤 방식으로든 관련을 맺지 않을 수 없다.(출처: 김흥규, 한국 문학의 이해, 민음사, p.30.) 따라서 이 갈래는 개별 작품들 사이에서 발견되는 유형으로, 시대의 변화에 따른 유연성을 지니고 있다는 점이 더 중요하다. 대표적으로 4갈래설이 있다.

조동일은 위의 어려운 갈래를 체계적으로 정리할 필요를 느끼고 큰 갈래로 위 4가지를 들었다.

갈래 구분의 기준을 전환표현의 방식과 인식과 행동의 주체인 자아와 그 대상인 세계의 대립 양상에 두었다. 그는 『한국 문학통사』 5권 중 1권에서, "서정은 작품 외적 세계의 개입이 없이 이루어지는 세계의 자아화이고, 교술은 작품 외적 세계의 개입으로 이루어지는 자아의 세계화이며, 서사는 작품 외적 자아의 개입으로 이루어지는 자아와 세계의 대결이고, 희곡은 작품 외적 자아의 개입이 없이 이루어지는 자아와 세계의 대결로 서로 체계적으로 구별된다고 하겠다."라고 하였다. 이를 구체적으로 분류하면 이러하다.

① 서정: 서정 민요, 고대 가요, 향가, 고려 가요, 시조, 잡가, 신체시, 현대 시
② 교술: 교술민요, 경기체가, 악장, 가사, 창가, 가전체, 몽유록, 수필, 서간, 일기, 기행, 비평

③ 서사: 서사 민요, 서사 무가, 판소리, 신화, 전설, 민담, 소설
④ 희곡: 가면극, 인형극, 창극, 신파극, 현대극

여기서 교술(教述)이라는 새 이름이 들어가고 가사, 수필 등을 포함시키고 이것의 특징을 자아와 세계의 상관 관계로 제시하여 다 포괄한 것은 진일보한 것이나, 사실상 그래도 이해가 쉬운 것이 아니다. 자아와 세계의 개념, 그 대결, 자아의 세계화, 세계의 자아화가 실감 나게 선뜻 들어오는 일이 아니기 때문이다.(최래옥, 국문학개론, 방통대출판부, p.28-29.)

3. 고대 가요

1) 고대 가요의 태동 과정

(1) 고대 가요의 개념

고대 가요는 우리 민족이 한반도와 남만주 일대에 머무르기 시작하고서부터 향찰 표기를 사용하는 향가가 발생하기 이전까지에 유행했던 시가를 말한다. 고대 가요는 원시 종합 예술의 집단적이고 서사적인 경향에서 출발하여 개인적이고 서정적인 시가로 분리된 신라 향가 이전의 노래다. 당시에는 많이 불렸을 것으로 짐작되지만 한역되어 그 내용을 전하고 있다.

(2) 고대 가요의 발생

우리 선조들은 평소에 가무를 즐겼지만 부족의 제의 뒤에도 반드시 가무를 즐겼다. 이때 축제의 일환으로 펼쳐진 집단 가무를 원시 종합 예술이라고 하는데, 이 속의 시가는 삼국 정립기에 이르러 한문화의 영향으로 점차 서정적, 개인적 차원으로 분화되기 시작하였다. 즉 소리는 음악으로, 말은 문학으로, 몸짓은 무용과 연극으로 발전되었다. 그중 말의 경우, 문학으로 발달하면서 이야기적인 요소는 서사 양식으로, 노래적인 요소는 서정 양식으로 분화되었다고 볼 수 있다.

(3) 고대 가요의 형식상, 내용상 특징
① 형식상 특징
■배경 설화의 삽입 가요 형식을 띠고 있다.
■당시에는 기록 수단이 없어서 후대에 한자나 한글로 정착되어 전한다.
■우리 문학사에서 최초로 서정시가 형태를 보여 주고 있다.
■두 토막씩 넉 줄 또는 네 토막씩 두 줄로 된 노래로, 우리 시가 초창기의 기본적인 형식을 담고 있다.
② 내용상 특징
■발생 초기에는 집단 활동과 의식에 관련되는 의식요, 노동요의 성격이 강했으나, 점차 개인의 서정에 바탕을 둔 서정적 가요가 많이 창작되었다.

작품명	연대	작자	내용	출전
구지가	신라 유리왕 19 (A.D 42년)	구간(九干) 등	주술가로서, 가락국 김수로왕 강림 신화 속에 삽입된 가요	삼국유사
공무도하가	고조선	백수광부의 처	물에 빠져 죽은 남편을 애도하는 노래	해동역사
황조가	고구려 유리왕 (B.C 17년)	고구려 유리왕	실연의 슬픔과 외로움을 우의적으로 표현한 노래	삼국사기
해가	신라 성덕왕	강릉 백성	납치된 수로 부인을 구하기 위한 노래	삼국유사
정읍사	백제 미상	행상인의 아내	행상 나간 남편을 걱정하는 아내가 부른 백제의 노래	악학궤범

4. 향가

1) 향가의 형성과 전개 과정

(1) 향가의 개념

향가(鄕歌)는 본래 중국 시가나 범패에 대비되는 '우리의 노래'라는 뜻으로 향찰(鄕札)로 표기된 신라와 고려 초기에 불린 서정 가요를 말한다.

(2) 향가의 발생과 전개 과정

한자 표기를 이용해서 우리말을 나타내는 방식은 여러모로 시험 되다가 향가 표기를 위한 향찰에 이르러 정연한 체계를 갖추게 되었다. 기록 강요로서 향가가 최초로 성립된 연대는 유리왕 5년이고, 그 작품은 〈도솔가〉이다. 그 이후 형식과 내용 양면에 걸쳐서 점진적인 발전을 거듭하여 서기 6세기 전반 융천사의 〈혜성가〉에 이르러 10구체라는 완성된 시 형태를 만들었다.

2) 향가의 형식상, 내용상 특징

(1) 형식상 특징

① 형식에는 4구체·8구체·10구체가 있다. 기본 형식은 민요(民謠)의 4구체를 바탕으로 한 것이며, 이것의 배수인 8구체나 여기에 다시 후렴의 2구를 더한 10구체가 향가의 정제된 형식이다. 이 향가의 끝 구절에는 반드시 '아야(阿也)'와 같은 영탄구(詠嘆句), 낙구(落句), 격구(隔句)가 붙어 있다. 이것은 시조의 종장 첫 구와 가사의 낙구에서도 나타난다.

② 모든 노래가 연 구분이 없는 비연시(非聯詩)이다.

③ '사뇌가'는 10구체 향가를 일컬었다.

④ 향가는 현재 『삼국유사(三國遺事)』에 14수, 『균여전(均如傳)』에 11수가 전한다.

⑤ 향가는 신라 26대 진평왕 전후(6~7C 경)부터 형성되어 고려 광종 때까지 창작되었다. 서기 888년에 각간 위홍과 대구화상이 『삼대목(三代目)』이라는 향가집을 편찬하였다.

(2) 내용상 특징

① 〈서동요〉로 미루어볼 때, 아이들의 세계를 담았다고 추정할 수 있다.

② 신라인 개인의 사상과 감정, 생활의 애환을 담았다.

③ 주술적 내용을 담기도 하였다.

작품명	작자	연대	형식	내용
서동요 (薯童謠)	백제 무왕	진평왕 (579~632)	4구체	서동이 선화 공주를 사모하여 아내로 맞기 위해 지은 동요
풍요 (風謠)	만성 남녀	선덕여왕 (632~647)	4구체	양지가 영묘사 장육존상을 만들 때 성안의 남녀들이 진흙을 나르며 불렀다는 노동요
헌화가 (獻花歌)	실명 노인	성덕왕 (702~737)	4구체	소를 몰고 가던 노인이 수로 부인에게 꽃을 꺾어 바치며 불렀다는 연모가
도솔가 (兜率歌)	월명사	경덕왕 19 (760)	4구체	두 해가 나타난 괴변을 없애기 위해 부른 산화공덕(散花功德)의 노래. 일명 '산화가'
모죽지랑가 (慕竹旨郎歌)	득오곡	효소왕 (692~702)	8구체	죽지랑(竹旨郎)을 추모한 노래
혜성가 (彗星歌)	융천사	진평왕 (579~632)	10구체	신라를 침략한 왜구와 큰 별을 범한 혜성을 물리쳤다는 주술요
원왕생가 (願往生歌)	광덕	문무왕 (661~681)	10구체	사후에 극락왕생을 바라는 불교 노래

5. 고려 가요

1) 고려 가요의 형성과 전개 과정

(1) 개념

귀족층에서 즐긴 경기체가와 대비하여 고려의 평민들이 부르던 민요적 시가를 가리키며, '고려 속요', '여요(麗謠)', '고려 장가(高麗長歌)'라고도 한다. 한문체 시가 '경기체가'를 제외한 고려의 가요로, 향가계 여요까지 포함한다.

(2) 형성과 전개 과정

귀족 계층에서 한문학이 정착되자 평민 계층에서는 민요적 전통을 이어 고려 가요를 지어 불렀으며, 훈민정음이 창제된 후 문자로 기록되기 시작하였다. 조선 시대 유학자들이 '남녀상열지사(男女相悅之詞) 사리부재(詞俚不載)'라 하여 삭제 또는 개작하였다.

별곡 혹은 별곡체 가요는 고려 예종 11년(1116)에 송(宋)나라로부터 대성악(大晟樂)이 들어옴에 따라 고려의 전통 가악(歌樂)과 융합되는 과정을 거치면서 형성되었다.

2) 고려 가요의 형식상, 내용상 특징

(1) 형식은 정격형과 변격형이 있다.

① 정격형

■ 음수율이 주로 2 · 3 · 4음절로 되어 있으나, 3음절이 압도적으로 우세하다.

■ 음보율은 일률적으로 3음보로 되어 있으나, 가끔 4음보도 보인다.

■ 대체로 후렴구를 가졌다.

② 변격형

■ 음수율은 주로 2 · 3 · 4음절이 많으나 4음절이 우세하다.

■ 음보율은 3음보와 4음보가 번갈아 사용되나 4음보가 우세하다.

■ 후렴구가 차차 소멸하였다.

(2) 내용은 평민들의 생활 감정을 바탕으로 현실적, 향락적이다. 특히 남녀 간의 애정 행각을 진솔하게 드러내는 것이 많았고, 이별의 아쉬움을 표현하기도 하였다.

(3) 평민 사이에서 유행하였으며, 적층문학의 성격을 띤다.

(4) 〈악학궤범〉에 4편, 〈악장가사〉에 8편, 〈시용향악보〉에 그 외 2편이 전한다.

작품명	출전	형식	내용	특징
서경별곡 (西京別曲)	악장가사 시용향악보	전3연 분절체	대동강을 배경으로 남녀 간의 이별의 정한을 노래함	'가시리'와는 달리 이별의 정한을 직설적으로 노래
정석가 (鄭石歌)	악장가사 시용향악보	전6연 분절체	임금(또는 임)의 만수무강(萬壽無疆)을 축원한 노래	불가능한 상황 설정으로 만수무강의 송축
사모곡 (思母曲)	악장가사 시용향악보	비연시	부모의 사랑을 낫과 호미에 비유한 노래	곡조명은 '엇노리' '목주가'의 영향을 받음
이상곡 (履霜曲)	악장가사	전5연	인간의 유한성을 전제로 한 남녀 간의 애정을 노래함	남녀상열지사 (男女相悅之詞)
상저가 (相杵歌)	시용향악보	비연시	방아를 찧으면서 부르는 노동요	백결 선생의 '대악'의 후신

6. 시조

1) 고려 시대, 조선 시대 시조의 형성 과정

(1) 개념

시조(時調)는 고려 중엽에 발생하여 고려 말엽에 완성된 형태로 조선 시대를 거쳐 지금까지 창작되는 대표적인 정형시이다. 그 형식은 3장 6구로 구성되고 매구 2음보로 진행되는 운문 문학의 형태이다. 원래 '단가(短歌)'로 불렸으나 영조 때 이세춘이 지은 '시절가조(時節歌調)'라는 곡조가 유행하자 이를 줄여 '시조(時調)'라고 불리게 되었다.

(2) 발생

시조의 발생에 관해서는 여러 학설이 있다. 향가에서 기원했다는 주장과 고려 속요가 단형화되면서 이루어졌다는 주장, '모내기 노래'의 4음보격 2행시에 1행이 추가되었다는 주장 등이 있다. 특히 시조는 향가에서 기원하여 속요의 분장(分章) 과정에서 형성되었다는 주장이 힘을 얻고 있다. 향가도 3장 6구로 구성되었고, 시조도 이와 같다는 점, 향가 9구의 감탄사와 시조 종장의 감탄사가 통한다는 점, 주로 귀족 계층에서 불리었다는 점에서 두 갈래의 관련성을 유추할 수 있다.

(3) 전개

정몽주의 〈단심가〉로 미루어볼 때, 시조는 고려 중기나 말기에 생겨났다고 여겨진다. 시조는 귀족들의 노래였고, 향가는 고려 중기에 쇠퇴했으므로, 아마 이 시기에 시조의 교체가 일어나지 않았을까 생각할 수 있다. 『청구영언』의 기록을 따른다면 정몽주, 이색, 맹사성 등이 초기 시조를 형성하는 데 기여했다고 볼 수 있다.

조선 전기에 훈민정음이 창제되자 시조는 운문 문학의 정제된 양식으로서 자리를 잡았다. 특히 사대부들은 자신의 유교 이념과 정서를 압축된 시형에 형상화하기를 즐겼다. 사실 한시의 절구로 표현할 수 있는 시상(詩想)은 시조로 바꾸기가 어렵지 않았고, 한시에 맞지 않는 시상은 시조에 담는 경우도 늘어났다. 이 시기에는 시조가 음악과 결부되어 구전되는 경향이 짙었다.

(4) 변화

조선 중기에는 황진이, 홍랑 등의 기녀들이 시조를 창작하기 시작하였다. 사대부들과 유흥을 즐기기 위해서 기녀 층도 문화적 소양을 갖추어야 했고, 이를 위해 자연스럽게 그들의 생활 감정을 노래하는 새로운 내용의 시조가 나타났다.

조선 후기에 들어와서 시조는 양반 사대부들의 교양이 되었고, 평민층도 시조를 즐기기 시작하였다. 내용도 유교 이념에서 벗어나 현실적인 생활 감정을 드러내었고, 형식은 정형성이 깨어지고 장형화(長型化)되어 엇시조, 사설시조가 등장하였다. 송강의 단가집에 실린 시조로 미루어본다면 선조 때에 엇시조, 사설시조가 유행한 듯하다.

2) 조선 전기 시조와 조선 후기 시조의 형식상, 내용상 특징

(1) 조선 전기 시조의 특징

형식은 3장 6구로 완결되는 4음보의 노래로, 초장 3 · 4 · 3(4) · 4/중장 3 · 4 · 3(4) · 4/종장 3 · 5 · 4 · 3의 음수율을 지니는데, 종장의 첫 음보는 반드시 3음절로 고정되었다. 조선 중기에는 연시조가 등장하였다.

내용은 주로 양반 계층이 유교적 충의 사상이나 자연 속에 묻혀 지내는 한가로움을 형상화하였다. 고려 유신들이 충의 사상을 바탕으로 망국의 한을 담거나 사육신들이 변함없는 절개를 형상화하였다. 이런 경향은 후기에도 이어졌으나 선험적이고 관념적이라는 비판을 받기도 했다. 16세기에 들어와서는 황진이를 비롯한 기녀들이 자신의 삶을 진솔하게 표현한 작품을 창작하였다.

(2) 조선 후기 시조의 특징

사설시조가 등장하였다. 기존의 형식에서 중장과 종장이 길어졌다. 내용은 주로 평민의 고달픈 일상생활을 진솔하게 담고 있다. 현실의 모순에 대한 날카로운 반어, 중세적 고정 관념을 거리낌 없이 뒤집는 풍자, 고달픈 생활에 대한 해학 등이 골계미를 형성하고 있다. 대부분 작가와 창작 연대를 알 수 없지만 당대 현실을 적극적으로 반영하고 반응했다는 점에서 의미가 크다.

내용은 임진왜란과 병자호란 이후 우리 민족이 겪은 전쟁의 상처를 다루어 시대적 고뇌를 형상화하는 경우가 많았다. 또한 우국충정이나 자연과 인정을 노래하는 작품도 많이 창작되었다.

18세기 들어서는 전문 가객들이 가단을 형성하였고, 시조집을 편찬하여 시조 부흥에 기여하였다. 전문 가객으로는 김수장, 김천택, 안민영, 박효관 등이 있었다. 가단은 영조 때 김천택, 김수장을 중심으로 한 '경정산 가단'과 고종 때 박효관, 안민영 중심의 '승평계'가 유명했다.

7. 가사

1) 가사의 형성 과정

(1) 조선 전기 가사

① 개념

가사는 시조와 함께 조선 시대 고유시를 대표하는 갈래로, 현실적이고 설득적인 유교 이념을 표현하는 데 가장 알맞아 개화기까지 활발하게 창작되었다. 특히 형식상 운문 문학이지만 내용상으로는 교술성을 지니고 있어서 운문 문학에서 산문 문학으로 이행되는 과도기적 형식으로 볼 수 있다. 즉 가사는 운율을 지닌 시가이면서 다양한 소재와 폭넓은 주제를 지닌 장형의 노래다.

② 발생

가사의 발생에는 여러 주장이 있다. 고려 가요 기원설, 경기체가 기원설, 용비어천가 · 월인천강지곡 기원설, 4 음보 연속체의 교술 민요 기원설 등이 있다. 대체로 악장이 사라진 후 개인의 서정을 표현하기 위하여 시조를 지었으나 그 형식상의 제약이 커서, 이를 벗어나기 위해 보다 긴 형식의 노래를 창작하게 되었다는 견해가 설득력을 얻고 있다. 최초의 가사는 정극인의 '상춘곡'으로 보는 것이 일반적인 견해이다.

(2) 조선 후기 가사

조선 후기의 가사는 평민 의식이 성장하고, 산문정신이 발현되는 당대의 상황을 수용하여 전기에 비해 형식이 자유로운 변격 가사가 많이 창작되었다. 그리고 평민들의 현실적 비애와 고뇌를 적극적으로 반영하였고, 점차 길이가 길어져 장편 가사가 창작되기도 하였다.

2) 조선 전기 가사와 조선 후기 가사의 형식상, 내용상 특징

(1) 조선 전기 가사의 특징

형식은 3·4조 또는 4·4조의 4음보 연속체 운문이다. 행수에는 제한이 없다. 특히 마지막 행이 시조 종장의 음수율(3·5·4·3)과 유사하게 끝나면 '정격가사(正格歌辭)', 그렇지 않으면 '변격가사(變格歌辭)'라고 하는데, 전기에는 정격가사가 많이 창작되었다.

내용은 주로 양반 사대부 계층이 임금의 은혜를 예찬하거나 자연을 완상하며 음풍농월하는 여유로운 삶을 담고 있다.

(2) 조선 후기 가사의 특징

변격가사가 유행하였고, 긴 가사가 많이 나왔다. 광해군, 선조 때는 가사가 다소 위축되는 양상을 보였다. 하지만 서사적인 내용을 담은 작품들이 등장하였다. 박인로의 '누항사(陋巷詞)', '선상탄(船上嘆)' 등은 문학적 성과를 거둔 작품으로 볼 수 있다.

숙종 이후로 가사는 보다 적극적으로 현실 생활의 문제를 다루었고, 특히 여성과 평민들이 작자로 부각되면서 이전 시대와는 확실히 다른 주제와 표현 양식이 나타났다.

영·정조 이후로 평민 작가들은 날카로운 현실 비판과 풍자 정신으로 새로운 가사를 창작하여 가사를 대중화하였고, 부녀자들은 규방 생활의 애환을 담은 규방가사를 창작하였다.

8. 민요

1) 민요의 형성 과정

(1) 개념

민요는 민중 속에서 자연 발생적으로 창작되어 구전되는 노래다. 민요는 민속이고, 음악이고 문학이다. 민속으로서의 민요는 생활과 밀접한 관련이 있으며, 집단 행위로 불리는 기회가 많았다. 문학으로서의 민요는 구비 문학의 한 영역이며 전승자의 의식적, 무의식적 개작에 따라 수많은 변형이 생겨났다.

(2) 발생과 전개

민요는 민중들의 생활과 밀접한 관련 속에서 생겨났다. 즉 우리 민족이 수렵, 농경 생활을 시작하면서 자연스럽게 발생하였다. 조선 후기에 이르러 민요는 민중들의 고달픈 삶을 이겨내기 위해, 흥을 돋우기 위해, 여가를 즐기기 위해 불렸다. 조선 후기에 민요는 서민들의 의식 각성에 영향을 주었으며, 다른 양식과 접목되는 자생력도 지니고 있었다.

2) 민요의 형식상 특징과 분류

(1) 민요의 특징
① 민요는 구전(口傳)된다.
② 민요는 서민들의 정서를 드러내며, 그들의 삶을 응축하고 있다.
③ 민요는 노래이기 때문에 율격이 있고, 일정한 형식이 있다.

(2) 민요의 분류
① 기능에 따라
■ 기능요
노동요: 일을 하면서 부르는 민요 – 논매기 노래, 노 젓는 노래, 땅 다지기 노래, 길쌈 노래
의식요: 세시 풍속, 장례 때 부르는 민요 – 지신밟기 노래, 상여 노래
유희요: 놀이에 박자를 맞추면서 부르는 민요 – 강강술래, 줄다리기 노래
■ 비 기능요: 노래의 즐거움을 누리는 민요

② 가창 방식에 따라
■ 선후창: 한 사람이 앞소리를 하고, 나머지 사람들이 뒷소리를 부르는 방식
■ 교환창: 가사를 서로 돌아가며 부르는 방식
■ 독창: 한 사람이 계속 부르는 방식
■ 제창: 여러 사람이 계속 부르는 방식

9. 판소리

1) 판소리의 형성 과정

(1) 개념
판소리는 많은 사람들이 모인 장소에서 일정한 장단을 가진 노래로, 일정한 줄거리를 이야기하는 예술 형식이다. 즉 판소리는 부채를 든 한 사람의 창우가 고수의 북장단에 맞추어, 창, 아니리, 너름새를 섞어 가며 긴 이야기를 엮어 가는 연극적인 음악이라고 할 수 있다.

(2) 형성과 전개

판소리가 형성된 확실한 시기는 숙종 전후, 18세기 초에 발생한 것으로 18세기 중엽에 이미 형성되어 완성 단계에 이른 것으로 보인다. 판소리의 발생지에 대해서는 남방계설과 북방계설이 있다. 남방계설에서는 판소리는 호남 지방의 무가에서 비롯됐다는 것이며, 북방계설은 '배뱅이굿'이나 '변강쇠가'에서 그 기원을 찾고 있다. 그러나 판소리의 기원은 산대잡희의 한 과정이었던 극적(劇的) 노래의 분화로 볼 수 있다. 판소리는 그 발생의 바탕이 되는 설화를 근간으로 하여 구전가요, 무가, 재담 등 여러 문화적 요인이 어우러진 적층 문화 형태로 형성되었다. 19세기를 전후로 송홍록, 모홍갑 등을 위시한 '전기 8명창 시대'와 박유전, 이날치 등을 중심으로 한 '후기 8명창 시대'를 구가하였으며, 왕실에서 공연을 가지기도 했다. 특히 19세기부터 판소리의 주요 청중이 양반으로 바뀌면서 이전의 서민 의식은 상당히 수정되었다. 그 후 1902년 기생, 광대 등의 단체인 협률사가 만들어지면서 판소리는 극적 요소가 강한 창극으로 변모했다.

2) 판소리의 특징, 구성, 장단

(1) 특징

창과 사설의 내용에는 극적 요소가 많고, 민속적이며 그 체제는 소설이기보다 희곡이며, 문체는 운문체이고, 풍자와 해학 등 골계적인 내용이 풍부하게 구사되어 있다. 따라서 판소리는 장르 복합적인 성격을 지닌다.

전문적인 소리꾼이 오랜 수련을 통해서 부를 수 있을 만큼 고도의 전문성을 지닌다.

민중의 공동 참여로 이루어졌고, 점차 중인층, 양반층, 왕가에서도 즐기게 되었다.

낡은 봉건주의, 신분주의 의식이 파괴되고, 인간성의 해방을 부르짖는 새로운 의식을 내용으로 삼았다. 구체적으로는 신분적 굴레를 벗고 자유인으로 살고 싶은 열망, 경제적인 궁핍, 지배계층의 횡포에 대한 저항을 담고 있다.

(2) 구성

① 소리꾼[唱偶]

■창(唱): 소리

■발림(너름새): 창을 하면서 펼치는 연기

■아니리(사설): 창 도중에 말로 펼치는 이야기

② 고수(鼓手)

■장단

■추임새: 고수나 관객이 소리꾼의 연행에 크게 공감했을 때 "얼쑤 좋다, 잘헌다, 아먼 그렇치 그렇고 말고"처럼 호응하는 것이다. 이처럼 관객도 연행에 적극적으로 참여하는 기회를 누릴 수 있다.

③ 장단

진양조	중모리	중중모리	자진모리	엇모리	휘모리
가장 느린 장단 애절하고 처연한 대목	중간 빠르기 장단 차분하게 서술하는 대목	춤추는 대목 흥취를 돋우고 우아한 분위기의 대목	사건을 나열하는 대목 섬세하면서도 명랑한 대목	경쾌하고 즐거운 대목	가장 빠른 장단 긴박한 사건 전개

작품명	연대	작가	내용
춘향가	미상	미상	이 도령과 춘향의 신분을 넘어선 사랑과 결혼
심청가	미상	미상	심청의 지극한 효성
수궁가	미상	미상	토별가. 토끼가 용궁에 잡혀갔다가 지혜로 풀려나는 이야기
적벽가	미상	미상	중국 〈삼국지연의〉 중 '적벽대전' 장면 개작

II. 한국 고전산문의 이해

1. 설화

1) 설화의 종류와 특징

(1) 설화의 기본 이해

① 개념

설화는 서사 문학의 근간이 되는 것으로, 예로부터 민족 공동체에서 구비 전승(口碑傳承)되며, 일정한 서사 구조를 지닌 허구적 이야기이다. 설화는 신화(神話), 전설(傳說), 민담(民譚)등의 하위 갈래가 있으며, 문자가 생긴 이후 기록되어 후대 소설 문학의 모태가 되었다.

② 근원 설화와 서사 문학의 상관성

설화는 조선 시대에 들어와 판소리 사설이 형성되는 과정에서 수용되었다. 그 이후 판소리가 문자로 정착되어 판소리계 소설로 거듭났고, 근대에 와서는 신소설로 개작되었다. 이처럼 설화는 서사 문학이 형성될 수 있었던 바탕이었다.

설화	고전소설	신소설
구토지설, 용원 설화	토끼전(별주부전)	토(兔)의 간(肝)
방이 설화, 박타는 처녀	흥부전	연(燕)의 각(脚)
열녀 설화, 신원(伸寃) 설화, 암행어사 설화, 염정(艶情) 설화, 신물(信物) 설화	춘향전	옥중화(獄中花)
연권녀 설화, 인신 공희 설화	심청전	강상련(江上蓮)
지하국 대적 퇴치 설화	홍길동전	
장자못 설화	옹고집 전	
조신 설화	구운몽	

(2) 갈래

① 신화

■ 개념: 신화는 민족의 형성과 건국에 관한 신성성을 다루는 이야기이다. 신이나 영웅들이 주인공으로서, 탁월한 능력으로 목적을 이루어가는 과정을 그린 것으로 신성성(神聖性)을 바탕으로 한다.

■ 특징: 영웅의 일대기 구조를 바탕으로 하며, 민족을 중심으로 형성되며 초자연성, 숭고미, 항구성을 지닌다.

■ 주요 작품

난생 신화(卵生 神話) 계열: 동명왕 신화, 김수로왕 신화, 박혁거세 신화

하강 신화(下降 神話) 계열: 단군 신화, 해모수 신화, 금와 신화

② 전설

■ 개념: 비범하거나 평범한 인물들이 주인공으로서 실제로 사건을 일으켰다고 믿는 이야기이다.

■ 특징: 특정한 지역을 중심으로 형성되며, 구체적인 증거가 남아 있는 경우가 많다. 사건의 갈등을 진지하게 다루며 비극적인 결말이 많다.

③ 민담

■ 개념: 평범한 인물이거나 평범 이하의 인물이 주인공으로 등장하여 엮어내는 흥미 위주, 교훈 위주의 이야기이다.

■ 특징: 민족과 지역을 초월하여 분포되어 있다. 대체로 행복한 결말로 이루어지며, 간단하면서도 체계적인 구조를 지니고 있다.

2. 가전체 소설

1) 가전체 소설의 특징

(1) 개념

어떤 사물을 의인화하여 전기(傳記)형식, 즉 가계나 생애, 업적 등을 요약적으로 서술하였으며, 주로 '계세징인(戒世懲人)'을 목적으로 삼았다.

(2) 특징

① 사물을 의인화하여 사람의 일대기처럼 표현하였다.

② 사마천의 '열전(列傳)' 형식을 빌려 세태를 비판하고 독자에게 교훈을 주려고 하였다.

③ 설화에서 소설로 발전하는 교량의 역할을 하였다.

④ 우회적 수법으로 인간 세상을 풍자하고 있다.

작품명	작가	연대	내용
국선생전	이규보	고종	술을 의인화하여 술의 긍정적인 점을 통해 군자의 처신을 경계함
국순전	임춘	인종	술을 의인화하여 술이 사람에게 미치는 악영향을 경계함
죽부인전	이곡	공민왕	대나무를 의인화하여 절개를 나타냄
정시자전	석식영암	고려말	지팡이를 의인화하여 인간의 도덕에 관한 경계
청강사자 현부전	이규보	고종	거북을 의인화하여 어진 사람의 행적을 기림
저생전	이첨	고려말	종이를 의인화하여 그 내력과 문인이 취해야 할 태도를 강조함
공방전	임춘	인종	돈을 의인화하여 재물욕을 경계함

3. 조선 전기 한문 소설

1) 조선 전기 한문 소설의 형성 과정

조선 전기의 한문 소설은 설화와 가전체 문학을 토대로 중국의 전기(傳奇), 화본(話本)의 영향을 수용하여 생겨났다. 특히 『태평광기』, 『전등신화』의 영향을 받았다.

한문 소설의 발달 단계는 본격적인 소설이 창작되기 이전의 설화적 창작기, 본격 소설이 창작되었지만 완전한 인간 생활을 다루지 못한 임란 이전의 창작기, 임란 이후의 소설 원숙기로 나눌 수 있다. 설화적 창작기의 결과물은 가전체 소설이며, 본격 소설의 결과물은 『금오신화』, 임란 이후의 결과물은 연암 박지원의 작품들이다.

2) 조선 전기 한문 소설의 형식상, 내용상 특징

(1) 형식상 특징

① 일대기적 구성을 띠거나, 설명 중심의 구성을 띤다.

일대기적 구성의 소설에서는 주인공의 성장 과정, 성공 과정을 주로 다루며, 발단→전개→절정→결말의 단계를 밟는다.

② 우아체, 만연체로 쓰였고, 고사나 관용구를 인용하는 경우가 많다.

③ 낭송의 편의를 위하여 3 · 4음의 율조에 맞추어 표현한다.

④ 과장법을 많이 사용하였다.

⑤ 재자가인(才子佳人)류의 주인공이 초현실적인 사건을 일으킨다.

(2) 내용상 특징

① 귀신이나 신선 또는 의인체 같은 비현실적이며 신비로운 소재를 다루었다.

② 유학의 근본인 충, 효, 열 등이 주제 의식의 바탕을 이루었다.

③ 처첩 간의 질투와 후처와 전처 자식 간의 갈등을 다루었다.

3) 『금오신화』의 감상과 주제 파악

김시습이 구전 설화를 바탕으로 삼고 구우의 〈전등신화〉를 수용하여 창작한 최초의 한문 소설이다.

① 만복사저포기(萬福寺樗蒲記): 전라도 남원에 사는 노총각 양생(梁生)이 만복사에서 부처님과 저포놀이를 하여 이겨서 아름다운 여인을 배필로 얻게 된다. 그러나 안타깝게도 그 여인과는 짧은 사랑을 나눈 뒤 여인이 떠나갔다. 그 여인은 불우하게 왜구에게 죽은 처녀의 환신(幻身)이었다.

② 이생규장전(李生窺牆傳): 송도에 사는 선비 이생(李生)이 어느 날 최랑(崔娘)이라는 처녀를 담장 너머로 보다가 만나 사랑을 키워나간다. 두 사람은 부모의 반대를 극복하고 결혼을 해서 행복하게 살았다. 그 후 홍건적의 난이 일어나 아내는 죽고 말았다. 하지만 죽은 아내가 환생하여 다시 생시와 같이 동안 즐겁게 살다가 이별하게 된다.

③ 용궁부연록(龍宮赴宴錄): 고려 때 한씨(韓氏) 성을 가진 서생이 꿈에 박연(朴淵)의 용궁 잔치에 초대되어 별궁의 상량문을 지어주고, 용왕에게 극진한 대접을 받았다.

④ 남염부주지(南炎浮洲志): 경주에 사는 박생(朴生)이 남염부주(염라국)에 가서 염라대왕과 염라, 귀신, 천당, 지옥, 윤회설 등에 대해 문답하다가 염왕이 그 박식함에 반해 왕의 자리를 물려주기로 한다.

⑤ 취유부벽정기(醉遊浮碧亭記): 송도 부호의 아들 홍생(洪生)이 부벽정에 가서 옛 조선 때의 기자(箕子)의 딸을 만나 노래를 주고받으며 취흥을 즐겼다.

4. 조선 중기 한글 소설

1) 조선 중기 한글 소설의 태동 과정

조선 중기에 이르러 임진왜란과 병자호란이 연이어 발발하였다. 이 과정에서 지배층의 허위가 드러났고, 평민들의 의식이 각성되었다. 17세기부터 소설 창작이 활발해지고 향유층도 평민들로 확대되었다. 평민들은 현실에 응전하는 산문정신이 성숙하여 소설을 형성하는 자양분이 된 것이다. 특히 광해군 때 허균이 한글 소설의 효시인 〈홍길동전〉을 발표하였다. 이 작품은 영웅소설의 전형을 확립하였다.

2) 조선 중기 한글 소설의 형식상, 내용상 특징

(1) 형식상 특징

① 영웅의 일대기적 구조로 평면적이며 우연적인 구성을 보인다.

② 발단에서는 주인공 부모의 가문, 직위 등을 언급하고 탄생담으로 이어진다.

③ 주인공의 탄생은 전생과의 인연으로 이루어진다.

④ 사건은 우연한 계기로 일어나며 전기적(傳奇的)이다.

⑤ 사건은 시간상 순차적으로 전개된다.

⑥ 사건의 계기가 분명하지 않은 경우가 많다.

⑦ 인물 묘사나 성격 묘사가 거의 없다.

⑧ 주인공은 재자가인(才子佳人)류의 인물로 평면적이며 전형적인 성격을 지니고 있다.

(2) 내용상 특징

① 권선징악(勸善懲惡)을 주제로 삼아 획일적이다.

② 주제는 상식적이거나 교훈적이다.

③ 소재는 전설, 신화, 민담 등에서 취한 것이 많다.

(3) 영웅의 일대기 구조와 홍길동전

	영웅의 일대기 구조	'홍길동전'
혈통	고귀한 혈통의 인물	판서의 아들로 태어남
태생	비정상적인 잉태 혹은 태생	시비에게서 태어난 서자(庶子)
능력	비범한 지혜와 능력	특별히 총명하고 도술에 능함
위기	어려서 위기를 겪고 죽을 고비에 이름	주변의 음모로 생명의 위협을 받음
고난	구출자, 양육자를 만나서 위기를 벗어남	도술로 자객을 죽이고 위기를 벗어남
위기	자라서 다시 위기에 부딪힘	활빈당을 조직하자 나라에서 잡아들이려 함
결말	위기를 극복, 승리자가 됨	국가 권력을 물리치고 율도국의 왕이 됨

5. 조선 후기 한문 소설

1) 조선 후기 한문 소설의 변화 과정

조선 후기에는 실학사상이 자리를 잡아갔고, 이를 수용한 문인들은 양반 계층의 무능과 허례허식을 비판하면서 한문학의 새로운 경지를 개척하였다. 이익, 이가원, 정약용 등은 중농주의(重農主義)에 입각하여 경세치용학파를 이끌었다.

이덕무, 유득공, 박제가, 이서구, 정약용 등은 중상주의(重商主義)를 내세우며 이용후생학파를 결성했다. 김정희는 문예에서도 실증적이며 과학적인 연구 태도를 취하며 실사구시파를 형성했다. 이러한 실학의 다양한 전개를 바탕으로 중국의 소설이 자유롭게 유입되어 후기 한문 소설을 풍성하게 만들었다.

2) 조선 후기 한문 소설의 형식상, 내용상 특징

(1) 형식상 특징
① '한문단편(漢文短篇)'은 '전'과 '민간설화'의 형식을 결합하여 시정(市井)의 사건을 옮겨놓은 것이다.
② 직업적 이야기꾼과 소설을 즐기던 지식인들이 창작 계층을 형성하였다.
③ 19세기에는 심능숙(沈能淑)이〈옥수기(玉樹記)〉라는 장편 소설을 발표하였다. 이것은 상층 사대부가 영웅의 일생을 사대부의 세계관으로 창작한 것이다.
④ 단편 소설로서의 수준 높은 형식미를 성취하였다.

(2) 내용상 특징
① 작가는 대체로 알 수 없지만, 상품 · 화폐경제의 구조화에 따른 도시의 형성, 농촌의 변화, 양반 계층의 몰락과 신흥 부자들의 출현, 재산의 유무와 신분의 갈등, 남녀의 본능적 정욕과 사회규범과의 갈등 등을 담아내었다.
② 실학적 가치관을 바탕으로 날카로운 현실 비판 의식을 담은 작품들이 있었다.

3) 연암 박지원 소설의 특징
① 현실에 대한 날카로운 비판과 풍자가 돋보인다. 연암은 봉건적 요소를 신랄하게 비판함으로써 시대 변화에 걸맞은 새로운 이념과 제도를 세우려는 의지를 보였다. 연암에 있어 풍자란, 중세적 봉건 사회가 무너져 가고 그 속에서 새로운 사회의 움직임이 싹트기 시작하는 역사적 변화의 시대에 살면서, 그 모든 추억들을 직시했던 비판적 태도로 나타난다.
② 당시 양반들의 무능과 허위 때문에 고통받는 민초들의 삶을 사실적으로 그려내었다. 서민들의 삶의 세계를 향하여 새로운 의식 세계를 확장하면서 당대 평민층의 모습을 생생하게 포착하는 사실주의적 기법을 보여 주었다.
③ 시대정신에 걸맞은 새로운 인간형을 제시하였다. 인간 평등사상을 바탕으로 소외받은 서민들 중에서 새 시대에 부합하는 긍정적인 인물형을 형상화했다. 인간성을 긍정하고 남녀 귀천과 관계없이 인간이 평등하다고 생각했다.
④ 연암 소설은 기존의 '전(傳)' 양식과는 다른 소설 양식상의 특징을 지니고 있어 이후의 소설 형성에 큰 영향을 끼쳤다.

작품명	주제	출전
호질(虎叱)	도학자들의 위선 풍자	열하일기
허생전(許生傳)	양반의 무능력 비판과 자아 각성 촉구	
광문자전(廣文者傳)	양반 사회의 간접적 풍자	방경각외전
예덕선생전 (穢德先生傳)	직업적 차별 타파 및 천인의 높은 도덕성 칭송	
민옹전(閔翁傳)	무위도식하는 유생 풍자와 미신 타파	
김 신선전(金神仙傳)	신선 사상의 허무맹랑성 비판	
우상전(虞裳傳)	나라의 인재 등용의 맹점 비판	
마장전(馬駔傳)	유생들의 위선적 교우 비판	
열녀함양박씨전 (烈女咸陽朴氏傳)	개가(改嫁) 금지 반대 및 과부의 위선적 절개 비판	연상각선본

6. 조선 후기 한글 소설

1) 조선 후기 한글 소설의 변화 과정

① 숙종 때 김만중은 〈구운몽〉을 지었는데 이 작품은 구성과 표현이 뛰어나 한글 소설의 위상을 높이는 데 기여하였다.

② 영ㆍ정조 시대에 소설은 황금기를 이루었는데 소설들은 당대 지배층을 신랄하게 비판하고 현실의 모순을 드러내는 역할을 하였다. 한편 설화를 수용한 판소리 사설을 바탕으로 판소리계 소설이 등장하였다.

③ 전문적인 낭독가가 등장하였다. 인기작의 경우에는 필사본과 방각본을 통해 상업적으로 유통되기도 하였다.

2) 조선 후기 한글 소설의 형식상, 내용상 특징

(1) 형식상 특징

① 구전된 설화가 윤색되어 소설화되기도 하고 판소리 과정을 거쳐 소설로 정착하기도 하였다.

② 배경은 평민적 소설의 경우 우리나라가 많지만 양반 소설의 경우 중국을 배경으로 한 것도 많다.

③ 발단에는 출생담이 있고, 이것은 전생과 관련이 있다.

④ 사건은 순행적으로 구성된다.

⑤ 작중 인물의 행동에 통일성이 없다.

(2) 내용상 특징

① 한글 소설은 여전히 권선징악을 주제로 삼는다.

② 소재는 주로 사실, 설화에서 취하였다.

③ 전쟁, 가정, 연애 등 다양한 주제를 다루었다.

④ 사상적 배경은 재래 신앙인 무속 신앙을 근본으로 '유, 불, 선'이 주류를 이루었다.

7. 판소리계 소설

1) 판소리계 소설의 형성 과정과 특징

(1) 판소리계 소설의 형성 과정

판소리계 소설은 넓은 의미로 판소리와 밀접한 관련성을 가진 소설을 말하며, 좁은 의미로는 소설 형성 과정의 직전 단계가 판소리 사설이어서 판소리의 특징을 가진 소설을 뜻한다.

유형	작품	작가	내용 및 특징
우화 소설	장끼전	미상	꿩을 통해 남존여비 사상과 개가(改嫁) 금지를 풍자함
	토끼전	미상	헛된 욕망을 경계함
사회소설	홍길동전	허균	봉건 제도의 모순과 적서 차별을 비판함
	전우치전	미상	전우치가 환술로 부패한 지배층을 공격하고, 백성을 구원함
쟁총형 가정 소설	사씨 남정기	김만중	숙종이 인현왕후를 폐출한 사건을 바탕으로 처첩 간의 갈등을 본격적으로 다룸
	천수석	미상	보형의 정실 설 씨와 첩인 이 소저의 갈등을 다룸
	창선감의록	조성기	명나라 병부상서 화공(花公)의 세 부인과 자녀 사이의 갈등을 그림
계모형 가정 소설	장화홍련전 콩쥐팥쥐전	미상	계모가 전처의 자식을 학대함으로써 생긴 비극을 다룸
	김인향전	미상	봉건적 가족 제도 아래에서의 갈등을 다룸
역사 군담 소설	임경업전	미상	임경업의 무용담
	박 씨전	미상	병자호란을 배경으로 한 박 씨 부인의 전기(傳奇) 소설
	곽재우전	미상	임진왜란을 배경으로 한 곽재우의 무용담
	김덕령전	미상	임진왜란을 배경으로 한 김덕령의 무용담
	임진록	미상	충무공, 사명당, 서산 대사 등이 왜병을 격퇴하는 이야기
창작 군담 소설	유충렬전	미상	유충렬의 무용담
	조웅전	미상	조웅의 무용담
	신유복전	미상	신유복의 무용담
염정 소설	춘향전	미상	성춘향과 이몽룡의 신분을 초월한 사랑과 결혼
	숙영 낭자전	미상	선비 백선군과 꿈속 숙영 낭자와의 사랑
	운영전	미상	궁녀 운영과 김 진사의 사랑과 이별
	구운몽	김만중	성진과 팔 선녀의 헛된 욕망과 인생무상
풍자 소설	배비장전	미상	배비장과 기생 아랑의 이야기
	이춘풍전	미상	무능한 남편과 양반 계층을 풍자함

(2) 특징

① 판소리계 소설은 판소리 사설이 기록 문학으로 출간된 것이며 이는 판소리의 흥행에 따른 상업적 목적으로 보인다. 판소리 사설을 옮겼기에 판소리계 소설은 판소리 사설의 특성을 그대로 담고 있는 경우가 많다.

② 판소리 사설을 기록했기에 이러한 완결성과 통일성을 갖추지 못한 경우가 많다.

③ 판소리계 소설의 주인공은 지극히 평범하다.

④ 판소리계 소설은 결말보다는 사건의 진행 과정 자체에서 주제 의식을 잘 보여 준다.

⑤ 조선 후기의 다양한 생활상을 해학과 풍자를 통해 폭넓게 형상화하고 있다.

⑥ 서민의 일상적 비속어부터 양반들이 쓰던 어휘까지 포함하고 있다.

⑦ 개인의 창작물이 아니라 오랜 세월에 걸쳐 많은 사람의 목소리가 쌓여 형성되었다.

⑧ 민중들의 각성된 의식을 바탕으로 현실을 사실적으로 그려내었다.

⑨ 대중의 인기를 끌면서 목판본 · 구활자본으로 출판 · 유통되었고 많은 이본이 나왔다.

⑩ 전형적인 인물을 형성하여 시대 변화를 잘 반영하고 있다.

Ⅲ. 한국 현대 운문

1. 개화기의 시가

1) 개화기 가사

(1) 개념

개화기 가사는 전통적인 가사체에서 운문의 형식을 이어받았으나, 그 내용은 개화 · 계몽 · 애국 사상을 담은 것이다. 구체적으로 말하면, 과거 3 · 4조나 4 · 4조의 가사 형식에다가 찬송가나 민요의 형식을 수용하여 변모를 꾀한 것을 말한다.

(2) 등장 과정

개화기 가사는 조선 전기의 양반 가사, 조선 후기의 평민 가사를 거쳐, 개화기의 새로운 과제를 담고 있으며, 창가, 신체시, 나아가 근대시가 형성되기까지의 과도기적 역할을 수행하였다. 최제우가 〈용담유사(龍潭遺詞)〉에 몇 편의 개화기 가사를 실은 이후로 '대한매일신보', '독립신문', '황성신문' 등에 많은 작품이 발표되었다.

(3) 형식

초기에는 전통적 가사의 율조 3 · 4조나 4 · 4조를 그대로 유지하였으나, 후기에 와서는 6 · 5조, 7 · 5조, 8 · 5조 등으로 다양해졌다. 그리고 길이는 짧아지고 분연(分聯)되기도 하였다.

(4) 내용

최제우가 천도교를 포교하기 위해 가사를 지은 이후로 '개화사상, 계몽사상, 자주독립, 애국 사상, 남녀평등' 등의 반봉건적인 내용을 주로 담았다. 내용에 따라 다음과 같이 분류할 수 있다.

① 우국경세가류(憂國警世歌類): 일본의 침략성과 친일 세력의 기회주의적 속성을 폭로, 비판하는 내용이다.

② 애국가류(愛國歌類): 자주독립과 애국, 신문명·신교육의 도입, 부국강병 등을 주제로 삼은 것이다.

③ 항일 의병 가사(抗日義兵歌詞): 구한말과 국권 상실 후에 일본의 침략에 항거하고 국가의 자주독립을 지키려는 의병들의 투쟁을 예찬하는 내용이다.

2) 신체시

(1) 개념

신체시는 전대(前代)의 6·5조, 7·5조, 8·5조 등의 외형률에서 탈피하여 형식을 파괴하고 근대적인 내용을 담은 새로운 형식의 시가 문학이다.

(2) 등장 과정

최남선 이후로는 신체시가 급격히 퇴조하였지만, 이후 김억이나 주요한의 자유시 형태의 시 창작에 큰 영향을 미쳤다고 할 수 있다. 계몽의 교술성에서 벗어나 개인의 서정을 자유롭게 표출하려는 새로운 시형으로 가는 과도기적 양식이었다.

(3) 형식

3·4조의 형식에서 탈피하여 7·5조, 3·4·5조의 형태를 보이지만 점차 이러한 외형률에서도 벗어났다. 하지만 시행의 규칙적인 배열, 후렴구의 사용 등은 그 형식의 과도기적 양상을 보여 준다.

(4) 내용

개화기 가사와 마찬가지로 개화사상을 근간으로 하고 있다.

(5) 최남선의 〈해에게서 소년에게〉

이 시는 최남선의 계몽주의적 의도에 주목하여 작품을 이해할 필요가 있다. 따라서 '바다'는 외세의 힘, 즉 문명개화를 수용하여 작가가 성취하고 싶은 이상적 상태를 뜻한다. '소년'은 이러한 문명개화의 세상을 선도할 미래의 희망을 의미한다.

2. 1910년대 시

1) 1910년대 시의 형성 과정

최남선이 이 시기에도 신체시를 발표하였지만, 신체시는 사양길로 접어들었다. 『청춘』이나 『학지광』을 통해 신인들이 등장하였고, 이들은 새로운 시 형식을 실험하였다. 김억이나 주요한이 계몽적 교술성에서 벗어나 개인의 서정을 자유롭게 표출하려는 자유시 형태의 시 창작에 큰 영향을 미쳤다. 마침내 그 결실로 주요한이 『태서문예신보』에 〈불놀이〉를 발표하였다.

따라서 이 시기의 가장 큰 특징은 현대 시의 모델이 형성되었다는 것이다. 개인의 내면적 서정을 중시하고 이것을 자유로운 운율에 맡김으로써 언어의 내적 구조에 중점을 두는 시가 탄생하였다. 아울러 프랑스 상징주의 시의 영향을 받아 우리 시단도 상징주의적 경향이 나타나기 시작하였다.

2) 현대 자유시의 형식상, 내용상 특징

(1) 형식

시의 행을 구분하지 않고 외형적인 리듬에 구애받지 않으며 시상을 펼쳐가는 새로운 형식이 등장하였다.

(2) 내용

이전의 계몽 의식에서 벗어나 개인의 정서를 진솔하게 담는 경향이 드러났다. 자아의 발견 및 강조, 낭만적 정열 등이 두드러졌다.

3. 1920년대 시

1) 1920년대 시의 형성과 전개

주요한이 '불놀이'를 발표한 이후 현대 시의 형태가 정립되었다. 형태와 운율이 자유로워지고, 개인의 감정이 분출되는 등 현대 시의 중심적 요소로 형성되었다. 아울러서 서구의 낭만주의와 상징주의를 수용하여 우리 시단에 실험적인 작업을 전개하였다. 하지만 대개는 자신의 감정을 그대로 분출하는 정제되지 못한 양상을 보였다. 하지만 신경향파 시인들은 이러한 문제점을 인식하고, 사회주의 이념을 바탕으로 한 새로운 시의 세계를 개척하였다.

2) 낭만적 감상주의 시, 신경향파의 시의 특징

(1) 퇴폐적 낭만주의 시와 상징주의 시가 확산되었다.

1920년대 초기에는 우울하고 감상적인 정서를 표출하는 시가 많이 발표되었다. 이것은 3·1 운동의 실패와 무관하지 않다. 3·1 운동의 실패는 지식인 집단에 엄청난 좌절과 패배를 안겨 주었다. 그래서 이들은 현실에서 도피하거나 과거로 퇴행하는 양상을 보여 주었다. 특히 서구의 세기말 사상의 영향으로 우리 시인들도 감상주의에 빠져 퇴폐적, 허무적 경향이 짙은 시를 생산했다.

이상화의 〈나의 침실로〉, 박종화의 〈흑방비곡〉, 홍사용의 〈나는 왕이로소이다〉 등의 작품이 이러한 경향을 보인다.

(2) 신경향파 시가 등장하였다.

1920년대에는 이러한 낭만주의 기류에 강하게 반발하고, 사회주의 이념을 표방하는 신경향파 시가 등장하였다. 동경 유학생들 사이에 사회주의가 확산되면서 이 사상에 근거한 시들이 발표되었기 때문이다. 특히 카프가 결성되자 보다 조직적으로 가난의 문제, 계급의 문제, 사상의 문제를 시로 형상화하였다. 이들은 문학의 목적성과 혁명성을 강조한 점에서는 성과도 있었지만, 문학의 예술성을 간과함으로써 일정한 수준의 작품을 얻지 못하는 경우가 대다수였다.

대표작으로는 임화의 〈우리 오빠와 화로〉, 김기진의 〈한 개의 불빛〉 등이 있다.

3) 전통 계승주의 시의 특징

(1) 한국적 정서를 탐색하고, 전통성을 계승하려는 민요시 운동이 전개되었다.

현대 시 형성 과정에서 서구 문예의 영향을 많이 받았지만 차츰 이러한 현실을 반성해야 한다는 움직임도 일어났다. 김억과 주요한이 이러한 인식을 보였고, 김억, 김소월 등은 우리 민족의 정서에 부합하는 민요시 운동을 펼쳤다. 이들은 계급주의적 이념 대신에 민족주의 이념을 시에다 담았으며, 우리말의 아름다움을 살리려 했다. 대표작으로는 김소월 〈진달래꽃〉, 〈산유화〉, 주요한 '아름다운 새벽' 등이 있다.

(2) 전통을 계승하면서 이를 혁신하는 경향의 시가 등장하였다.

한용운은 전통을 기반으로 하면서 불교의 윤회론적 세계관을 통해 이를 혁신하는 모습을 보여 주었다. 그는 충청도 여인의 목소리를 통해 실패와 사랑과 그 극복의 양상을 보여 주며, 자신의 '님'을 "긔룬 것은 다 님이다."라고 하여 상징성을 극대화하였다.

(3) 시조 부흥 운동이 일어났다.

최남선, 이광수, 이은상 등이 오랜 전통을 지닌 시조를 현대화하였다. 그들은 국민적인 생활 감정을 담아온 시조, 전통적 미의식을 구현해 온 시조를 다시 부활시켜 민족정신을 부흥시키는 데 기여하였다. 최남선은 『백팔번뇌』를 출간하여 시조의 인식을 드높였다.

(4) 김소월 시가 지닌 전통성

김소월은 민요시의 운율뿐 아니라 우리의 전통적인 '한'을 계승하는 모습을 보였다. 그는 민요적인 형식에 현대적인 내용을 부여했으며, 향토적인 정서와 한국적인 생활감정을 현대적 감각으로 빚어내는 데 성공하였다. 민요 시인으로 등단한 소월은 전통적인 한(恨)의 정서를 여성적 정조(情調)로서 민요적 율조와 민중적 정감을 표출하였다는 점에서 특히 주목된다. 생에 대한 깨달음은 〈산유화〉, 〈첫치마〉, 〈금잔디〉, 〈달맞이〉 등에서 피고 지는 꽃의 생명 원리, 태어나고 죽는 인생 원리, 생성하고 소멸하는 존재 원리에 관한 통찰에까지 이르고 있음을 보여 준다. 또한, 시 〈진달래꽃〉, 〈예전엔 미처 몰랐어요〉, 〈먼후일〉, 〈꽃촉불 켜는 밤〉, 〈못잊어〉 등에서는 만나고 떠나는 사랑의 원리를 통한 삶의 인식을 보여줌으로써 단순한 민요 시인의 차원을 넘어서는 시인으로 평가되고 있다. 이러한 생에 대한 인식은 시론 〈시혼〉에서 역설적 상황을

지닌 '음영의 시학'이라는 상징 시학으로 전개되고 있다.(한국학중앙연구원, 한국민족문화대백과사전)

(5) 한용운 시가 지닌 전통성

한용운 시의 특징은 불교 사상과 독립사상이 탁월하게 예술적으로 결합된 데서 드러난다. 자유와 평등사상, 민족 사상과 민중 사상으로 요약되는 불교적 세계관과 독립 사상은 한용운 문학의 뼈대이자 피와 살이라고 할 수 있기 때문이다.

1926년에 간행된 『님의 침묵』은 이별하는 데서 시작되어 만남으로 끝나는 극적 구조를 지닌 한편의 연작시로 볼 수 있다. 곧, 시 전편이 '이별-갈등-희망-만남'이라는 구조의 끈으로 연결된 것이다. 다시 말하면 소멸[正]-갈등[反]-생성[合]이라는 변증법적 지양을 목표로 하는 극복과 생성의 시편들이라 할 수 있다.

그의 일관된 일제에 대한 저항과 투쟁 정신은 그대로 시를 통한 부정적 세계관으로 상징화된다. 이별이 더 큰 만남을 성취하기 위한 방법적 원리였던 것과 같이 부정은 참다운 긍정과 생성을 이룩하기 위하여 필수 불가결한 전제 조건이었다. 바로 이 점에서 저항시로서 만해의 시의 참된 면모가 드러난다.

여기에서 관심을 기울여야 할 것은 『님의 침묵』에서 사랑을 호소하는 주체가 여성으로 나타나 있으며 시적 분위기 또한 여성적인 정감으로 가득 차 있다는 점이다. 여성 주체는 물론 여성 어조가 활용되고 여성적인 상관물(相關物)들이 등장하는 등 여성적 성향이 주조를 이루는 것이다. 이러한 여성주의는 불교의 관음 사상 또는 인도의 여성사상에 기인한다고도 볼 수 있지만 그보다는 한국 시가의 전통에서 염원하는 것으로 보는 것이 옳을 듯하다. 왜냐하면 고려 가요는 물론 많은 시조 · 한시 · 가사 · 민요 등의 저변을 이루는 것이 여성적인 분위기와 주체 그리고 이와 상통하는 한과 눈물의 애상적 정서로 되어 있다는 점에서 그 근거를 찾을 수 있기 때문이다(한국학중앙연구원, 한국민족문화대백과사전).

4. 1930년대 시

1) 1930년대 시의 형성과 전개

1930년대는 파시즘이 대두되었고, 경제 공황이 지속되었다. 특히 일본 제국주의는 이러한 국제 정세의 혼란을 틈타 밖으로는 만주사변, 중 · 일 전쟁으로 세력 확장을 꾀했고, 조선에 대해서는 전쟁을 수행하기 위한 병참 기지화에 박차를 가했으며, 조선인에 대해서는 엄격한 사상적 통제를 가하였다.

이 시기의 시 문학은 1920년대 시의 감상적 낭만주의와 신경향파의 목적성에 반발하여 새로운 시를 모색하였다. 현대 시로서의 면모를 갖추기 시작했고, 다양한 시적 경향이 발생하였으며, 예술적 기교를 중시하는 작품들이 나타났다. 특히 형식과 내용이 조화를 이루는 수준 높은 작품들이 등장하였다.

2) 예술지상주의 시, 주지주의 시의 특징

(1) 예술지상주의 시
① 현대 시의 수준을 한층 끌어올렸다.
이 시기의 시는 1920년대 시가 보여준 감상(感傷)의 표출과 경직된 목적 의식을 극복하고, 다양하게 수용된 서구 시론을

바탕으로 현대적 감각에 부합하는 수준 높은 현대 시를 창작하였다.

② 순수시 운동을 전개하였다.

박용철과 김영랑이 중심이 된 시문학파(1930년)와 구인회(1933년)는 순수 운동을 펼쳤다. 순수시란 시대 이념이나 문학의 목적성을 배격하고 시어의 조탁을 통해 순수한 서정의 세계를 그려 내는 시를 말한다. 순수 서정시의 창작 태도와 시의 본질적 의미를 중시하는 예술 정신을 보였다.

③ 시어의 조탁에 심혈을 기울였고, 시의 음악성을 중시하였다.

시문학파 시인들은 모국어의 가치를 보존하고 다듬는 데 노력을 기울였다. 특히, 우리말을 조탁하여 시어의 음악성을 살리고 시적 정서와 표현 기교를 섬세하게 가다듬어 시를 예술의 경지로 끌어올리는 데 한몫을 다 하였다. 음소 단위의 반복적 재현, 음절 단위의 반복적 재현, 문장 구조의 반복적 재현, 시행과 연 단위의 반복적 재현 등을 통해 음악성을 형성하였다.

(2) 주지주의 시

① 시적 세계관, 기법, 주제의 다양화가 이루어졌다.

1920년대의 감상적 낭만주의와 순수 서정시의 낭만성을 극복하여 현대 시적 기교의 확립을 시도하였고, 삶과 이상에 대한 폭 넓은 인식이 주제로 표출되었다.

② 주지주의 시 운동을 전개하였다.

김광균, 장만영, 정지용 등을 중심으로 '자연 발생적'이고 '감상적'인 시를 극복하는 대안으로서 냉철한 '이성'과 '지성'에 입각하여 도시적 삶을 그려내는 방법을 제기하였다.

③ 초현실주의, 다다이즘, 이미지즘 등 서구 문예 사조의 토대 위에서 성립되었다.

최재서와 김기림 등이 다양한 주지주의 문학론을 정리하였고, 정지용, 이상 등이 이를 바탕으로 실험시를 창작하여 문학적 성과를 거두었다.

④ 시에서 회화적 기법을 중시하여 시각적 이미지, 공감각적 이미지를 사용함으로써 표현 기교를 세련되게 하였다.

정지용은 대상을 선명하고 감각적인 이미지로 표현하는 데 탁월하였다.

⑤ 현대 도시 문명을 소재로 하여 그것의 이미지를 주로 표현하였다.

김광균은 '빌딩, 가로등, 광장' 등의 도시 문명을 시의 소재로 적극적으로 활용하였다. 도회인으로서 느끼는 소외감을 도회적 풍물과 결합시켜 새로운 감각의 풍경화로 빚어내었다.

⑥ 자의식과 같은 내면세계를 시로 표현하였다.

이상은 자신의 내면세계를 파헤치는 독특한 심리주의 시를 창작하였다.

3) 생명파 시, 전원파 시, 청록파 시의 특징

(1) 생명파 시

① 서정주, 유치환 등은 이념 중심의 목적시와 기교 중심의 모더니즘 시, 순수시 등을 배격하였다.

② 삶의 고뇌와 모순, 생명의 근원적인 충동 등을 시적 탐구의 대상으로 삼았다.

③ 『시인부락』, 『자오선』 등의 동인지를 발간하였다.

④ 생명 의식에서 강렬하고 독특한 생리적 욕구, 도덕적 갈등 등을 융합하여 시를 형상화하였다.

⑤ 휴머니즘 문학을 순수 문학론으로 발전하여 우익문학의 근간을 이루었다.

(2) 전원파 시

① 신석정, 김동명, 김상용 등이 농촌이나 전원생활을 목가적으로 그려 내는 시들을 창작하였다. 이들은 도시 문명의 허위에서 벗어나 흙으로 표상되는 자연으로 회귀하려는 양상을 보여 주었다.

② 일제의 탄압 때문에 현실에서 도피하려는 경향이 나타났다.

③ 동양적 허무주의 세계관을 탐구하려는 노력이 드러났다.

④ 전원생활을 이상향으로 설정하여 동경하였다.

⑤ 자연 친화적이며 관조적인 태도를 드러냈다.

⑥ 동양적 자연 친화 사상, 안빈낙도의 정신을 계승하였다.

(3) 청록파의 시

① 조지훈, 박목월, 박두진 등은 『문장』을 통해 등단하여 고향과 자연을 소재로 속물적 현실을 비판하는 시 세계를 구축하였다.

② 1946년 세 시인이 공동으로 『청록집』을 을유문화사에서 간행하였는데, 이 제목에 따라 '청록파'로 불리게 되었다.

③ 각기 시적 지향이나 표현의 기교나 율조를 달리하고 있으나, 자연의 본성을 통하여 인간적 염원과 가치를 성취시키려는 시 창조의 태도를 지니고 있다.

박목월은 주로 향토적 서정을 잘 형상화하였다. 이것은 한국인의 전통적인 삶의 의식이 살아 있으며 이를 통하여 일제 말기 한국인의 정신적 동질성을 찾으려는 노력으로 평가할 수 있다.

조지훈도 유교와 불교에 바탕을 둔 전아한 고전적 취미를 보여 주는데 이 역시 한국인의 역사적 · 문화적 인식을 일깨우려는 시도였다.

박두진은 자연 속에서 원시적 건강성과 강렬한 의지를 표현하였는데 이것은 기독교적 신앙에서 빚어진 의연한 생활 신념과 관계가 있다.

④ 향토적 정서를 바탕으로 하고 전통 회귀적인 요소를 강조하였다.

4) 윤동주와 이육사, 이상 시의 특징

(1) 윤동주

① 고요한 내면세계에 대한 응시를 순결한 정신성과 준열한 삶의 결의로 발전시킨 데 특징이 있다.

② 개인적 자아 성찰에서 역사와 민족의 현실에 대한 성찰로 인식을 확대하였다. 조국의 독립을 기다리며 자신은 부끄럼

없는 삶을 위해 최선을 다하려는 다짐을 형상화하고 있다.

③ 다소 소극적이지만 어려운 시대 상황 속에서도 지식인의 양심을 지키면서 자아를 성찰하고 대의를 위해 자신을 희생하려는 선비적 자세가 돋보인다.

④ 생활에서 우러나오는 내용을 서정적으로 표현하였으며 인간과 우주에 대한 깊은 사색을 담고 있다.

⑤ 대표작: 서시, 별 헤는 밤, 간, 자화상, 참회록

시집: 『하늘과 바람과 별과 시』(1948)

(2) 이육사

① 『자오선(子午線)』 동인으로 활동하였다.

② 일제 강점기에 끝까지 민족의 양심을 지키며 죽음으로써 일제에 항거한 시인으로 목가적이면서도 웅혼한 필치로 민족의 의지를 노래했다.

③ 1940년대 전반의 문학사적 암흑기에 민족적인 의지와 양심으로 시를 쓴 민족 저항 시인이다. 그의 시가 절박한 현실에 대한 저항과 초인 의지를 강렬한 남성적 어조로 표현함으로써 우리 시의 여성 편향적 어조를 수정했다.

④ 웅장하고 활달한 상상력과 남성적이고 지사다운 절조와 품격을 보여 준다. 후기 시들은 절제된 시어로 일제의 군국주의에 맞서는 강인한 저항 정신을 유감없이 표출한다.

⑤ 대표작: 황혼, 절정, 청포도, 광야, 꽃

시집: 『육사시집(陸史詩集)』(1946)

(3) 이상

① 전통적인 창작법을 무시하고 새로운 표현 기교를 활용하여 독특한 시 형식을 창조하였다. 시어를 반복 나열하고 동일한 동사 구문을 반복하였으며, 띄어쓰기를 무시하였다. 숫자를 빌려 쓰고 있는 점이 특징이다. 일상적인 언어 체계와 질서를 부정하고 자신의 관념을 통해 고유의 기호와 담론구조를 창출하려는 시도가 두드러졌다.

② 식민지 지식인이 겪는 고뇌, 절망적인 현실에 대한 불안과 공포를 냉소적으로 표현하였다.

③ 인간 내면 의식에 초점을 두고 실존 양상을 상징적으로 포착하였다.

④ 현실적 자아와 본질적 자아의 분열 양상을 초현실주의적 기법으로 형상화하였다.

⑤ 대표작: 거울, 오감도

5. 1940년대 · 1950년대 시

1) 1940년대 · 1950년대 시의 형성과 전개

일제는 중, 일 전쟁과 태평양 전쟁을 벌이면서 내선 일체를 내세워 인적 · 물적 자원을 징발했고, 나아가 우리 민족의 정신과 문화마저 말살하였다. 특히 한국어를 사용하지 못하게 하여 우리 문학은 암흑기에 접어들었다. 그러나 마침내 조국은 독립이 되었다.

우리 민족은 조국의 광복과 더불어 식민지의 처참한 상황에서 벗어나 새로운 민족사의 전환점에 서게 되었다. 그러나 역사적 전환은 좌익과 우익의 처절한 대립에 발이 잡히고 사회적 혼란이 점차 증폭되었다. 하지만 문학에서는 일제 강점기의 '떠남'과 '유랑'의 요소가 우선 '회귀'와 '복구'의 양상을 띠었다. 일제 치하의 '실향 의식'이 '귀향 의식'과 '복귀 의식'으로 대체되었다. 이것은 잃어버렸던 고향과 파괴된 삶의 원형을 회복하려는 인간의 원형적 심성과 관련이 있다.

해방 직후 6·25전쟁까지 우리 문단은 민족 문학의 건설이라는 기치를 걸었으나 정작 좌익과 우익의 이데올로기 대립에 묶여 갈등만이 조장되었다. 이러한 대립의 정점에는 계급주의 문학관을 견지한 임화 중심의 '조선 문학가 동맹'과 민족주의 이념을 견지한 박종화, 김동리 중심의 '전조선 문필가 협회' 사이의 투쟁이 있었다. 이러한 대립은 결국 '조선 문학가 동맹' 작가들이 정치적 신념에 따라 월북함으로써 완화되었다.

우리 손으로 이루지 못한 광복은 남북 분단으로 이어졌고, 이것은 결국 동족상잔의 전쟁으로 증폭되었다. 따라서 우리 문학에서는 허리가 잘린 국토의 상징성을 탐색하였다. 6·25전쟁이 가져다준 삶의 황폐화, 전상(戰傷)의 고통을 다루는 작품이 대거 등장하였다. 전쟁은 우리 민족의 삶을 송두리째 파괴하였다. 물적, 인적, 정신적 자원을 완전히 황폐화하였다. 따라서 여기서 파생되는 인간성 상실, 정신적 공황 등을 본격적으로 다루었다. 이 시기의 문학은 전쟁 체험을 담은 전후 문학의 흐름과 현실 참여와 문명을 비판하는 성격을 지닌 모더니즘 문학의 흐름으로 대별할 수 있다.

2) 해방 체험의 시, 전쟁 체험의 시의 특징

(1) 해방 체험의 시
① 민족적 전통을 모색하는 경향이 있었다.

광복 직후의 들뜬 환희를 가라앉히고, 조국과 민족에 대한 애정을 전통문화와 결부 지어 표현하는 작품이 등장하였다. 박종하의 『청자부』, 정인보의 『담원 시조』, 김억의 『민요시집』, 김상옥의 『초적』 등이 좋은 예이다.

② 자연 친화적이며 인생에 관조적 태도를 견지하는 시인들이 활발하게 활동하였다.

1930년대 후반에 등단하여 자연 친화적 태도를 견지하던 박목월, 박두진, 조지훈 등이 『청록집』(1946)을 출간하여 해방 전후 시의 가교(架橋) 역할을 하였다.

③ 문단에서 요절 시인들의 유고 시집을 출간하였다.

일제 강점기에 애국애족 정신을 지켰던 민족시인의 유고 시집이 발간되어 시단에 영향을 주었다. 이육사의 『육사시집』, 이상화의 『상화 시집』, 윤동주의 『하늘과 바람과 별과 시』 등이 그 예이다.

④ 생명파의 시집이 발간되었다.

생명과 인생에 대한 진지한 탐구 작업을 지속했던 생명파 시인들이 시집을 출간하였다. 서정주의 『귀촉도』, 신석초의 『석초 시집』, 유치환의 『생명의 서』 등이 출간되었다.

(2) 전쟁 체험의 시
① 전쟁 체험을 형상화한 시가 발표되었다.

6·25전쟁 체험을 바탕으로 전후의 새로운 가치관과 인간상을 구현하였다. 전쟁에 직접 참여한 시인들을 중심으로 전쟁

의 고통과 비극을 재조명하는 시들을 창작하였다. 유치환의 〈보병과 더불어〉, 조지훈의 〈다부원에서〉, 구상의 〈적군 묘지 앞에서〉 등은 전쟁의 비극과 휴머니즘의 부활이라는 주제 의식을 탐색하였다.

② 현실 참여적 경향의 시가 창작되었다.

1950년대에 모더니즘 시를 창작하던 모더니스트 중에서 김수영, 전봉건 등이 사회 참여 의식을 강하게 드러내는 시를 발표하였다. 이러한 경향은 1960년대에 이르러 '순수와 참여'라는 문학 논쟁을 불러일으키기도 하였다. 김수영은 〈눈〉 등의 시에서 현실을 비판하였고 전봉건은 장시 〈춘향 연가〉 등에서 현실 비판적인 의식을 보였다.

③ 후기 모더니즘 경향의 시가 발표되었다.

김경린, 박인환, 김수영 등이 '후반기' 동인을 결성하여 모더니즘 시론과 창작 태도를 바탕으로 도시와 문명을 소재로 회화적 기법으로 시를 창작하였다. 그 결과 『새로운 도시와 시민들의 합창』(1949)이라는 공동 시집을 간행하였다.

④ 전통적 서정시가 지속적으로 발표되었다.

광복 직후에 보이던 전통성에 대한 재고가 이 시기에도 이어졌다. 서정주는 〈신라초〉와 〈동천〉에서 민족적 정서와 불교 정신을 바탕으로 영원주의를 제창하였다. 박재삼은 고전적 취향과 향토성을 바탕으로 우리 민족의 원형적 한을 표출하였다.

⑤ 주지성을 기본으로 하면서 서정성을 가미한 시가 등장하였다.

현실에 대한 지적 인식을 바탕으로 도시를 소재로 시를 썼다. 그런데 기법 면에서 주지주의적 경향을 보이면서도 주로 서정성을 추구하는 경향을 보였다. 김광림, 전봉건, 김종삼 등의 시가 대표적이다.

6. 1960년대 시

1) 1960년대 시의 형성과 전개

1960년대는 4·19 혁명과 5·16 군사 쿠데타라는 중요한 사건으로 소용돌이쳤다. 4·19 혁명으로 증폭된 자유와 민주에 대한 욕구, 5·16 군사 쿠데타를 시작으로 이루어진 산업화와 근대화, 그 이면의 반민주적인 사회 현실이 중요한 문제로 부각될 수밖에 없었다.

이 시기의 시는 여전히 전통적 서정시를 계승하였고, 한편으로는 사회의 구조적 모순을 인식하고 이를 해결하는 양상을 보여 주었고, 새로운 기법을 도입한 실험 의식이 확대되는 경향도 보였다.

2) 전통적 서정주의 시, 후기 모더니즘 시의 특징

(1) 전통적 서정주의 시

① 전통적 서정의 세계를 새롭게 조명하는 시들이 창작되었다.

민요의 율조를 현대화하고, 토속적이며 향토적인 삶을 형상화했다. 서정주, 박재삼, 박목월 등이 이런 지향의 중심을 이루었다. 서정주는 『신라초』와 『동천』을 통해 윤회론적 세계관을 바탕으로 한 불교적 삶을 추구하였다. 박목월은 『경상도 가랑잎』에서 일상적 삶의 세계와 전통적인 토속적인 삶을 경상도 방언과 무가조를 구사하여 표현하였다.

② 전통적 세계와 자연을 소재로 한 작품들이 발표되었다.

신석초, 박재삼, 이수복 등은 이러한 경향을 띠면서 서정시를 구축하였다.

③ 사색적 깊이와 신앙적 서정의 세계를 보여 주는 작품이 등장하였다.

유치환, 김현승, 김남조 등이 이러한 경향을 보여 주었다. 유치환은 『미류나무와 남풍』에서 우주의 시공을 통찰하고 사색하는 모습을 보여 주었다. 김현승, 김남조는 기독교적 신앙의 정서와 종교적 사유의 깊이로 종교시의 맥을 형성하였다.

④ 시조 문학이 부흥되었다.

이러한 경향은 자유시에 대한 반성과 자유시와의 관계 정립에 대한 욕구에서 비롯된 것이었다. 자유시가 절제를 잃어버리고, 언어 실험이 지나쳐 의미를 찾을 수 없고, 일부 참여시는 구호화되어 가는 현실에 대한 각성을 보여 주었다. 이호우, 김상옥을 중심으로 전통적 서정 세계를 주조하였다.

(2) 후기 모더니즘 시

① 1960년대에는 새로운 기법을 도입한 실험 의식이 확대되는 경향도 보였다. 김종삼, 황동규, 성찬경 등은 새로운 언어와 기법을 실험하고 관념적인 주제를 탐색함으로써 시의 현대성을 확보하고자 하였다.

② 주지적 비판과 자학이 가미된 풍자시가 등장하였다. 송욱이나 김춘수 등은 전후에 유입된 문예 사조의 영향을 받아 풍자나 실존적 자의식을 시 형성의 중요한 질료로 삼았다.

③ 전통의 답습보다는 새로운 세계를 호흡하고 새로운 시적 형식을 구축하는 노력도 있었다. 박인환, 김경린 등이 삶의 허망함과 존재의 불안감을 새로운 감각으로 포착했지만 이것은 실험적이고 관념적인 것에 그치고 말았다.

3) 1960년대 참여시의 특징

(1) 현실 참여 의식이 강화 · 확장되었다.

분단 극복의 열망과 시민의 자유와 권리를 향한 욕망이 시호 표출되었다. 신동엽, 김수영, 이성부, 신경림 등이 현실 구조의 모순을 인식하고, 이것을 해결하려는 노력과 아울러 삶의 진실과 가치를 추구하였다.

(2) 자유, 민주의 정치적 이념을 삶의 이념으로 체화하는 벅찬 감정을 토로하였다.

신동문과 박두진은 4 · 19 혁명을 바라보면서 자유와 민주가 삶의 현실임을 직감하고 이를 증폭하는 시들을 발표하였다.

7. 1970년대 시

1) 1970년대 민중시의 특징

① 산업화가 야기하는 농촌 현실의 피폐함과 농민의 소외감을 절제된 언어로 형상화하였다. 민중시를 표방한 시인들은 냉철한 눈으로 농촌 현실을 보며 억눌려 사는 그들의 고난과 분노와 맹세를 자기 것으로 삼는 시작 태도를 견지했다. 신경림의 〈농무(農舞)〉가 이러한 경향을 보여 준다.

② 근대화와 산업화 이후로는 소외 계층에 관심을 두고 이들의 고통스러운 삶에 공감하는 작품들이 나타났다. 이성부와

조태일, 문병란 등은 이런 민중의 삶과 계층적 갈등을 예리하게 포착하였다. 특히 이성부의 시는 "불행의 정체를 밝히고 극복하는 문제가 아니라 불행을 야기한 것들과의 싸움을 지향한다."라는 특성을 보여 준다.

2) 신동엽, 김수영, 신경림 시의 특징

(1) 신동엽

① 강렬한 역사의식을 바탕으로 민족의 전통적 삶의 양식이 역사의 격동 속에 붕괴되는 과정을 추적하였다. 신동엽은 전통적 서정성과 역사의식을 결합하여 우리 민족의 현실을 드러내는 시를 썼다. 그래서 그는 동학 혁명을 비롯한 민족의 수난사에 관심을 지니고 이를 역사적 현실로 형상화하였다. 〈금강〉이 이러한 경향을 보여 준다.

② 민중에 대한 신념을 바탕으로 역사와 현실의 허구성을 폭로하고, 그들의 저항 의지를 확인하였다. 그는 역사와 현실을 직시하는 통찰력과 현실 비판적인 정신으로 시를 향유했다. 그래서 그의 시들은 현실 비판적인 강한 메시지를 지니고 있지만 민족 공동체 의식이 살아 있으므로 '민중적 서정성'을 획득하였다. 〈껍데기는 가라〉가 이러한 경향을 보여 준다.

③ 민중의 자기 긍정성을 확보하였다. 그의 작품들은 대개 민족적 동일성을 훼손하는 반민족적 세력을 거부하고, 이에 적극적으로 저항함으로써 민중의 자기 긍정성을 확보하였다.

(2) 김수영

① 김경린(金璟麟), 박인환(朴寅煥) 등과 함께 합동 시집 『새로운 도시와 시민들의 합창』을 간행하여 모더니스트로서 주목을 끌었다. 초기에는 모더니스트로서 현대 문명과 도시의 삶을 비판했다.

② 4 · 19 혁명 직후부터 강렬한 현실 비판과 저항 정신으로 현실 참여적 시작 활동으로 전개했다. 그는 4 · 19 혁명의 실패와 군사 정권의 등장 이후에 나타난 언론의 무기력에 실망하고, 문학 행위마저 자유롭지 못한 현실을 개탄하면서 문학의 현실 참여를 독려했다. 자신의 모더니즘이 표방했던 추상성을 버리고 자신의 실험성에 서정성을 녹여 넣고 일상생활의 소중함을 발견하였다. 〈푸른 하늘을〉과 〈풀〉은 일상적 소재로 현실의 구체적인 삶의 원리를 보여준 작품이다.

③ 소시민의 이중성을 직시하고 이를 극복하려고 시도하였다. 김수영은 근대적 시민 의식으로 무장하고 치열한 정직성을 실천함으로써 소시민의 한계를 성찰하고 이를 극복하려고 하였다. 그는 삶의 주체가 자신임을 깨닫고 행동하는 양심으로서 비판적이고 혁명적인 예술을 추구하였다.

④ 1930년대 이후 서정주 · 박목월 등에서 볼 수 있었던 고답적인 서정의 틀과 김춘수 등에서 보이던 내면 의식 추구에서 벗어나 시의 난해함을 극복할 수 있는 계기를 마련했다.

(3) 신경림

① 민중성을 시로 구현하는 데 성공하였다.

신경림이 형성한 민중성은 "1930년대 말 일제 군국주의의 발악에서부터 해방과 분단, 한국 전쟁과 반공 독재에 이르는 기간의 혹독한 민족사적 시련에 의해 파괴된 시적 전통의 복구"라고 평가받고 있다. 특히 〈농무〉는 당대 민중 시의 대표작으로, 피폐한 농촌의 현실과 농민의 울분을 사실적으로 드러내었다.

② 경제 성장기 이전과 이후, 자본주의 정착과 경도로 옮아가는 사회 변화라는 서사를 일상적이고 평범한 언어로 표현하였다. 그는 〈어머니와 할머니의 실루엣〉에서 자신의 성장 과정을 담담하게 그려내고 있다.

③ 민요의 형식을 시로 녹여 내는 작업에 성공하였다. 신경림은 1980년대 이후 우리 민요 채록에 힘썼고, 이를 시의 형식으로 활용하였다. 시집 『달 넘세』, 『남한강』 등이 그 결과물이다. 〈목계장터〉는 장사꾼들의 삶의 공간인 목계장터를 중심으로 민중들의 삶을 향토어로 그려내었는데, 민요 가락과 일상 어휘 구사가 돋보인다.

IV. 한국 현대 산문

1. 신소설

1) 신소설의 개념과 특징

신소설은 1894년의 갑오경장 · 동학혁명으로 사회 제도와 질서가 대전환을 맞이하게 됨으로써 삶의 방식과 의식도 바뀌게 되었다. 또한 작가와 출판사, 독자를 잇는 근대적 의미의 소설 유통 회로망이 서서히 자리를 잡음으로써 소설의 생산과 유통이 신속하게 상응하게 되었다. 한편 개화사상 등을 전파하기 위해 각 언론 매체에서도 신소설을 대거 수록하여 신소설은 대중 속으로 확산되었다.

(1) 개념

신소설은 1906년 이인직의 '혈의 누'가 만세보에 연재된 이후 1917년 이광수의 '무정'이 대한 매일신보에 발표되기까지의 10여 년 사이에 발표된 소설을 가리킨다. 이것은 고소설에 비해서 새로운 시대의 이념이나 사상을 다루고 있기 때문에 '새롭다'는 의미를 강조하여 '신소설'이라 명명하였다.

(2) 특징
① 형식
■ 고소설과 현대 소설의 과도기적 소설 양식이다. 작품의 구조는 고소설의 연장선에 놓여 있으며, 전대(前代)의 전기체(傳記體) 구성에 다소 벗어났다.
■ 신소설에서는 회고와 역전의 기법을 사용하였다.
■ 고소설의 상투적인 표현에서 벗어나려는 시도가 엿보인다. 특히 고소설에서 장면 전환에 쓰이던 '화설', '이때', '각설' 등의 허사의 사용이 줄었고 장면을 포착하여 사건을 서술하고 있다.
② 내용
■ 개화 이념을 대표적인 주제로 볼 수 있다.
■ 구습 타파, 자주독립, 신교육 권장, 자유연애, 미신 타파를 등을 주제로 삼았다. 하지만 권선징악적인 요소가 여전했다.
③ 구성
■ 인물: 고소설에서 선인(善人)과 악인(惡人)으로 확연히 구분되던 것에서 벗어나 비교적 현실적인 개성을 지닌 인물을

창조하였으나 그 성격은 평면적이었다.

■ 사건: 대개 현실적인 사건을 다루고 있으나, 그 전개는 우연성의 연속이었다.

■ 배경: 구체적인 시간 · 공간적 배경을 갖추고 있다.

④ 문체: 언문일치를 시도하였고, 묘사의 방법을 다소 활용하였다.

작품	연대	작자	내용
모란봉	1913	이인직	혈의 누의 속편, 한 여인과 두 남자 사이의 삼각관계를 그린 애정 소설. '매일신보'에 연재 중 미완성으로 끝남.
귀의 성	1906	〃	양반 계급의 부패상을 폭로하고, 처첩의 갈등으로 인한 가정 비극을 그린 작품. '만세보'에 연재.
치악산	1908	〃	몰락해 가는 양반의 타락을 폭로하고, 계모와 며느리의 반목을 중심으로 신구사상의 갈등을 그린 소설.
은세계	1908	〃	미국에 유학 중인 남매를 통하여 국민의 동등한 권리와 자주독립을 고취한 정치 소설. 최초로 원각사에서 상연된 연극의 원작본
빈상설	1908	이해조	소실(小室) 때문에 패가망신하는 가정 비극
구마검	1908	〃	미신 타파를 목적으로 쓴 소설
자유종	1910	이해조	자주독립과 여권 신장을 다룬 정치소설로 토론 형식의 소설
추월색	1912	최찬식	남주인공과 여주인공의 파란만장한 일생과 외국에서의 신교육과 새로운 윤리 사상을 고취한 소설

2. 역사 전기 소설

1) 역사 전기 소설의 개념과 특징

(1) 개념

국내외 역사와 위인을 소재로 하여 그들의 일생과 업적을 전기체(傳記體)로 형상화한 소설이다.

(2) 특징

서구 강대국과 일본이 제국주의적 침략을 노골화한 현실 속에서 국난을 극복하고 자주독립을 위해 나폴레옹, 빌헬름 텔, 잔다르크 등의 전기를 번역하거나 을지문덕, 이순신 등 우리 민족 영웅을 소재로 전기소설을 창작하였다.

(3) 의의

문학성은 부족하지만, 국가적 위기에 응전하는 문학의 양상을 잘 보여 주고 있으며, 우리 작가들의 민족주의적 저항 정신을 담고 있다는 점에서 의의가 있다.

작품	연대	작자	내용
을지문덕전	1908	신채호	을지문덕 장군의 전기로, 을지문덕이 뛰어난 전략과 용맹성으로 국난을 극복하는 과정을 그림
이순신전	1908	〃	이순신 장군의 살신성인하는 삶을 그리고 있음
애국부인전	1907	장지연	잔 다르크의 전기로, 그의 애국심과 용맹성을 본받으려는 의도를 지니고 있음

3. 번안 소설

1) 번안 소설의 개념과 특징

(1) 개념

외국 소설을 당대 현실에 맞게 번역한 소설을 가리킨다.

(2) 특징

① 개작자가 대체로 원작에 충실하게 따르는 방식을 사용하였다.

② 개작자가 자신의 상상력을 발휘하여 원전을 많이 바꾸는 방식을 사용하기도 하였다.

③ 번안 소설은 처음으로 소개되는 외국 문학의 번역이 주는 이질감을 해소하여 접근을 쉽게 하는 수용의 방식으로 볼 수 있다.

작품	연대	작자	내용
철세계 (鐵世界)	1908	이해조	프랑스의 줄 베르너(Verne, Jules)의 '철세계'를 번안한 공상과학 소설
설중매 (雪中梅)	1908	구연학	일본의 스에히로(末廣鐵膓)의 '설중매'를 번안한 정치 소설. 신교육을 받은 남자 주인공 이태순과 여주인공 매선이 새로운 사상으로 결합한다는 이야기
장한몽 (長恨夢)	1913	조중환	일본의 오자끼(尾崎紅葉)의 '곤지끼야차(金色夜叉)'를 번안한 애정소설. 주인공을 이수일과 심순애로 함, 매일신보 연재

4. 1910년대 소설

1) 1910년대 소설의 형성과 특징

(1) 1910년대 소설의 형성

일상생활이나 개인 연애를 다루는 신소설이 이 시기에 와서도 계속 창작되었으나 퇴조하기 시작했다. 이때 이광수가 문단에 등장하여 1910년에 〈어린 희생〉을 발표한 이후로 계속 현대적 단편 소설에 준하는 습작을 발표하였다. 그러다가 1917년에 이르러 현대 장편 소설인 '무정(無情)'을 〈매일신보〉에 발표하여 본격적인 현대 소설의 시대를 열었다.

(2) 특징

① 형식: 고소설의 내용과 형식에서 탈피하였다. 또한 신소설에 비하여 사건, 인물 묘사가 사실적이고 구체화 되었다. 구어체(口語體) 문장을 사용하여 언문일치를 이루었다.

② 내용: 개화와 계몽사상을 바탕으로 한 목적의식이 확실하게 드러났다.

③ 의의: 우리나라 최초의 장편 소설이 생겨났다.

2) 이광수의 작품 세계

초기의 작품은 계몽적 민족의식과 민족 개조론에 입각하여 형성되었다. 그는 현대 소설의 문체 확립, 실험적 인물 묘사, 현대적 주제 설정 등 현대 문학의 선구자로서의 문학사적 위상을 차지하였다. 이광수의 초기 작품은 인간의 개성과 자유를 계몽하기 위하여 자유연애를 고취하고, 조혼의 폐습을 주장하였다. 〈무정〉에서는 신교육 문제를, 〈개척자〉에서는 과학 사상을, 〈흙〉에서는 농민 계몽사상을 고취하면서 민족주의 사상을 계몽하였다. 중기의 작품은 〈마의태자〉, 〈단종 애사〉 등 역사 소설로 민족의식을 고취하였다.

5. 192O년대 소설

1) 192O년대 소설의 형성과 특징

(1) 형성과 전개

1920년대에 들어서자, 계몽주의적 전체주의에서 벗어나 개인의 개성을 존중하는 경향을 보였다. 1924년을 기점으로 문인들은 '생활의 개혁'에 관심을 돌렸다. 문학이 생활을 기반으로 존립하며, 민족의 관심사는 생활의 개혁을 통한 민족 존립임을 깨달았기 때문이다. 이것은 3·1 운동 이후 민족 운동의 방향에 대한 재고와 사회주의 이념의 수용에서 비롯되었다. 그리고 암울한 시대 현실을 사실주의적 기법으로 형상화하기 시작했다.

(2) 특징

① 소설의 근대적 문체가 확립되었다. 전대(前代)의 언문일치체를 더욱 공고히 하였으며, 국한문 혼용체에서 벗어나 구어체 문장을 확립하였다.

② 다양한 문예 사조를 수용하였다. 1920년대 초반에는 감상적이고 퇴폐적인 낭만주의적 소설이 성행하였으나 자연주의 소설과 사실주의 소설이 유입되자 이러한 영향을 받은 작품도 많이 탄생하였다. 특히 김동인, 염상섭, 현진건 등은 다양한 문예 사조를 바탕으로 문학의 예술성을 추구하였으며 우리 단편 소설의 틀과 내용을 확립하였다.

③ 신경향파 소설이 등장하였다. 신경향파 소설은 흔히 '빈궁의 문학'으로 일컬어질 만큼 궁핍한 농민과 도시 노동자들을 소재로 삼아 살인, 방화 등으로 현실의 모순을 해결하는 폭력적 양상을 띠었다. 최서해의 소설에서 시작된 신경향파 문학은 1923년을 전후하여 전파된 사회주의 사상과 결합하면서 본격적인 프로 문학으로 발전하였다. 신경향파 소설의 대표작으로는 최서해의 〈탈출기〉, 〈홍염〉 등이 있고, 프로문학의 대표작으로 박영희의 〈사냥개〉, 조명희의 〈낙동강〉 등이 있다.

④ 기법의 현대화가 이루어졌다. 이 시기의 소설은 근대적인 산문체로 쓰였으며 보다 필연적인 인과 관계 속에서 플롯이 형성되었으며, 인물의 성격 묘사도 한층 긴밀하고 객관적이었다. 그리고 결말도 무조건적인 행복한 결말이 사라지고 비극적으로 바뀌었다.

2) 낭만주의 소설, 사실주의 소설, 신경향파 소설의 특징

(1) 낭만주의 소설

개화기의 교훈적 문학관을 부정하고, 서구의 낭만주의를 수용함으로써 소설의 심미적 가치를 존중하고 문학의 자율성을 강조했다. 김동인의 〈배따라기〉가 이러한 경향을 보여 준다.

(2) 사실주의 소설

염상섭과 현진건이 사실주의 소설 작품을 발표하였다. 이 작품들은 완전한 언문일치를 이루었고, 치밀한 묘사와 인상적인 결말 등으로 완성된 현대 소설의 모습을 보여 주었다. 이들은 소설을 통하여 식민지 시대의 경제적 궁핍과 조선 민중의 고달픈 삶을 깊이 있게 표현하였다. 염상섭의 〈만세전〉, 현진건의 〈빈처〉, 〈운수 좋은 날〉 등이 이러한 경향을 보여 준다.

(3) 신경향파 소설

'카프'는 1922년 〈염군사〉와 〈파스큘라〉가 합치고, 이기영, 한설야, 박세영, 박팔양 등이 가입하여 당시 가장 강력한 예술단체로서 계급주의 문학을 형성하였다. 1926년 1월 기관지 『문예운동』을 발행하여 예술성보다 계급 의식을 중요시하고 작품 창작보다 이론 전개에 더 치중하였다. 1927년에 기관지 『예술운동』을 발간했다. 이 무렵 염상섭, 양주동 등의 소위 국민문학파 및 김화산의 아나키즘과 논쟁을 벌였고, 조직 내부에서도 내용과 형식, 창작방법론 등을 중심으로 논쟁을 전개한다. 1930년경 일본에서 귀국한 임화, 권환, 김남천, 안막 등이 카프의 불셰비키화를 부르짖어 사상적 내분이 일어났다. 1931년 6월에 일어난 제1차 검거 사건으로 일제의 탄압이 시작되고, 이듬해 10월 박영희가 퇴맹원을 제출함으로써 이른바 전향기에 돌입했고, 1934년 5월 제2차 검거 사건으로 이듬해에 정식으로 해체되었다.

이 시기의 작품들은 대개 빈곤 계급에서 제재를 취해 부유한 자와 가난한 자의 대립 구도에서 가난한 자의 투쟁 의식을 형상화하였다. 그리고 살인과 방화로 치닫는 결말의 파격은 신경향파 소설의 특징적인 요소로 자리 잡았다.

1924년 김기진의 〈붉은 쥐〉, 1925년에는 박영희의 〈사냥개〉, 이익상의 〈광란〉, 주요섭의 〈살인〉, 이기영의 〈가난한 사람들〉, 최서해의 〈기아와 살육〉 등이 있다.

3) 문학 관련 동인지 및 잡지

동인지 및 잡지명	주간 및 동인	내용 및 의의
창조	김동인, 전영택, 주요한	■ 최초의 순문예 동인지 ■ 완전한 언문일치의 문장 확립 ■ 김동인의 처녀작 '약한자의 슬픔', 주요한의 '불놀이' 게재
폐허	염상섭, 오상순, 황석우, 김억	■ 시 중심의 동인지 ■ 퇴폐적 낭만주의 경향
백조	이상화, 홍사용, 노자영 나도향, 박종화, 현진건	감상적 낭만주의 경향
개벽	김기진, 박영희	■ 계급주의 문학 표방
조선 문단	이광수, 방인근	■ 민족 문학을 표방한 순문예지
장미촌	박종화, 노자영	■ 최초의 시 전문 동인지
금성	양주동, 손진태, 유엽	■ 민족주의를 표방한 시 전문 동인지
영대	김소월, 김동인, 전영택, 주요한, 김억, 이광수	'창조'의 후신
해외 문학	정인섭, 이하윤, 김광섭	외국 문학을 본격적으로 번역 소개한 잡지
문예공론	양주동	계급주의 문학과 민족주의 문학을 절충하려는 입장

6. 1930년대 소설

1) 1930년대 소설의 형성과 특징

(1) 형성 배경

1930년대는 세계적으로 전쟁의 공포와 경제적 공황으로 위기 국면이 지속되었다. 특히 일본제국주의는 이러한 국제 전세의 혼란을 틈타 밖으로는 만주사변, 중 · 일 전쟁으로 세력 확장을 꾀했고 조선에 대해서는 전쟁을 수행하기 위한 병참 기지화에 박차를 가했으며 조선인에 대해서는 엄격한 사상적 통제를 가하였다.

일제는 급기야 중 · 일 전쟁에 이어 태평양 전쟁을 일으켜 국내 · 외의 모든 역량을 전쟁에 집중하였다. 이러한 상황 속에서 조선은 인적 · 물적 자원을 가혹하게 수탈당했다. 그러나 일제는 여기서 그치지 않고 노골적으로 조선 민족 말살 정책을 시행하여, 조선의 언론을 말살하고 우리말의 사용을 금지하고 창씨 개명과 신사 참배를 강요하였다.

1930년대 소설 형성의 근원은 관심의 다원화 현상에 있다. 1920년대 소설이 주로 가난과 어두운 면을 소재로 삼고 있는데 비하여 1930년대에는 다양한 소재와 주제가 등장하였다.

(2) 특징

① 도시 문명을 향유하는 도시인의 삶에 대한 관심을 형상화하였다. 서구 모더니즘의 영향 아래에서 도시 문명과 그 속에서 살아가는 도시인이 겪는 삶의 변화를 섬세하게 포착하여 묘사하는 세태 소설이 등장하였다. 주로 도시의 병리 현상을

다루었다. 박태원의 〈천변풍경〉, 〈소설가 구보 씨의 일일〉, 채만식의 〈레디 메이드 인생〉, 유진오의 〈김 강사와 T교수〉 등이 있다.

② 역사와 전통으로 회귀하여 현실을 우회적으로 드러내는 경향이 있었다. 과거 역사와 전통을 소재로 활용하여 현대적 감각으로 허구성을 가미한 대중적인 소설이 많이 발표되었다. 이러한 소설은 사실상 위축된 우리의 민족정신을 되살리고, 당대 사회 현실의 문제를 우회적으로 드러낸 것이다. 이광수의 〈마의 태자〉와 〈이차돈의 사〉, 김동인의 〈운현궁의 봄〉과 〈젊은 그들〉, 박종화의 〈금삼의 피〉, 현진건의 〈무영탑〉 등이 있다. 한편 우리의 전통적인 신앙과 의식 세계에 밀착하는 소설이 등장하였다. 김동리의 〈바위〉, 〈무녀도〉, 정비석의 〈성황당〉, 황순원의 〈독 짓는 늙은이〉 등이 있다.

③ 인간 존재의 근본적인 문제를 다루거나 인간의 내면 심리를 탐색하는 소설이 등장하였다. 암울한 시대 상황 속에 다소 비켜나서 인간의 삶과 죽음, 고독, 진실과 거짓의 문제를 다루는 경향이 생겨났다. 한편 인간의 복합적인 내면 심리를 '의식의 흐름'의 기법으로 드러내는 심리 소설을 이상이 선보였다. 계용묵의 〈백치아다다〉, 주요섭의 〈사랑 손님과 어머니〉, 이상의 〈날개〉와 〈지주회시〉 등이 있다.

④ 구인회는 목적문학에 반발하여 순수 문학을 옹호하며, 문학적 기교를 발전시켰다. 1933년에 이종명과 김유영, 이무영, 김기림, 유치진, 이태준, 이효석, 조용만, 정지용 등의 구인이 모여 결성한 문학 단체로 기관지 『시와 소설』로 순수 문학의 입장에서 한층 세련된 기법을 실험적으로 보여 주었다.

2) 세태 소설, 심리 소설의 특징

(1) 세태 소설

세태 소설은 어떤 특정한 시기의 풍속이나 세태의 한 단면을 묘사하는 것을 목적으로 하는 소설의 양식이다. 도시를 공간적 배경으로 삼고 도시의 보편적인 삶의 양식으로 드러난 가난, 범죄, 쾌락과 매춘, 인간관계의 마찰과 소외감, 개인적인 분열 증상 등을 소설에 수용하여 식민지 사회의 축소판으로서 도시를 형상화하고 있다. 세태 소설에 등장하는 인물들도 모든 시대에 타당한 인간적 진실을 지닌 인물이 아니라, 어떤 특정 시기의 특정 사회적 양상에 타당한 진실을 지닌 인간들이라고 할 수 있다.

작품으로는, 풍자의 기법으로 당대를 고발한 채만식의 〈레디메이드 인생〉, 〈인텔리와 빈대떡〉, 〈치숙〉, 〈탁류〉 등이 있고, 사상의 자유가 억압되고 경제적인 불평등이 만연한 식민지 도시 생활의 단면을 그린 유진오의 〈김 강사와 T교수〉, 〈여직공〉 등이 있다.

한편, 박태원은 〈천변풍경〉, 〈소설가 구보 씨의 일일〉 등의 작품에서 지식인의 병든 일상과 무기력한 삶을 세밀하게 관찰하고 세태 소설을 완성하였다.

(2) 심리 소설

모더니즘의 영향을 받아 인간의 복합적인 내면 심리를 '의식의 흐름'의 기법으로 포착하는 심리 소설이 나타났다. 심리 소설에서 플롯은 등장인물에 대한 탐색적인 묘사에 종속되며 의존한다. 사건들은 시간 순서대로 전개되는 것이 아니라 인물의 사고가 유발하는 연상·기억·공상·몽상·상념·꿈 등으로 나타난다. 이상은 자아의 분열과 합일을 소설로 형상화하는 데 성공하였다. 작품에는 〈날개〉와 〈지주회시〉 등이 있다.

3) 1930년대 농촌 소설의 형상화 전략
① 자연과의 화합 내지는 흙의 생활과 농촌의 삶을 제시하는 작품이 발표됨
② 농민의 무지와 궁핍화 현상을 극복하려는 소설이 등장함

4) 농민 계몽 소설, 농촌 현장 소설, 농촌 해학 소설의 특징
　　1930년대에는 도시적 감수성을 바탕으로 한 모더니즘 소설이 확산되기도 했지만, 도시적 분열 대신에 자연과의 화합 내지는 흙의 생활과 농촌의 삶을 제시하는 작품들도 발표되었다. 이런 경향의 작가들은 자연과 흙의 경건성, 농촌 공동체와의 연대성을 묘사하기도 하며, 소설 속에서 도시 문명을 외면하는 자연에서의 삶, 혹은 흙과의 동화를 예찬하는 경향을 띠기도 하였다. 한편 농촌의 궁핍한 현실 및 생활의 기반인 농토를 잃고 살 곳을 찾아 떠도는 농민의 실상을 그리기도 하였다. 이러한 작품들은 한편 농민의 무지와 궁핍화 현상에 대한 연민을 표현하거나 사실주의적 세계관으로 비판하는 경향도 두드러졌다.

(1) 농민 계몽 소설
　　'브나로드'라는 농촌 계몽 운동의 영향을 받아 농민의 의식을 각성하려는 농민 소설이 등장하였다. 여전히 빈곤과 무지로 점철된 한국의 농촌 사회를 개혁해야 한다는 입장으로 계몽주의 작가들은 소설 속에서 지식인인 그들이 꿈꾸는 농촌 사회를 형상화하였다. 앞 시대의 신경향파 문학과 프로문학을 계승하면서 보다 발전된 소설 양식으로 창작하였다. 하지만 지식인의 관념 속에 비친 농민의 계몽이었다는 한계를 피하기 어렵다. 이광수의 〈흙〉과 심훈의 〈상록수〉가 대표작이다.

(2) 농촌 현장 소설
① 자신이 직접 농촌에 투신하여 농민의 생활을 체험하면서 이것을 바탕으로 농민의 삶을 사실적으로 그려내는 경향이 나타났다.
이무영과 같은 작가들은 농촌으로 돌아와 자신이 농민이 되어가는 과정에서 흙의 경건함을 깨우치고, 당대 어려운 농촌 생활 속에서도 신념을 가지고 농촌의 저변을 이해하고 이를 문학적으로 승화하려고 노력하였다. 〈제1과 제1장〉이 이러한 경향을 보여 준다.
② 농촌 현실에 애착을 지니고 농촌의 실상을 사실적으로 그리는 작품이 등장하였다.
일제의 식민지 통치가 더욱 가혹해지면서 가장 큰 고통을 받은 곳이 농촌이었다. 일제의 수탈로 농촌 경제는 파탄되고, 농민은 살길을 찾아 유랑해야 하는 실정이었다. 이러한 암울한 농촌의 문제를 가공의 현실 속에서 제기하였다. 이러한 경향의 소설들은 종전의 계몽소설에서 보인 훈계적인 태도를 버리고 농민의 현실적인 삶의 양상을 파헤치고 이를 극복하려는 방안을 모색하였다. 특히 김정한은 〈사하촌〉에서 치열하게 농촌 사회의 현실을 현장 속에서 깊이 투시하면서 현실의 모순을 집요하게 추적하였다.
③ 사회주의 문학론을 바탕으로 농민운동과 연계하는 작품들이다. 계급 이념을 표방하며 식민지적 사회 구조의 모순을

드러내는 데 초점을 두었다.

이기영의 〈쥐 이야기〉, 〈부역〉, 〈고향〉 등이 대표작이다.

(3) 농촌 해학 소설

농촌 현장을 해학적이면서 향토적으로 형상화한 작품도 있었다. 김유정은 등장인물의 우직하고 엉뚱한 행동, 해학적 문체와 현장감 있는 사투리어 감각 등으로 특이한 소설적 영역을 구축하였다. 이들 작품은 고전 문학의 해학성을 계승하여 일제 강점기하 농촌의 궁핍상과 순박한 생활상을 향토적 정서를 드러내었다. 어법상 골계적, 반어적, 역설적인 경향이 있다. 김유정의 〈동백꽃〉, 〈봄봄〉, 〈산골 나그네〉 등이 이에 속한다.

7. 1940년대 · 1950년대 소설

1) 1940년대 · 1950년대 소설의 형성 과정

우리 민족은 조국의 광복과 더불어 식민지의 처참한 상황에서 벗어나 새로운 민족사의 전환점에 서게 되었다. 그러나 시대사적 전환은 좌익과 우익의 이념 대립에 매몰되고 사회적 혼란이 점차 증폭되었다. 그 결과 국토는 두 동강이 나고, 1948년에 정부가 수립되어 사회적 기반을 새로 마련하려고 시도할 즈음에 6 · 25 전쟁이 발발하여 다시 우리 민족은 수렁에 빠지고 말았다.

해방 직후 6 · 25 전쟁까지 우리 문단은 민족 문학의 건설이라는 기치를 걸었으나 정작 좌익과 우익의 이데올로기 대립에 묶여 갈등만이 조장되었다. 이러한 대립의 정점에는 계급주의 문학관을 견지한 임화 중심의 '조선 문학가 동맹'과 민족주의 이념을 견지한 박종화, 김동리 중심의 '전조선 문필가 협회' 사이의 투쟁이 있었다. 이러한 대립은 결국 '조선 문학가 동맹' 작가들이 정치적 신념에 따라 월북함으로써 완화되었다.

1950년대 문학은 전쟁이 가져다준 피해 의식을 바탕으로 형성되었다. 이는 이후의 우리 문학사에서 줄곧 지워지지 않는 주제 의식으로 자리 잡고 있다. 그다음으로는 휴머니즘의 발로라고 볼 수 있다. 말하자면, 인간의 살육 현장을 체험함으로써 역으로 인간의 존엄성에 대해 각성하게 되었다는 것이다. 세 번째로는 실존주의적 경향이 태동하였다는 점이다. 이것 역시 전쟁이 남긴 폐허 위에서 고통받는 인간에 대한 옹호라고 할 수 있는데, 이러한 경향은 주로 전후에 등장하는 '신세대 작가'들의 노력으로 지형도를 갖추게 되었다고 볼 수 있다.

2) 해방기 소설, 전쟁 전후 소설, 실존주의 소설의 특징

(1) 해방기 소설

① 식민지에 겪었던 삶의 질곡에서 벗어나 이를 청산하려는 시도가 있었다.

일제 강점기의 암울했던 경험을 되돌아보며, 이것의 잔재를 청산하면서 광복의 의미를 정립하려는 태도로 작품을 형상화하였다. 채만식의 〈논 이야기〉, 김동인의 〈반역자〉 등이 그 예이다.

② 귀향 의식과 사회적 변모에 대한 인식을 보여 주는 작품이 나타났다.

해방기 소설에서 '길'은 출발의 원점이 됐던 곳을 향한 회귀 의식을 의미한다. 즉 실향성의 의식으로부터 잃었던 땅으로 돌아오는 회복 의식이 중요한 문제로 부각되었다.

정비석은 〈귀향〉을 통해 일인 지주들에게 농토를 잃고 만주로 이주했던 농민 일가의 고향 회귀를 다루었다. 엄흥섭은 〈귀환일지〉에서, 일본으로 끌려갔던 많은 한국 남녀들이 귀국하는 뱃길에서 겪는 일을 다루고 있다.

③ 해방 이후 우리 사회가 겪는 혼란상을 사실적으로 드러내는 소설이 등장하였다.

해방 직후부터 정부 수립까지의 사회적 혼란을 다룬 작품들이 많이 나왔다. 채만식의 〈민족의 죄인〉, 이태준의 〈해방 전후〉는 일제 강점기 때 친일파로 군림하던 자들이 해방 이후 겪는 가치관으로 혼란을 다루거나 친일적 행위를 자행했던 문인 스스로의 반성을 담았다.

④ 순수 소설과 역사 소설이 부각되었다.

인간의 보편적이며 원형적인 삶의 문제를 밀도 있게 파헤친 순수 소설이 등장하였다. 대표작으로 김동리의 〈역마〉, 황순원의 〈독 짓는 늙은이〉 등이 있다. 한편 민족의식을 고취하여 새 시대의 걸맞은 역사적 인식을 갖도록 하려는 역사 소설이 창작되었다. 박종화의 '홍경래' 등이 있다.

⑤ 분단 고착화에 대한 인식을 형상화하였다.

국토가 남북으로 나뉘었고, 이것마저 미국과 소련이 군정을 시행하자, 이러한 분단의 현실을 직면하면서 그 고통과 모순을 다루는 작품이 생겼다. 염상섭의 〈삼팔선〉, 〈이합(離合)〉, 채만식의 〈역로〉 등이 있다.

(2) 전쟁 전후 소설

① 전후의 피폐한 사회 현실에 대한 자각을 형상화하였다.

6·25 전쟁을 배경으로 전상(戰傷)으로 시달리는 우리 민족의 비참한 현실을 그렸다. 특히 사회의 기반 구조가 모두 파괴된 상황과 여전히 지속되는 민족 분단 상황, 가치관의 혼란 등을 일차적으로 다루었다. 그리고 점차 전쟁 이후 개인이 겪는 정신적 외상(trauma)을 상징적으로 포착하는 경향을 보여 주었다. 황순원의 〈나무들 비탈에 서다〉, 〈학〉, 이범선의 〈학마을 사람들〉, 김동리의 〈귀환 장정〉, 〈흥남 철수〉, 손창섭의 〈비 오는 날〉, 하근찬의 〈수난 이대〉 등의 작품이 있다.

② 전후 소시민이 겪는 부조리한 현실을 고발하는 경향이 있었다.

전후 소시민이 겪는 궁핍과 정신적 공허, 삶의 의욕 상실 등을 다루었고, 이런 상황 속에서도 여전한 사회의 억압적이며 모순적인 구조, 그것으로부터 파생되는 부조리와 소외 현상 등을 현실 참여적 입자에서 다루기도 하였다. 김성한의 〈바비도〉, 오상원의 〈모반〉, 전광용의 〈꺼삐딴 리〉, 선우 휘의 〈불꽃〉, 박경리의 〈불신시대〉 등이 있다.

③ 전쟁의 상처를 극복할 수 있는 새로운 인간상을 모색하였다.

전쟁이 가져다준 인간 군상들의 변화를 주시하면서, 이들이 자신의 상처를 극복하기 위해 기울이는 노력을 포착하여 이것을 당대 인물의 전형성으로 확보하려는 시도가 있었다. 장용학의 〈요한 시집〉, 하근찬의 〈수난 이대〉 등이 여기에 해당한다.

④ 1950년대 전쟁소설에 있어서 또 하나 주목해야 할 점은, 전쟁으로 인해 여인들이 입는 강간의 잠재적 위협과 생활의 결핍 상태를 그려내고 있다는 것이다.

즉, 전쟁은 겁탈과 기아를 등가시키려는 경향이 있으므로 전쟁소설에서도 흔히 여성들의 성이 상품화되는 경향을 보여 주게 된다. 이에 속한 작품들로, 김동리의 〈자유의 역사〉, 장용학의 〈원형의 전설〉, 이범선의 〈오발탄〉, 송병수의 〈쑈리 킴〉, 정연희의 〈파류상〉 등이 있다.

⑤ 인간의 본질적 삶, 애욕을 들추는 순수 소설이 맥을 이어갔다.

문학의 현실 인식과 참여보다도 인간의 본질적 삶을 탐색한 순수 소설이 지속적으로 창작되었다. 오영수의 〈갯마을〉, 전광용의 〈흑산도〉 등이 있다.

(3) 실존주의 소설

① 젊은 작가들이 지닌 윤리의식은 파격적이었고, 그들은 기성의 모든 사회적 · 도덕적 가치를 부정하기에 이르렀다. 이것은 세계대전 후에 크게 번성한 실존주의가 젊은 세대들에게 광범위하게 영향을 끼쳤음을 의미하며, 작품 속에서는 실의 · 절망 · 허무 의식으로 나타났다. 이와 같은 젊은 작가들의 작품으로는 선우휘의 〈불꽃〉, 오상원의 〈황선지대〉, 하근찬의 〈수난이대〉, 김성한의 〈귀환〉 등을 들 수 있다.

② 인간에 대한 근원적 절망 의식을 그려내고 있어서 실존주의의 영향을 발견할 수 있게 해 준다. 장용학의 〈부활 미수〉, 〈요한시집〉, 〈비인 탄생〉 등도 어두운 불신의 현실과 기성의 도덕적 관념에 대해 부정적 태도를 표시하면서, 인간에 대한 근원적 절망 의식을 그려내고 있다. 그의 〈요한시집〉은 포로수용소에서 취재한 것으로, 현대의 메커니즘에서 비롯되는 인간 비극을 우화적(寓話的)으로 그린 것이다. 이 밖에도 현대 문명을 비판한 〈요한시집〉과 같은 소설류로는, 김광식의 〈213호 주택〉, 〈의자의 풍경〉 등이 있다.(김수복 · 양은창, 한국 현대 소설 이해와 감상, 한림출판사. 1991)

8. 1960년대 소설

1) 형성 과정

1960년대에 들어서자 6 · 25 전쟁이라는 민족적 상처는 치유와 회복의 길로 들어섰다. 하지만 자유당 정권의 부패와 무능이 만연해지자 국민들은 이에 저항하기 시작하였다. 이러한 시대적 변화는, 우리 소설이 1950년대 순수 문학에 경도된 경향에 경종을 울렸고, 사회에 대한 새로운 인식과 응전 양상을 갖추기 시작하였다. 그래서 순수 문학에 대응하는 참여문학의 움직임이 강화되어 문학의 사회적 공리성이 되살아나는 경향을 보였다. 1960년대 소설은 특히 도시 소시민의 삶의 현실에 주목하면서, 이들의 소시민적 의식을 그려내는 데 집중하였다. 하지만 여전히 새로운 감수성을 내포하는 순수 소설도 활발하게 생산되었다.

2) 순수 소설, 참여 소설의 특징

(1) 순수 소설

① 새로운 감수성을 바탕으로 한 순수 소설이 등장하였다.

문학의 예술적 형상화에 대한 깊이 있는 작업이 이루어졌다. 그런데 이 작업은 전후 세대의 새로운 의식 각성과 밀접한 관련을 맺고 있었다. 이 부류의 작가들은 대상을 바라보는 예민한 감성과 이국적인 분위기를 조성하였다. 김승옥은 이러한 경향이 돋보이는 작가이다. 그는 〈생명연습〉, 〈무진기행〉 등에서 새로운 세대의 감성을 보여 주었다.

② 1960년대 순수 소설은 내성적 기교주의 경향을 보였다.

문학성을 형상화하고 문체의 우수성을 바탕으로 문학의 질적 성숙에 기여한 작품 등이 등장하였다. 특히 새로운 기법과 세련된 언어 표현으로 문체를 다양화했다. 강신재의 〈젊은 느티나무〉 등의 작품이 있으며, 이 외에도 박상륭, 서정인, 이문구, 이청준 등의 신진 작가들의 작품이 주목할 만하다.

(2) 참여 소설

① 4 · 19 혁명이 일어난 사회적 상황 속에서 남북 분단의 현실과 첨예한 이데올로기 문제를 제기하는 소설이 등장하였다.

최인훈은 〈광장〉을 통해, 민주주의를 가장하고 있지만, 편협한 이데올로기에 매달린 남한의 현실과 당 간부만 배를 채우는 북한의 현실에 실망하는 지식인 이명준의 비극적인 삶을 극명하게 보여 주었다. 이것은 당대의 새로운 세대에 대두한 새로운 문제의식을 표면화함과 동시에 방황하는 시대 의식의 반영이었다. 한편, 이호철은 〈판문점〉, 〈서울은 만원이다〉 등에서 전쟁으로 인한 남북 이산, 서구 문명이 준 소외 현상, 역사적 격동기에서 소외되어 생존의 고통에 직면한 소시민의 삶을 사실적으로 그려 내었다.

② 자유당 정권의 독재와 부정에 항거하여 일어난 4 · 19 혁명은 현실 참여의식을 고취시키면서 기존의 작가들에게 참여 문학을 옹호하도록 하였다.

특히 김정한은 부조리한 현실에 대해 강한 저항 정신을 현장에서 실천한 작가이다. 5 · 16군사 쿠데타 세력에게 구금되기도 하였으나 4 · 19 혁명의 자유 정신에 힘입어 1966년에 〈모래톱 이야기〉를 발표하였다. 부당하게 착취당하고 수탈당하는 사람들의 삶을 보여 주면서 땅을 일구어 농사짓는 자만이 그 땅의 주인이 되어야 한다는 작가의 의식을 천명하였다. 김정한 문학은 1930년대 이후 리얼리즘 문학의 맥을 계승하고 있으며, 작가의 현실감응력과 저항 의지가 허무주의에 함몰되지 않고 새로운 방향성과 지향성을 제시해 준다는 점에서 민족 문학과 민중문학을 대표한다고 볼 수 있다. 한편, 4 · 19 혁명을 증언한 대표 작품으로 박태순의 〈무너진 극장〉을 들 수 있다. 박경수는 〈애국자〉에서 자유당 정권의 부정부패와 정치적 사기꾼의 행태 등을 역설적 시각으로 보여 준다.(장현숙, 한국 문학과 역사의식)

③ 역사에 대한 성찰과 현실에 대한 각성을 형상화하였다.

역사란 외피와 거울을 빌려서 현재의 해명, 설명을 지향하는 경우이다. 즉, 과거 역사에 대한 성찰을 바탕으로 이것을 현실에 비추어 봄으로써 역사에 대한 새로운 인식과 현실에 대한 각성을 촉구하려는 작품들이 발표되었다. 안수길의 〈북간도〉, 박경리의 〈토지〉 등이 대표작이다.

9. 1970년대 소설

1) 1970년대 소설의 형성 과정

1970년대는 6 · 25 전쟁이나 4 · 19혁명, 5 · 16쿠데타에 비견하여 크게 정치적인 이슈가 부각되지 않았다. 그래서 문학사의 측면에서도 1960년대의 연장으로 보는 경향이 있다. 하지만 1970년대에는 근대화와 산업화가 본격적으로 이루어져 급격한 사회 변화를 겪었다. 특히 급속한 경제 개발을 지향하던 국가 권력 앞에서 국민들은 정치적, 경제적으로 소외당했고, 당시 작가들은 이 점을 예리하게 파악하였다. 그래서 이처럼 '소외받는 자', '고통받는 자'로서의 민중을 민족 주체자로 인식하는 '민족 문학'이 형성되기도 하였다.

2) 소외 의식 소설, 전쟁 치유 소설의 특징

(1) 소외 의식 소설

① 급격한 산업화로 인한 소외된 계층의 삶을 형상화하였다.

정부 주도로 이루어진 산업, 근대화, 도시화는 물질문명을 급속하게 팽창시키면서 민중들의 삶의 뿌리를 뒤흔들어 놓았고, 이에 저항하는 의식을 강화하였다. 산업화로의 소용돌이 속에서 농촌 청년들은 고향을 떠나 도시의 노동자로 변신했지만 저임금에 시달렸고 결국 도시 빈민 계층으로 전락하였다. 이들은 점차 상대적 박탈감을 견디지 못하고 사회 구조적 모순을 인식하고 문제를 제기하였고 정치권력은 이들을 억압함으로써 저항 정신을 키우는 결과를 낳았다.

② 민족 문학을 표방한 작가들을 중심으로, 민중적 세계관을 학습하여 당대 민중들의 삶과 투쟁을 사실적으로 형상화하는 경향이 나타났다. 이들은 자본주의 사회의 구조적 모순을 직시하고 이 때문에 민중들이 겪는 삶의 질곡을 사실적으로 생생하게 그려내었다. 나아가 민중들이 이러한 사회 현실 자각하고 연대함으로써 이를 극복하려는 투쟁의 모습을 드러내 보여 주기도 하였다. 황석영, 이문구, 송기숙, 박경리 등의 작품에서 이러한 경향을 확인할 수 있다. 특히 황석영은 당대의 민족 민중의 관점에서 문제점을 소설화하는데 뛰어난 능력을 보여 주었다. 그는 현실적 역사에 능동적으로 참여하면서 민중의 삶에 동참하려는 연대 의식을 바탕으로 〈삼포 가는 길〉, 〈객지〉 등의 작품을 발표하였다.

③ 소외 계층을 다루는 작품에서도 보편적 휴머니즘의 정신이 드러나는 경향이 있었다. 작가들은 당대 현실의 구조적 모순을 폭로하거나 소시민들의 계급적 이중성을 고발하였다. 이들은 민족 문학 진영과 경쟁하면서 소시민의 삶을 자기 성찰의 시각으로 들여다보고, 이 삶의 내적 복잡성을 포착하였고, 특히 따뜻한 시선으로 이를 감싸는 양상을 보여 주었다. 조세희, 김원일 등의 작품이 이러한 성과를 거두었다. 조세희는 〈난쟁이가 쏘아올린 작은 공〉 거대 자본의 야만성과 허구성, 소시민 계급의 이중성과 고뇌, 노동자 계급의 절망과 희망 등을 사실적인 중층적 구조로 엮었으며, 결국 소외받은 자들이 연대 의식을 기반으로 조직적인 투쟁을 펼쳐야만 사회 구조적 모순을 해소할 수 있다는 전망을 그렸고, 이것은 휴머니즘을 전제한 성과였다.

④ 자유와 민주화라는 사회적 화두를 제기하는 경향이 짙었다.

1970년대는 국가의 공권력이 국민들의 생활 깊숙이 개입하는 시대였다. 정경유착, 독재 정치, 경제적 불평등이 극에 달했고, 인간으로서 누려야 하는 자유, 평등이 무참히 짓밟히기 일쑤였다. 그러자 작가들은 독재 정권의 강압에 맞서 자유, 민주의 정신으로 이에 저항하는 작품을 창작하였다.

(2) 전쟁 치유 소설

① 전쟁의 비극이 당대 현실에도 지속적인 영향을 미치고 있다는 사실을 드러내었다.

나아가 이 상처를 치유하고 극복하려는 휴머니즘적 노력을 보여 주는 작품들이 등장하였다. 작가들은 자신의 어린 시절에 겪은 전쟁의 경험을 바탕으로 전쟁의 비극성과 반생명성을 알리고 이것이 결국엔 '오늘'과 '여기'의 역사임을 인식하도록 하고 이를 극복하려는 시도를 줄기차게 보였던 것이다.

② 분단의 상처와 정치적, 경제적 억압의 상처를 치유하려는 시도를 보였다.

윤흥길, 박완서, 김원일 등은 6 · 25 전쟁의 상처가 현재의 삶에도 트라우마로 작용하고 있다는 것을 보여 주면서 이를 해결하는 방법으로 보편적 휴머니즘을 제시하고 있다.

1. 시조에 대한 설명으로 옳지 않은 것은?

① 고려 중기에 발생하여 조선 시대에 융성한 운문이다.

② 한시를 언해 하던 과정에서 발생하였다.

③ 조선 후기에는 엇시조, 사설시조 형태가 유행하였다.

④ 조선 전기와 조선 후기에는 내용상의 변화가 드러나고 있다.

정답: ②

해설: ② 시조는 번역 문학과 무관하며 대체로 고려 말 13세기경 고려가요에서 발생한 것으로 볼 수 있다.

2. 판소리의 장단 중에서 슬프고 처연한 대목에 사용되는 것은?

① 진양조   ② 중모리   ③ 자진모리   ④ 휘모리

정답: ①

해설: 진양은 느린 6박을 한 단위로 하며, 이것이 4개 모인 24박이 한 장단을 이룬다. 한가한 장면이나 슬피 탄식하는 서정적인 대목에 주로 쓰인다. 중모리는 보통 속도의 12박으로 구성되는데, 12/4 혹은 12/8로 적는다. 서정적인 대목이나 해설하는 부분에 주로 쓰인다. 자진모리는 약간 빠른 4박으로 구성되는데 사물이나 사건을 나열하거나 긴박한 장면을 묘사하는 데 주로 쓰인다. 휘모리는 매우 빠른 4박으로 구성되는데 사건이나 사물을 매우 빨리 반복 나열하는 데 주로 쓰인다.

3. 한국의 신화, 전설, 민담에 대한 설명으로 옳지 않은 것은?

① 신화는 대체로 영웅 일대기 구성을 지니고 있다.

② 전설은 증거에 기반하여 형성된다.

③ 민담은 신성성에 기초하고 있다.

④ 전설은 대체로 비범한 인물의 이야기를 다룬다.

정답: ③

해설: ③ 민담은 흥미성에 기초하며, 신화가 신성성에 기초하여 형성된다.

4. 조선 후기 소설의 변화에 대한 설명으로 옳지 않은 것은?

① 사회 현실에 대한 비판적인 시각이 드러났다.

② 한문 소설은 사라지고 한글 소설이 집중적으로 형성되었다.

③ 판소리의 사설을 활용한 소설이 등장하였다.

④ 시대 변화를 수용하는 새로운 인물형을 창조하는 시도를 하였다.

정답: ②

해설: ② 한문 소설은 지속적으로 창작되었으며, 특히 연암의 한문 소설은 내용상 시대 변화를 이끌어 주목할 만하다.

5. 1920년대 한국 시문학의 특징으로 알맞지 않은 것은?

① 시조 부흥 운동이 발생하였다.

② 민요시 운동이 발생하였다.

③ 한국적 정서를 수용하는 시가 등장하였다.

④ 주지주의 시가 등장하였다.

정답: ④

해설: ④ 주지주의 시가 등장한 것은 1930년대 현상이다.

6. 1960년대 참여시에 대한 설명으로 잘못된 것은?

① 현실 참여 의식이 강화·확장되었다.

② 문학의 기법을 더욱 세련시키는 데 노력하였다.

③ 자유, 민주의 정치적 이념을 삶의 이념으로 체화하는 벅찬 감정을 토로하였다.

④ 신동엽, 김수영, 이성부, 신경림 등이 참여 시인에 속한다.

정답: ②

해설: ② 참여파는 문학의 기법보다는 내용, 그 이념을 드러내는 것을 중시하였다.

7. '무정'에 대한 설명으로 알맞지 않은 것은?

① 단편 소설의 형식을 완성한 것으로 평가된다.

② 계몽적, 사실적 특성을 보인다.

③ 전지적 작가 시점을 활용하였다.

④ 신교육과 자유연애 사상의 고취가 주제다.

정답: ①

해설: ① '무정'은 장편 소설이다.

8. 1970년대 소설의 경향과 다른 것은?

① 급격한 산업화로 인한 소외된 민중의 삶을 형상화하였다.

② 순수 문학과 참여문학의 첨예한 대립이 형성되었다.

③ 당대 민중들의 삶과 투쟁을 사실적으로 형상화하는 경향이 나타났다.

④ 보편적 휴머니즘의 정신이 드러나는 경향이 있었다.

정답: ②

해설: ② 순수 문학과 참여 문학의 첨예한 대립은 1960년대에 형성되었다.

제4장 한국 현대 문화 이해

학습 목표

1. 한국의 전통 종교, 철학, 언어, 문학, 과학, 기술, 경제 산업에 대해 이해할 수 있다.
2. 한국의 대중문화와 한류에 대해 이해할 수 있다.
3. 한국의 여가 문화와 스포츠, 현대 음식, 현대 사회 문제에 대해 이해할 수 있다.

Ⅰ. 한국의 전통 종교와 철학, 언어와 문학

1. 한국의 전통 종교와 철학

한국은 오랜 세월 동안 다양한 종교와 철학이 깊게 뿌리내린 땅이다. 이러한 종교들은 한국 문화와 사회에 깊은 영향을 미치고 있으며, 현대 한국 사회의 가치관과 정체성에도 여전히 큰 영향을 미친다. 본 강좌에서는 한국의 주요 전통 종교인 불교, 유교, 신도, 도교에 대해 깊이 있게 탐구하고, 이들이 한국의 역사, 신앙, 문화에 미친 영향을 살펴볼 것이다.

1) 불교(Buddhism)

불교는 한국에서 가장 널리 퍼진 종교 중 하나로, 기원전 4세기에 인도에서 시작되어 한국에 전해졌다. 불교는 인생의 고통에서 벗어나기 위한 교리를 제시하며, 명상과 깊은 철학적 생각을 중시한다. 불교의 사찰과 절은 한국의 높은 산봉우리나 조용한 계곡에 자리하고 있으며, 불교문화는 전통 의식과 예술에 큰 영향을 준다.

2) 유교(Confucianism)

유교는 한국의 사상과 제도에 큰 영향을 미친 전통 철학이다. 가족 구조와 사회 질서를 중요시한다. 유교는 한국의 교육 체제와 도덕적 가치관을 가르치는 데 큰 역할을 했으며, 현재까지도 한국 사회에서 유교적 가치는 중요시된다.

3) 무속 신앙(Shamanism)

무속 신앙은 한국의 민속 종교로, 자연과 영혼에 대한 경외심을 바탕으로 한다. 무속 신앙의 신앙체계는 산, 강, 바다와 같은 자연물에 신성성을 부여하며, 농사와 소작농의 삶과 깊게 연결되어 있다. 무속 신앙 의식과 축제는 한국 전통 문화의 중요한 부분을 이루고 있다.

374

4) 도교(Taoism)

도교는 우주의 균형과 조화, 자연의 원리를 강조하는 종교로, 한국의 종교적 다양성을 대표한다. 도교는 예술과 의식, 철학 등 다양한 측면에서 한국 문화에 영향을 미쳤으며, 자연과 인간의 조화를 중시하는 철학은 여전히 현대 한국 사회에서도 반영되고 있다.

5) 한국의 전통 종교와 문화

한국의 전통 종교들은 한국 문화와 예술에 큰 영감을 주었다. 불교 예술은 우아함과 정신적 깊이를 담은 불상과 불화로 나타났으며, 유교는 한국의 문인과 화가들에게 도덕과 인간 관계에 대한 깊은 사색을 제공했다. 또한, 신도는 민속 예술과 음악에서 그 흔적을 찾아볼 수 있다.

한국의 전통 종교들은 이 땅의 역사와 문화를 깊이 있게 형성했다. 불교, 유교, 신도, 도교는 각자의 독특한 가치와 신념을 지니고 있으며, 이러한 종교들은 현대 한국 사회에서도 그 영향력을 지속적으로 발휘하고 있다. 이러한 종교적 가치와 전통은 한국 사회의 아이덴티티를 구성하는 중요한 요소이며, 한국 문화의 다양성과 풍요로움을 나타내고 있다.

*한국의 무속 신앙의 변화: 전통과 현대의 만남

(1)전통 무속 신앙의 기반

한국의 무속 신앙은 오래 전부터 깊은 뿌리를 뒀다. 신비로운 영적 경험과 전통 의식을 중심으로 한 이 신앙은 주로 사주팔자, 풍수지리와 같은 영역에 관여하며 국민들 사이에서 깊은 신뢰를 받았다.

(2)현대 사회에서의 변화

① 기술과 무속 신앙: 인터넷과 스마트폰의 보급으로 무속사례가 온라인으로 이동했다. 온라인 무속 커뮤니티와 소셜미디어에서 무속적 상담을 받는 것이 일상화되었고, 무속인을 찾는 대신 온라인 무속사이트에서 무료 또는 유료로 상담을 받기도 한다.

② 교육 수준과 무속 신앙: 교육 수준이 높아짐에 따라 무속 신앙에 대한 믿음이 감소하는 경향을 보인다. 더 많은 사람들이 과학적인 사고를 강조하고 비과학적인 무속적 신앙을 두려워하는 경향을 보이며, 전통적인 무속 신앙과의 간극이 커지고 있다.

③ 문화와 무속 신앙: 대중문화의 영향으로 무속 신앙은 소비재로 이어질 수 있게 되었다. 텔레비전 프로그램, 영화, 웹툰 등에서 무속적인 주제들이 다루어지면서 무속 신앙은 대중문화와 결합되며 젊은 세대들 사이에서 관심을 끌고 있다.

한국의 무속 신앙은 전통과 현대의 만남을 경험하며 새로운 모습으로 진화하고 있다. 기술의 발전과 교육 수준의 상승은 무속 신앙에 대한 전통적인 신뢰를 도전하고 있지만, 동시에 글로벌한 문화 교류와 과학과의 융합을 통해 새롭게 변화하고 있다.

2. 한국의 언어와 문학

1) 한글의 언어적 특수성과 세계적 가치

한글은 대한민국과 북한의 공식 언어로 사용되는 고유한 문자체계이다. 세계적 언어 학자들은 한글의 언어적 특수성과 가치를 높게 평가하며, 그 독특한 특성에 관심을 가지고 있다. 이 강의에서는 한글의 언어적 특수성과 세계적 가치에 대해 알아보겠다.

2) 한글의 언어적 특수성

① 발음과 문자의 일치: 한글은 각 글자가 그 발음을 정확하게 반영한다. 이는 다른 언어에서 찾기 어려운 장점으로 꼽힌다.

② 음절의 체계: 한글은 음절이라는 작은 단위로 음운을 표현한다. 이는 읽고 쓰기를 배우기에 매우 편리한 체계를 제공한다.

③ 논리적인 조합: 한글은 자음과 모음을 논리적으로 조합하여 음절을 만들어낸다. 이는 읽는 사람에게 직관적으로 다가가기 쉬운 언어를 형성한다.

3) 세계적인 언어 학자들의 의견

① 효율적인 학습 언어: 세계적 언어 학자들은 한글의 간결한 형태와 논리적인 조합이 언어를 배우는 데 높은 효율성을 제공한다고 평가한다.

② 글로벌 비즈니스와의 연관성: 한글을 익힌 사람들은 한국의 비즈니스 환경에 대한 이해도를 높일 수 있어 글로벌 시장에서 경쟁 우위를 가질 수 있다.

4) 한글의 세계적 가치와 활용

① 대중 문화와 예술: 한글은 한국의 대중 문화, 예술, 음악, 영화 등에서 널리 사용되어 세계적으로 인정받고 있다.

② 국제 문서 및 출판물: 한글은 국제적인 학술지, 학술 문서, 책 등에서도 사용되어 한국의 지식과 문화를 세계에 알릴 수 있는 도구로 활용된다.

한글은 그 독특한 구조와 논리적인 조합, 그리고 세계적 가치를 통해 세계 언어학계와 비즈니스, 문화 분야에서 중요한 위치를 차지하고 있다. 그 독특한 특성들은 한글을 배우고 사용하는 사람들에게 많은 혜택을 제공하며, 한국 언어와 문화의 아름다움을 전 세계에 알리고 있다.

5) 세계적인 한국 문학 작품

(1) "파친코"(Pachinko)

　이민진의 『파친코』는 깊은 감정과 복잡한 캐릭터, 역동적인 스토리텔링 등으로 극찬을 받았다. 이 소설은 역사적 사건과 인간의 삶을 아우르는 본질적인 주제를 다루며, 문학적으로도 뛰어난 작품으로 평가되었다. 특히 이민자들의 삶과 가족 관계, 정체성 등을 민감하게 다루어 많은 독자의 공감과 호응을 얻었다. 미국과 세계 각국에서 큰 인기를 얻으며 다양한 언어로 번역되어 다양한 독자들에게 이민자 이야기의 본질을 전달하고 있다. 이 소설은 문학적인 가치와 사회적 의미로 인해 꾸준한 관심과 사랑을 받고 있다.

(2) "채식주의자"(The Vegetarian)

　'채식주의자'는 한국 작가 한강의 소설로, 인간 본성의 어두운 면과 사회적 압력, 정신적인 변화를 주제로 다룬다. 이 소설은 주인공이 채식주의자로 변하면서 벌어지는 가족과 사회와의 갈등을 그린다. 작가는 이 작품에서 독특한 서사 구조와 예술적 표현으로 독자들에게 강렬한 경험을 선사한다. '채식주의자'는 국내외에서 높은 평가를 받아 여러 국가어로 번역되어 읽히고 있는 작품이다.

II. 한국의 과학과 기술, 경제와 산업

1. 한국의 과학과 기술

　한국은 지속적인 과학과 기술 혁신을 통해 급격한 경제 성장을 이루어낸 국가 중 하나이다. 이 강좌에서는 한국의 과학 기술 분야의 현재 상황과 미래 전망을 살펴보게 된다.

① 과학과 연구 환경: 한국은 세계적인 연구 인프라를 보유하고 있다. 국내 대학, 연구소, 기업 간의 긴밀한 협력과 국제 과학 커뮤니티와의 활발한 교류가 형성되어 있다.

② 주요 연구 분야: 한국은 다양한 분야에서 세계적인 과학과 기술 업적을 이루고 있다. 정보 기술과 로봇 공학뿐만 아니라 바이오 기술과 의료 기술에서도 높은 수준의 연구 성과를 보이고 있다.

③ 바이오 기술: 한국은 유전자 분석, 신약 개발, 바이오 의약품 생산 등 바이오 기술 분야에서 세계적인 연구를 이끌고 있다. 바이오 기술은 의학뿐만 아니라 환경 보존과 농업 분야에서도 혁신적인 해결책을 제시하고 있다.

④ 로봇 공학: 로봇 공학 분야에서 한국은 인공 지능과 로봇 기술을 결합하여 자율 주행차, 서비스 로봇, 의료 로봇 등 혁신적인 제품을 개발하고 있다. 이는 제조업뿐만 아니라 의료와 보안 분야에서도 적용되고 있다.

⑤ 국방 기술: 한국의 국방 기술은 사이버 보안, 무인 비행체, 군수 무기 등 다양한 분야에서 발전하고 있다. 군사 분야에서의 기술 혁신은 국가 안보를 강화하고 국제적인 안정에 기여하고 있다.

⑥ 기술 혁신과 스타트업 생태계: 한국은 창업 생태계가 활발하게 발전하고 있다. 다양한 기술 스타트업이 성공적으로 성장하며 벤처 투자 기관들의 지원을 받고 있다.

⑦ 국제 협력과 연구 투자: 한국 정부는 과학과 기술 분야에 대한 지속적인 투자를 진행하고 있다. 국제적인 연구 프로젝트와 제휴를 통해 글로벌 연구 네트워크를 강화하고 있다.

⑧ 과학 기술의 경제적 영향: 과학과 기술이 한국 경제에 미치는 영향은 상당히 크다. 기술 수출과 글로벌 시장에서의 입지를 통해 한국 경제의 중심 역할을 하고 있다.

한국의 과학과 기술 현황은 매우 현대적이며, 지속적인 혁신을 통해 세계적인 과학 기술 강국으로 나아가고 있다. 정부와 민간 연구 기관, 기업의 협력이 더욱 강화되어 더 나은 미래를 향해 나아갈 것으로 기대된다.

2. 한국의 경제와 산업

한국은 지난 수십 년 동안 놀라운 경제적 성장을 이루어낸 국가로, 세계적인 경제 대국 중 하나로 자리매기고 있다. 여기서는 한국의 경제와 주요 산업 구조뿐만 아니라 경제 순위와 핵심 동력에 대해서도 자세히 알아보게 된다.

1) 한국의 경제 순위

한국은 세계 경제에서 중요한 위치를 차지하고 있으며, 꾸준한 성장세를 유지하며 세계 경제 순위에서 상위권에 속하고 있으며, GDP 측면에서도 세계 15대 국가 중 하나로 꼽힌다. 또한, 글로벌 경제 지수에서도 높은 순위를 기록하며 선진국의 열두 번째로 큰 경제체로 발전해왔다.

2) 한국 경제의 핵심 동력

① 수출: 한국은 세계에서 가장 큰 수출국 중 하나로, 자동차, 반도체, 전자제품 등 고부가 가치 제품의 수출이 주력으로 이뤄지고 있다. 세계 시장에서 경쟁력 있는 제품을 제공하여 수출 증가를 이루고 있다.

② 기술 혁신: 한국 기업들은 혁신적인 기술과 연구에 투자하며 세계적인 기술 리더로 발전하고 있다. 특히, 5G 통신 기

술, 인공 지능, 빅데이터 분석 등의 분야에서 선도적인 역할을 하며 새로운 시장을 개척하고 있다.

② 첨단 산업: 반도체, 디스플레이, 로봇 공학, 바이오 기술 등 첨단 산업 분야에서 세계 최고 수준의 기술과 생산 능력을 갖추고 있다. 이러한 분야에서 선도적인 기업들이 꾸준히 혁신을 추구하여 세계 시장에서 성공을 거두고 있다.

3) 한국의 미래 전망과 해결해야 할 과제

한국은 미래 지향적인 산업 분야에 대한 투자와 연구를 지속하며, 그린 에너지, 친환경 기술, 의료 산업, 로봇 공학, 스마트 도시 등의 분야에서 성장을 이어나갈 계획이다. 글로벌 시장에서 한국 기업의 역할은 더욱 중요해질 것으로 전망된다. 그러나 한국의 경제 발전은 놀라운 속도로 진행되었지만, 이에 따른 부정적인 측면도 불가피하게 발생하고 있다.

① 환경 파괴와 오염의 증가: 한국의 산업화와 도시화는 환경 파괴와 오염을 증가시켰다. 대기 중 미세 먼지, 수질 오염, 소음 등의 문제가 심각해지고 있다. 이로 인해 환경 보전에 대한 중요성이 강조되고 있다.

② 사회적 불평등의 확대: 경제 발전은 사회적 불평등을 확대시켰다. 고소득층과 저소득층 사이의 격차가 커지면서 사회 안정성에 대한 우려가 증가하고 있다. 이로 인해 정책적 개입과 사회 평등을 증진시키는 노력이 필요하다.

③ 고령화 사회와 인구 감소 문제: 한국은 고령화 사회로 진입하면서 인구 감소 문제에 직면하고 있다. 노령화가 진행됨에 따라 사회 복지 부담이 증가하고 있다. 이를 해결하기 위한 정책적 노력이 필요하다.

④ 기술 중심 경제의 안정성 문제: 한국의 경제는 기술 중심 경제로 알려져 있지만, 급격한 기술 변화에 따른 안정성 문제가 존재한다. 빠른 기술 변화에 대응할 수 있는 인재 양성과 연구 개발 활동의 지속적 지원이 필요하다.

⑤ 국제 경제 상황 변동의 영향: 한국은 국제 경제 상황 변동에 쉽게 영향을 받을 수 있는 경제 구조를 가지고 있다. 글로벌 경제의 불안정성에 대한 대응책과 다각화된 경제 구조 구축이 필요하다.

이러한 부정적인 영향을 극복하고 지속 가능한 발전을 이루기 위해서는 정부, 기업 및 시민들 간의 협력이 필수적이다. 지속 가능한 경제 성장과 사회적 안정성을 이루기 위한 종합적인 대책 마련이 시급하다.

Ⅲ. 한국의 대중문화와 한류

1. 한국의 대중문화(음악, 영화, 드라마)와 한류

한류(韓流)란 대한민국의 문화 콘텐츠가 해외에서 큰 인기를 끌고 있는 현상이다. 이는 주로 한국의 음악, 드라마, 영화, 패션, 뷰티, 요리, 웹툰, 게임, 유튜브 채널 등 다양한 문화 콘텐츠로 구성되어 있다. 한류는 한국 문화의 창의성과 독창성을 강조하며, 글로벌 대중들에게 끊임없이 새로운 경험을 제공한다.

세계적으로 볼 때, 한류는 문화적인 다양성과 색다른 시각을 선사하여 세계 각국에서 큰 호응을 얻고 있다. 한류 콘텐츠는 감동적인 이야기와 다채로운 캐릭터들을 제공함으로써 해외 관객들의 마음을 사로잡고 있다. 또한, 한류는 글로벌 사회와의 상호 이해와 문화 교류에 기여하고 있다, 단순한 엔터테인먼트를 넘어 문화적 교류의 플랫폼으로서의 역할을 하고 있다.

이러한 한류 현상은 한국의 엔터테인먼트 산업과 관광 산업을 더욱 성장시키는 데 일조하고 있으며, 국가 이미지와 대외적으로 긍정적인 영향을 미치고 있다. 한류의 성공은 한국 문화의 글로벌 확장과 인류 공통의 가치를 더욱 강조함으로써, 세계 각국의 사람들이 서로를 이해하고 소통할 수 있는 다리 역할을 하고 있다.

1) 케이팝(K-pop)

K-pop은 중독적인 멜로디와 화려한 무대 퍼포먼스로 유명하다. 대표적인 그룹으로는 방탄소년단(BTS)이 세계적으로 인기를 끌며 그들의 노래와 춤은 수많은 팬들에게 사랑받고 있다.

2) 케이팝(K-pop)의 역사와 인기

케이팝은 대한민국에서 기반을 둔 음악 장르로, 노래, 춤, 패션 등의 다양한 요소가 결합된 엔터테인먼트 형식을 제공한다. 이 음악 장르는 1990년대 후반부터 시작되어 현재까지 꾸준한 성장을 이루며 세계적으로 큰 인기를 끌고 있다.

① 초기 단계(1990년대 후반 – 2000년대 초반): 케이팝의 역사는 1990년대 후반, 그룹 S.E.S와 H.O.T 등의 데뷔로 시작되었다. 이러한 그룹들은 대한민국에서 큰 인기를 얻으며 동남아시아 국가들에도 파급되기 시작했다.
② 글로벌 확장(2010년대 중반 – 현재): 2010년대 중반 이후, 케이팝은 글로벌 무대에서 큰 주목을 받기 시작했다. 빅뱅(Big Bang), 소녀시대(Girls' Generation), 방탄소년단(BTS), 블랙핑크(Blackpink) 등의 그룹들은 미국, 유럽, 아시아, 중동 등 세계 각지에서 엄청난 팬 베이스를 확보하며 국경을 넘어 확장되었다.
③ 글로벌 인기와 사회적 영향: 케이팝은 그것만의 특별한 음악 스타일과 화려한 무대로 국제적으로 큰 인기를 얻었다. 방탄소년단은 그래미 어워드와 같은 국제적인 음악 시상식에서 여러 상을 수상하며 한국 음악 산업을 대표하는 그룹으로 자리매김했다. 또한, 케이팝은 대한민국의 문화적 영향을 전 세계에 알리고 한국어와 한국 문화에 대한 국제적인 흥미를 불러일으켰다.
④ 다양한 장르와 협업: 케이팝은 다양한 음악적 장르를 포괄하며, 전자 음악, 힙합, 록, R&B 등 다양한 스타일을 섞어 현대적이고 독창적인 음악을 선보인다. 또한, 국제적인 아티스트와의 협업을 통해 다양한 음악적 경험을 제공하며 글로벌 팬들과 소통한다.케이팝은 지속적으로 세계 음악 산업에서 독보적인 위치를 차지하며 한국의 음악 문화를 세계에 알리고 있다. 그리고 이러한 글로벌한 인기는 한국의 문화 산업에 큰 활기를 불어넣고 있으며 한류 열풍을 주도하고 있다.

3) K-드라마(K-drama)

K-드라마는 한국의 문화 산업에서 중요한 역할을 하고 있다. 이 드라마들은 국내에서만 아니라 해외에서도 엄청난 인기를 끌며 한국 문화를 세계에 알리고 있다. 이러한 인기는 한국의 관광 산업을 활성화시키고 관광객들을 많이 끌어 모으며, 관광지로 알려진 촬영지들은 해외 관광객들의 명소로 자리매김하고 있다. 그뿐만 아니라, K-드라마를 통해 한국 언어, 음식, 패션 등 다양한 측면에서의 문화 요소들이 세계에 전파되고 있어 국제 사회에서 한국에 대한 이해도와 관심이 증가하고 있다. 이러한 성공은 한국의 소프트 파워를 강화하고 있어 글로벌 미디어 산업에서 한국의 영향력을 높이고 있다.

4) K-영화(K-movie)

한국 영화는 독특한 스토리와 극적인 연기로 유명하다. '오징어 게임'과 같은 넷플릭스 오리지널 시리즈들은 글로벌 시청자들의 큰 사랑을 받으며 한국의 영화 산업을 대표하고 있다. '기생충'으로 세계적으로 알려진 감독 봉준호는 한국 영화의 대표적인 인물 중 하나로 꼽히며 그의 작품은 국제 영화제에서 수상 기록이 많다.

5) K-뷰티(K-beauty)

K-뷰티 제품은 혁신적인 성분과 디자인으로 유명하다. '클렌징 오일'과 'BB 크림' 같은 제품들은 국제적인 화장품 시장에서 선두를 달리고 있으며 많은 해외 소비자들에게 선호를 받고 있다.

6) K-패션(K-fashion)

한국의 패션 산업은 독특한 디자인과 색감으로 유명하다. '서울 패션 위크'는 세계적인 디자이너들과 모델들이 한자리에 모여 한국의 패션 문화를 선보이는 장으로 알려져 있다.

7) K-웹툰(K-webtoon)

K-웹툰은 한국의 웹툰 산업에서 중요한 역할을 하고 있다. 다양한 장르와 스토리를 통해 독자들에게 새로운 경험을 제공하며, 국내뿐만 아니라 국제적으로도 큰 인기를 얻고 있다. 웹툰 플랫폼을 통해 작가들은 자신의 작품을 손쉽게 공개하고 독자들과 소통할 수 있는 기회를 가지고 있으며, 일부 작품들은 드라마나 영화로 제작되어 더 큰 관심을 받고 있다. K-웹툰은 독자와 작가 간의 상호 작용을 촉진하며 대중문화 산업의 한 부분으로서 계속해서 성장하고 있다.

8) K-요리(K-cuisine)

한국의 전통 음식은 다양한 맛과 조화로움으로 유명하다. '불고기'와 '김치'는 국제적으로 잘 알려진 요리로, 이들의 맛은 한국 문화를 체험하는 중요한 부분으로 여겨진다.

9) K-게임(K-gaming)

한국의 게임 산업은 모바일 게임과 전략 게임으로 유명하다. '리그 오브 레전드(League of Legends)'와 '던전 앤 파이터(Dungeon Fighter Online)'와 같은 게임들은 국내외 게이머들에게 큰 사랑을 받으며, e스포츠 산업도 크게 성장하고 있다.

10) K-유튜버(K-youtuber)

K-유튜버들은 다양한 활동 영역에서 다양한 콘텐츠를 제공하며 국내외에서 큰 인기를 끌고 있다. 게임 플레이 콘텐츠는 게임 커뮤니티와 소통하며 게임 해설, 튜토리얼, 리뷰 등을 제작한다. 뷰티 및 패션 분야에서는 메이크업 튜토리얼, 의류 리뷰, 패션 스타일링 등 다양한 콘텐츠를 선보인다. 요리 및 음식 콘텐츠에서는 다양한 음식 소개와 레시피 공유, 먹방 등이 인기를 끈다. 엔터테인먼트 분야에서는 예능 프로그램 리뷰, 드라마 해설, 유명 연예인 인터뷰 등을 다루며 시청자와 소통한다. 교육 및 정보 콘텐츠에서는 언어 공부, 학습 팁, IT 기술 강좌 등 교육적인 내용을 다루어 시청자들의 지식

습득을 돕고 있다. 이런 다양한 활동으로 K-유튜버들은 국제적으로 큰 사랑을 받고 있다.

IV. 한국의 여가 문화와 스포츠, 현대 음식과 사회 문제

1. 한국의 여가 문화와 스포츠

전통적인 한국인의 여가 형태와 현대인들의 여가 문화는 크게 달라졌다. 전통적인 여가는 주로 가족과 함께 시간을 보내는 것을 중시했다. 가족과 함께 식사를 하거나, 한복을 입고 나들이를 다니며 자연을 즐기는 것이 일반적이었다. 또한, 서로 다른 동네에서 모여 농구나 족구와 같은 간단한 경기를 즐겼다.

현대인들은 더 다양한 여가 활동을 추구한다. 여가 시설의 다양성이 커지면서 커피숍에서 독서를 즐기거나, 영화를 보는 것이 일상적이다. 또한, 건강을 중시하는 현대인들은 헬스장이나 요가 클래스에 참여하여 활동적인 여가를 즐기고, 여행이나 캠핑으로 자연과 소통하는 경험을 즐긴다.

현대인들의 선호 여가 문화 예시는 다양하다. 종합 레저 시설을 이용하여 가족 또는 친구와 함께 시간을 보내는 것이 인기다. 음악 콘서트 및 공연을 감상하고, 푸드 투어나 요리 체험 프로그램을 통해 다른 문화의 맛을 경험한다. 또한, 액티비티 스포츠나 예술 창작활동, 컴퓨터 게임과 e스포츠, 요가와 명상을 통해 새로운 경험과 흥미로운 여가를 즐긴다.

현대인들의 선호 여가 문화 예시는 다음과 같다.

① 종합 레저 시설 이용: 워터파크, 테마파크, 스포츠 클럽 등의 시설을 이용하여 가족 또는 친구와 함께 시간을 보내는 것이 인기
② 음악 콘서트 및 공연 관람: K-pop 콘서트, 뮤지컬, 연극 등 다양한 공연을 감상
③ 푸드 투어 및 요리 체험: 다양한 음식을 맛보는 푸드 투어나 요리 체험 프로그램을 통해 다른 문화의 맛을 경험
④ 액티비티 스포츠: 서핑, 스쿠버 다이빙, 스카이다이빙과 같은 극한 스포츠나 아웃도어 액티비티를 즐기는 것이 인기
⑤ 예술 창작 활동: 그림, 공예, 미술 등 예술 활동을 통해 창의성을 표현하고 스트레스를 해소
⑥ 컴퓨터 게임과 e스포츠: 온라인 게임이나 e스포츠 대회를 통해 게임을 즐기며 소셜 네트워킹과 경쟁을 즐김
⑦ 요가와 명상: 정신적인 안정과 신체적인 유연성을 키우기 위해 요가와 명상을 실천

2. 한국의 현대 음식

한식의 특징과 고유성은 다음과 같다.

① 다양한 반찬: 한식은 여러 개의 작은 반찬 요리들과 밥이 함께 제공되는 것이 일반적이다. 이러한 다양한 반찬은 맛과 영양을 풍부하게 제공하여 한 끼 식사를 더욱 풍성하게 만든다.
② 발효 식품의 활용: 한국 음식은 발효된 식재료를 활용하는 경우가 많다. 대표적인 것이 김치인데, 이는 채소를 발효시켜 만든 발효 채소 음식으로 많은 영양소를 함유하고 있다.
③ 매운맛과 양념의 조화: 한식은 고추장, 고춧가루, 마늘, 간장 등 다양한 양념을 사용하여 매운맛과 깊은 풍미를 연출한

다. 이러한 양념의 사용은 한국 음식을 특별하게 만들어준다.

④ 산이 많은 지형적 특성으로 나물 요리의 발전: 한국은 산들이 많은 지형적 특성 때문에 다양한 나물들이 풍부하다. 이러한 나물들은 식재료로 활용되어 맛과 영양을 더하며 다양한 나물 요리가 발전하게 되었다.

⑤ 밥과 국물의 중요성: 한식은 밥과 국물이 함께 제공되어 식사의 균형을 이루는 것이 중요하다. 국물은 종종 각종 채소와 고기를 함께 끓여 맑고 진한 맛을 내는데 이러한 국물은 건강에도 좋다.

* 외국인들이 선호하는 한국 음식
: 비빔밥, 불고기, 김치, 라면, 떡, 만두, 전, 순두부찌개, 떡볶이, 뼈해장국, 갈비, 간장게장, 해물파전, 된장찌개, 삼겹살, 물냉면, 호떡, 삼계탕, 닭갈비 등

3. 한국의 현대 사회 문제

현대 한국 사회의 주요한 분쟁과 사회적 문제점들은 다양하고 깊은 영향을 미치고 있다.

① 취업난과 청년 실업률: 경제 구조 변화와 기술 발전으로 새로운 산업 환경이 형성되면서 청년들의 진로 선택과 안정된 일자리 확보가 어려워지고 있다. 또한, 코로나-19 펜데믹으로 인해 일시적인 경제 위축으로 인한 취업난이 심화되고 있다.

② 고령화 사회와 노동시장 변화: 고령화 사회의 도래로 인해 노동력 감소와 함께 고령층 일자리 보호와 적응을 위한 정책이 필요하며, 노동시장에서는 디지털 기술의 도입으로 산업 구조가 변화하고 있다.

③ 성 평등과 여성 인권: 여성에 대한 폭력 문제와 성 차별 문제는 여전히 사회적 이슈로 남아 있다. 이에 대한 인식 변화와 법적 제도 강화가 요구되고 있다.

④ 교육 부담: 한국의 교육 제도에서의 과중한 학업 부담으로 인해 학생들과 학부모들 사이에 스트레스와 긴장이 높아지고 있다. 교육 환경과 교육 방식에 대한 혁신이 필요하다.

⑤ 부동산 가격 상승과 주택 문제: 부동산 가격 상승으로 저소득층의 주거 어려움이 심각해지고 있다. 주택 가격 안정과 공공 주택 공급 등에 대한 효과적인 정책이 필요하다.

⑥ 환경 오염과 에너지 전환: 산업 발전과 도시화로 인해 환경 오염이 심각한 수준에 이르고 있다. 친환경 에너지 전환과 환경 보호 정책이 절실하다.

⑦ 디지털 중독과 온라인 플랫폼 문제: 스마트폰 중독, 온라인 괴롭힘 등 디지털 중독 문제가 늘어나고 있다. 더불어 온라인 플랫폼의 거대 기업들에 의한 시장 독점 문제도 대두되고 있다.

⑧ 외국인 노동자의 권리: 외국인 노동자들의 근로 환경과 권리 보호 문제가 계속해서 논의되고 있다. 인권과 노동법에 기반한 정책이 요구된다.

⑨ 사이버 범죄와 프라이버시: 사이버 범죄로부터의 보호와 개인정보 유출 문제가 늘어나고 있다. 개인정보 보호 강화와 사이버 보안 정책이 필요하다.

⑩ 저출산과 인구 감소: 한국은 급속한 저출산으로 노령화 사회로 진입하고 있다. 출산율의 하락으로 미래 인구 감소가 예상되며, 이는 사회 경제 구조에 부담을 주고 있다. 저출산 대책 및 지원 정책이 강화되어야 하며, 육아 휴직제도 개선과 교육 지원 등의 방안이 필요하다. 또한, 이로 인한 노동 인력 부족 문제도 시급한 과제로 대두되고 있어 이를 해결할 정책

과 제도의 개선이 요구된다.

1. 한국의 전통 종교 중에서 고통에서 벗어나기 위한 교리를 제시하며 명상과 철학적 사고를 중시하는 종교는 무엇인가?

① 불교(Buddhism)

② 도교(Taoism)

③ 유교(Confucianism)

④ 무속 신앙(Shamanism)

정답: ①

해설: 불교는 한국에서 가장 널리 퍼진 종교 중 하나로, 기원전 4세기에 인도에서 시작되어 한국에 전해졌다. 불교는 인생의 고통에서 벗어나기 위한 교리를 제시하며, 명상과 깊은 철학적 생각을 중시한다. 불교의 사찰과 절은 한국의 높은 산봉우리나 조용한 계곡에 자리하고 있으며, 불교문화는 전통 의식과 예술에 큰 영향을 준다.

2. 한글의 언어적 특수성 중에서 발음을 정확하게 반영하며 다른 언어에서 찾기 어려운 장점을 갖는 특성은 무엇인가?

① 음절의 체계

② 논리적인 조합

③ 발음과 문자의 일치

④ 글로벌 비즈니스 연관성

정답: ③

해설: 한글의 언어적 특수성은 다음과 같다.

1. 발음과 문자의 일치

한글은 각 글자가 그 발음을 정확하게 반영한다. 이는 다른 언어에서 찾기 어려운 장점으로 꼽힌다.

2. 음절의 체계

한글은 음절이라는 작은 단위로 음운을 표현한다. 이는 읽고 쓰기를 배우기에 매우 편리한 체계를 제공한다.

3. 논리적인 조합

한글은 자음과 모음을 논리적으로 조합하여 음절을 만들어낸다. 이는 읽는 사람에게 직관적으로 다가가기 쉬운 언어를 형성한다.

3. 한국의 경제 발전과 더불어 문제점으로 언급되지 않은 것은 무엇인가?

① 사회적 불평등의 확대

② 국제 경제 상황 변동의 영향

③ 고령화 사회와 인구 감소 문제

④ 공업 중심 경제의 안정성 문제

정답: ④

해설: 기술 중심 경제의 안정성 문제를 언급했다.

4. 한국 경제의 핵심 동력으로 언급되지 않은 것은?

① 수출　② 기술 혁신　③ 첨단 산업　④ 금융 서비스

정답: ④

5. 케이팝(K-pop)에 대한 설명으로 옳지 않은 것은?

① 케이팝은 대한민국에서 기반을 둔 음악 장르로, 노래, 춤, 패션 등의 다양한 요소가 결합된 엔터테인먼트 형식을 제공한다.

② 케이팝의 역사는 1990년대 후반부터 시작되어 현재까지 꾸준한 성장을 이루며 세계적으로 큰 인기를 끌고 있다.

③ 케이팝은 오로지 대한민국에서만 존재하는 음악 장르로, 국제적으로는 큰 주목을 받지 못하고 있다.

④ 케이팝은 다양한 음악적 장르를 포괄하며, 글로벌 아티스트들과의 협업을 통해 다양한 음악적 경험을 제공한다.

정답: ③
해설: 케이팝은 최근 다양한 한국 아티스트를 통해서 세계적으로 인정을 받고 있다.

6. 한국의 대중문화로 카테고리로 언급하지 않은 것은?

① K-팝

② K-의료

③ K-게임

④ K-드라마

정답: ②
해설: 한국 전통 및 현대 의료 시스템에 대한 관심은 높아지고는 있지만 세계적 유행을 이끌어 내고 있지는 않다.

7. 한식의 특징과 고유성에 대한 설명 중 틀린 것은?

① 단순한 반찬

② 발효 식품의 활용

③ 매운맛과 양념의 조화

④ 산에서 나는 나물 요리의 발전

정답: ①
해설: 다양한 반찬은 한국 음식의 특징이다.

8. 현대 한국 사회의 주요한 분쟁과 사회적 문제로 언급되지 않은 것은?

① 종교적 갈등과 전쟁

② 저출산과 인구 감소

③ 취업난과 청년실업률

④ 주택 문제와 부동산 가격 상승

정답: ①
해설: 한국에서는 종교적 갈등과 이로 인한 전쟁 위험은 다른 나라에 비해 없다.

참고 문헌

참고 문헌

1영역

2장

권성미(2017), 『한국어 발음 교육론』, 한글파크.

김미형(2019), 『한국어 교원을 위한 한국어 발음 교육론』, 한국 문화사.

허용(2006), 『외국어로서의 한국어 발음교육론』, 박이정.

국립국어원-한국어 어문 규범 https: //korean.go.kr/kornorms/main/main.do

8장

서덕주 · 이병초 · 지신호(2015), 『필통국어 기본서』, 형설출판사.

우형식 · 배도용(2009), 『한국어 어휘의 이해』, 부산외국어대학교출판부.

총신대학교 한국어학당(2022), 『외국어로서의 한국어교육의 이론과 실제 1』, 도서출판 참.

2영역

1장

강범모(2020), 『언어: 풀어 쓴 언어학개론』, 한국 문화사.

강수진(2015), 외국어로서의 『한국어어휘교육론』, 진흥원격평생교육원.

오주영 · 박종갑(1993), 『언어학개론』, 경성대학교 출판부.

이금영(2015), 『언어학개론』, 진흥원격평생교육원.

이승연(2021), 한국어 교육을 위한 『응용언어학개론』, 태학사.

이익섭 · 장소원(2002), 『국어학개론』, 한국방송통신대학교 출판부.

이희란 · 이경재 · 오소정(2018), 언어치료사를 위한 『언어학개론』, 에이스북.

정한석 · 최주열(2018), 『언어학개론』, 한국 문화사.

최형기 · 조창규(2013), 예비교사를 위한 『국어문법 교육 강의』, 태학사.

2장

강현석(2014), 『사회언어학: 언어와 사회, 그리고 문화』, 글로벌콘텐츠.

김미형 · 서은아(2019), 『한국어교원을 위한 사회언어학』, 한국 문화사.

이승연(2021), 『한국어 교육을 위한 응용언어학 개론』, 태학사.

한재영(2010), 『한국어 어휘 교육』, 태학사.

3장

강현석(2014), 『사회언어학: 언어와 사회, 그리고 문화』, 글로벌콘텐츠.

박덕재(2011), 『외국어 습득론과 한국어 교수』, 박이정.

이승연(2021), 『한국어 교육을 위한 응용언어학 개론』, 태학사.

허용(2018), 『대조언어학』, 소통.

Reid, Joy M, "Perceptual Learning Style Preference Questionnaire." Learning Styles in the ESL/EFL Classroom(1984): 202-04. _____. "The Learning Style Preferences of ESL Students." TESOL Quarterly 21.1(1987): 87-111, Print.

Witkin, H. A.(1977), Cognitive style in academic performance and in teacher-student relations. In S. Messick(Ed.), Individuality in Learning. San Francisco: Jossy-Bass.

4영역

1장

김경식(2018), 『다문화 사회의 이해』, 도서출판 신정.

김은미(2009), 『다문화 사회 한국』, 나남.

원숙연(2019), 『다문화 사회의 다층성』, 이화여자대학교 출판부.

이기용(2022), 『다문화 사회와 교육』, 양성원.

임신웅(2020), 『새로운 다문화 사회의 이해』, 교육과학사.

정문성(2023), 『다문화 사회 교수방법론』, 교육과학사.

문화체육관광부 문화 다양성 보고서(2022). 문화 다양성 정책 연차보고서. 문화체육관광부.

법무부연구용역 최종보고서(2021). 체류외국인(동포 포함) 250만명 시대의 외국인, 이민 관련 법제 선진화 방안 연구. 법무부.

이민 정책연구원(2023). 서울 미래형 글로벌 · 문화언어체험교육 활성화를 위한 발전 방안 연구.

법무부 https://www.moj.go.kr/moj/415/subview.do

수원일보 http://www.suwonilbo.kr

이민 정책연구원 https://www.mrtc.re.kr/main/main.php

프세시안 https://www.pressian.com/pages/articles/2022091915011959898

한국의 이민 정책 변화 https://html6.tistory.com/867

3장

서덕주(2017), 『세상 모든 사람들이 공부해야 할 한국문학의 이해』, 형설.

이종석 · 정소연(2020), 『한국문학사』, 한국 문화사.

이창식(2014), 『다문화시대 한국어교육을 위한 한국문학의 이해』, 박이정출판사.
조규익 외(2015), 『한국문학개론』, 새문사.
최래옥(2008, 『국문학개론』, 방통대출판부).

4장
금장태(1999), 『한국현대의 유교문화』, 서울대학교출판부.
김채수(2014), 『한국의 현대 문화론』, 박이정.
박재환 외(2010), 『현대 한국 사회의 일상문화코드』, 한울아카데미.
이영배(2015), 『한국학과 현대문화』, 오래된 생각.
이선이(2011), 『외국인을 위한 살아있는 한국현대문화』, 한국 문화사.
주창윤(2015), 『한국 현대문화의 형성』, 나남.
최준식(2009), 『한국 종교사 바로 보기(유불선의 틀을 깨라)』, 한울아카데미, 문화체육관광부 자료.

"김밥을 얼리다니!"···발상 전환에 미국 소비자들 '열광'/SBS 8뉴스
https: //www.youtube.com/watch?v=WMUpl2mkkto
"한국 핫도그 · 호떡 최고"···미국 '코리안 길거리 음식' 열풍 [글로벌 NOW]/YTN korean
https: //www.youtube.com/watch?v=KI-zlORVHNI
국산 명품 강철비 천무(天錘) 사거리 연장으로 장거리 타격능력 확보
https: //www.youtube.com/watch?v=a6SDcTNpEtw&t=1636s

외국어로서의 한국어 교육의 이론과 실제 1

초판인쇄 │ 2024년 7월 12일
초판발행 │ 2024년 7월 12일

지은이 │ 토픽코리아 한국어평가연구소
감수자 │ 오연경, 이윤미, 주슬아
제작 지원 │ 토픽코리아(TOPIK KOREA)

발행인 │ 오세형
편집 디자인 │ 이계섭
진행 │ 표미내

발행처 │ (주)도서출판 참
등록일자 │ 2014년 10월 21일
등록번호 │ 제25100-2022-000090호
주소 │ 서울특별시 구로구 디지털로30길 28 마리오타워 3층 318호
전화 │ 도서 내용 문의 (02) 6347-5071
팩스 │ (02) 6347-5075

ISBN 979-11-88572-37-3(13710)
가격 19,000원